재생산권리 III 성·재생산권 실현을 위한 법정책의 제안

서울대학교 법학연구소 공익인권법센터

재생산권리Ⅲ 성·재생산권 실현을 위한 법정책의 제안

초 판 1쇄 발행 2024년 07월 12일

기   획 서울대학교 법학연구소 공익인권법센터
엮 은 이 양현아
발 행 인 한정희
발 행 처 경인문화사
편   집 김윤진 김지선 한주연 김숙희
마 케 팅 하재일 유인순
출판번호 제406-1973-000003호
주   소 경기도 파주시 회동길 445-1 경인빌딩 B동 4층
전   화 031-955-9300   팩   스 031-955-9310
홈페이지 www.kyunginp.co.kr
이 메 일 kyungin@kyunginp.co.kr

ISBN 978-89-499-6801-8 93360
값 30,000원

공익과인권
33

재생산권리Ⅲ
성·재생산권 실현을 위한 법정책의 제안

서울대학교 법학연구소 공익인권법센터 기획

경인문화사

서문

　[재생산권리 I: 낙태죄에서 재생산권으로]와 [재생산권리 II: 정책과 현실 진단]에 이어 제 III 권을 펴낼 수 있게 되어 큰 보람을 느낀다. 제I권은 낙태죄가 헌법재판소에서 다루어지기 훨씬 이전에 당시 정부와 의료계가 시대착오적으로 행했던 낙태 제한 움직임을 경계하면서, 국제기준인 재생산권리에 대해 심도 있게 다루어 보고자 책을 펴냈다. 2010년대에 들어서는 형법상 낙태죄에 대한 헌법소원이 의료인들에 의해 제기되었고 2012년 헌법재판소는 4 대 4의 결정으로 합헌 결정을 내렸다. 이후 여성 시민 당사자들의 낙태죄 폐지를 요구하는 목소리가 터져 나왔고, 2019년 4월 11일 헌법재판소는 형법의 낙태죄 관련 조항(제269조 제1항, 제270조 제1항)에 관해 헌법불합치 결정을 선고하였다. 헌법재판소는 "임신·출산·육아는 여성의 삶에 근본적이고 결정적인 영향을 미칠 수 있는 중요한 문제이므로, 임신한 여성이 임신을 유지 또는 종결할 것인지 여부를 결정하는 것은 스스로 선택한 인생관·사회관을 바탕으로 자신이 처한 신체적·심리적·사회적·경제적 상황에 대한 깊은 고민을 한 결과를 반영하는 전인적(全人的) 결정이다. 자기낙태죄 조항은 모자보건법이 정한 예외를 제외하고는 임신기간 전체를 통틀어 모든 낙태를 전면적·일률적으로 금지하고, 이를 위반할 경우 형벌을 부과함으로써 임신의 유지·출산을 강제하고 있으므로, 임신한 여성의 자기결정권을 제한한다."라고 선언하였다. 이에 따라 형법상 낙태죄 폐지에 관한 찬반 논쟁을 뒤로 하고 보다 체계적인 재생산 정책을 마련해야 하는 새로운 단계에 접어들었다.
　그러나 우리 입법부는 그 시한인 2020년 12월 31일까지 관련 형법 개정안을 의결하지 못한 채 해당 조문들이 실효(失效) 되었고 모자보건법 등 관련 법률의 개정도 이루어지지 못하였다. 이에 따라 위 결정 이후 낙태 선택과 재생산권 실현을 위한 법의 규율이 오히려 불분명하고 애매한 상태에 놓이게 되었다. 이에 더해서 코로나 팬데믹이 지속되면서 의료현장에서는 인공임신중절 비용이 더 올라가거나 일률적이지 않게 되고, 유산유도제 등에 대한 기준도 불분명하여 여성 임부(妊婦) 당사자의 고통이 가중되는 뜻하지 않은 상황이 전개되었다. 최근 "조기 출산한 신생아를 변기에 버렸다"든가 "화장실에 영아를 유기했다"와 같은 극단적인 사건들의 현출은 현재 우리 국가의 임신·출산에 관한 법 정책의 혼란을 보여주는 상징적 사건들이 아닌가 한다. 특히 비혼, 빈곤계층, 청소년 등 경제적·사회적 취약층에게 성과 재생산 활동의 혼란 상태는 더욱 심각하지 않을까 사료된다.

이런 상황에서 편자는 낙태죄 처벌이라는 협소한 금지의 정책을 넘어서서 성과 재생산권리의 실현이라는 긍정적이고 보편적인 정책을 마련하는데 힘써야 한다는 생각으로 "재생산권리(Reproductive Rights) 실현을 위한 제도 설계" 연구를 서울대학교 법학연구소의 지원 하에 공동연구자들과 함께 진행하게 되었다. 그것은 2005년 서울대 공익인권법센터를 중심으로 국내 최초로 재생산권리에 관한 법학 연구의 물꼬를 튼 전통을 잇는 일이기도 하였다.

재생산권리는 일찍이 WHO(세계보건기구)에서 그 의미가 강조되었고, 1994년 이집트 카이로에서 개최된 '유엔 인구 및 개발회의(UN International Conference for Population and Development: ICPD)'에서 체계화되었다고 할 수 있다. 재생산권리란 성관계에서의 자유와 평등, 임신과 출산에서의 평등과 안전, 자녀 양육을 위한 사회공동체와 국가의 지원 등을 포괄하는 자유권, 평등권, 사회권을 포괄하는 권리의 묶음이다. 재생산권리는 특히 국민의 재생산 활동이 주로 인구정책과 경제개발의 차원에서 다루어져 온 개발도상국들에서 더욱더 보장되어야 할 권리이다. 한국도 이 점에서 크게 예외가 아니라고 할 때, 재생산 정책에 대한 인권적 접근 그리고 성인지적 접근이 매우 필요하다 하겠다. 재생산권의 관점을 채용하면 개개인의 성관계, 임신과 출산과 양육으로부터 제기되는 과제들이 개인들이 해결해야 할 영역을 훨씬 넘어서 의료와 정보와 교육의 접근가능성, 양육 지원 등과 같은 국가와 사회공동체의 책임 영역이라는 점이 분명해지고 이것은 기존 인구 정책의 거대한 패러다임 전환을 의미한다. 이에 따라 헌법, 형법, 노동법, 사회보장법, 의료법 등에서 제·개정되어야 할 조문들이 매우 많을 것으로 사료된다.

재생산권리는 여성에게 매우 중요한 권리이지만 남성에게도 반드시 보장되어야 할 권리이며, 기혼자뿐 아니라 비혼자(미혼, 이혼, 배우자와 사별 등)의 권리이다. 빈곤층, 청소년, 이주민, 장애인, 성소수자 등과 같이 재생산권의 실현에 있어 더 심각한 어려움을 겪는 "재생산권리 소수자"를 포용해야 한다는 관점도 필수불가결하다. 근본적으로, 재생산권 실현을 위한 연구는 이 땅에서 상품 경제가 아니라 인간 생명이 어떻게 태어나고 양육되어야 할까를 고민하는 생명 육성 중심의 사회 시스템 구축을 위한 연구이다. 현재 대한민국은 세계적으로 최저의 출생율을 나타내고 있어서 이에 대한 정부와 사회의 우려는 매우 크다. 이 책은 국가와 사회 존속을 위해서 국민들의 출산을 독려하는 방향이 아니라 개개인의 성과 재생산 권리를 다각도로 지원하고 보장하는 국가의 재생산 정책 방향을 제안하고 있다.

2022년 초반부터 시작된 본 연구에서는 헌법재판소의 낙태죄 헌법불합치 결정 이후 법과 정책을 어떻게 설계해야 하는가의 과제뿐 아니라 실제 현장에서 어떤 필요성(needs)과 어려움이 있는지에 대해서도 관심을 기울였다. 2019년 헌법재판소의 결정 역시 현실을 살아가는 시민들의 낙태의 필요성과 여러 딜레마가 그 원동력이 되었다고 평가하며, 앞으로의 정책 역시 그 필요성에 기초해 있어야 한다고 보았다. 이를 위해서 연구자 뿐 아니라 의사, 활동가, 정책 담당자, 혹은 당사자 등을 초대하여 토론함으로써 실제 문제들이 무엇인지 진단하는 경험 연구(empirical research)의 방법을 취하였다. 그동안 낙태죄 처벌의 위험에 가려서 잘 들리지 않았던 "현장의 목소리"를 경청하고 조사하는, 부족하지만 법과 사회적 접근을 취하였다. 2022년을 통해서 여러 차례 개최한 세미나 시리즈의 발표문 등 그 결과물을 정리하여 [재생산권리 II]를 장다혜 연구위원(한국형사·법무정책연구원)와 공동 편집하였다. [재생산권리 III]은 현재의 정책과 현실 진단을 토대로 해서 앞으로 요청하는 법정책의 관점과 주요 내용을 제안하는 것을 목표로 하였다. 이를 위해서 2023년 2월 21일 학술대회를 개최하였고 그 발표문과 토론문을 토대로 본 서를 준비하였다. 간단히 책의 내용을 소개하기로 한다.

전종익의 "낙태와 재생산권의 보장"은 재생산권이 헌법상 자기결정권, 평등권, 알권리, 건강권, 국가의 모성보호 의무 등 여성 권리와 국가 의무 규정들의 내용과 중첩되며 개별법률로는 형법과 모자보건법뿐 아니라 건강가정기본법, 근로기준법 등 다양한 영역의 많은 법률들과 관련된다고 한다. 저자는 재생산권리가 가지는 다층성과 다면성에 주목하면서 우리 헌법 제10조의 행복추구권-일반적 인격권과 제17조의 사생활의 자유를 낙태권리의 헌법적 근거조항이 된다고 보아야 한다고 하면서도 이외 제36조 제2항의 모성보호 규정의 중요성을 강조한다. 또한, '모성보호'의 대상에는 임신한 여성을 넘어 임신 및 출산에 대한 결정을 앞두는 여성들 모두를 포함하는 것으로 보아야 한다고 한다. 그만큼 필자는 임신 출산을 포함한 재생산활동에 대한 권리 보장이 여성 인권에 있어 가지는 보편적 의미를 강조하고 있는 것이다.

김정혜의 "낙태죄 헌법재판소 결정 이후 성·재생산건강권 보장을 위한 유엔 사회권규약 이행 방안"에서는 유엔인권위원회, 유엔여성차별철폐위원회, 유엔사회권규약위원회 등의 일반논평, 한국정부에 대한 권고 등에 기초해서 낙태죄에 대한 헌법재판소 결정 이후 한국의 법과 제도에서 이러한

8

인권규범을 이행할 수 있는 방안에 대해 고찰하고 있다. 먼저, 2016년의 사회권규약위원회 일반권고 제22호와 함께 2022년 세계보건기구(WHO)의 임신중단 가이드라인(Abortion Care Guideline)를 살펴본 후 그 시각에서 볼 때 현재 계류 중인 정부의 형법 개정안 및 모자보건법의 개정안이 국제인권규범에 반한다는 의견을 제시한다. 임신중지 및 재생산건강권이 여러 측면에서 제한될 수 있다는 것이다. 문제는 형법과 모자보건법에 그치지 않고 이외 근로기준법의 유사산휴가나 유산유도약 도입 및 건강보험 적용 등의 사안에서 임신중지의 실천과 지원을 소극적으로 하도록 하는 법적 사회적 환경을 만들고 있다고 비판한다. 저자는 사회권규약을 준수하기 위하여 필요한 법과 정책의 다양한 방안들을 제안한다.

장다혜의 "임신중지 상담체계 구축의 방향 : 성과 재생산 건강권의 관점" 논문에서는 낙태죄의 효력 상실 이후에 공식적으로 중단된 임신중지 관련 보건의료체계의 구축에 대한 논의를 재개하고자 한다. 특히 상담 및 정보제공을 위한 체계의 마련을 주된 연구 대상으로 삼고 있다. 보건복지부를 중심으로 한 정부의 정책에서 상담체계의 구축이 핵심적인 내용임에도 불구하고 이와 관련된 논의가 충분히 검토되지 못하였다는 점에 착안하여, 이 글은 2024년 현재 21대 국회에 계류 중인 모자보건법 개정안들에 제안된 임신중지 상담체계를 성과 재생산 건강과 권리의 차원에서 검토한다. 또한, 세계보건기구의 지침 및 독일, 호주 등의 임신중지 관련 상담전달체계 및 운영 사례 등을 살펴보고 있다. 이상과 같은 제1부의 논문들에 대한 권현정 변호사, 이은진 연구원, 그리고 이보라 (전)보좌관의 토론문이 실려 있다.

제2부의 서두인 신필식의 "조명되지 않은 영역, 남성의 재생산권"은 국내에서 잘 다루어지지 않은 남성의 재생산권에 대해 다루고 있다. 1994년 국제인구개발회의 카이로 행동강령에서도 재생산권리란 남성과 여성 모두의 기본적인 권리임을 명시하였고, 재생산 건강과 관련된 기본적인 의료서

비스, 정보와 교육에 대한 접근권이 남성에게도 동등하게 보장되어야 하며, 특히 교육에서는 남성의 참여와 책임분담을 강조하고 있음에도 불구하고 우리나라의 재생산권 관련 법률과 정책에는 이러한 국제강령에서 강조되는 남성의 재생산 권리와 책임이 반영되지 못하였다. 중요하게도, 재생산권리 개념은 성별화된 세계 속에서의 성별 정치의 역사를 내포하는데, 이것은 초기부터 재생산을 통해 여성의 삶 속의 기본적 인권이 복합적으로 침해받는 상황에 대한 문제의식과 연결되어 있다고 본다. 하지만 아직도 많은 국가들에서 가부장적 남성 중심, 정부 주도, 그리고 인구통제의 인구정책과 재생산권리 개념은 상충할 수밖에 없고 재생산권 논의가 지체될 수밖에 없다고 진단한다. 그 결과 여성 내부적으로 재생산권의 전면적 확대를 달성하지 못하였을 뿐 아니라 남성의 재생산권 의제에 대한 이해 증진과 주체화는 더더욱 지체되었다고 한다. 이 글에서는 특히 난임의 경우를 통해서 재생산 활동에 있어서 남성·부(父)는 비가시화되고 태아와의 관계에서 분리된 존재로 전제되어왔음을 조명한다. 이렇게 재생산과 거리를 둔 남성성의 전제에 대해 저자는 근본적으로 남성의 재생산 능력과 건강의 유지와 상충한다고 진단하면서, 남성성과 재생산 활동 간의 관계를 재구성해야 한다고 한다.

나영정의 "성소수자, 장애인의 재생산권 논의의 흐름과 쟁점"에서는 성소수자와 장애인의 재생산권을 확보하기 위한 방안을 고민하면서 기존의 이론적, 정책적 논의와 법제도를 둘러싼 시민사회 요구 등을 비판적으로 검토하고 과제를 제시한다. 장애인과 성소수자의 경험과 실태를 중심에 둔 재생산권에 대한 이론적, 정책적 논의가 제한적인 까닭에 그간 진행된 장애인과 성소수자에 대한 실태조사에서 성·재생산 영역이 어떻게 다루어지고 있는지를 주된 검토 영역으로 삼고 있다. 성적권리와 재생산정의를 위한 센터 셰어 SHARE가 입안한 "성·재생산권리보장 기본법안"을 예시로 해서 소수자를 포함하는 모든 사람의 기본권으로서 성·재생산권리의 보장의 법규정 사례를 살펴보고, 현재의 난임 지원에서도 혼인을 전제로 한 커플에게만 지원이 되므로 동성 커플이나 비혼인 사람들은 차별을 받고 성소수자와 장애인이 처한 다양한 상황이 성교육에서 전혀 다루어지지 않는 등의 문제를 지적한다. 이렇게 재생산권리 소수자를 성 소수자 및 장애인을 통해서 살펴보았다는 점에서 이 글은 성과 재생산권리 정책 마련에 있어서 귀중한 연구가 될 것이라고 평가한다.

김은애의 "재생산권리, 누구의 어떤 권리로 어떻게 행사되어야 하는가: 한국과 영국의 보조생식술 관련 법정책 비교를 중심으로"는 성과 재생산권 논의에서 빼놓을 수 없는 보조생식술(assisted reproductive technology)과 이와 관련된 인권과 정책 문제를 다루고 있다. 보조생식술은 임신에 이르는 일뿐만 아니라 임신 상태를 유지하여 출산에 이르기까지의 전 과정에서 의학적 보조 또는 도움을 받고자 하는 모든 사람에게 제공되는 방법을 포함한다. 특히, 자연적인 방법으로 임신이 되지 않는 부부에게 의학적 보조 또는 도움을 제공해주어 임신이 되도록 하는 방법이 핵심이다. 의료기술이 진전되면서 특히 난임인 사람들에게 보조생식술이 점차적으로 더 활용되고 있지만 이와 연관된 법적·윤리적 문제들은 심각한 정책 과제들을 제기하고 있다. 예컨대, 대리모에 의한 임신과 출산의 경우 그 허용 범위 및 자녀의 출생 신고 등은 어떻게 정할 것인지, 비혼여성이 난임 지원을 받으며서 자녀를 임신 출산하는 것이 실제적으로 허용되지 않는 한국의 혼인중심적 제도를 어떻게 풀어야 할지, 사후생식과 같은 쟁점은 어떻게 보아야 하는지 등 여러 중요한 문제들이 앞에 놓여 있는 것이다. 이 글은 특히 영국의 관련 법률을 고찰하면서 참고할 지점들을 살펴보고 있다. 우리 사회도 가족과 사람들의 삶의 양식이 다원화되고 재생산권리 취약자들의 상황을 고려할 때, 인권에 부합하는 보조생식술의 정책을 새롭게 수립해야 할 때이다.

양현아의 "한국의 재생산정책 수립에서 미혼모/미혼여성의 재생산권리의 중요성"은 성과 재생산 권리의 관점에서 미혼모/미혼여성 의제를 다루고 있다. 미혼모란 일반적으로 '법률혼 관계가 아닌 상태의 어머니'를 지칭하는 여성들만이 가질 수 있는 젠더 특화된(gender-specific) 용어로서, 법률혼 바깥에서 자녀를 임신, 출산, 양육하는 모든 비혼모들의 권리와 맞닿아 있을 뿐 아니라 혼인 중 여성들의 성적 권리, 가족구성권리, 성평등권리, 그 자녀들의 권리 등 다양한 권리들과 맞닿아 있다고 한다. 이 글은 미혼모들의 성과 재생산권리가 여타의 비혼 여성들의 성과 재생산권리에 비해서 더욱 제한된다고 진단하면서 미혼모들의 권리란 한국 여성 전반의 재생산권리 보장의 바로메타라고 보고 있다. 미혼모들이 처한 성과 재생산 이슈의 딜레마의 해소란 한국 여성 전반의 성과 재생산권리의 물꼬를 트는 주요 방법이 될 것이라고 전망한다. 실제로 최근 미혼모의 지위와 인권에 대한 관심은 베이비박스, 양육미혼모 지원정책, 미혼모 자립운동 등을 통해 나타난다. 2023년 들어서는 아동학대, 영아살인, 출생신고 없는 미등록 아동 등에 대한 사회적 관심이 급증하면서 '출생통보제'를 규정한 가족관계등록 등에 관한 법률의 개정안이 급속히 의결되었고, 생모의 익명성을 보장하는 '보호출산제'를 허용하는 특별법안 역시 국회를 통과하였다. 이 글은 이러한 법들이 미혼모의 재생산권리 보장의 체계적 정책의 맥락 속에서 설계되지 않았다고 보면서, 미혼모의 입장에 서서 가족 및 노동 정책을 재수립해야 한다고 한다. 미혼모 가족의 유형화 등을 시도하면서, 필요한 정책은 성 미혼모를 그저 소수자로만 취급하는 대상화와 경제적 지원을 넘어서서 민법의 가족과 성본 규정 등을 개혁하고 노동시장에서 미혼모 가족에 대해 실질적 평등을 달성토록 하는 '수용(acceptance)의 정책'이라고 제안한다. 이상의 2부 논문들에 대해 장혜영 국회의원, 유진아 활동가, 하정옥 연구원과 황정미 연구원의 논문에 버금가는 토론문이 수록되어 있다.

이상과 같이, 본 서는 앞으로 수립해야 할 성과 재생산 건강 및 권리 정책의 주요 의제를 제시하고 그 정책 내용을 제안하고자 하였다. 부족하나마, 관련 정책을 수립하는 데에 귀중한 참고가 되어서 좀더 치밀하고 포괄적인 정책을 마련하는 데에 도움이 되기를 바라마지 않는다. 하지만, 2024년 오늘의 현실은 그리 밝지만은 않은 것 같다. 신필식의 글이 진단하듯이, 2022년 개정 교육과정 심의안에서 '재생산권리', '생식권' 등 성교육의 중요 개념들이 상당수 삭제되고, 출생율은 매년 최저치를 갱신하고 있어서 성·재생산권 의제가 가지는 중요성이 매우 커지고 있음에도 불구하고 정책적 대응은 성·재생산권리 실현의 시각에서 퇴행과 역행의 방향을 보여준다. 바로 이러한 현재의 상태를 마주하되 희망을 놓지 않고 사람을 보살피고 육성하는 미래의 정책 모습을 그려내기 위해서 이 책을 출간하려 한다. 끝으로 본 재생산권리 시리즈 출간을 위해서 관심과 지원을 아끼지 않은 법학연구소 및 공익인권법센터 관계자 여러분들께 감사드리고, 경인문화사의 많은 수고에 감사드린다.

2024년 4월에
편저자 양현아 識

이 저서는 서울대학교 법학연구소 2022학년도 학술연구비 지원(공동연구)을 받았음
(서울대학교 법학발전재단 출연)

목차

부록

제1장

낙태와 재생산권의 보장[1]

전종익 (서울대학교 법학전문대학원 교수)

Ⅰ. 서

헌법재판소는 2019. 4. 11. 형법 제269조 제1항 자기낙태죄 조항 및 제270조 제1항 중 '의사'에 관한 부분이 헌법에 합치되지 아니한다는 헌법불합치결정을 선고하였다.[2] 이는 2012. 8. 23. 선고되었던 이전의 자기낙태죄 조항에 대한 합헌결정[3]을 변경한 것이다. 위 헌법불합치결정 주문에서 헌법재판소는 2020. 12. 31.을 시한으로 입법자가 개정할 때까지 위 조항들이 계속 적용된다고 선고하여 입법자에게 이와 관련한 법률을 제·개정해야 할 입법의무를 부과하였다. 이에 따라 정부와 국회에서는 낙태와 관련한 형법 및 모자개정법에 대한 개정을 논의하였으나 결국 위 시한까지 입법에 이르지 못하였고 위 형법조항들은 효력을 상실하여 단순위헌을 선고한 것과 같은 상태가 현재까지 계속되고 있다.

---

1   이 글은 『법과 사회』 73호(2023년 6월), 65-86쪽에 게재되었음.
2   헌재 2019. 4. 11. 선고 2017헌바127 결정, 판례집 31-1, 404.
3   헌재 2012. 8. 23. 선고 2010헌바402 결정, 판례집 24-2(상), 471.

헌법재판소는 위 2017헌바127 결정에서 헌법불합치 결정의 이유로서 "단순위헌결정을 할 경우 임신기간 전체에 걸쳐 행해진 모든 낙태를 처벌할 수 없게 됨으로써 용인하기 어려운 법적 공백이 생기게 된다."는 점을 근거로 제시하였다. 그러나 헌법재판소의 이러한 우려와는 다른 측면에서 형법상 낙태죄 규정에 근거한 의료법과 모자보건법 등이 변함없이 존재하는 상황에서 임신중절을 시행하는 의료기관, 임신중절 시술(수술)의 방법,[4] 이에 대한 정보의 유통 및 보험급여 등 관련사항에 대한 법령의 정비가 제대로 이루어지지 않음으로써 여전히 낙태를 원하는 여성의 기본권이 제대로 보장되지 못하고 있다.[5] 이와 같이 낙태와 관련하여 좁은 범위의 형사법 개정만으로는 헌법재판소의 헌법불합치결정 취지를 제대로 실현할 수 없음을 알 수 있다.

이론적으로 보아도 낙태를 둘러싼 여성의 경험은 단지 출산을 할 것인지 여부라는 일회적인 선택과 결단의 순간으로 환원될 수 없음이 인식되어 왔다. 낙태의 고민은 배란이나 성적 성숙과 같은 생물학적인 조건과 성적인 결합, 10개월이라는 임신기간과 출산, 그리고 출산 후의 양육까지 하나의 연속선상에서 이루어지므로, 이는 여성들이 가지는 일생의 문제, 생애기획 전체와 관련된 것으로 파악되어 왔다.[6] 따라서 낙태행위를 처벌할지 여부 및 태아의 생명옹호론이나 산모의 선택옹호론과 같은 이분법적 인식의

---

4   형법상의 낙태는 태아를 자연분만 시기에 앞서서 인위적으로 모체 밖으로 배출하거나 모체 안에서 살해하는 행위를 말한다(대법원 2005. 4. 15. 선고 2003도2780 결정). 모자보건법 제2조 제7호는 "태아가 모체 밖에서는 생명을 유지할 수 없는 시기에 태아와 그 부속물을 인공적으로 모체 밖으로 배출시키는 수술"을 '임신중절수술'이라 하여 낙태와 구분하고 있다. 개념적으로 보면 낙태가 임신중절수술보다는 넓은 개념이나 이 글에서는 통상적인 용어의 사용 예에 따라 낙태와 임신중절수술을 함께 사용하기로 한다.

5   신옥주, "여성의 재생산권에 대한 고찰", 『헌법논총』 제32집, 2021, 59쪽.

6   양현아 편, 『낙태죄에서 재생산권으로』, 사람생각, 2005, 80쪽.

틀만으로는 낙태와 관련된 현실과 복잡한 문제들을 제대로 담아낼 수 없으며, 성, 임신, 출산 및 양육이라는 일련의 과정에서 발생하는 다양한 긴장관계 속에서 다층적으로 파악할 때에야 비로소 현실에 알맞은 대책을 마련할 수 있다.[7] 이와 관련하여 그간 국제인권법에서의 논의를 바탕으로 낙태와 관련한 여성의 기본권을 '재생산권'으로 재정립해야 할 필요성이 활발하게 이야기되고 있다. 이에 의하면 임신, 임신유지 혹은 임신중단, 출산, 수유, 육아 등 출산을 전후한 일련의 과정을 재생산으로 보고, 여성들은 이와 관련한 재생산에 관한 권리들(reproductive rights)을 향유하는 것으로 파악된다. 이러한 재생산권은 헌법상 자기결정권, 평등권, 알권리, 건강권, 국가의 모성보호의무 등 여러 권리와 국가의무규정들의 내용과 중첩되며, 개별 법률로는 낙태에 관한 형법과 모자보건법뿐 아니라 건강가정기본법, 저출산·고령사회기본법, 근로기준법 등 다양한 영역의 많은 법률들과 관련된다.[8] 따라서 헌법재판소의 헌법불합치 결정이 열어 놓은 입법의 장은 헌법적, 법률적으로 폭넓은 범위를 포괄하고 있는 것으로 보아야 하며, 자기결정권과 생명권의 충돌을 중심으로 한 좁은 범위의 검토만으로는 제대로 된 법제정비의 방향을 설정하기 어려운 것으로 보아야 한다.

이 글은 낙태죄의 헌법불합치 결정을 계기로 나타난 후속 입법을 위한 법제정비 논의들을 포괄할 수 있는 기본권 이론과 낙태와 관련된 기본권들을 살펴보는 것을 목적으로 한다. 이를 위해서 그간 이루어진 낙태 및 재생산권과 관련된 논의들을 포괄할 수 있는 기본권 체계와 이론들을 살펴보고 이를 토대로 우리 헌법상 낙태를 결정할 권리 및 재생산권이 보장될 수 있는 방안과 그 내용을 파악해본다.

[7] 양현아, "낙태에 관한 다초점 정책의 요청: 생명권 대(對) 자기결정권의 대립을 넘어", 『한국여성학』 제26권 제4호, 2010, 66, 91쪽.

[8] 신옥주, "헌법적 관점에서 본 여성의 재생산권 보장을 위한 방안", 『공법연구』 제49집 제2호, 2020, 307쪽.

Ⅱ. 기본권 보장의 다면적 성격

헌법에서 기본권을 보장한다는 것은 헌법이 특정한 가치나 이익을 개인의 법적 권리로서 보장한다는 것을 의미한다. 이러한 가치나 이익에는 실정헌법이 성립하기 전이라도 인간이 존재하는 이상 부인할 수 없는 지고의 가치나 이익을 최고의 가치로서 헌법에서 확인하여 권리성을 부여한 것들과 이에는 포함되지 않으나 헌법제정 또는 개정시 여러 가치나 이익 중 특별히 헌법의 수준에서 권리로 보장하기로 결정한 것들이 포함된다.[9] 헌법에서 일정한 가치나 이익은 법률에 의하여 보장하고 다른 일정한 가치나 이익은 기본권으로 보장하는 것으로 선택하는 것은 그것이 공동체를 유지·발전하게 하고 그 공동체 내에서 살고 있는 구성원들이 인간으로서의 존엄과 가치를 유지하고 행복하게 살 수 있도록 기여하는 데에 적합하기 때문이다.[10] 그런 의미에서 헌법상 일정한 가치나 이익을 기본권으로 보장하는 것은 그것이 문제되는 영역과 사안에서 공동체의 유지·발전과 인간의 존엄과 가치의 보장이라는 헌법이념 실현의 달성이라는 목적에 따른 적절한 해결책을 제공하는 것으로 인정될 때에 의미를 가진다.

근대 입헌주의 헌법이 국가에게 자유와 평등을 중심으로 한 기본권을 보장하며 개인의 자유와 판단을 존중하고 개입을 자제해야 할 의무를 지도록 요구한 것은 국가의 개입과 간섭 없는 평등한 법적 자유가 보장되면 자동적으로 번영과 정의가 실현될 것이라는 이념을 전제로 한 것이었다.[11] 그러나 역사적인 실제 상황을 돌아보면 단순히 국가의 소극적인 부작위만으로 이와 같은 이념이 실현될 수 없었다. 예를 들면 프랑스 혁명시 이른바 구

---

9 정종섭, 『헌법학원론』, 박영사, 2022, 290-292쪽.
10 정종섭, 위의 책, 2022, 305쪽.
11 전종익, "국제인권규범을 통한 사회적 기본권의 재조명", 『강원법학』, 제63권, 2021, 142쪽.

체제를 혁명후의 새로운 질서로 개편하는 작업은 권리장전의 입법과 함께 많은 법률의 개정에 의하여 이루어졌다. 이 경우 헌법상 기본권 규정의 기능은 단지 소극적인 자유의 보장에 머물 수 없었다. 당시 기본권 규정은 사회질서의 최고 원리로 작용하며 전체 법체제와 사회질서를 새롭게 개편하는 적극적인 작업의 길잡이로 기능하였다.[12] 이와 같이 개인의 자유를 기본권으로 보장한다는 것은 정부가 적극적인 행위를 통하여 개인이 겪는 고통을 공정하고 예측가능하게 교정한다는 것을 의미하였고, 공권력이나 제 3자에 의한 침해를 방지하기 위해 감시와 구제수단으로서 경찰과 법원 등에 관한 각종 개혁입법과 물적, 인적 시설의 설치와 운영을 요구하는 것이었다. 게다가 이후 사회의 변화와 시장경제의 발전에 따라 발생하는 새로운 사회·경제적 문제에 대응하여, 자유권 행사를 위한 물질적이고 실질적인 전제조건에 대한 보호와 기본권 실현을 위한 광범위하고 적극적인 행위가 국가의 임무로 인정되기에 이르렀다.[13]

역사적으로 발전한 이와 같은 기본권의 다면적인 측면은 국가가 기본권을 보장한다는 점에 뒤따르는 논리적 귀결에 해당하는 것으로 볼 수 있다. 법이론적으로 보면 국가와 개인의 관계에서 권리가 실현되도록 하기 위해서 국가는 권리보유자의 권리를 침해하지 않을 의무(침해금지의무), 다른 사람들이 권리보유자의 권리를 침해하는 것으로부터 권리보유자를 보호할 의무(보호의무), 자신의 권리를 침해당한 권리보유자를 구조할 의무(구조의무)라는 삼중의 의무를 진다는 점이 제시되고 있다.[14] 국제인권법상의 논의에서도 시민적·정치적 권리와 경제적·사회적·문화적 권리 모두에서 국가에게 국가에 의한 침해금지의무인 존중(respect)의무, 제3자에 의한 인권침

---

12 Grimm, Dieter, *Constitutionalism*, Oxford University Press, 2015, p.186.
13 전종익, 앞의 글, 2021, 143쪽.
14 김도균, 『권리의 문법−도덕적 권리·인권·법적 권리』 박영사, 2008, 183-184, 187쪽.

해로부터 권리보유자를 보호할 의무인 보호(protect)의무 및 권리의 완전한 실현을 위하여 적절한 입법·예산·사법 기타 필요한 조치 등을 행할 의무인 실현(fulfill)의무가 인정되고 있다.[15] 이러한 입장들에 의하면 기본권의 기능으로 언급되는 방어적 기능, 질서형성적 기능 및 제3자로부터의 보호적 기능, 급부적 기능[16]은 자유권과 사회권 등 기본권의 종류에 따라 달리 부여되는 것이 아니라 일정한 영역의 기본권 보장을 위하여 필요에 따라 다층적으로 요구되는 것으로 보아야 한다.

기본권 보장을 위한 다층적 국가역할의 필요성은 헌법 제10조 제2문에서 규정하고 있는 국가의 기본권 보호의무를 통해 확인할 수 있다. 헌법재판소는 위 조항에 대하여 "소극적으로 국가권력이 국민의 기본권을 침해하는 것을 금지하는 데 그치지 아니하고 나아가 적극적으로 국민의 기본권을 타인의 침해로부터 보호할 의무를 부과"하는 것으로서, 국가는 적극적으로 "국민의 기본권을 보장하기 위한 제반조치를 취할 의무를 부담"한다고 설명하고 있다.[17] 국민의 기본권이 위협받는 상황이 제3자에 의한 침해의 경우로 한정되는 것은 아니다. 광의로는 자연의 힘에 의한 위해나 외국의 국가나 외국인에 의한 위해를 받는 경우에도 국가는 이를 방지하거나 구제하여야 할 의무를 부담한다.[18] 기본권 보호의무는 기본권의 종류에 상관없이 그 실효적 보장을 위해서는 제3자 등으로부터 기본권이 위협받는 상황에서 국가의 적극적인 행위가 필요함을 인정하고 있는 것으로서, 국가로부터의 방어권으로서 소극적 권리로 인정되어 온 자유권의 경우에도 국가는 소

15 "The Maastricht Guidelines on Violations of Economic, Social and Cultural Rights", in Bert B. Lockwood(eds.), *Human Rights Quarterly* Vol. 20, The Johns Hopkins University Press, 1998, p.694.

16 정종섭, 앞의 책, 2022, 320-323쪽.

17 헌재 1997. 1. 16. 선고 90헌마110등 결정, 판례집 9-1, 90, 119-120; 헌재 2008. 7. 31. 선고 2004헌바81 결정, 판례집 20-2상, 91, 103.

18 정종섭, 앞의 책, 2022, 407쪽.

극적 부작위 의무와 함께 적극적 행위 의무를 부담함을 나타내고 있다.

나아가 문제해결이라는 측면에서 개별 기본권의 실효적인 보장을 위해 국가가 다면적이고 다층적인 의무를 진다는 관점을 확대하여 보면 서로 분리되어 별도로 논의되던 기본권 규정들의 상호연결점을 찾을 수 있다. 일정한 영역에서 개별 기본권의 보장만으로 헌법이념의 실현이라는 목적을 달성할 수 있다면 문제는 없다. 그러나 그것만으로 부족한 경우 서로 다른 종류의 여러 기본권들이 상호 의존, 협력 및 보완하며 문제를 해결해야 함[19]은 당연하다. 예를 들면 헌법은 제15조에서 직업의 자유를 보장하고 있다. 직업의 자유는 자신이 원하는 직업 내지 직종을 자유롭게 선택하는 직업선택의 자유와 그가 선택한 직업을 자유롭게 수행할 수 있는 직업수행의 자유를 포함하는 개념으로서, 여기서 '직업'이란 생활의 기본적 수요를 충족시키기 위해서 행하는 계속적인 소득활동을 의미한다.[20] 이러한 직업의 자유는 각자의 생활의 기본적 수요를 충족시키는 방편이 되는 동시에 개성 신장의 바탕이 된다는 점에서 행복추구권과도 밀접한 관련을 갖는 것으로 인정되고 있다.[21] 과연 자유권인 직업의 자유가 기본권으로 보장되도록 하는 것만으로 모든 개인이 자신이 원하는 직업에 종사함으로써 생활의 기본적 수요를 충족하며 개성을 신장하며 행복하게 살아갈 수 있을까? 사회·경제적 상황에 의하여 고용될 직장이 존재하지 않는다면 직업선택의 자유가 무슨 소용이 있을까? 직업 내지 직장이 공동체의 전체 사회경제질서에 가지는 중요성과 함께 개인의 생활에 가지는 중대한 의미를 생각하면 단순히

---

19   김하열, "기본권의 분류와 통합: 통합적 기본권론 서론", 『헌법논총』 제29집, 2018, 240쪽.

20   헌재 1993. 5. 13. 선고 92헌마80 결정, 판례집 5-1, 365, 374.

21   헌재 1997. 10. 30. 선고 96헌마109 결정, 판례집 9-2, 537, 543; 헌재 1998. 7. 16. 선고 96헌마246 결정, 판례집 10-2, 283, 307-308; 헌재 2016. 4. 28. 선고 2015헌마98 결정, 판례집 28-1하, 109, 117.

국가의 간섭이나 방해 없이 직장을 선택하고 이미 형성된 근로관계를 유지하거나 포기할 수 있도록 하는 것만으로는 각 개인이 노동을 통하여 기본적인 수요를 충족하고 자유롭게 인격을 발현할 수 있도록 하는 목적을 달성하는 데에 충분하지 않다. 국민들이 직업선택의 자유를 실제로 행사할 수 있도록 제반 여건을 마련하는 것이 무엇보다 중요한 국가의 임무로 인정되어야 한다. 헌법이 제32조 제1항에서 직업의 자유와 별도로 근로의 권리를 규정하고 있는 것은 이러한 요구에 따른 것으로서 이에 의하여 개인은 국가에게 고용증진을 위한 사회적·경제적 정책을 시행할 것을 요구할 수 있는 권리를 보장받게 된다.[22]

교육과 관련한 영역의 기본권들 역시 위와 같은 방식으로 설명할 수 있다. 헌법적 근거에 관하여 헌법 제10조[23]이냐 제31조[24]이냐를 둘러싸고 헌법재판소의 결정과 학자들에 따라 입장이 서로 다르기는 하나 개인이 국가의 간섭과 방해를 받지 않고 자유롭게 교육을 받을 권리인 교육의 자유가 기본권으로 보장된다는 점에 대하여는 이견을 찾아볼 수 없다. 그러나 헌

---

22 헌재 2002. 11. 28. 선고 2001헌바50 결정, 판례집 14-2, 668, 678.

23 한수웅, 『헌법학』법문사, 2022, 994쪽. 헌재 2000. 4. 27. 선고 98헌가16등 결정, 판례집 12-1, 427, 456. "아동과 청소년의 인격권은 성인과 마찬가지로 인간의 존엄성 및 행복추구권을 보장하는 헌법 제10조에 의하여 보호된다. 따라서 헌법은 국가의 교육권한과 부모의 교육권의 범주내에서 아동에게도 자신의 교육에 관하여 스스로 결정할 권리, 즉 자유롭게 교육을 받을 권리를 부여한다. 이에 따라 아동은 학교교육외에 별도로 과외교습을 받아야 할지의 여부와 누구로부터 어떠한 형태로 과외교습을 받을 것인가 하는 방법에 관하여 국가의 간섭을 받지 아니하고 자유롭게 결정할 권리를 가진다."

24 성낙인, 『헌법학』 법문사, 2023, 1526쪽. 헌재 2008. 4. 24. 선고 2007헌마1456 결정, 판례집 20-1상, 720, 731. "헌법 제31조 제1항의 교육을 받을 권리는, 국민이 능력에 따라 균등하게 교육받을 것을 공권력에 의하여 부당하게 침해받지 않을 권리와, 국민이 능력에 따라 균등하게 교육받을 수 있도록 국가가 적극적으로 배려하여 줄 것을 요구할 수 있는 권리로 구성되는바, 전자는 자유권적 기본권의 성격이, 후자는 사회권적 기본권의 성격이 강하다고 할 수 있다."

법은 이와는 별도로 제31조에서 '능력에 따라 균등한 교육을 받을 권리' 등을 명시하고 헌법재판소는 이를 "국가에 의한 교육제도의 정비·개선 외에도 의무교육의 도입 및 확대, 교육비의 보조나 학자금의 융자 등 교육영역에서의 사회적 급부의 확대와 같은 국가의 적극적인 활동을 통하여 사인간의 출발기회에서의 불평등을 완화해야 할 국가의 의무를 규정"하고 있는 것으로 해석하고 있다.[25] 이는 국민 개개인의 타고난 소질을 계발하여 인격을 완성하게 하고 자립생활을 할 능력을 증진시킴으로써 인간다운 생활을 누릴 수 있도록 해야 한다는 교육의 목적[26]과 정치, 경제, 사회, 문화 등의 측면에서 교육이 공동체에 가지는 중요성에 비추어 국가에게 교육을 받을 권리의 실질적 보장을 위한 적극적 행위를 요구하는 것에 해당하며, 국가의 소극적인 부작위에 의한 교육의 자유 보장만으로는 교육의 목적을 달성할 수 없는 현실을 반영한 것이라 할 수 있다.

헌법재판소가 헌법 제35조에서 보장하고 있는 환경권에 대하여 "국민은 국가로부터 건강하고 쾌적한 환경을 향유할 수 있는 자유를 침해당하지 않을 권리를 행사할 수 있고, 일정한 경우 국가에 대하여 건강하고 쾌적한 환경에서 생활할 수 있도록 요구할 수 있는 권리가 인정되기도 한다"며 "환경권은 그 자체 종합적 기본권으로서의 성격을 지닌다."고 판시한 것[27] 역시 같은 맥락에서 이해할 수 있다. 이는 국가에 대한 방어권으로서의 환경권과 함께 국가에 대한 급부와 조치를 요구할 수 있는 적극적 권리로서의 환경권이 보장될 때에야 비로소 모든 국민은 건강하고 쾌적한 환경에서 생활할 수 있음을 나타낸 것으로서 적극적 조치에는 국가나 사인에 의한 환경오염 등의 침해를 방지하는 것과 함께 환경보전을 위한 포괄적인 정책의

---

25   헌재 2000. 4. 27. 선고 98헌가16등 결정, 판례집 12-1, 427, 451.

26   헌재 1999. 3. 25. 선고 97헌마130 결정, 판례집 11-1, 233, 241.

27   헌재 2008. 7. 31. 선고 2006헌마711 결정, 판례집 20-2상, 345, 357.

추진과 실행이 포함된다.

헌법이념의 실현을 위한 복수의 기본권들의 다층적인 상호협력과 보완의 필요성은 위와 같이 유사한 기본권들에 한정되지 않는다. 예를 들면 교육의 기회가 적정히 보장되지 않는 가운데 표현의 자유 및 학문의 자유와 선거권, 공무담임권 등 참정권의 보장이 의미를 가지기 어렵다. 또한 알권리나 표현의 자유가 보장되지 않으면 인간다운 생활을 할 권리 등 사회적 기본권에 관한 문제나 차별과 혐오와 같은 평등권의 문제가 정치적 논의의 의제로 설정되기 어렵다.[28]

이렇게 보면 우리 헌법은 기본권 보장과 관련하여 그 실효적 보장과 헌법이념의 실현을 위하여 자유권을 기본으로 한 국가에 의한 침해 금지와 기본권 보호의무를 바탕으로 한 제3자에 의한 침해의 방지, 그리고 사회적 기본권을 통한 국가에 의한 급부 및 적극적 정책의 수립과 실현이라는 3중 체제를 채택하고 있는 것으로 볼 수 있다. 이러한 3중 체제는 문제되는 사회현상을 해결하기 위하여 관련되는 자유권과 사회권 등 복수의 기본권들을 결합하여 사고하여야 함을 보여주고 있다. 따라서 우리 헌법상의 기본권 보장은 일정한 목적 달성을 위해 복수의 기본권들이 상호 유기적으로 결합하여 다층적으로 상호협력하고 보완하는 체계로 구성되어 있으며 일정한 사안의 해결을 위해서는 이러한 종합적인 접근이 필요함을 알 수 있다.

---

28   김하열, 앞의 글, 2018, 241쪽.

III. 재생산권과 낙태의 권리

1. 재생산권의 의의

낙태와 관련한 여성의 경험이 복합적인 것이고 다양한 긴장관계 속에서 다층적인 문제를 안고 있다면 그에 대한 해결책과 관련된 기본권의 보장도 그에 맞추어 복합적이고 다층적인 모습을 가지는 것이 필요하다. 헌법재판소는 낙태죄에 대한 두 번의 위헌판단에서 자기낙태죄 조항에 의하여 제한되는 기본권을 헌법 제10조에 의하여 보장되는 "개인의 인격권과 행복추구권에서 전제되는 자기운명결정권"[29] 또는 "일반적 인격권에서 파생되는 자기결정권"[30]으로 보고 위헌여부를 판단하였다. 자기운명결정권과 자기결정권이 서로 구별되는 것인지 여부에 대한 논쟁[31]을 제외한다면 헌법재판소의 위헌판단은 심판대상조항이 태아의 생명권 보호라는 공익을 위해 헌법 제37조 제2항의 과잉금지원칙을 위반하여 낙태를 결정할 자유를 침해하였는지 여부에 의한 전형적인 자유권 침해 여부 판단방식에 따라 이루어졌다. 가장 핵심적인 기본권을 중심으로 위헌판단을 하는 헌법재판소의 결정구조상 청구인이 주장하였던 여성의 건강권, 평등권, 신체의 완전성에 관한 권리 및 모성을 보호받을 권리 등에 대한 구체적인 판시가 결정문에 포함되어 있지 않은 것이 이례적인 것은 아니다. 조심해야 할 것은 이러한 결정의 태도를 이러한 기본권들이 낙태의 권리와 관련이 없다고 판시한 것으로 볼 수 없다는 점이다. 오히려 헌법재판소의 헌법불합치결정은 여성의 임신·출산에 관한 복합적인 현실을 충실히 반영하는 판시내용을 포함하고 있어 낙태의 권리가 실질적으로 보장되기 위해서는 자기결정권을 중심으

---

29   헌재 2012. 8. 23. 선고 2010헌바402 결정, 판례집 24-2(상), 471, 480.
30   헌재 2019. 4. 11. 선고 2017헌바127 결정, 판례집 31-1, 404, 416.
31   전상현, "낙태와 헌법해석", 『법과 사회』 제63호, 2020, 165-196쪽.

로 한 기본권 논의를 넘어 다른 기본권들을 포괄하는 폭넓은 논의가 필요함을 나타내고 있다.

예를 들면 다수의견은 낙태의 결정에 대하여 "임신·출산·육아는 여성의 삶에 근본적이고 결정적인 영향을 미칠 수 있는 중요한 문제"이므로, "임신한 여성이 자신의 임신을 유지 또는 종결할 것인지 여부를 결정하는 것은 스스로 선택한 인생관·사회관을 바탕으로 자신이 처한 신체적·심리적·사회적·경제적 상황에 대한 깊은 고민을 한 결과를 반영하는 전인적(全人的) 결정"에 해당한다고 판시하였다. 이와 같이 여성의 임신·출산에 관한 결정의 중요성 및 특성을 인정한 이후 헌법재판소는 "이러한 전인적 결정을 하고 그 결정을 실행함에 있어 충분한 시간이 확보"되어야 하며 이때의 충분한 시간이란 "여성이 임신 사실을 인지하고, 자신을 둘러싼 사회적·경제적 상황 및 그 변경가능 여부를 파악하며, 국가의 임신·출산·육아 지원 정책에 관한 정보를 수집하고, 주변의 상담과 조언을 얻어 숙고한 끝에, 만약 낙태하겠다고 결정한 경우 낙태 수술을 할 수 있는 병원을 찾아 검사를 거쳐 실제로 수술을 완료하기까지 필요한 기간"이라 하여 여성의 개인적인 상황을 넘어 국가의 관련 임신, 출산 및 육아 정책들이 자기결정권의 행사에 중요한 요소임을 인정하고 있다. 나아가 태아와 임신 여성의 관계에 대하여도 이들의 이해관계가 대립되는 것이 아닌 일치하는 것이라고 보고 태아의 생명보호는 "임신한 여성의 신체적·사회적 보호를 포함할 때 실질적인 의미"를 가진다며 "원치 않은 임신을 예방하고 낙태를 감소시킬 수 있는 사회적·제도적 여건을 마련하는 등 사전적·사후적 조치를 종합적으로 투입하는 것이 태아의 생명 보호를 위한 실효성 있는 수단"에 해당하고 또한 "임신한 여성이 결정가능기간 중에 낙태갈등 상황에 처했을 때 전문가로부터 정신적 지지와 충분한 정보를 제공받으면서 충분히 숙고한 후 임신 유지 여부에 대한 결정을 할 수 있도록 함과 아울러 임신·출산·육아에 장애가 되는 사회적·경제적 조건을 적극적으로 개선하는 노력"이 필요함을

밝히고 있다.[32]

이러한 판시들에 비추어 보면 임신여성의 낙태에 대한 결정은 개인주의적 관점에서 주체적 개인으로서의 여성의 결정이란 측면을 넘어 사회관계적 맥락에서 이해되어야 하며, 이에 따라 관련된 넓은 범위의 권리들을 포괄하는 재생산을 위한 권리들의 보장이라는 관점에서 후속입법의 정비를 논의하는 주장들[33]이 설득력을 가진다. 특히 임신과 출산이 없으면 공동체가 유지되지 않는 점에서 공동체는 구성원들의 임신과 출산을 위한 사회적 조건들을 마련하여야 할 책무를 지고 있다. 따라서 재생산과 관련한 헌법적 논의에는 개인들의 다양한 권리들과 함께 이에 대응하는 국가의 의무들이 폭넓게 포함되어야 한다.

초기에 재생산권은 "모든 커플과 개인들이 자녀의 수, 터울, 시기를 자유롭게 책임있게 결정할 수 있는 기본적 권리 및 그 권리를 행사할 수 있는 정보와 수단 그리고 가장 높은 수준의 성적·재생산적 건강을 누릴 권리"로 정의되었다. 이후 연구를 통하여 구체적으로 성 건강, 성적 권리, 재생산 건강 그리고 재생산권의 4가지 영역으로 구분해서 정의되기도 하고,[34] 생명과 생존, 안전과 섹슈얼리티와 관련된 권리, 재생산에서의 자기결정과 자유로운 모성 선택과 관련된 권리, 건강 및 과학적 진보의 혜택과 관련한 권리, 차별받지 않고 적절한 존중을 받을 권리 및 정보와 교육, 의사결정에 관련된 권리의 5가지의 범주로 나누어 세부내용이 서술되기도 하고 있다.[35] 어

---

32   헌재 2019. 4. 11. 선고 2017헌바127 결정, 판례집 31-1, 404, 420-422; 오승이, "낙태죄의 위헌여부", 대법원 젠더법연구회(편), 『젠더판례백선』 사법발전재단, 2021, 36-37쪽.

33   신옥주, "낙태죄 헌법불합치 결정 이후 합헌적 법제정비 방안에 관한 연구", 『공법연구』 제47집 제4호, 2019, 175쪽; 신옥주, 앞의 글, 2020, 305쪽; 소은영, 『재생산권에 관한 헌법적 연구』 헌법재판연구원, 2022.

34   소은영, 앞의 책, 2022, 21쪽.

35   하정옥, "재생산권 개념의 역사화·정치화를 위한 시론", 『보건과 사회과학』 제34집,

느 경우이든 재생산권은 성관계에서부터 가족구성과 임신 및 출산 또는 임신중단과 양육에 관한 권리이자 이 모든 활동이 차별없이 보장되기 위한 노동, 교육, 보건, 의료, 환경 등의 권리들을 포괄하며[36] 이들 권리는 개인적인 수준에서 자유로운 성적 권리, 원치않는 임신으로부터 자유로울 권리 및 출산의 규모와 터울을 결정할 수 있는 권리 등 자유권의 영역과 임신, 출산과 관련하여 여성의 신체적, 정신적 건강과 안전을 위한 지원과 정보를 제공받을 권리 등 사회권의 영역까지 포괄하고 있다.[37]

낙태와 관련된 기본권을 이와 같이 복수의 권리들로 구성된 재생산을 위한 권리들로 파악하는 것은 자유권과 기본권 보호의무 그리고 사회권적 기본권의 보장이라는 3중 보장체계 및 복수의 기본권들의 협력을 통한 기본권 보장 이념의 실현이라는 기본권 보장의 다층적이고 복합적인 성격과 일치하는 것이다. 임신 및 출산과 관련한 다양한 영역에서 자유로운 선택권을 보장하는 것이 자유권의 측면이라면 제3자에 의한 이러한 자유권의 침해로부터 실질적인 자유로운 선택을 보호하기 위한 각종 민형사상의 법제도들(예를 들면 손해배상 등)이 국가의 기본권 보호의무에 의한 보장에 해당하고 낙태에 이르는 과정에서 상담과 조언의 제공, 의료보험 적용 등과 같이 그 의사결정을 실질적으로 보장할 수 있는 국가의 적극적인 급부 조치들의 보장은 사회권적 기본권에 의한 보장에 해당하는 것으로 볼 수 있다. 따라서 낙태의 헌법불합치 결정 이후의 법제정비는 단순히 낙태죄에 대한 형법의 개정만으로 범위를 한정하지 않고 위와 같이 재생산권과 관련되어 있는 여러 층위의 복수의 권리들을 실질적으로 보장하기 위한 폭넓은 법제에 대한 개선 검토가 필요한 것으로 보아야 한다.

2013, 197-198쪽.

36   김문정, "낙태죄 헌법불합치와 자기결정권: '비지배 자유' 담론을 중심으로", 『한국의료윤리학회지』 제24권 제3호, 2021, 297쪽.

37   신옥주, 앞의 글, 2019, 182쪽.

2. 헌법상 낙태의 권리와 국가의 의무

헌법재판소는 자기낙태죄 조항에 대한 위헌판단에서 문제되는 기본권을 헌법 제10조에 의하여 보장되는 자기운명결정권 또는 일반적 인격권에서 파생되는 자기결정권으로 파악하고 있다. 현재 낙태를 할지 여부를 결정할 자유가 기본권으로 보장되어야 한다는 점과 그것이 헌법 제10조에 의하여 보장된다는 점에 대하여 반대의견은 찾아보기 어렵다.[38] 다만 낙태의 자유의 근거가 헌법 제10조인지에 대하여는 재검토가 필요하다. 기본적으로 입양과 출산, 결혼과 이혼 등 혼인과 가족관계 형성에 관한 자기결정, 혼인에 상관없이 누구와 성관계를 가질 것인가의 결정, 자신이 결정한 성에 따른 생활 등은 모두 개인의 사적인 영역으로 사생활에 해당한다. 임신한 여성이 아이를 출산할지 여부의 결정 역시 기본적으로는 사생활에 해당하는 것으로서 국가가 낙태죄의 처벌을 통하여 낙태행위를 금지하는 경우에는 사생활 형성의 자유가 제한된다.[39] 종래 헌법재판소는 성적 자기결정권과 혼인과 가족관계 형성에 관한 자기결정의 문제를 모두 헌법 제10조 행복추구권의 하나인 인격권의 내용으로 보아왔고, 학자들도 이들을 자기결정권으로 보고 일반적 인격권의 하나로 설명하여 왔다. 그러나 이와 같은 설명은 모두 사생활의 자유에 대한 별도의 규정이 없이 인격의 자유로운 발현권 조항만을 두고 있는 독일헌법의 해석론을 따른 것이다.[40] 독일 헌법

---

38 반면 미국 연방대법원이 2022. 6. 24. Dobbs v. Jackson 사건 판결에서 낙태권을 프라이버시권으로 보아 헌법상 권리로 인정하던 1973년 Roe vs. Wade 판결을 뒤집은 핵심적인 논거는 헌법에 낙태에 대한 명시적인 근거가 없을 뿐 아니라 묵시적으로도 이를 보호하는 것으로 해석할 수 없다고 하여 낙태권의 기본권성을 부인하는 것이었다. 문재완, "미국 낙태죄 논쟁 -미국 보수주의 법률가들은 Roe v. Wade 판결을 어떻게 뒤집었나?-", 『세계헌법연구』 제28권 제2호, 2022, 7-8쪽 참조.

39 한수웅, 앞의 책, 2022, 573쪽.

40 Kingreen, Thorsten; Poscher, Ralf, 정태호 역, 『독일기본권론』, 박영사, 2021, 174-175쪽.

제정회의에서 '행복을 추구할 권리'와 유사한 표현인 '하고 싶은 대로 하거나 하지 않을 권리'라는 형태의 초안을 고려하였다가 그 표현이 너무 통속적이고 비규범적이라 하여 최종적으로 '인격의 자유로운 발현권'의 형태로 규정된 역사적 사실[41]에 비추어 보면 사생활의 자유를 보장하고 있는 헌법 제17조가 없다면 자기운명결정권 또는 자기결정권을 행복추구권의 한 내용으로 해석하는 것이 가능할 수도 있다. 그러나 독일 헌법과는 달리 사생활의 자유를 명시적으로 규정하고 있는 우리 헌법에서는 '행복추구권 – 일반적 인격권'과 '사생활의 자유'가 일반–특별 관계에 있는 것으로 보아 헌법 제17조가 자율적으로 사생활을 형성할 권리의 우선적 근거조항이 된다고 보아야 한다.[42] 따라서 사적인 영역에서의 자기결정 또는 자기운명결정권은 헌법 제17조 사생활의 자유로서 보호되어야 하며, 낙태를 결정할 자유 역시 사생활의 자유에 포함되는 것으로 보아야 한다.

나아가 혼인과 가족관계 형성에 관한 자기결정 역시 전형적인 사적인 영역으로서 사생활의 자유로 보호되는 것이 마땅하다. 모든 사람은 자유롭게 다른 사람과 친밀한 관계를 맺을 수 있으며 혼인 등을 통하여 가족을 형성할 수 있다. 이는 개인의 사적인 영역으로서 국가는 이를 침해할 수 없다. 재생산권의 하나로 인정되는 자유롭게 가족을 구성하고 유지할 권리[43]는 여기에 해당하여 헌법 제17조에 의하여 보장된다. 이러한 자유와 구별해야 할 것은 민법과 조세법, 사회보장법 등 개별법에서 혼인과 가족관계에 대하여 부여하는 각종 법적인 효과들에서 개인간의 일정한 관계가 배제되는 것이다. 예를 들면 양성으로 구성된 혼인관계에 대하여만 조세법상 일정한

---

41   한수웅, 『기본권의 새로운 이해』, 법문사, 2020, 231쪽.

42   한수웅, 앞의 책, 2022, 574쪽. 다만 한수웅은 사생활의 보호에 관하여는 일반적 인
      격권이 아닌 개별 기본권이 적용되어야 한다고 하면서도 사생활의 보호를 일반적
      인격권의 보장내용으로 설명하고 있다.

43   하정옥, 앞의 글, 2013, 197쪽.

혜택을 부여하거나 사회보장법상 각종 급여의 대상에 포함시키는 것은 일정한 개인간의 관계만이 혜택이나 급여의 대상에 포함되는 점에서 그 결과적 효과로서 가족형성의 자유를 제한하는 것으로 볼 수는 있으나 직접적으로는 차별에 의한 평등권 침해가 문제된다. 예를 들면 국민건강보험법상 피부양자 자격의 인정과 관련하여 동성간 결합을 배제할 것인지 여부는 전형적으로 국민건강보험의 관점에서 이들을 남녀간 결합과 본질적으로 같은 것으로 볼 것인지 여부에 관한 평등의 원칙 위반 또는 평등권의 문제에 해당한다. 혼인과 가족공동체를 대상으로 한 각종 지원은 혼인과 가족생활에 대한 국가의 특별한 보장의무를 규정하고 있는 헌법 제36조 제1항을 근거로 하는 것이다. 그러나 일정한 경우만을 혼인 또는 가족으로 인정하여 법적 효력을 부여함으로써 차별적인 효력이 발생하는 것까지 헌법 제36조에서 인정하고 있는 것은 아니다. 국가에 의한 각종 지원에서 배제되는 이와 같은 차별의 경우에는 당연히 평등권 침해로서 다룰 수 있어야 한다.

사생활의 자유가 낙태 및 재생산권의 자유권적 측면의 핵심적인 규정이라면 헌법 제36조 제2항의 모성보호 규정은 사회권적 측면의 핵심 규정에 해당한다. 여기에서 모성은 혼인에 상관없이 임신하고 있거나 자녀를 출산하여 양육의무가 부여된 여성을 의미한다. 위 규정이 모성보호를 위한 국가의 노력의무의 형식으로 이루어져 있어 이를 국가의무조항으로 보는 경우가 일반적이나 모성을 보호받을 권리로 해석하는 경우도 찾아볼 수 있다.[44] 다만 어떻게 해석하는 경우에도 모성보호의 구체적 내용으로 모성의 건강에 대한 보호와 함께 임신, 출산, 수유, 양육에 관한 사회·경제적 여건에 대한 국가보호가 포함되어야 하는 것에 대한 다른 의견을 찾아보기 어렵다. 또한 이러한 국가의 적극적인 지원과 보호가 임신과 출산에 대한 모의 자기결정권 행사에 결정적인 요인이 된다는 점에도 이견이 없다. 산모

---

[44]   김학성·최희수, 『헌법학원론』, 피앤씨미디어, 2021, 756쪽.

와 영유아에 대한 건강검진, 출산휴가 등 사회적 지원이 여기에 포함되며, 이러한 지원이 자기결정권 행사에 중요한 이유는 출산을 넘어 출산 후의 양육부담을 감당할 수 있는 경우에야 비로소 임신과 출산을 결심할 수 있기 때문이다.[45] 따라서 국가가 임신기의 모성의 보호를 넘어 육아휴가, 육아시설의 제공, 연금법에서의 양육기간의 산입, 자녀의 양육부담에 대한 세금공제혜택 등의 조치를 지속적으로 이행하는 경우에만 비로소 효과적인 모성의 보호가 실현되며, 실질적인 자기결정권의 행사가 가능해진다.[46]

물론 이에 해당하는 상담과 조언, 물질적 지원 등의 과정이 국가가 공동체 유지를 위한 임신과 출산에 대한 공익을 강조하여 이를 하지 않을 권리를 제한하는 형태로 이루어지는 것은 적절하지 않다. 임신과 출산을 결정할 자기결정권이 하지 않기로 선택할 소극적 권리 역시 포함되어 있는 점에서 관련된 각종 제도들은 중립적인 형태로 마련되어 운영되어야 하며 여성이 어느 것을 선택하더라도 자유로운 의사결정을 실질적으로 보장할 수 있는 조치들로 구성되어야 한다. 이와 같이 모성보호 규정이 임신과 출산과 관련한 자기결정권의 실질적인 행사를 위한 조항이라고 보면 국가의 지원과 보호 대상에는 임신하고 있는 여성을 넘어 임신이 가능한 여성으로서 임신 및 출산을 예정하고 있으면서 그에 대한 결정을 앞두고 있는 여성들도 포함되는 것으로 보아야 한다.

모성보호에 대한 헌법규정의 취지를 이와 같이 보면 헌법 제34조 제3항 국가의 여성의 복지 및 권익 향상을 위한 노력의무, 제32조 제4항 여자의 근로에 대한 특별 보호 규정 등과 관계가 문제될 수 있다. 이들 규정들은 각각 여성 복지에 대한 일반규정, 여성근로자에 보호에 대한 일반규정에 해당하여, 모성과 관련하여서는 모성보호만을 위한 특별규정인 헌법 제36조

---

45   김학성·최희수, 앞의 책, 2021, 756쪽.

46   한수웅, 앞의 책, 2022, 1093쪽.

제2항이 우선적으로 적용되는 것으로 보아야 한다. 다만 임신을 결정하지 않은 여성에 대한 보호 등 모성보호 규정에서 포괄하지 못하는 부분은 당연히 이들 규정의 적용을 받게 된다. 마찬가지로 헌법 제36조 제3항의 보건에 대한 국가의 보호의무 또는 건강권 규정 역시 관련되어 있음은 물론이며, 건강권의 보호가 모성보호를 위한 국가의 적극적인 지원의무에 포함되어 있음에 이견이 있을 수 없다.

이러한 헌법상 모성보호를 위한 적극적인 지원의무 규정들은 임신, 출산과 관련하여 여성만이 겪는 특수한 상황에 의하여 발생하는 부담을 국가 및 공동체 전체가 분담함으로써 실질적인 평등을 실현하기 위한 것에 해당한다. 그러한 점에서 이러한 국가의 각종 적극적인 행위의무 규정들의 위반이 문제되는 사안에서 별도로 평등권 침해가 검토될 필요는 없다. 미국에서는 낙태금지와 관련하여 프라이버시권을 중심으로 한 논의들을 비판하고 그것이 여성에 대한 동등한 시민권을 인정하는 것을 저해하므로 차별받지 아니할 권리의 침해 문제로 다루어야 한다는 주장이 제기되어 왔다.[47] 물론 낙태금지가 여성의 실질적인 평등과 관련되어 있음을 부정할 수 없다 하더라도 이러한 평등규정을 중심으로 한 주장들은 달리 사회권과 관련한 국가의 적극적인 의무규정들이 존재하지 않는 미국헌법의 상황에서 그러한 내용의 권리와 국가의무를 인정하기 위한 노력의 귀결로 보아야 한다. 앞서 살펴본 바와 같이 모성보호 등 많은 관련 규정들을 두고 있는 우리 헌법의 현실에서는 이들 규정들의 취지의 해석과 실현에 초점을 맞추는 것이 바람직하다. 여기에서 헌법상 평등권을 근거로 하여 국가의 각종 정책 실현의 필요성을 별도로 주장하는 것이 불필요하다는 것과는 별도로 자유로운 낙태의 실현이나 재생산과 관련된 각종 사회·경제적 정책이 연령이나 계급 등에 따라 차별의 문제가 발생하였을 때 개별적인 차별취급의 위헌성

---

47   소은영, 앞의 책, 2022, 30-32쪽.

을 평등으로 다툴 수 있음은 유의해야 한다. 혼인과 가족관계 형성에서 살펴본 바와 마찬가지로 재생산과 관련된 각종 제도에서 발생하는 차별취급의 문제는 당연히 평등권의 침해 문제로 다툴 수 있다.

Ⅳ. 결론

임신한 여성의 낙태를 결정할 기본권은 사생활의 자유의 하나인 자유로서의 자기결정권이 핵심적인 것이기는 하나 그 실질적 보장을 위한 제도의 개선으로 논의의 범위를 넓혀보면 많은 복수의 기본권이 고려되지 않으면 안된다. 이러한 인식은 국제인권법상의 재생산에 관한 권리들(reproductive rights) 보장의 필요성 논의로 발전하여 임신과 출산, 육아와 관련한 다양한 종류와 성질의 권리와 국가의무들이 포괄적으로 결합하여 검토될 때 비로소 여성의 기본권이 실질적으로 보장될 수 있음이 받아들여지고 있다. 문제되는 영역별로 자유권을 중심으로 하면서도 기본권 보호의무와 사회권 보장을 통한 국가의 적극적 지원의무를 통하여 헌법이 기본권 보장을 위한 다층적이고 복합적인 체제를 구축하고 있는 것은 이와 같은 체제에 의하여야 비로소 기본권 보장에 의한 헌법이념의 실현이 가능하다는 인식에 기반을 두고 있다. 우리 헌법도 그와 같은 다층적인 보장체계를 도입하고 있음이 판례나 학자들에 의하여 인정되고 있다. 따라서 낙태와 관련하여 관련되어 있는 복수의 다양한 기본권들의 집합체인 재생산에 관한 권리들의 보장은 이러한 다층적 보장체계의 하나로서 받아들일 수 있는 것이다.

낙태의 권리를 이와 같이 재생산권 보장을 중심으로 바라보게 되면 헌법재판소의 낙태죄 규정 헌법불합치 결정의 후속입법에 대한 논의가 형법상의 낙태죄 규정과 모자보건법의 낙태 허용 사유 규정의 개정에 한정하여 이루어지는 것이 지나치게 단순한 사고에 의한 것임을 쉽게 인식할 수 있게 된다. 이들 규정들은 사생활의 자유로서의 자기결정권을 직접적으로 제한하는 것으로서 당연히 이를 개정하는 것이 필요하기는 하나 이것만으로 낙태를 위한 자기결정권의 실질적인 보장이 이루어진다고 볼 수는 없다. 헌법재판소도 임신여성의 자기결정권 보장을 위해서는 보다 폭넓은 논의가 필요함을 구체적인 판시내용을 통하여 인정하고 있다. 따라서 낙태가 범죄행위가 아닌 기본권으로서 자유롭게 행할 수 있는 행위임을 전제로 기존 낙태가 금지되었을 때 구축되었던 임신, 출산, 육아와 관련된 제반 제도들을 재검토하는 것이 필요하며, 이와 같이 넓은 범위의 관련 법령들의 제·개정이 이루어질 때 비로소 헌법재판소 결정의 취지가 제대로 실현될 수 있을 것이다.

이 글은 헌법재판소의 낙태죄 헌법불합치 결정의 후속입법을 위한 논의를 위해 좁은 범위의 자기결정권을 넘어 다수의 포괄적인 기본권들이 관련되어 있음을 밝히고 그 취지들을 올바로 실현하기 위한 폭넓은 입법이 이루어져야 함을 주장하기 위한 것이다. 낙태와 관련된 기본권을 재생산에 관한 권리들의 관점에서 파악한다고 하여도 당연히 이들 기본권들은 헌법 제37조 제2항에 의하여 국가안전보장, 질서유지 또는 공공복리를 위하여 필요한 범위에서 제한될 수 있음은 헌법상 예정되어 있다. 예를 들면 낙태를 위한 사생활의 자유는 과잉금지원칙을 위반하지 않는 범위에서 태아의 생명권 보호라는 공공복리를 위하여 제한될 수 있다. 태아의 생명권 역시 다층적으로 보장되어야 하는 기본권으로서 기능하고 있다. 따라서 후속입법을 위해서는 재생산권의 보장이라는 측면도 중요하지만 관련한 다른 사람들의 기본권 등 공공복리의 보장도 중요한 것이며, 어느 한쪽만을 지나치게 강조하여 입법이 이루어진다면 다시 위헌문제가 발생할 수밖에 없다. 이 글은 일반적인 헌법재판소의 위헌판단의 구조에서 보면 '문제되는 기본권'의 범위에 어떠한 것들이 포함되어야 하는지에 대한 부분까지만을 포함하고 있으며, 구체적인 기본권의 위헌여부에 대한 부분은 논의하고 있지

않다. 이것들은 후속입법이 이루어진 이후 개별적으로 검토가 이루어져야
할 것이다.

제2장

임신중단 비범죄화 이후 성·재생산건강권 보장을 위한 유엔 사회권규약 이행 방안

김정혜 (한국여성정책연구원 부연구위원)

I. 서론

낙태죄 헌법불합치 결정에 따른 낙태죄 개선 입법 유예 기간이 지나 여성과 의사의 임신중단이 비범죄화된 이후 많은 시간이 지났지만 그간 한국사회는 별반 달라진 것 같지 않다. 유산유도약은 여전히 정식 수입되지 못하고 있으며, 임신중단 의료를 제공하는 병원을 찾기는 어렵고, 의료비는 제각각이다. 임신중단을 필요로 하는 이들은 비난과 낙인의 우려를 안고 비공식적인 경로를 통하여 정보를 구하고 있다.[1] 임신중단이 불법이었던 시기의 경험이 지속되고 있는 것이다. 헌법재판소가 정한 개선 입법 시한에 임박하여 정부가 내놓은 입법안은 처벌과 통제를 유지하는 것이었으며, 그러한 법안이 통과되지 않은 이후에도 정부는 소위 '사회적 합의'를 내세우며 안전한 임신중단(safe abortion)의 보장과 성·재생산건강 확보를 위한 적극적인 정책을 시행하지 않고 있다. '제4차 저출산·고령사회 기본계획'

---

1   김동식·동제연·김새롬, 『안전한 임신중단을 위한 의료접근성 제고방안 연구』, 한국여성정책연구원(2021), 175-180쪽.

에서 처음으로 "임신의 종결"을 "임신의 유지"와 나란히 다루며 건강 보호와 의료 서비스 등의 지원 대상으로 두어 "생식건강" 개념에 포함하고 임신중단에 대한 정보 제공과 사회적 지원 강화를 통한 건강권 보장 계획을 수립하였으나[2] 이행 실적은 미미했다. 2년 뒤 새 정권의 대통령 주재로 개최된 2023년 제1차 저출산·고령사회위원회에서는 '전 생애의 재생산건강권 보장'이라는 과제가 다시 '저출산 대응'으로 협소해지면서 '5대 핵심 분야'에서 건강은 오로지 부모가 되기 위한 건강, 영유아의 건강으로 축소되었다.[3] 낙태죄 결정에서 헌법재판소가 요청한 입법 기한의 도과로 한국에서 여성과 의사의 임신중단은 더이상 처벌받지 않게 되었지만 처벌 조항의 부재가 성·재생산건강권의 보장으로 직결되지는 않는다. 임신중단권의 실질적 보장을 위한 법과 정책의 부재는 단순히 법, 정책의 부재로 인한 소극적 자유를 의미하는 것이 아니라 불법 시대의 낙인을 유지하고 권리의 보장을 약화시키는 적극적 역할을 한다.

임신중단 의료를 비롯한 성·재생산 영역에서 법과 정책의 변화를 위한 시도를 중단한 한국의 상황과는 달리, 최근 몇 년 사이에 국제적 기준은 빠르게 앞으로 나아가고 있다. 성·재생산건강과 권리에 대한 국제인권규범의 기준은 인구정책적 고려로부터 권리의 차원으로, 안전한 임신중단의 확보를 권고하면서도 각국의 국내법을 우선하던 태도로부터 벗어나 건강권으로서 임신중단권의 완전한 보장을 요구하는 방침으로 전환되고 있다. 유엔 인권위원회(UN Human Rights Committee)는 〈시민적 및 정치적 권리에 관한 국제규약(International Covenant on Civil and Political Rights)〉 제6조 생명권의 해석에 대한 일반논평에서 임신중단 제한을 위한 당사국의 조치가 여성

---

2   관계부처합동, 『제4차 저출산·고령사회 기본계획』(2020), 87, 90쪽.

3   저출산·고령사회위원회, "결혼·출산·양육이 행복한 선택이 될 수 있는 사회 환경 조성," 2023년 제1차 저출산고령사회위원회 개최, 윤석열 정부의 「저출산·고령사회 과제 및 정책 추진방향」 발표(2023. 3. 27.), 3–4쪽.

의 생명권 및 기타 규약상의 권리를 침해하는 결과를 초래해서는 안 되고, 임신중단 의료 제공자에게 형사 제재를 가하는 것은 여성이 안전하지 못한 임신중단(unsafe abortion)에 의존하도록 강제하는 것이므로 당사국의 의무 위반이며, 모든 상황에서 임신중단 이후 의료의 가용성, 효과적 접근성, 비밀을 보장해야 한다고 하였다.[4] 또한 유엔 여성차별철폐위원회(Committee on the Elimination of Discrimination against Women)는 '여성에 대한 젠더 기반 폭력'의 의미를 설명하는 일반권고에서 임신중단의 범죄화, 안전한 임신중단이나 임신중단 이후 관리의 거부 또는 지연, 강제적 임신 유지 등의 성·재생산건강권 침해가 상황에 따라 "고문 혹은 잔인하고 비인간적이거나 모멸적인 대우에 준하는 젠더 기반 폭력"에 해당할 수 있다고 보았다.[5] 청소년의 임신중단에 대해서도 아동권리위원회(Committee on the Rights of the Child)의 2016년 일반논평은 '임신중단을 비범죄화하여 여성청소년이 안전한 임신중단과 임신중단 후 서비스에 접근할 수 있도록 보장'하고 '임신중단 관련 결정에서 여성청소년의 관점이 언제나 청취되고 존중되도록 보장할 것'을 각국 정부에 요구하였다.[6]

당사국에 대한 일반적인 권고 외에 임신중단 의료 제공과 관련한 한국 정부에 대한 권고도 이미 여러 차례 있었다. 여성차별철폐위원회는 2011년과 2018년에 대한민국 정부에 대해 임신중단 관련 법, 정책적 개선방

---

4   United Nations Human Rights Committee, General comment No. 36, 3 September 2019, CCPR/C/GC/36, para.8.

5   United Nations Committee on the Elimination of Discrimination against Women, General recommendation No. 35 on gender-based violence against women, updating general recommendation No. 19, 26 July 2017, CEDAW/C/GC/35, para.18.

6   United Nations Committee on the Rights of the Child, General comment No. 20 (2016) on the implementation of the rights of the child during adolescence, 6 December 2016, CRC/C/GC/20, para.60.

안을 권고한 바 있다. 여성차별철폐협약(Convention on the Elimination of Discrimination against Women) 이행에 대한 제7차 및 제8차 대한민국 정기 보고서 심의 결과에서 여성차별철폐위원회는 임신중단을 비범죄화하고 임신중단을 한 여성이 임신중단 이후 양질의 의료 서비스에 접근할 수 있도록 할 것을 촉구하였다.[7] 또한 경제적·사회적·문화적권리위원회에서도 임신중단을 범죄화하는 데 우려를 표명하고, 임신중단을 경험한 여성을 비범죄화하여 여성의 성·재생산건강권을 보장할 것을 우리 정부에 요청하였다.[8]

이렇듯 국제인권기구들은 임신중단에 대한 처벌적 접근이 여성의 건강권 침해임을 명확히 하면서 임신중단을 처벌과 불처벌의 문제가 아닌 건강권 보장의 영역에서 다루고자 한다. 이때 정부의 의무는 처벌의 범위를 조정하는 것이 아니라, 여성을 안전하지 못한 임신중단에 의존하도록 함으로써 여성의 건강을 저해하는 다양한 수준의 요인들을 제거하여 실질적으로 건강을 보장할 방안을 마련하는 것이다. 낙태죄 헌법불합치 결정 이후에도 한국 사회에서 임신중단과 관련된 법적 논의는 임신중단의 처벌을 전제로 두고 법체계의 구성이나 처벌 범위, 처벌 외의 임신중단에 대한 통제 방법을 정하는 데 집중하거나 그와 같은 논의에 대한 대응 논리 구성에 머물러, 건강권 보장 차원에서 임신중단 문제를 다루는 연구는 드문 편이었다. 이에 이 글에서는 성·재생산건강권 측면에서 임신중단 문제를 조명하고 정

---

7   United Nations Committee on the Elimination of Discrimination against Women, Concluding observations of the Committee on the Elimination of Discrimination against Women: Republic of Korea, 1 August 2011, CEDAW/C/KOR/CO/7, para.35; United Nations Committee on the Elimination of Discrimination against Women, Concluding observations on the eighth periodic report of the Republic of Korea, 14 March 2018, CEDAW/C/KOR/CO/8, para.43.

8   United Nations Committee on Economic, Social and Cultural Rights, Concluding observations on the fourth periodic report of the Republic of Korea, 19 October 2017, E/C.12/KOR/CO/4, para.59, 60.

부 정책의 한계와 대안을 모색하고자 한다.

임신중단을 인권 보장 차원에서 접근하고 있는 국제인권기구의 문서들 중에서도 경제적·사회적·문화적권리위원회(Committee on Economic, Social and Cultural Rights, 이하 '사회권규약위원회')의 2016년 일반논평은 성·재생산 건강 보장의 국제적 기준을 제시하며 성·재생산건강권의 맥락에서 임신중단 문제를 다룬 대표적인 문서로서, 임신중단을 비롯하여 한국의 성·재생산건강권 보장의 현실을 점검하고 나아갈 방향을 모색하는 데 유의미한 기준점이 될 수 있다. 이하에서는 사회권규약위원회 일반논평 제22호의 내용을 분석하고, 임신중단 관련 한국의 법·정책적 상황을 검토한 후, 임신중단을 중심으로 하여 성·재생산건강권 확보를 위한 법과 정책적 개선방안을 제시한다.

II. 유엔 사회권규약위원회 일반논평 제22호의 주요 내용

1. 개관

유엔 〈경제적·사회적 및 문화적권리에관한국제규약(International Covenant on Economic, Social and Cultural Rights, 이하 '사회권규약')〉은 국제인권장전 중 하나로, 한국 정부는 1990년 4월 가입하여 같은 해 7월 10일부터 국내법과 같은 효력이 발생되었다. 국제인권조약에 대한 조약 이행기구의 일반논평은 그 자체로서 조약과 같은 법적 구속력을 갖지는 않지만 조약 이행기구에서 가장 종합적이고 최신의 정보를 바탕으로 한 논의와 의견 수렴 과정을 거쳐 작성한 문서이며 조약 해석의 기준을 제시하는 권위 있는 자료로 평가된다.[9] 사회권규약의 이행을 감시하는 사회권규약위원회는 '일

---

9   이혜영, 『법원의 국제인권조약 적용 현황과 과제』, 사법정책연구원(2020), 42쪽. 대

반논평(general comment)'의 형태로 규약의 내용을 구체화하여 당사국이 규약을 충실히 이행하고 규약 이행 보고에 참고할 수 있도록 지원해왔다. 위원회는 2016년에, 규약 제12조에 따른 '성·재생산건강권에 관한 일반논평 제22호'를 발표하였다.[10]

사회권규약 제12조는 건강권, 즉 "모든 사람이 도달 가능한 최고 수준의 신체적·정신적 건강을 향유할 권리"를 갖도록 당사국에 요구하는 조항으로, 일반논평 제22호는 일반적 건강권의 일부로서 성·재생산건강권의 내용을 명확히 하고 당사국의 의무를 구체화하고자 한 문서이다. 때문에 이 문서에서는 건강권에 대한 일반논평 제14호[11]의 내용을 성·재생산건강으로 확장한다. 일반논평 제22호는 성·재생산건강의 완전한 향유에 상당한 수준의 제약이 존재함을 지적하며 논평 곳곳에서 임신중단과 관련된 문제 상황을 언급하고 국가의 의무를 명확히 하고 있어, 임신중단 비범죄화 이후 한국 정부가 이행해야 하는 규약상의 의무를 점검하고 구체적인 방향을 설정하는 데 지침을 제공해준다. 이하에서는 성·재생산건강 의료의 4가지

법원은 양심적 병역거부 사건 판결의 다수의견에 대한 보충의견에서 자유권규약의 해석은 규약의 전체 조항과 더불어 자유권규약위원회의 활동, 가입국이 이행해야 하는 의무 내용 등을 고려해야 한다고 하면서 유엔 자유권규약위원회가 일반논평 제22호를 통하여 견해를 변경한 점을 주요 논거로 들었다(대법원 2018. 11. 1 선고, 2016도10912, 전원합의체 판결).

10 United Nations Committee on Economic, Social and Cultural Rights, General comment No. 22 (2016) on the right to sexual and reproductive health (article 12 of the International Covenant on Economic, Social and Cultural Rights), 2 May 2016, E/C.12/GC/22. 국가인권위원회가 출간한 한글 번역본이 있다. 국가인권위원회, 『유엔 인권조약기구 일반논평 및 일반권고: 사회권규약위원회 일반논평』(2021), 265-285쪽.

11 United Nations Committee on Economic, Social and Cultural Rights, General Comment No. 14 (2000), The right to the highest attainable standard of health (article 12 of the International Covenant on Economic, Social and Cultural Rights), 11 Aug 2000, E/C.12/2000/4.

필수 요소와 이를 보장하기 위한 당사국의 법적 의무를 중심으로 일반논평 제22호의 내용을 살펴본다.

2. 성·재생산건강권 보장의 4가지 필수 요소

일반논평 제22호는 건강권 보장을 위한 ① 가용성(availability), ② 접근성(accessibility), ③ 수용성(acceptability), ④ 품질(quality)의 네 측면에서 포괄적인 성·재생산건강 의료의 필수적인 요소들을 제시한다.

첫째, 가용성으로서, "제대로 기능하는 충분한 수의 보건의료 시설, 서비스, 물품, 프로그램이 이용가능한 상태에 있어서 사람들이 성·재생산건강 의료를 가능한 최대한으로 이용할 수 있을 것", "성·재생산건강 의료 서비스의 전범위를 수행할 수 있는 숙련된 서비스 제공자와 훈련된 의료 인력 및 전문 인력", 필수의약품의 이용가능성을 보장할 것, "이념에 따른 정책이나 관행으로 물품과 서비스의 이용이 불가능하게 되어 서비스 접근에 장벽이 생기지 않도록 할 것"이 요청된다(§12~14).[12]

둘째, 접근성으로서, 모든 개인과 집단이 성·재생산건강 의료와 관련된 보건의료 시설, 물품, 정보, 서비스에 차별이나 장벽 없이 접근할 수 있어야 한다(§15). 접근성에는 물리적 접근성(physical accessibility), 비용 접근성(affordability), 정보 접근성(information accessibility)이 포함된다(§15). 물리적 접근성은 "성·재생산건강 의료 관련 보건의료 시설, 물품, 정보, 서비스가 안전한 물리적, 지리적 도달 범위 내에 있어서 필요한 사람들이 적시에 서비스와 정보를 얻을 수 있도록" 하는 것을 의미한다(§16). 비용 접근성은 모두에게 성·재생산건강 의료 서비스가 감당할 수 있을 정도의 비용으로 제공되어야 함을 뜻한다(§17). 정보 접근성은 성·재생산건강 관련 정보와 아이디어를 구하고 얻고 전파할 권리와 자신의 건강 상태에 대한 정보를 얻

---

12   이하에서 괄호 안 숫자는 일반논평 제22호의 단락 번호를 뜻한다.

을 수 있는 권리를 포함하며(§18), "그와 같은 정보는 개인과 공동체의 필요에 부합하는 방식으로 제공"될 것이 요청된다(§19).

셋째, 수용성으로서, "성·재생산건강과 관련된 모든 시설과 물품, 정보, 서비스가 개인과 소수자, 민족, 공동체의 문화를 존중하고 성별, 나이, 장애, 성적 다양성, 생애주기의 필요에 민감"하여야 한다(§20).

넷째, 품질로서, 성·재생산건강과 관련된 시설, 물품, 정보, 서비스가 양질의 것이어야 하는데 이는 "근거에 기반하고, 과학적, 의학적으로 적절하며, 최신"이라는 의미로, "훈련받고 숙련된 보건의료 종사자, 과학적으로 승인되고 만료되지 않은 약물과 장비를 요구"한다(§21).

3. 당사국의 법적 의무

사회권규약 제2조 1항에 따라 당사국은 "이용가능한 최대한의 자원을 동원하여, 성·재생산건강권의 완전한 실현을 점진적으로 성취하기 위한 조치"를 취해야 한다. 목표 실현은 점진적으로 진행되는 과정일 수 있지만 이를 위한 조치는 "즉각적으로, 또는 납득할 수 있을 만큼 단기간 내에" 취해야 한다(§33).

일반논평 제22호 전반에서 차별 금지와 권리의 동등한 실현이 강조된다. 일반논평 제22호는 당사국이 개인과 집단의 성·재생산건강권을 동등하게 보장할 의무를 지며, 이를 위해 특정 개인이나 집단이 성·재생산건강권을 실현할 능력을 무효화하거나 저해하는 법과 정책을 폐지 또는 개정하고(§34), 역행하는 조치를 피할 것을 요청한다(§38). 여기에서 성·재생산건강권을 온전히 향유하기 위해 필요한 자율성과 평등권, 차별 받지 않을 권리를 저해하는 광범위한 법, 정책, 관행의 하나로 "임신중단을 범죄화하거나 제한하는 법률"이 예시되어 있으며(§34), 역행하는 조치로는 성·재생산건강 관련 특정 행위와 결정을 범죄화하는 법 제정, 성·재생산건강 서비스에 접근할 개인의 권리를 존중해야 하는 민간행위자의 의무에 대한 국가의 감독을 축소하는 법·정책적 변화 등이 해당된다고 한다(§38). 이 논평에서 평등한 권리 보장의 요청은 단지 차별 대우를 금지하는 소극적인 차원에 머무르지 않고, 차별 철폐를 위한 적극적 조치로 나아간다. 국가는 불평등과 차별을 지속시키는 조건을 폐지하고 그와 같은 사고방식을 근절하기 위하여 필요한 조치를 취해야 하며(§35), 오랜 차별과 편견을 극복하기 위해 필요하다면 특정 집단에 대한 잠정적 조치를 채택해야 한다(§36). 즉, 일반논평 제22호에서 평등은 형식적 평등에 그치지 않는 실질적 평등을 의미한다.

구체적으로 당사국은 모든 사람의 성·재생산건강권을 존중하고, 보호하고, 실현할 의무를 진다(§39). 먼저 존중 의무로서, 국가는 개인의 성·재생산건강권 행사를 직접적 또는 간접적으로 방해하지 않아야 하며, 성·재생산건강에의 접근을 제한하거나 거부해서도 안 된다(§40). 당사국은 성·재생산건강권 행사를 저해하는 법률을 개정하여야 하고(§40), 성·재생산건강 서비스에 대한 접근에 장벽을 초래하는 법과 정책을 폐지하고, 새로 도입하지 않을 의무를 진다(§41). 성·재생산건강 서비스 접근 제한의 사례로 일반논평 제22호는, 임신중단, 피임을 포함하여 성·재생산건강 서비스 및 정보 접근의 요건으로 부모, 배우자, 사법당국 등 제3자의 승인을 받도록 요구하는 것, 임신중단 서비스와 관련된 편향된 상담, 강제 대기 기간 등을 들고 있다(§41).

둘째, 보호 의무로서, 당사국은 "제3자가 성·재생산건강권의 향유를 직접적 또는 간접적으로 침해하는 데 대해 조치를 취할" 의무가 있다(§42). 보호 의무는 보건의료 서비스 제공자를 비롯한 민간 영역에서의 권리 침해가 성·재생산건강권 실현에 실질적이고 중대한 제한을 초래하고 있음을 반영한다. 보호 의무는 민간 행위자가 "보건의료 시설에 대한 물리적 차단, 잘못된 정보 유포, 비공식적 비용 부과, 제3자 승인 요구와 같이 실질적인 또는 절차적인 장벽"을 부과하지 못하도록 국가가 금지하고 예방할 것을 요청한다(§43).

셋째, 실현 의무는 "성·재생산건강권의 완전한 실현을 보장하기 위하여 적절한 입법, 행정, 예산, 사법, 홍보, 기타 조치의 채택"을 당사국에 요구하는 것이다(§45). 국가는 성·재생산 보건의료에 대한 물리적, 지리적 접근성 결여, 과도한 비용 등 성·재생산건강권의 완전한 실현을 제약하는 실질적인 장벽을 제거하기 위해 조치를 취해야 하며, 이용자를 존중하는 양질의 성·재생산건강 서비스를 제공할 수 있도록 적절하게 훈련 받은 보건의료 서비스 제공자들이 전국에 고루 분포되도록 보장해야 하고(§46), 성·재생산 건강 서비스의 제공과 전달을 위하여 근거 기반의 기준과 가이드라인을 개발, 시행하고, 그 내용이 의학적 진보를 반영할 수 있도록 정기적으로 갱신하여야 한다(§47).

4. 일반논평 제22호의 의의와 세계보건기구의 2022년 가이드라인

국가의 건강권 보장 의무라는 맥락에서 성·재생산건강권 보장을 전반적으로 다루는 일반논평 제22호는 안전한 임신중단의 보장을 통한 성·재생산건강 확보의 중요한 요소들을 포함하고 있다. 성·재생산건강은 모든 측면에서 성·재생산건강과 관련한 신체적, 정신적, 사회적 안녕 상태를 의미하는 개념으로, 성·재생산건강의 달성을 위해서는 자녀를 가질 것인지 여부와 시기, 방법, 자녀 수를 결정할 권리의 보장이 요청된다.[13] 일반논평 제22호는 사회권규약의 당사국이 개인의 임신 지속 또는 중단에 대하여 자유롭고 책임 있는 결정과 선택을 할 권리, 임신중단과 관련된 보건의료 시설, 물품, 서비스, 정보의 이용에 방해를 받지 않을 권리를 보호함으로써, 모든 사람이 폭력, 강제, 차별 없이 성·재생산건강을 온전히 향유할 수 있도

---

13 Starrs AM, Ezeh AC, Barker G, Basu A, Bertrand JT, Blum R, Coll-Seck AM, Grover A, Laski L, Roa M, Sathar ZA, Say L, Serour GI, Singh S, Stenberg K, Temmerman M, Biddlecom A, Popinchalk A, Summers C, Ashford LS, "Accelerate progress-sexual and reproductive health and rights for all: report of the Guttmacher-*Lancet* Commission", *The Lancet*, Vol. 391, Issue 10140 (2018), p.2646.

록 할 의무를 진다는 점을 명확히 하였다.[14] 국가는 임신중단 관련 보건의료 시설, 물품, 서비스, 정보의 가용성을 보장하여야 하므로, 임신중단 의료를 제공할 수 있는 보건의료 인력의 훈련, 소위 신념에 따른 거부가 임신중단 의료 서비스 접근에 장벽이 되지 않도록 하는 조치, 사후피임약이나 임신중단 및 사후 의료 의약품의 이용가능성 확보 등을 위한 조치를 취하여야 한다. 또한 임신중단을 필요로 하는 모든 사람의 임신중단 접근성 보장을 위하여 임신중단 의료 서비스 제공이 가능한 의료기관의 전국적 분포를 확보하고 임신중단 의료비의 적정성을 관리하며, 의료비가 과도한 부담이 되지 않도록 건강보험 편입 등의 조치를 취하고, 편견을 반영하지 않은 최신의 의학적 근거에 기반한 피임과 임신중단 관련 정보에 누구나 자신의 필요에 부합하는 방식으로 접근하고 정보를 공유할 수 있도록 보장하여야 한다. 뿐만 아니라 국가는 양질의 임신중단 의료를 제공하여야 하므로, 임신중단 의료와 관련된 보건의료 인력이 적절한 훈련을 받고 양질의 서비스를 제공할 수 있도록 하며, 약물을 통한 임신중단을 비롯한 최신의 의학기술[15]이 의료 현장에서 적용될 수 있도록 해야 한다.

일반논평 제22호는 전반에서 성·재생산건강권 보장에 있어 차별금지와 평등의 보장을 강조한다는 점에서도 의의를 갖는다. 모든 개인과 집단이 같은 범위, 품질, 기준의 성·재생산건강 시설, 정보, 물품, 서비스를 차별

---

14   United Nations Committee on Economic, Social and Cultural Rights, Op.cit., 2 May 2016, para.5.

15   특히 유산유도약인 미페프리스톤과 미소프로스톨은 2005년에 이미 세계보건기구의 필수 의약품 목록에 포함되었고 2019년에는 보완 목록에서 핵심 목록으로 이동하면서 '면밀한 의료적 감독 필요' 문구를 삭제하였다. World Health Organization, *WHO Drug Information*, Vol. 19, No. 3 (2005), pp.220-221; World Health Organization, *WHO Model List of Essential Medicines 20st List* (2019), p.46; World Health Organization, *WHO Model List of Essential Medicines 20st List* (2021), p.50.

없이 향유할 수 있어야 한다는 점은 중요한 원칙이 되며,[16] 만일 차별적 법률, 정책이나 관행으로 인하여 특정 집단의 성·재생산건강 보장에 장벽이 발생한다면 국가는 적극적인 조치를 취하여 이를 해결할 것을 요구받는다. 법과 정책의 수정만이 아니라 관행을 변화시키기 위한 조치를 포함하는 것은 성·재생산건강 보장의 실질적 평등을 실현하는 데 핵심적이다. 성·재생산건강 보장을 저해하는 차별, 낙인, 부정적 고정관념을 방지하는 법률, 정책, 프로그램을 마련하고, 실제로 조치가 이행될 수 있도록 확보해야 한다. 또한 평등 실현을 위한 조치를 마련함에 있어서는 교차성으로 인한 복합차별의 가능성을 고려할 것이 요구된다.[17]

성·재생산건강권 보장에서 실질적 권리 실현과 실질적 평등의 요구는 한국에서 임신중단 의료의 즉각적이고 전면적인 시행 필요성을 보여준다. 성·재생산건강 영역 중에서도 임신중단은 결코 드문 경험이 아니지만 여성이 어머니로서의 성역할을 수행하여야 마땅하다는 차별적 편견과 낙인으로 인하여 오랫동안 음성적인 의료 서비스로 존재해왔고, 임신중단이 비범죄화된 지금에도 여전히 그와 같은 차별적 인식과 관행이 정부의 의사결정과 민간 의료 서비스 영역에까지 광범위하게 영향을 끼치고 있다. 임신중단 의료는 존재하되 마치 불법인 것처럼 취급되기 때문에 의료인 교육훈련, 유산유도약의 정식 수입, 최신의 의학적 정보와 기술의 보편화, 법적, 의학적으로 정확한 정보 접근성, 적정한 의료비 관리와 국가의 비용 지원 등

16   United Nations Committee on Economic, Social and Cultural Rights, Op.cit., 2 May 2016, para.22.

17   일반논평 제22호에서는 성·재생산건강의 맥락에서 교차적 차별로 인해 더 심각한 영향을 받을 수 있는 집단으로 가난한 여성, 장애인, 이주민, 선주민, 소수민족, 청소년, 동성애자, 양성애자, 트랜스젠더, 간성인, HIV/AIDS 감염인, 인신매매와 성적 착취를 당한 여성, 소년, 소녀, 분쟁 상황 하에 있는 여성과 소녀 등을 예시한다. United Nations Committee on Economic, Social and Cultural Rights, Op.cit., 2 May 2016, para.30.

임신중단을 둘러싼 성·재생산건강권 보장을 위한 제반 정책은 매우 미흡한 상황이며, 정책의 부재는 개인과 집단에 따라 불균형한 영향을 끼치고 있다.

이러한 현실에서 국가가 임신중단 의료를 포함한 성·재생산건강의 권리를 존중하고 보호하고 실현할 의무를 진다는 점을 명시한 일반논평 제22호는 사회권규약에 가입한 당사국으로서의 한국 정부가 임신중단 의료와 관련하여 즉시 취해야 하는 조치들을 명확히 보여준다. 임신중단 관련 결정을 재차 범죄화하는 것을 포함하여 임신중단 의료 접근성을 저해하는 법률과 정책을 만드는 것 또는 폐지하지 않는 것, 제3자의 승인 요건, 편향적 상담, 의무 대기 기간, 공공기금 수령에서 특정 성·재생산건강 서비스 배제, 잘못된 정보 유포 및 정보 접근성 제한 등은 인권 존중의 의무를 침해한다. 또한 성·재생산건강권 보호 의무를 갖는 국가는 민간 의료기관에서 현재의 상황을 악용하거나 오해하여 임신중단 의료에 과다한 비용을 청구하는 것, 임신중단 의료를 필요로 하는 사람을 비난, 차별하거나 의료 서비스 제공을 거부하고 시의적절한 진료를 받을 수 있도록 조치를 취하지 않는 것, 편견에 기반하거나 최신의 의학 지식을 반영하지 못한 부정확한 정보를 제공하거나 임신중단의 부작용 등 부정적인 정보를 강조하는 것, 근거 없이 제3자의 승인을 요구하는 것 등 실질적인 장벽을 만들어 성·재생산건강권을 침해하는 데 대하여 보호 조치를 마련해야 한다. 그리고 임신중단 의료를 필요로 하는 누구나 양질의 임신중단 의료에 접근할 수 있도록 모든 법적 정책적 조치를 취할 것이 요구되는 것이다.

지지부진한 한국의 법·정책적 상황과 상반되게, 세계보건기구(WHO)에서는 2022년, 임신중단에 대한 수정 가이드라인[18]을 내었고, 이는 사회권

18 　World Health Organization, *Abortion Care Guideline* (2022a). 다음 웹사이트에도 가이드라인 내용이 게시되어 있다. https://srhr.org/abortioncare

규약 일반논평 제22호에 따른 요청의 이행을 촉구하는 과학적 근거와 법정책의 기준을 더욱 구체화하였다. 세계보건기구는 "근거 기반의 양질의 임신중단 의료를 전세계적으로 가능하도록"[19] 한다는 목표에 따라 임신중단 의료 가이드라인을 내면서, 각국이 양질의 임신중단 의료를 가능하게 하는 법·정책적 환경을 마련하도록 하기 위하여 임신중단에 대한 법과 정책 관련 권고 사항을 집약한 자료를 출간하였다. 이 자료에서는 "양질의 임신중단 의료에 대한 접근이 중대한 공중보건 문제이자 평등, 인권의 문제"[20]임을 전제로 하면서, 대부분의 국가에서 임신중단의 범죄화, 시기 제한, 요건 제한 등을 두어 양질의 임신중단 의료를 어렵게 하는 현실에 있다는 지적과 더불어 법과 정책에 대한 7가지 권고를 내놓았다.[21]

권고의 내용은 ① 임신중단의 완전한 비범죄화(full decriminalization), ② 사유에 따른 임신중단 제한 법규 폐지 및 임신한 사람의 요청에 의해 이용가능한 임신중단 시행, ③ 임신주수 제한에 근거한 임신중단 금지 법규의 폐지, ④ 임신중단에 대한 의무적 대기 기간 폐지, ⑤ 다른 사람이나 기관의 승인 요건 폐지, ⑥ 누가 임신중단을 시행하고 관리할 것인지에 대한 세계보건기구 지침에 부합하지 않는 규제 폐지, ⑦ 포괄적 임신중단 의료에 대한 접근과 지속성을, 신념에 따른 거부로 인한 장벽으로부터 보호이다.

임신중단의 완전한 비범죄화는 임신중단과 관련하여 본인과 의료 서비스 제공자, 정보 제공자 및 기타 지원자에 대한 일체의 처벌 규정을 삭제하

---

19   *ibid.*, p.3.

20   World Health Organization, *Towards a supportive law and policy environment for quality abortion care: evidence brief* (2022b), p.1.

21   세계보건기구는 7가지 권고가 새로운 것이 아니라 2012년 권고를 업데이트한 것임을 명시하고 있다. 이는 임신중단에 의한 각종 제한이 임신중단을 필요로 하는 사람에 대한 권리 침해임을 과거의 기준에서도 이미 확인하였음을 강조하려는 의도로 볼 수 있다. World Health Organization, Op.cit., (2022a), p.41.

는 것을 의미한다.[22] 가이드라인은 임신중단의 범죄화가 임신중단에 대한 결정에 영향을 끼치지는 못하면서 안전한 임신중단에의 접근성을 약화시켜 안전하지 못한 임신중단으로 내몰며, 임신중단을 필요로 하는 사람에게 불필요하게 긴 이동을 하도록 하고, 비용 증가, 임신중단 이후 제공되어야 하는 의료 서비스의 지연이나 이용 불가, 고통과 낙인 등의 부담을 부과한다는 여러 국가에서의 연구 결과를 근거로 제시한다.[23] 또한 범죄화는 임신중단 의료 서비스를 전반적으로 위축시킨다. 범죄에 해당하는 의료 기술을 습득하기는 어렵고 관련 정보가 원활하게 공유될 수 없어 숙련된 보건의료 인력을 양성하는 데 한계가 발생하며, 사유에 따라 임신중단을 일부 허용하는 법률 하에서도 의료 서비스 제공자는 처벌에 대한 두려움으로 임신중단 의료 제공 전반에서 소극적이게 되어 법률이 예외적으로 허용하는 임신중단 영역마저 위태로워진다는 것이다.[24] 이는 한국에서 강간, 준강간 피해로 인한 임신중단이 낙태죄 처벌의 예외이자 정부의 의료비 지원 대상이었음에도 불구하고 국가의 피해자 지원체계 내에서도 제대로 지원이 이루어지지 못하는 문제에서도 확인할 수 있다.[25]

임신중단에 대한 처벌에 더하여 여러 국가에 존재하고 있는 장벽들 중 의무 대기 기간, 제3자 승인 의무, 임신중단 서비스 제공자의 범위 제한, 신념에 따른 임신중단 의료 거부 등은 공통적으로 임신중단의 시점을 지연시키고 비용을 높이는 요인으로 평가된다.[26] 특히 임신중단 의료에 대한 보건의료 인력의 거부는 임신중단 의료 서비스 접근성을 떨어뜨려 임신중단을

---

22   *ibid.*, p.24.
23   *ibid.*, pp.24-25.
24   *ibid.*, p.25.
25   김정혜·동제연·이미경, 『성폭력 피해자 임신중단 지원 현황과 개선방안 연구』, 한국여성정책연구원 (2023).
26   *ibid.*, pp.41, 43, 59, 61.

필요로 하는 사람에게 위험을 초래할 수 있기 때문에, 임신중단을 필요로 하는 사람의 인권의 존중, 보호, 실현을 보장할 수 있는 방식으로 신념에 따른 거부를 규제할 수 없다면 신념을 이유로 한 임신중단 의료 서비스 제공 거부는 정당화될 수 없다고 한다.[27] 임신중단을 필요로 하는 사람의 인권의 존중, 보호, 실현을 보장하기 위한 방법으로서 가이드라인이 제공하는 지침에는 임신중단 의료 서비스를 제공할 수 있는 충분한 수의 보건의료 인력이 전국적으로 고루 분포되도록 할 것, 신념에 따른 거부에 대한 명확하고 실행 가능한 제재를 시행할 것, 규정 위반을 단속하고 제재하는 등 규정의 이행을 보장할 것, 거부할 수 있는 범위를 명확히 할 것, 기관 차원의 신념 주장을 금지할 것, 임신중단 의료 거부시 의료 서비스 제공이 가능한 보건의료인에게 즉각 연계하도록 할 것, 거부는 임신중단을 필요로 하는 사람에 대한 존중과 비처벌적 방식으로 하도록 요구할 것, 응급 상황에서의 신념을 이유로 한 의료 서비스 거부 금지 등이 포함된다.[28]

이상의 법·정책 권고에서 세계보건기구는 임신중단을 시기나 사유 등에 따라 구분하거나 요건을 부과하여 통제하는 방식을 거부하며, 임신중단에 대한 허용 여부와 정도 등에서 각국의 국내법이나 문화에 유보적 태도를 취하지 않는다. 오히려 이 가이드라인에서 '문화'는 성·재생산건강권의 평등한 보장이라는 차원에서, 이용자 개인과 공동체의 문화를 존중하고 필요에 부응하는 보건의료를 제공해야 한다는 수용성 요소를 설명할 때에 언급된다. 세계보건기구는 양질의 임신중단 의료가 모든 국가에서 필수적으로 제공되어야 한다는 원칙에 따라, 임신중단을 전면 비범죄화하고 접근성을 제한하는 모든 통제를 중단할 것을 "강력히 권고(strong recommendation)"[29]한다. 이러한 기준은 임신중단 비범죄화 이후 한국에서

---

27   *ibid.*, p.60.

28   *ibid.*, p.60.

진행되어온 정부 입법안이 건강권을 침해하는 것으로서 성·재생산건강권의 평등한 보장이라는 국제적 흐름에 역행하는 법안이었음을 명확히 드러낸다.

Ⅲ. 임신중단 관련 정부 대응의 한계

정부는 헌법재판소가 정한 개선 입법 시한을 한 달 앞둔 2020년 11월 말에서야 「형법」과 「모자보건법」 개정법률안을 국회에 발의하였다. 법무부의 「형법」 개정안[30]은 낙태죄 조항(제269조, 제270조)을 그대로 두면서 제270조의2로 "낙태의 허용요건" 조항을 신설하는 안이었다. 즉, 임신한 여성과 의사에 대한 처벌은 존치하되 「모자보건법」의 인공임신중절의 허용사유를 「형법」으로 옮겨오는 개정으로서, 허용 요건에는 임신주수에 따른 구분, 임신중단 사유[31] 제한을 수정한 채 유지하고 「모자보건법」의 배우자 동의 요건만 삭제하였으며, 임신중단 이전의 상담 의무와 상담 후 강제 대기 기간을 신설하는 것이었다.

보건복지부의 「모자보건법」 개정안[32]은 「형법」 개정안으로 옮겨간 인공임신중절의 허용 한계 조항(제14조)과 「형법」 적용 배제 조항(제28조)을 삭제하고, 약물에 의한 임신중단을 인공임신중절 개념에 포함하며, 임신·출산

---

29   *ibid.*, p.xxiv.

30   형법 일부개정법률안, 정부 발의, 제안일자 2020. 11. 25., 의안번호 2105733.

31   「형법」 개정안에는 입증이 불가능한 임신중단 사유들이 유지되거나 신설되었는데, 이를 보완하기 위하여 법무부는 해당 사유를 입증하는 것과는 전혀 관련이 없는 '상담'이라는 절차와 또다시 입증 불가능한 '숙고'라는 구성요건을 신설함으로써 임신중단 사유의 존재를 '추정'하는 조항을 추가하였다. 이로써 '추정'이라는 단어가 명확성을 중요시하는 「형법」 본문에 처음 등장하게 된다.

32   모자보건법 일부개정법률안, 정부 발의, 제안일자 2020. 11. 18., 의안번호 2105459.

지원기관 및 종합상담기관을 설치하여 임신 종결에 대한 상담을 하게 하고, 생식건강 증진 사업을 실시하도록 했다. 인공임신중절 예방 사업 조항(제12조 제1항)은 유지하였다. 또한 인공임신중절에 관한 의사의 설명 의무를 두어 합병증과 피임, 계획임신에 대해 설명하고 서면 동의를 받은 후에야 인공임신중절을 할 수 있도록 하고, 「형법」 개정안에 따른 상담사실확인서를 수령할 의무를 부과하였으며, 심신장애 또는 19세 미만의 경우 대리인 동의의 예외를 두고, 의사가 신념에 따라 인공임신중절을 거부할 수 있도록 하면서 거부 시에는 임신·출산 지원기관의 긴급전화나 종합상담기관 정보를 안내하도록 했다. 설명 의무 및 서면 동의 수령 위반에는 과태료를 적용하였다.

정부의 「형법」과 「모자보건법」 개정안은 세계보건기구의 임신중단 의료에 대한 7가지 법·정책적 권고를 단 하나도 놓치지 않고 거스르는 것이었다. 첫째, 임신중단을 범죄화하고, 둘째, 임신중단 사유에 따라 처벌 여부 및 절차를 달리 하는 규정을 두면서 정작 제3자가 사유를 판단할 수 없는 현실을 반영하여 더욱 추상적이고 모호한 구성요건을 규정하였고, 셋째, 명확성이 떨어지는 임신주수에 따라 처벌 여부 및 허용 요건을 달리 하였고, 넷째, 상담 후 강제 대기 기간을 두었으며, 다섯째, 배우자 동의 요건은 삭제하였지만 본인이 19세 미만 또는 심신장애로 의사표시를 할 수 없는 경우 원칙적으로 법정대리인의 서면 동의를 받도록 하였다. 여섯째, 약물에 의한 임신중단을 포함하여 모든 임신중단을 의사가 할 때에만 처벌하지 않도록 함으로써 임신중단의 시행 및 관리자에 대한 제한을 두었고, 일곱째, 의사의 신념에 의한 거부를 허용하면서 거부 시 의료기관이 아닌 상담기관의 정보를 제공하면 의사가 면책되도록 하여 임신중단 의료의 접근성을 제한하는 규정을 두었다.[33] 사회권규약위원회가 여러 차례 강조하였던, 이와 같은

---

33   임신중단 사유, 임신주수, 상담 의무, 강제 대기 기간, 제3자 승인 등 임신중단 허용

수많은 제한이 임신중단을 필요로 하는 사람이 처한 환경에 따라 불균형한 영향을 끼쳐 특정 집단의 임신중단 의료 접근성을 더욱 제한한다는 점에 대한 고려나 임신중단 의료에 대한 기존의 낙인과 차별적 관행을 근절하기 위한 조치는 발견하기 어렵다.

「형법」이나 「모자보건법」 외에도 임신중단과 관련한 몇 가지 법률을 정부에서 발의하였다. 그러나 그 내용은 성·재생산건강권의 적극적 보장이라기보다는 「형법」과 「모자보건법」 개정안이 통과되어 처벌이 유지되는 것을 전제로 한 일부 수정이거나 여전히 임신중단을 특별히 통제해야 하는 영역에 둔 채 통제 범위를 조정하는 방식으로 마련되었다. 일례로 고용노동부는 「근로기준법」이 유사산휴가에서 '「모자보건법」의 인공임신중절수술 허용 한계에 해당하지 않는 인공임신중절수술에 따른 유산'을 제외하는 조항(제74조)에 대한 개정안을 발의하였다.[34] 이 개정안은 휴가에서 불법적 임신중단을 제외하는 단서를 삭제하는 것이 아니라 낙태죄를 유지하는 「형법」 개정안에 맞추어 그 범위만을 수정하는 안이었다. 정부 발의 「약사법」 개정안 또한 국회 보건복지위원회 회의에서는 낙태죄 헌법불합치 결정에 따른 의약품 표시·광고 규정을 정비하려는 것으로 설명되었지만,[35] "낙태를 암시하는 문서나 도안"의 사용 금지 문구는 유지한 채, 허가 받은 경우에만 예외 조항을 두는 방식이었다(제68조).[36] 그런데 같은 조에서 문제되는 의약품의 효능, 효과를 특정하여 명시한 것은 "낙태"뿐이고 같은 조 다른 항이 의약품등의 거짓광고, 과장광고, 효능이나 성능을 암시하는 광고,

---

요건 각각에 대한 상세한 설명은 다음 논문을 참조할 것. 김정혜, "낙태죄 '폐지'를 말하는 이유: 임신중단권 보장의 법적 쟁점과 방향", 페미니즘연구, 제19권 제1호 (2019), 10-41쪽.

34   근로기준법 일부개정법률안, 정부 발의, 제안일자 2021. 6. 2., 의안번호 2110523.

35   국회사무처, 제384회 국회 (임시회) 보건복지위원회회의록 제1호 (2021), 29-30쪽.

36   약사법 일부개정법률안, 정부 발의, 제안일자 2021. 1. 8., 의안번호 2107256.

허가나 신고 이전의 광고 등을 일반적으로 금지하고 있음을 보면, 임신중단 의약품에 대해서만 별도의 조항을 두는 것은 불필요하며 중복 입법임에도 불구하고 굳이 '낙태 암시'를 제한하는 조항을 유지하고자 한 것이다.

입법 시한의 마지막 날인 2020년 12월 31일, 보건복지부는 보도자료를 내어 보건복지부 상담센터와 인구보건복지협회 등을 통하여 임신중단 관련 법령과 임신·출산 지원 정책 정보, 복지시설, 전문상담기관 등을 안내하며 「모자보건법」상의 인공임신중절의 허용 범위에 대해 건강보험 적용을 유지한다고 밝히고 본격적인 상담과 건강보험 확대는 "개선입법" 이후로 미뤘다.[37] 2021년 2월 보건복지위원회 회의를 마지막으로 낙태죄의 입법 논의는 사실상 중단되었다. 「모자보건법」 개정안이 논의되던 당시에도 보건복지부 장관은 「형법」상 낙태죄 적용 범위가 정해지면 그에 따라 「모자보건법」이나 건강보험 관련 정책을 시행할 수 있다며 「형법」상의 처벌 유지를 전제로 보건의학적 영역의 법과 정책에 유보적인 태도를 보였다.[38][39] 임신중단이 비범죄화되고 낙태죄의 적용이 중단된 이후에도, 정부는 유산

[37] 보건복지부, "형법상 낙태죄 개선입법 기한 경과에 따른 인공임신중절 관련 사항 안내" (2020. 12. 31., 2021. 1. 4. 수정).

[38] 국회사무처, 제384회 국회 (임시회) 보건복지위원회회의록 제1호 (2021), 36쪽.

[39] 다만 보건복지부는 인공임신중절 임상 가이드라인 개발 연구용역을 발주하고 의사의 상담에 수가를 책정하였다. 2021년 8월, 「요양급여의 적용기준 및 방법에 관한 세부사항」 고시를 통해 29,000~30,000원 수준의 인공임신중절 교육·상담료를 신설하고, 본인 요청이 있는 경우 의사로부터 인공임신중절 수술 전후 수술 전반과 수술 전후의 주의사항, 수술 후 자가관리 방법, 합병증, 피임, 계획임신 방법에 대해 교육 및 상담을 받을 수 있도록 하였다. 보건복지부, "인공임신중절, 의사에게 교육·상담 신청하세요!" (2021. 8. 2.). 인구보건복지협회는 성적 건강 정보를 제공하는 '러브플랜' 사이트에 '임신의 종결' 메뉴를 신설하고 임신중단에 대한 정보를 제공하기 시작하였으나, 정보는 간략하고 의료기관 안내는 없으며 교육 자료에 실효된 낙태죄 조항이 여전히 게시되어 있거나 임신중단의 후유증을 강조하는 등 임신중단에 대한 부정적인 낙인을 제거하지 못하고 있다. 러브플랜, "임신의 종결", http://www.loveplan.kr/page/4_2.html

유도약 도입이나 건강보험 적용에 적극적인 태도를 취하지 않았고, 전국의 의료기관에서 임신중단의 처벌에 대한 정확한 정보 부재로 의료를 거부하거나 비용을 과도하게 청구하는 데 대해 감독하거나 정확한 정보를 전달하려는 노력을 하지 않았다. 그러는 사이 음성적인 약물 시장은 확대되었고, 법적 상태에 대한 오해는 확산되었다. 유산유도약 수입 허가를 신청했던 제약 회사는 지난한 심사 과정 끝에 허가 신청을 취하하기도 했다.[40]

여성가족부 또한 임신중단 의료 정책의 답보 상태에 대해 성인지적 접근을 강조하며 적극적인 정책을 요청하기는커녕 여성가족부 소관 정책에서조차 미온적으로 대처했다. 성폭력 피해로 인한 임신의 출산 또는 임신중단에 의료비를 지원하는 여성가족부는 낙태죄 효력 상실 이후에도 이전과 동일한 지원 방침을 유지하고 있다. 「모자보건법」이 임신 가능성이 있는 성폭력범죄 중 일부에 불과한 강간과 준강간으로 인한 임신만을 인공임신중절 허용 범위에 포함하는 반면, 성폭력 피해자에 대한 의료비 지원의 근거 규정인 「성폭력방지 및 피해자보호 등에 관한 법률(이하 '성폭력방지법')」과 같은 법 시행령에서는 국가 및 지방자치단체의 의료지원 영역으로 "성폭력으로 임신한 태아의 낙태"라고 하여 '강간, 준강간'보다 넓은 '성폭력' 개념을 사용한다(법 제28조 제1항, 시행령 제9조). 그럼에도 불구하고 여성가족부는 「성폭력방지법」이 아닌 「모자보건법」의 기준에 따라 의료비를 지원하도록 하여 성폭력으로 인한 임신중단 지원 범위를 좁게 적용했다. 피해자 지원 현장에서는 협소한 지침으로 인해 현실적인 지원에 어려움을 겪어 왔다.[41] 그런데 성폭력 피해 여부나 범죄의 종류와 무관하게 임신중단의 처벌이 더이상 이루어지지 않도록 법적 상황이 변화되었음에도 불구하고 여

---

40   임재희·이주빈, "먹는 임신중지약 '미프진' 도입 무산됐다…"현대약품 자진 취하"", 한겨레 (2022. 12. 16.).

41   김정혜·동제연·이미경, 전게서.

성가족부는 과거의 협소하고 불안정한 지원 정책을 수정하지 않은 채 기존의 원칙을 고수하였고, 그러한 태도는 2024년 1월 발표된 새로운 운영지침에서도 변함이 없다.[42] 심지어 우생학적 사유를 피해자 지원 확대 방법으로 활용하는 것조차 이전과 동일하다. 운영지침은 성폭력 피해를 입증하기는 어렵지만 피해자에게 정신장애가 있는 경우라면, 본인이나 배우자에게 정신장애가 있을 때 낙태죄를 적용하지 않는다는 「모자보건법」의 인공임신중절 허용 한계 조항을 적용하여 의료비를 지원할 수 있다고 안내해왔다.[43] 임신중단을 광범위하게 처벌하면서 본인의 장애를 예외적인 임신중단 허용 사유로 두는 것은 우생학적인 태도의 반영이라는 비판에도 불구하고 성폭력 피해자 지원의 협소함으로 인하여 정신장애인에게나마 지원의 여지를 넓히기 위해 우회적으로 사용되었던 수단을 유지하는 반면, 변화된 법적 환경을 적용하여 피해자 지원을 전면 확대하는 데에는 소극적인 태도를 보이고 있는 것이다.

자기낙태죄와 의사낙태죄의 효력 상실 이후에도 소극적인 정부의 태도는 사회권규약을 비롯한 국제인권규범의 위반이며 세계보건기구 가이드라인에도 위배된다. 헌법재판소의 헌법불합치 결정이 있기 전에도 한국에서 임신중단은 부분적으로 허용되었으므로, 정부는 최소한 합법적인 임신중단에 대해서는 안전성을 높이기 위한 유산유도약의 도입, 편견과 낙인의 근절, 양질의 의료 서비스 제공, 근거 기반의 정보 제공, 평등한 접근성의 보장을 위한 정책을 이미 한참 전부터 시행했어야 했다. 그럼에도 불구하고 오로지 인공임신중절 예방 사업과 실태조사 정도만을 해왔다는 점은, 임신중단의 범죄화 외에도 건강권과 평등권을 포함한 인권 침해가 지속되어 왔음을 보여준다.

---

42   여성가족부, 『2024 여성·아동권익증진사업 운영지침』 (2024), 209쪽.
43   상게서, 209쪽.

Ⅳ. 사회권규약 이행을 위한 법과 정책 개선 방향

1. 존중 의무 이행

(1) 낙태죄 처벌 관련 조항 정비

2019년 헌법재판소 결정은 「형법」의 낙태죄 조항 중에서 여성의 자기낙태죄(제269조 제1항)와 여성의 촉탁, 승낙에 따른 의사의 낙태죄(제270조 제1항) 부분만을 판단하였다. 때문에 제269조 중 여성의 촉탁, 승낙을 받아 낙태하게 한 자, 그로 인하여 여성을 상해 또는 사망에 이르게 한 자, 제270조 중 여성의 촉탁, 승낙에 따른 한의사, 조산사, 약제사, 약종상의 낙태, 여성의 촉탁, 승낙 없는 낙태, 그로 인하여 여성을 상해 또는 사망에 이르게 한 자에 대한 처벌 조항은 효력이 유지되고 있다. 그러나 자기낙태죄를 처벌하지 않는다면 본인의 촉탁, 승낙에 따라 낙태하게 한 제3자를 처벌할 이유가 없고, 의사의 낙태와 의사 외의 의료인이나 약사 등에 의한 낙태에 대하여 형사처벌에서 차등을 둘 이유도 없다. 의료인 및 약사의 면허와 의료행위의 허용 범위는 「의료법」이나 「약사법」 등의 일반적 규율을 따르면 되는 것이고, 본인의 동의 없는 의료행위나 치상 또는 치사 또한 의료 관련 법률이나 상해치상, 상해치사, 업무상과실치상, 업무상과실치사 등의 일반 법리를 따르면 될 것이므로, 「형법」 제27장 낙태의 죄 부분을 전면 삭제하는 「형법」 개정이 사회권규약에서 요청하는 성·재생산건강권의 보장에 부합할 것이다. 이와 관련하여 대법원에서 태아를 사망케 한 행위가 임산부에 대한 상해에 해당하지 않는다고 본 대법원 판례[44]가 있으나, 이 판례는 '형법이 상해 및 과실치사상죄와 별도로 태아를 독립된 객체로 하는 낙태죄 관련 조항들을 두고 있다'는 점을 근거로 들었다. 따라서 「형법」 제27장이 삭

---

44   대법원 2009. 7. 9., 선고, 2009도1025, 판결.

제되어 낙태죄 관련 조항이 전부 삭제되면 의사 등 제3자가 임신한 본인의 동의 없이 태아를 상해, 사망케 한 행위를 임산부에 대한 상해로 해석하는 판례 변경이 가능할 것으로 보인다.

또한 「모자보건법」 제14조 '인공임신중절의 허용한계' 조항은 헌법재판소의 결정 주문에는 포함되지 않았지만, 낙태죄로 임신중단이 전면 금지되는 현실에서 국가적 가족계획 사업의 일환으로 임신중단을 시행하고자 낙태죄에 대한 위법성 조각사유를 마련하기 위한 취지에서 제정된, 낙태죄의 부속 조항으로서의 성격을 가지며, 그러한 성질로 인하여 이번 헌법재판소 결정에서도 낙태죄의 처벌 범위 판단에 포함되었다. 따라서 「형법」 낙태죄 조항 삭제와 더불어 「모자보건법」 제14조 인공임신중절수술의 허용한계, 제28조 「형법」 적용 배제 조항과 「모자보건법 시행령」 제15조 인공임신중절수술의 허용한계를 전면 삭제하고, 임신중단을 전적으로 의료적 판단의 영역으로 이전하도록 하여야 할 것이다.

(2) 임신중단 접근성을 제한하는 장벽 신설 방지

임신중단을 다시 범죄화하거나 각종 제한을 두고자 하는 법률안이 아직 국회에 계류되어 있는 상황을 감안할 때, 향후 임신중단 관련 건강권을 제한하는 장벽의 도입을 방지하는 것은 여전히 중요한 현안이다. 세계보건기구가 명료하게 정리한 바와 같이 임신중단의 처벌, 임신중단 사유나 임신 주수에 따른 금지, 강제 대기 기간, 제3자 승인 요건, 의료 제공자 제한, 의료인의 임신중단 의료 제공 거부 인정 등은 임신중단의 접근성을 제한하며 건강권을 저해한다. 이에 더하여 임신중단에 대한 낙인과 차별을 반영하는 상담 의무 또한 도입되어서는 안 된다. 상담 서비스는 충분한 정보에 기반한 결정을 지원한다는 차원에서 정당화될 수 있지만, 어디까지나 권리 주체의 접근성 확보 차원에서 설계되어야 하는 것이며, 강제적인 의무의 부과는 그 자체로서 낙인과 차별을 반영하는 것이다.

(3) 임신중단 관련 의료인 자격 제한 폐지

임신중단 의료를 제공하는 의료인에 대한 통제의 유지는 임신중단 의료를 불법적인 것 또는 비윤리적인 것으로 인식하도록 하고 관련 의학적 정보와 기술의 공유와 발전을 저해하며 임신중단 의료 전문성의 강화와 의료인 양성에도 부정적인 영향을 끼친다. 법 개정이 아닌 법 개정 기한 도과로 낙태죄 조항의 효력이 상실된 특수한 상황에서, 의료인들이 임신중단 의료가 더이상 불법이 아니라 당연히 제공해야 하는 의료행위임을 인식할 수 있도록 하기 위해서는 임신중단 의료행위를 이유로 한 의료인의 자격 제한 조항 삭제가 시급히 필요하다.

「의료법」은 의료 관련 법령을 위반한 경우를 의료인의 결격사유로 두면서 「형법」의 낙태죄 조항을 예시하였으며, 「의료관계 행정처분 규칙」에서는 '「형법」 제270조를 위반하여 낙태하게 한 경우'를 '의료인의 품위 손상행위'의 하나인 '비도덕적 진료행위'로 분류하여 자격정지에 처하도록 하고 있다. 「형법」 제270조 제1항 의사에 의한 낙태죄의 효력이 상실되었으므로 「의료관계 행정처분 규칙」 별표에서 '「형법」 제270조 낙태죄 위반'을 자격정지 대상으로 규정한 부분은 삭제하고, '촉탁, 승낙 없는 낙태'의 경우 '비도덕적' 진료로 분류할 것이 아니라 의료행위에 대한 사전 고지의 문제 또는 본인의 동의 없는 의료행위의 문제로 규율하도록 하는 것이 타당하다. 헌법재판소에서 헌법불합치 결정을 한 부분이 제270조 제1항 전체가 아니라 '의사'의 행위에만 국한되는 것이기는 하나, 앞서 서술한 것처럼 낙태죄의 맥락에서 의사와 다른 의료인 등을 구분할 타당한 이유가 없고 의료행위의 설명과 본인의 동의를 얻는 것 역시 의사와 다른 의료인 등이 다르지 않을 것이므로 의료인의 자격 제한에서도 동일한 기준을 적용하여야 할 것이다.

(4) 임신중단 의약품 등 광고 금지 조항 삭제

「약사법」과 「의료기기법」은 의약품 또는 의료기기에 관하여 '낙태를 암시하는 문서나 도안' 사용을 금지한다. 「약사법」은 '과장광고 등의 금지' 조항(제68조)에서 거짓이나 과장 광고, 효능이나 성능을 암시하는 광고를 일반적으로 금지하면서 오직 낙태에 대해서만 별도의 항을 두어 '낙태 암시'를 할 수 없도록 하고 있다. 「의료기기법」 또한 거짓이나 과대 광고, 성능, 효능, 효과를 암시하는 광고를 일반적으로 금지하는 조항(제24조 제2항)에서 "낙태를 암시하거나 외설적인" 문서 또는 도안을 사용한 광고라고 하여 "낙태"를 "외설"과 묶어서 금지 광고의 범위에 특별히 포함하는 것을 볼 때, 임신중단 의약품 등의 광고 금지에 별도 규정을 둔 이유는 「의료관계 행정처분 규칙」이 낙태를 '비도덕적' 행위로 분류한 것과 같은 맥락에 있는 것으로 보인다. 앞서 서술한 바와 같이 2021년 정부에서 발의한 「약사법」 개정안은 '낙태'에 대한 별도 규정을 그대로 두는 방식이었다. 하지만 이미 다른 조항에서 거짓 광고, 과장 광고, 암시적 광고를 금지하고 있고 임신중단 관련 의약품 및 의료기기 또한 거짓이나 과장의 측면에서 규제의 의의가 있는 것이므로, '낙태' 암시 부분을 삭제하고 일반적인 광고 금지의 영역에서 다루어야 할 것이다.

(5) 임신중단 관련 휴가 등 건강권 보장 조항 정비

「근로기준법」은 임신 중인 여성이 유산 또는 사산한 경우 근로자의 청구에 따라 사용자가 휴가를 부여하도록 의무화하면서, 「모자보건법」 제14조의 예외에 해당하지 않는 인공임신중절수술에 따른 유산'은 휴가 대상에서 제외하는 단서 조항을 둔다(제74조). 즉 「형법」상의 처벌 범위에 해당하는지 여부에 따라 근로자의 건강 보호에 차등을 두는 것이다. 앞서 언급한 고용노동부의 2021년 「근로기준법」 개정안에서는 불법 여부에 따른 차등 대우를 유지하도록 하였으나 이는 근로자의 건강권을 침해하고 임신중단에 낙인을 초래하는 것이므로 일부 개정이 아닌 삭제가 타당하다.

　이 조항은 공무원 복무 규정 등에도 반영되어 있다. 「국가공무원 복무규정」, 「지방공무원 복무규정」, 「군인의 지위 및 복무에 관한 기본법 시행령」의 유사산휴가, 배우자인 공무원의 유사산휴가, 출산전후휴가의 분할 사용 조항에서도 「근로기준법」과 마찬가지로 '「모자보건법」 제14조의 예외에 해당하지 않는 인공임신중절수술에 따른 유산'을 제외한다.[45] 출산전후휴가 분할 사용 허용 조항의 경우 과거 유산, 사산 경험이 있는 경우 출산휴가를 나누어 사용할 수 있도록 하는 것인데, 과거 자연유산의 경험이 당해 임신에서 자연유산 가능성을 높인다는 취지에서 보더라도, 「모자보건법」 제14조의 예외에 해당하지 않는 인공임신중절수술에 따른 유산'을 제외한다는 요건은 유산 경험이 자연유산이었는지 인공유산이었는지가 아니라 합법이었는지 불법이었는지에 따라 구분하는 것으로서 의학적 근거도 찾아볼 수 없다. 더구나 「근로기준법」에서는 '「모자보건법」 제14조의 예외에 해당하지 않는 인공임신중절수술에 따른 유산'이라는 제한을 유사산휴가에만 적용하고, 출산전후휴가 분할 사용 조항에는 이와 같은 제한을 두지 않음에도 불구하고, 「국가공무원 복무규정」, 「지방공무원 복무규정」, 「군인의 지위 및 복무에 관한 기본법 시행령」은 출산전후휴가 분할 사용 조항까지도 확장하여 적용하고 있다. 「근로기준법」뿐 아니라 공무원 복무 규정 등 각종 대통령령에서도 낙태죄와 관련되며 건강권 보장에 위배되는 임신중단 배제 단서를 모두 삭제하고 자연유산 및 인공유산과 관련하여 근로자의 건강을 보호할 수 있도록 하여야 할 것이다.

---

[45]　「국가공무원 복무규정」 제20조 제2항, 제10항, 제11항, 「지방공무원 복무규정」 제7조의7 제3항, 제4항, 제5항, 「군인의 지위 및 복무에 관한 기본법 시행령」 제12조 제2항, 제3항, 제4항.

2. 보호 의무 이행

한국 사회에서 임신중단과 관련된 제3자의 건강권 침해는 주로 임신중단을 필요로 하는 사람에게 의료 서비스를 제공하기를 거부하거나 잘못된 정보를 제공하는 의료인에 의하여 일어난다. 의료 현장에서는 낙태죄 효력 상실의 법적 의미가 명확히 전달되지 못하여, 여전히 임신중단 의료를 제공하는 의료인이 처벌 받을 수 있다는 우려로 인한 위축 효과가 만연해 있는 것으로 보인다. 그로 인해 아예 임신중단 의료를 제공하지 않거나, 임신중단 의료를 제공하면서도 이를 공개하지 않고 직접 방문하여 상담하는 경우에만 수술 가능 여부를 알려주는 등 비공식적으로만 의료 서비스를 제공하거나, 임신중단 의료 접근성이 낮은 현실을 이용하여 과도하게 높은 수술비를 요구하는 등의 문제가 나타나고 있다.[46] 또한 수술시 상대 남성이나 부모 등 제3자의 동반을 요구함으로써 법적 근거 없는 제3자 승인 요건을 사실상 부과하기도 하는데 이는 특히 청소년의 임신중단에서 수술 비용과 더불어 높은 장벽을 세움으로써 임신중단 시기를 지연시켜 정신적, 신체적 건강상의 위험성을 높이는 데 기여한다.[47]

이와 같은 현실적인 한계를 제거하기 위해서는 국가가 의료기관의 임신중단 의료 서비스 제공 실태를 파악하고 임신중단을 필요로 하는 사람에게 적시에 양질의 의료 서비스가 제공될 수 있도록 하는 조치를 취하여야 한다. 정책 반영 없는 인공임신중절 실태 조사만을 거듭할 것이 아니라, 의료 현장에서 발생하는 권리 침해의 현황을 토대로 하여 임신중단 의료 서비스 제공 거부, 의료 서비스 제공에서의 차별, 근거 없는 또는 임신중단에 대한 낙인을 포함한 편향된 정보 제공, 과도한 비용 청구, 제3자 승인 요구 등이

---

46   김정혜·동제연·이미경, 전게서, 110쪽 이하; 모두의 안전한 임신중지를 위한 권리
      보장 네트워크, 2021년 이후 임신중지 경험 조사 결과 보고서 (2024).
47   상게서, 97쪽 이하.

발생하지 않도록 의료기관에 적극적으로 정보를 제공하고 계도하며 법률 위반을 적발하여야 할 것이다. 또한 성폭력 피해자 의료 지원 기관에서 임신중단 의료 서비스가 적절히 제공되고 있는지를 살피고 필요한 조치를 취하여야 한다.

3. 실현 의무 이행

(1) 차별적 관행과 낙인의 근절을 위한 적극적 조치 의무 명시

국가는 성·재생산건강 보장의 법적 제한을 폐지할 뿐 아니라 실질적, 사회적 장벽 근절을 위한 조치를 취할 의무가 있으며, 그와 같은 장벽의 철폐를 위한 적극적 조치를 시행하지 않는 것은 성·재생산건강권의 실현 의무 위반에 해당한다.[48] 즉 임신중단 의료에 대한 구법의 정보에 기반하여 임신중단 의료를 거부하거나 법적 정보 부족을 이용하여 높은 비용을 청구하는 행위 등을 근절하기 위한 정책을 시행하지 않는 것, 의료인이 비범죄화 상태를 인지하도록 적극적인 조치를 취하지 않는 것 등은 사회권규약의 위반이다. 심지어 「모자보건법」이 국가와 지방자치단체로 하여금 '여성의 건강 보호 및 생명존중 분위기 조성을 위하여 인공임신중절 예방 등 사업'을 실시할 수 있도록 한 것은(제12조) 건강 보장에 대한 실질적 장벽을 세우는 데 법·정책적인 근거를 제공한다. 본래 제12조는 피임약제나 피임용구의 보급만을 규정하고 있었는데, 출산율 하락에 대한 대응 정책이 시행됨에 따라 2012년 5월 「모자보건법」 개정에서 '불임' 용어를 '난임'으로 바꾸고 인공임신중절 예방 사업의 근거를 신설하면서 피임약제 등 보급 조항과 합친 것이다. 즉 '생명존중과 인공임신중절의 예방'은 성·재생산건강 보장의 차

---

48   United Nations Committee on Economic, Social and Cultural Rights, Op.cit., 2 May 2016, para.63.

원이 아니라 출산율을 높이기 위하여 임신중단을 통제한다는 관점에서 고안된 정책으로 평가할 수 있다. 임신중단 그 자체의 예방보다는 원치 않는 임신을 감소시키고 임신중단이 필요한 사람에게는 안전한 임신중단이 가능하도록 의료를 제공해야 한다는 점에서, 「모자보건법」의 '인공임신중절 예방 사업'과 피임의 보급은 성·재생산건강권 보장 사업으로 방향을 재편하고 영역을 확대하여야 한다. 또한 「모자보건법」과는 별개로 성·재생산건강 보장을 위한 법률을 마련하고 국가와 지방자치단체가 임신중단을 비롯하여 성·재생산건강 영역의 차별적 관행과 낙인을 적극적으로 개선하는 사업, 성·재생산건강 영역에서 실질적인 평등을 보장하기 위한 사업을 시행하도록 의무 조항을 신설하여, 실질적인 성·재생산건강권의 실현 의무를 우리 정부가 이행할 수 있도록 보장하여야 할 것이다.

(2) 임신중단 및 피임에 건강보험 적용

성·재생산건강권 보장의 필수적 요소로서의 접근성은 모든 사람에게 감당할 수 있는 정도의 비용으로 의료가 제공되도록 하는 비용 접근성 보장을 요청한다. 그러나 현실에서 임신중단 의료 서비스를 제공하는 의료기관을 찾기도 쉽지 않을 뿐 아니라 의료기관마다 수술 비용이 제각각이어서, 어렵게 찾은 의료기관에서 높은 비용을 청구하더라도 감수할 수밖에 없는 상황이 발생하고 있으며, 비용 마련으로 인하여 임신중단 시기가 지연되는 경우도 많은 것으로 보인다. 정부가 임신중단 의료의 적정 비용을 관리하고 과도한 비용이 부과되지 않도록 하는 것은 임신중단을 필요로 하는 사람의 사회경제적 상황이 건강에 불평등한 영향을 끼치지 않도록 하는 평등권 보장의 문제이기도 하다.

비용 접근성 확보를 위한 가장 효과적인 방법은 임신중단 의료를 건강보험에 포함하는 것이다. 건강보험의 범위는 건강보험정책심의위원회에서 논의하는 사안이지만 법령 정비가 임신중단 의료의 급여화를 앞당기는 데 도움이 될 것이다. 「국민건강보험법」의 요양급여 대상은 "질병, 부상, 출산 등"(제41조)이며, 요양급여 외에 "임신·출산 진료비"에 대해 부가급여 실시가 가능하고(제50조), 「국민건강보험법 시행령」은 부가급여에 유산 진료비를 포함하고 있지만(제23조) 유산을 출산의 하위 개념으로 두고 있다. 이에 따라 인공유산 진료비는 건강보험 보장에서 제외되며 피임 진료 또한 질병과 관련성이 없는 경우 제외되고 있다. 임신 후의 통제보다 원치 않는 임신을 사전적으로 예방하고 성관계의 안전성을 향상시키기 위해서는 피임에 대한 건강보험 적용도 필요한 만큼, 「국민건강보험법」 및 같은 법 시행령에 인공유산 및 피임을 보험 급여 대상으로 포함하는 법령 개정이 요청된다.

(3) 의료기관의 물리적 접근성 확보

성·재생산건강 의료 서비스를 적시에 받을 수 있도록 하기 위해서는 의료기관의 물리적 접근성 확보가 필요하다. 더구나 의료기관의 물리적 접근성은 임신중단을 필요로 하는 사람이 가진 자원의 정도에 따라 임신중단 가능성과 위험성에 중대한 영향을 끼칠 수 있는 문제이다. 청소년, 정신적, 신체적 장애로 장거리 이동이 어려운 경우, 휴가 사용이 자유롭지 못한 직장인 등에게 물리적 접근성의 부족은 임신중단 시기를 지연시키고 수술 비용을 비롯하여 이동에 소요되는 비용을 증가시키며 비밀 보장을 위협할 수 있다. 물리적 접근성의 부족이 의료기관의 임신중단 가능 여부 비공개 및 방문 상담 요구, 의사의 제3자 승인 요구 등과 결합하면 시기 지연과 건강상 위험성 증가, 비용 증가, 비밀 보장 위협 등의 문제는 배가된다. 때문에 물리적 접근성의 문제는 무엇보다도 평등의 차원에서 적극적인 조치가 요청된다. 전국 어디에서든 임신중단 의료 서비스 제공이 가능한 의료기관이 물리적, 지리적으로 적정한 시간 내에 도달가능하도록 하기 위해서는 각 산부인과의 임신중단 의료 서비스 제공 현황 파악이 선행되어야 하고, 정확한 현황을 파악하기 위해서는 임신중단이 처벌되지 않는 의료 서비스임을 정부에서 각 의료기관에 명확히 전달하여야 할 것이다.

(4) 양질의 안전한 임신중단 의료 서비스 제공을 위한 토대 마련

전국에 분포되는 의료기관에는, 안전한 임신중단 의료 서비스 제공이 가능한 숙련된 의료 인력이 필요하다. 그동안 의료인 양성 과정이나 교육, 훈련에서 임신중단 관련 교육이 제대로 이루어지지 않고 필요한 기술과 최신 지식에 관한 정보 공유도 충분히 이루어지지 않은 문제를 해소하고, 양질의 의료 서비스가 제공될 수 있도록 교육, 훈련 방안을 마련해야 한다. 또한 임신중단 관련 의료인에게 세계보건기구의 가이드라인을 비롯한 근거 기반의 임신중단 가이드라인을 배포하여 의료 현장에서 활용할 수 있도록 할 필요가 있다. 의료인에게 제공하는 가이드라인은 무엇보다도 임신중단에 대한 오래된 편견과 낙인을 배제한 것이어야 한다. 임신중단을 부정적인 것으로 간주하는 낙인에 근거한 가이드라인은 성·재생산건강 보장이라는 목적에 부합하는 의료 서비스 제공에 도움을 줄 수 없을 것이기 때문이다. 더불어 유산유도약의 수입 허가 절차에 정부가 적극적인 태도를 취함으로써 안전한 임신중단 의료에 도움이 되도록 하여야 한다.

(5) 관련 근거에 기반한 정보 제공

그간 정부에서는 임신중단 관련 정보 제공을 위하여 인구보건복지협회를 비롯한 홈페이지 정비를 실시하였으나, 임신중단을 고민하거나 결정한 사람들이 필요로 하는 자료를 충분히 제공한다고 보기에는 부족할 뿐 아니라 임신중단에 대한 편견과 낙인을 배경으로 하거나 구법에 근거한 내용이 남아있어 오히려 혼란을 주기도 한다. 임신중단 관련 정보는 일반논평 제22호가 요청한 바에 따라 개인과 공동체의 필요에 부합하는 방식으로 제공되어야 한다. 임신중단의 위험성이 강조된 단편적인 정보를 나열하는 데 그칠 것이 아니라, 사람들이 필요로 하는 정보가 무엇인지의 분석을 토대로 하여 정보의 내용과 범위, 정보 제공 방법 등을 설계하고 실행하여야 할 것이다. 임신중단 관련 정보의 제공은 편견과 낙인을 제거한 근거 기반의 정보로서 다양한 소통 수단을 포괄할 수 있도록 보장하여야 한다.

⟨표 1⟩ 사회권규약 이행을 위한 법과 정책 개선 방향

사회권규약 당사국의 의무	법·정책 개선방향
존중 의무	1) 낙태죄 처벌 관련 조항 정비 　• 「형법」 제27장 '낙태의 죄' 삭제 　• 「모자보건법」 제14조(인공임신중절수술의 허용한계), 제28조(「형법」의 적용 배제) 삭제 　• 「모자보건법 시행령」 제15조(인공임신중절수술의 허용한계) 삭제 2) 임신중단 접근성을 제한하는 장벽 신설 방지 　• 임신중단 처벌, 임신중단 사유나 임신 주수에 따른 금지, 강제 대기 기간, 상담 의무, 제3자 승인 요건, 임신중단 의료 제공자 제한, 의료인의 임신중단 의료 제공 거부 인정 등 장벽 신설 방지 3) 임신중단 관련 의료인 자격 제한 폐지 　• 「의료법」 제8조(결격사유 등)에서 「형법」 제270조 삭제 　• 「의료관계 행정처분 규칙」 별표 '행정처분기준(제4조 관련)'에서 '32) 비도덕적 진료행위를 한 경우'의 '라) 「형법」 제270조를 위반하여 낙태하게 한 경우' 삭제 4) 임신중단 의약품 등 광고 금지 조항 삭제 　• 「약사법」 제68조(과장광고 등의 금지) 제4항 '의약품에 관하여 낙태를 암시하는 문서나 도안은 사용하지 못한다' 삭제 　• 「의료기기법」 제24조(기재 및 광고의 금지 등) 제2항 '4. 의료기기에 관하여 낙태를 암시하거나 외설적인 문서 또는 도안을 사용한 광고'에서 '낙태 암시' 삭제 5) 임신중단 관련 휴가 등 건강권 보장 조항 정비 　• 「근로기준법」 제74조(임산부의 보호) 제3항 단서 '다만, 인공 임신중절 수술(「모자보건법」 제14조제1항에 따른 경우는 제외한다)에 따른 유산의 경우는 그러하지 아니하다.' 삭제 　• 「근로기준법」과 같은 취지의 「국가공무원 복무규정」, 「지방공무원 복무규정」, 「군인의 지위 및 복무에 관한 기본법 시행령」의 유사산휴가, 배우자인 공무원의 유사산휴가, 출산전후휴가 분할 사용 조항 개정
보호 의무	• 정부에서 임신중단 비범죄화 및 임신중단 의료 제공 의무에 대한 사항을 의료기관 및 의료인에게 명확히 전달 • 임신중단 의료 서비스 정상화 촉진 정책 실시 • 임신중단 의료 서비스 제공 거부, 의료 서비스 제공에서의 차별, 근거 없는 또는 임신중단에 대한 낙인을 포함한 편향된 정보 제공, 과도한 비용 청구, 제3자 승인 요구 등이 발생하지 않도록 의료기관에 적극적으로 정보 제공, 계도, 법률 위반 적발 • 성폭력 피해자 의료 지원 기관의 임신중단 의료 서비스 제공 여부 파악 및 지원 실시를 위한 조치

사회권규약 당사국의 의무	법·정책 개선방향
실현 의무	1) 차별적 관행과 낙인의 근절을 위한 적극적 조치 의무 명시 　• 「모자보건법」 제12조(인공임신중절 예방 등의 사업)의 인공임신중절 예방 및 　　피임 보급을 성·재생산건강권 보장 사업으로 방향 재편, 영역 확대 　• 성·재생산건강 보장을 위한 법률 마련 　• 성·재생산건강 영역의 차별적 관행과 낙인 개선, 실질적 평등 보장을 위한 사 　　업을 시행할 국가 및 지방자치단체의 의무 조항 신설 2) 임신중단 및 피임에 건강보험 적용 　• 「국민건강보험법」 및 「국민건강보험법 시행령」에서 인공유산 및 피임을 보험 　　급여 대상으로 포함 3) 의료기관의 물리적 접근성 확보 　• 전국 산부인과의 임신중단 의료 서비스 제공 현황 파악 　• 전국 어디에서나 임신중단 의료 서비스 제공이 가능한 의료기관이 물리적, 지 　　리적으로 적정한 시간 내에 도달가능하도록 확보 4) 양질의 안전한 임신중단 의료 서비스 제공을 위한 토대 마련 　• 의료인 양성 과정 및 교육, 훈련에서 임신중단 관련 교육 확대, 임신중단 의료 　　에 필요한 기술과 최신 지식 정보 공유 촉진 방안 마련 　• 의료인에게, 편견과 낙인에 근거하지 않은, 근거 기반의 임신중단 가이드라인 　　배포, 활용 촉진 　• 유산유도약 수입 허가 5) 임신중단 관련 근거 기반 정보 제공 　• 개인과 공동체의 필요에 부합하는 방식으로, 편견과 낙인을 배제한 임신중단 　　관련 근거 기반 정보 제공 　• 정보 제공에서 다양한 소통 수단 포괄 보장

V. 결론

　그동안 한국에서 임신중단 의료 인프라가 완전히 부재한 것이 아니었으므로, 현 시점에서 보건의료정책이 가장 먼저 해야 하는 일은 2021년 이후 어떠한 임신중단도 처벌되지 않음을 명확히 하고 의료체계 내에서 임신중단 의료를 정상화하는 것이다. 법과 정책, 의료 현실이 일치하지 않고 엇갈리던 오랜 경험, 일부 의료인 단체 집행부의 임신중단 의료 거부 종용, 현재의 법적 상태에 대한 부정확한 정보의 확산과 불법 시대의 정보의 공존, 정부의 선택적 침묵과 정책 결정의 유보는 임신중단 의료를 제공할 의사가 있는 의료인조차 위축시키며 정보 접근성, 비용 접근성, 지리적 접근성, 의료 서비스의 품질을 모두 떨어뜨리고 낙인과 차별을 강화하는 데 기여한다. 2021년부터 시행된 '제4차 저출산·고령사회 기본계획'에서는 모자보건에 제한되어 있는 재생산건강 정책을 확장하여 '모든 국민에게 전 생애에 걸쳐 월경, 피임, 생식기 질환, 임신의 유지·종결 등 재생산건강 정보를 제공하여 알 권리를 보장'하고 '건강하고 안전한 피임과 임신의 유지·종결을 위한 사회적 지원을 강화하겠다'는 계획을 이미 수립한 바 있다.[49] 이제라도 임신중단이 성차별적 인구 정책이나 종교적 차원이 아닌 온전한 재생산건강권 보장의 영역에서 다루어질 수 있도록 법과 정책의 방향을 전환하여야 한다. 정부는 성·재생산건강 의료의 필수적 요소인 가용성, 접근성, 수용성, 품질이라는 차원에서 임신중단 의료가 제공될 수 있도록 법과 정책을 마련하여야 할 것이다. 이를 위하여 보건복지부의 조직 재편도 필요하다. 건강권 보장의 주무부처인 보건복지부에서 임신중단 관련 정책은 인구정책실 출산정책과에서 담당하고 있다. 「보건복지부와 그 소속기관 직제」에 따르면 인구정책실은 "인구 관련 정책의 총괄 및 조정" 업무를 수행하며, 임신중단과 관련해서는 "인공임신중절 예방에 관한 사항"만을 업무 내용으로 한다(제11조). 이와 같은 조직 구조는 인구 조절을 위하여 임신중단을 통제하고자 하는 관점을 반영한다. 건강권의 보장이나 차별과 낙인의 제거보다도 '인구 정책', '예방', '출산 정책'의 차원에서 임신중단에 접근하는 것이다. 보건복지부 내에 '인구 정책'이나 '출산 정책'이 아닌, 성인지적 관점에서 '성·재생산건강' 정책을 총괄하고 조정할 수 있는 조직이 구성되어야 비로소 임신중단이 오로지 건강의 차원에서 조명될 수 있을 것이다.

---

49   관계부처합동, 제4차 저출산·고령사회 기본계획 (2020. 12.), 90쪽.

제 3 장

임신중지 상담체계 구축의 방향[1]
: 성과 재생산 건강권의 관점에서

장다혜 (한국형사·법무정책연구원 연구위원)

I. 서론

2019년 헌법재판소의 낙태죄 헌법불합치 결정[2]은 임신중지를 둘러싼 기존 법정책의 방향을 금지 및 처벌 중심의 소극적 정책에서 여성의 임신상태 유지 및 임신중지의 자기결정권과 건강권을 보장하기 위한 적극적인 정책으로 전환할 수 있는 계기를 마련하였다. 이에 헌법불합치 결정에 따라 형법 등 법적 효력이 정지되는 시점 전후인 2020년 10월에서 2021년 1월 사이에 집중적으로 형법과 모자보건법 발의안이 제출되었으며, 각 개정

---

1 이 글은 2019. 6. 22. 서울대학교 법학연구소, 서울대학교 여성연구소, 서울대학교 공익인권법센터 주최 2019년 재생산권 국제공동학술행사에서 발표한 "해외 임신중단 관련 법률을 통해 본 성과 재생산 건강 정책의 쟁점"과 서울대학교 법학연구소 공동연구 〈재생산권 제도화 워크샵〉의 일환으로 진행된 2023. 2. 21. 재생산권리 실현을 위한 제도의 모색 학술대회에서 발표한 "재생산권 관련 상담절차 및 상담자 교육 등 체계"를 수정·보완하여 발전시킨 글로, 『서울대학교 법학』 제64권 제3호 (2023.09.)에 출간되었다.

2 헌법재판소 2019. 4. 11. 선고 2017헌바127 전원재판부 결정 [형법 제269조 제1항 등 위헌소원], 헌재판례집 31-1, 404-453면.

안들은 헌법질서에 부합하지 않는 낙태죄에 대한 개정안뿐만 아니라 임신중지 의료서비스 제공과 관련된 보건의료체계의 재정비 방안을 담고 있다. 그러나 이 개정안들은 2023년 현재까지도 여전히 소관위원회 검토단계에 머물러 있다. 법개정을 위한 논의 역시 진행되지 않고 있다. 2021년 1월 1일부터 형법상 낙태죄의 효력이 정지되어 임신중지가 처벌대상이 되고 있지 않음에도 불구하고, 임신중지를 위한 보건의료체계와 권리보장조치가 미구축된 현 상황은 실제 임신중지를 마주하게 된 현장의 혼란을 초래하고 있다. 현재 다수의 병원들은 임신중지 관련 상담이나 진료를 회피하고 있으며, 임신중지 의료서비스를 필요로 하는 이들은 어쩔 수 없이 높은 병원비를 감당해야 하거나 승인되지 않은 유산유도제를 비공식적인 방법으로 찾아야 하는 등 건강에 위협이 되는 부담을 고스란히 안고 있다.[3] 임신중지 의료서비스를 제공하는 일부 병원들을 찾는다고 하더라도 비용은 최소 60만원에서 300만원까지 천차만별이며, 병원별로 수술이 가능한 임신주수나 배우자 등 제3자의 동의 여부에 대해 각각 다른 기준을 제시하는 등 의료서비스 제공에 대한 기준은 부재한 상황이다.[4] 임신중지 관련 입법 공백으로 인한 혼란에 대한 지적이 지속되고 있으나 여전히 관련 법률개정작업이 진척되지 않는 현 상황이 단지 입법공백 상태를 넘어 시민사회 논의가 정치제도를 통해 매개되지 못하는 상황이자 낙태죄를 논쟁화한 시민사회의 실천이 정치적으로 비가시화되는 '정치적 공백' 상태라는 비판[5]이 제기되는

3   성적권리와 재생산정의를 위한 센터 셰어, "모두의 안전한 임신중지를 위한 권리 보장 네트워크 출범 선언문", 2022. 8. 17. https://srhr.kr/statements/?q=YToyOntzOj EyOiJrZXl3b3JkX3R5cGUiO3M6MzoiYWxsIjtzOjQ6InBhZ2UiO2k6Mjt9&bmode =view&idx=12616424&t=board, 2023. 7. 13. 방문.

4   전혜민, 김규희, "낙태죄 폐지 후 산부인과 가보니 "남친 동행해야 해요", 여성신문, 2021. 4. 17, https://www.womennews.co.kr/news/articleView.html? idxno=210309, 2023. 7. 13. 방문.

5   권현수, 사법심사제도와 시민의 실천: 낙태죄 헌법불합치 결정과 정치적 공백, 서울

것은 당연해 보인다.

　이 글은 형법상 낙태죄 효력 상실 이후에 공식적으로 중단되어 있는 임신중지 관련 보건의료체계의 구축에 대한 논의를 재개하고자 하는 시도이다. 사실 낙태죄가 폐지된 상황에서 향후 낙태죄를 부활시키는 입법 추진 여부와 관계없이 임신·출산·임신중지 등 재생산 건강을 증진시키기 위한 의료서비스 관련 제도적 개선이 불가능한 상황은 아니다. 실제 보건복지부는 모자보건법 개정 없이 보험급여와 관련된 고시 개정을 통해 임신중지 의료서비스 제공 전후 의사에 의한 교육 및 상담체계 구축을 추진한바 있다. 2021년 8월 1일 보건복지부 고시 「요양급여의 적용기준 및 방법에 관한 세부사항」 일부개정(보건복지부 고시 제2021-209호)에 따라 인공임신중절수술 급여화의 일환으로 교육·상담료를 신설하고 수술 전후 교육·상담을 할 수 있도록 하였다. 보건복지부는 2020년부터 임신중지 의료서비스와 관련된 제도 개선 중 임신중지 결정과 관련된 상담체계 구축에 대한 논의를 우선하여 추진하였는데,[6] 이는 헌법재판소가 헌법불합치 결정에서 임신한 여성의 자기결정권과 태아의 생명권의 실체적 조화를 위한 실효성 있는 정책수단으로서 임신·출산·육아에 장애가 되는 사회적·경제적 조건의 적극적인 개선 이외에도 "임신한 여성이 결정가능기간 중에 낙태갈등 상황에 처했을 때 전문가로부터 정신적 지지와 충분한 정보를 제공받으면서 충분히 숙고한 후 임신 유지 여부에 대한 결정을 할 수 있도록 [하]"[7]는 수단을 강구하도록 촉구한 것과 관련된다. 2021년까지 국회에 발의된 임신중지 관련

대학교 석사학위논문, 2021. 8. 참조.

6　보건복지부는 2020년 임신 및 출산과 관련된 상담체계 구축방안과 전문상담인력 양성에 관한 정책연구과제를 발굴하여 연구용역을 추진하였다. 이에 이선혜 외, 『임신·출산 전문상담인력 교육 프로그램 개발·운영 연구』, 보건복지부·중앙대학교 산학협력단, 2020 및 최기홍 외, 『임신출산상담체계 구축방안 연구』, 보건복지부·고려대학교산학협력단, 2020이 발간되었다.

7　헌재 판례집 31-1, 423면.

모자보건법 개정안들 역시 임신중지 의료서비스의 제공과 함께 상담 및 정보제공을 위한 체계를 마련하는 규정들을 주되게 담고 있다.

이러한 점에서 이 글은 임신중지와 관련된 보건의료체계의 구축을 논의함에 있어 우선적으로 추진이 고려되고 있는 상담 및 정보제공을 위한 체계에 대한 방향성과 규정방식을 주된 연구의 대상으로 삼고자 한다. 현재 21대 국회에서 발의된 모자보건법 법률개정안들과 보건복지부를 중심으로 한 정부 정책에서 상담체계구축이 핵심적인 내용임에도 불구하고 이와 관련된 논의는 정부의 정책연구용역을 제외하고 학계에서도 충분히 검토되지 못했다. 현재 발의된 모자보건법 개정안들이 임신중지 상담체계에 대한 구체적인 방향성을 담고 있다는 점에서 개정안들에 대한 분석은 상담체계의 입법 및 정책적 쟁점을 추출하는 데에 선행되어야 할 작업이다. 이 글에서는 재생산 건강에 대한 보건의료서비스로서 임신중지 관련 상담체계에 대한 입법 및 정책적 쟁점들을 검토하고, 성과 재생산 건강과 권리의 차원에서 모자보건정책과 임신중지를 포함한 재생산 건강 상담체계가 구축될 방향을 논의하고자 한다. 이를 위해서 헌법재판소 낙태죄 헌법불합치 결정 이후 발의된 모자보건법 개정안들의 분석을 통해 논의할 쟁점을 정리하고, 임신중지 상담체계의 구축 방향을 세계보건기구(이하 WHO)의 지침 및 해외 입법 사례들에 대한 분석 및 검토를 통해 도출하고자 한다.

II. 임신중지 상담체계 입법의 쟁점

1. 21대 국회 발의된 상담체계 관련 모자보건법 개정안의 주요내용

헌재 결정 이후 2023년 현재까지 국회에 발의된 임신중지 관련 상담체계와 관련된 모자보건법 법률개정안은 총 7건이다. 대체로 형법과 모자보건법 개정안을 함께 발의하였는데, 형법개정안을 낙태죄 존치로 제안했는지 여부에 따라 상담과 관련된 모자보건법 개정의 취지나 목적에 차이가 있다. 이 중 상담체계에 대한 규정을 두지 않은 박주민 대표발의안(2020.11.27. 발의, 의안번호 5854)과 남인순 대표발의안(2021.1.14. 발의, 의안번호 7367)을 제외한 5건의 모자보건법 개정안들을 중심으로 분석하고자 한다.

임신중지 관련 상담 및 정보제공과 관련된 내용을 담고 있는 5건의 개정안들은 낙태죄에 대한 형사처벌규정을 두고 임신중지 관련 상담을 의무화하여 형사처벌을 받지 않는 임신중지의 허용요건으로 규정하는지 여부에 따라 구분할 수 있다. 이에 따라 임신중지 의료서비스 접근을 위한 상담의무를 규정한 모자보건법 개정안은 보건복지부가 입법예고한 정부안(2020.11.18. 발의, 의안번호 5459), 서정숙의원 대표발의안(2020.12.1. 발의, 의안번호 6020), 조해진의원 대표발의안(2020.11.13. 발의, 의안번호 5311)이다. 여기에서의 상담은 합법적인 임신중지 의료서비스에 접근하기 위한 전제조건이다. 이와 달리 권인숙의원 대표발의안(2020.10.12. 발의, 의안번호 4484)과 이은주의원 대표발의안((2020.11.5. 발의, 의안번호 4983)에서의 상담은 의무화된 상담이 아니며 국가가 임신·출산과 관련된 재생산 건강 전반에 대한 보건의료서비스 및 정보를 제공하는 의무에 따라 제공하는 지원정책의 일환이다. 이 두 개정안들은 임신중지를 임신과 출산과 관련된 재생산 건강의 범주로 두고, 성과 재생산 건강권을 보장할 국가의 의무를 모자모건법에 명시하는 규정을 신설하고 있다.

또한 임신중지 상담의 목적과 내용을 설정하는 방향에 따라 5개의 개정안은 크게 두 가지 방향으로 구분이 가능하다. 정부안, 권인숙의원안, 이은주의원안은 모두 임신중지 상담을 임신 및 출산, 임신중지 등 재생산 건강과 관련된 정보를 제공하고 임산부의 자기결정을 조력하는 방향으로 설계하고 있다. 이에 따라 정부안은 상담 목적에 "임신의 유지 여부에 대해 스스로 결정할 수 있도록 조력"함을 명시하고 있으며, 권인숙의원안과 이은주의원안은 임산부에게 특정한 선택을 강요하는 행위를 금지하는 의무를 별도로 신설하고 있다. 이와 달리 조해진의원안과 서정숙의원안은 상담의 목적을 "태아의 생명과 여성의 건강을 보호하고 임신의 지속을 위해 여성을 격려"한다고 명시하는 규정을 신설하여, 상담의 방향이 임신 유지를 장려하기 위함임을 분명히 하고 있다.

각 개정안들에서 규정하고 있는 의사의 설명의무는 상담과 구별되는 것으로 임신중지 의료서비스를 제공하는 의사가 의료법상 의료행위에 관한 설명의무(제24조의2) 이외에 추가적으로 부담하게 되는 의무이다. 5개의 개정안은 모두 임신중지 의료서비스와 관련하여 추가적인 설명의무를 규정하고 있는데, 개정안들의 관련 규정의 내용에 따라 의사 설명의무의 목적이 크게 세 가지 방향으로 구분된다. 우선 정부안은 의료행위에 관한 설명 이외에 피임방법 및 계획임신에 관련된 정보를 제공하도록 하는 것으로, 반복적인 임신중지를 예방하기 위한 목적으로 의사의 설명의무를 설정하고 있다. 조해진의원안과 서정숙 의원안에서는 정부안에 더해 심방동의 존재사실 및 초음파확인사실 등 시각적·청각적인 확인사실을 제공함으로써 태아의 존재에 대해 인식할 수 있는 자료를 제공하도록 의무화하여, 임신 유지의 결정을 장려하기 위한 목적으로 의사의 설명의무를 규정하고 있다. 마지막으로 권인숙의원안과 이은주의원안은 의료행위에 대한 설명 이외에 임신 및 출산 등 재생산 건강에 대한 상담과 지원 정보를 제공하도록 의무화함으로써, 국가가 제공하는 재생산 건강과 관련된 서비스와 정보에 대한 접근성을 높이기 위한 정보제공의 목적으로 의사의 설명의무를 규정하고 있다.

2. 개정안 쟁점

현재 발의된 5건의 모자보건법 개정안들의 방향과 내용에 차이가 있긴 하지만 우리 사회에서 구축될 수 있는 임신중지 상담체계의 구체적인 상을 담고 있다는 점에서 향후 상담체계 구축의 방향을 논의하는 데에 있어 출발점이 될 수 있다. 개정안들은 임신중지 의료서비스 제공에 있어 여성이 접근할 수 있는 상담 및 전달체계와 임신중지 보건의료체계 내에서 추가적으로 부담되는 의사의 정보제공에 관한 규정을 제시하고 있다. 이하에서는 개정안들이 제시하고 있는 상담체계 방향 및 내용에서 도출된 논의의 쟁점을 살펴보고자 한다.

(1) 임신중지 상담의 목적과 의무화

개정안들에서 제시하고 있는 상담체계안의 핵심 쟁점은 임신중지 의료서비스에 접근하고자 하는 여성들에게 상담 의무를 부과할지 여부이다. 상담 의무화를 규정할지 여부에 대해서 검토하기 위해서는 임신중지 의료서비스와 관련된 상담의 목적이 국제인권규범 및 관련 정책, 그리고 해외 입법례에서 어떻게 제시되고 있는지를 살펴볼 필요가 있다.

WHO는 임신중지를 요청하는 여성에 대해 상담과 정보제공을 임신중지를 위한 양질의 지원에서 핵심적인 부분으로 보고, 모든 임산부들이 연령이나 상황에 관계없이 임신중지 방법에 대한 포괄적인 지식과 경험을 갖춘 훈련된 보건 전문가로부터 적절한 상담 및 정보제공을 받도록 체계를 구축할 필요가 있다고 강조해왔다.[8] 그러나 상담 및 정보제공의 목적은 여성들이 자신의 선택을 고려하여 어떠한 압력 없이 자유로운 결정을 내리기 위한 것에 있으므로, WHO는 상담 의무의 부과 없이 여성의 결정이 존중되는 방향에서 상담 및 정보가 제공되어야 하며 관련 규정들은 여성이 자발적으로 상담 및 정보제공에 접근할 수 있도록 마련되어야 한다고 권고해왔다.[9]

8   World Health Organization, *Safe abortion: technical and policy guidance for health systems for health systems*, World Health Organization, 2012, 36면.

9   World Health Organization, *Abortion care guideline*, World Health Organization, 2022, 39면. 상담 의무화와 관련된 권고는 2022년 WHO 가이드라인의 이전 버전인 2012년 가이드라인에서도 확인할 수 있다. 앞의 글, 36면, 참조.

이는 WHO가 국제인권법에서 보장하고 있는 건강권의 관점에 기초하여 임신중지 관련 상담이나 정보제공을 보장되어야 할 성과 재생산 건강권의 영역으로 인식하고 있기 때문이다. 2016년 UN 사회권위원회의 성과 재생산 건강권 일반논평 제22호에서는 성과 재생산 건강과 권리를 제한하는 법적, 절차적, 현실적 장애만이 아니라 장애나 LGBTI 등과 같은 특정 집단에 대한 다중적·교차적 차별로 인한 사회적 장애로 인해 일반적인 건강권의 측면이 아닌 성과 재생산 건강권과 관련된 특별히 침해적인 사항에 대응하기 위한 국가의 일반 및 특정 법적 의무에 대해 구체적으로 제시하고 있다.[10] 일반논평 제22호에서는 임신중지 서비스 이용에 대한 편향된 상담과 의무적 숙려기간을 성과 재생산 건강 서비스 접근에 대한 방해 입법 및 정책으로 보고 이를 폐지하거나 제정을 자제할 국가의 특정 법적 의무로 규정한다.[11]

현재 제출되어 있는 모자보건법 개정안들에서는 낙태죄 존치 여부와 여성의 상담 및 의사의 설명 의무화 여부가 긴밀한 연관성을 가지고 있는 것으로 보인다. 그러나 현재 낙태죄를 존치하되 임신중지 허용요건을 규정하고 있는 해외 국가나 주 법률들을 살펴보면, 반드시 낙태죄에 대한 형사처벌규정과 여성의 상담의무 내지 의사의 설명 의무가 연동되어 있지 않다. 또한 상담의무와 설명의무를 동시에 규정하고 있는 입법례는 없는 것으로 파악되는데, 이는 상담이나 의사의 설명이 모두 임신중지의 결정과 관련된 정보를 제공하고 여성의 자기결정을 조력하는 데에 초점을 두고 있기 때문으로 보인다. 이에 대해서는 IV장에서 상세히 살펴본다.

---

10   Committee on Economic, Social and Cultural Rights, General Comment no.22 (2016) on the right to sexual and reproductive health(article 12 of the International Covenant on Economic, Social and Cultural Rights), 01 May 2016, E/C/12/GC/22.

11   앞의 글. 10면.

오히려 임신중지 관련 상담체계에서 상담 내지 설명 의무화 여부에 대한 판단은 상담과 정보제공이 필요한 이유, 즉 상담체계의 목적이 무엇인지와 관련되어 있다. 예를 들어, 모자보건법 개정안 중 서정숙의원안과 류해진의원안은 여성의 상담의무와 의무화된 숙려기간, 그리고 의사의 설명의무를 모두 설정하고 있는데, 상담 및 의사의 설명을 통한 정보제공이 모두 임신 유지를 장려하기 위한 목적을 가지고 있으며 이를 위해 당사자가 임신중지 의료서비스에 접근하기 위해 여러 단계를 거치도록 고안되어 있다. 상담 의무화 없이 상담체계를 구축하고 있는 권인숙의원안과 이은주의원안은 성과 재생산 건강권의 관점에서 안전하지 않은 임신중지로 인한 신체적·정신적 건강의 위험으로부터 사람들을 보호하고 안전한 임신중지 서비스 접근성을 확보함으로써 건강권을 보장하는 국가의 의무를 신설하여, 상담체계 구축의 목적이 임신 중지 전후 여성의 건강에 관련된 요구를 충족하고 임신중지 서비스 접근성을 용이하게 하기 위한 것임을 명확히 하고 있다. 앞선 개정안들과 달리 정부안은 건강권보다는 임신 유지 여부에 대한 여성의 자기결정권에 초점을 두고 상담의 목적을 설정하고 있으며, 여기에서의 상담은 임신 유지 여부의 결정에 도움을 주는 중립적이고 비지시적인 정보제공 및 심리적인 지지를 위한 방안이다. 정부안의 상담체계에 대한 방향 설정은 WHO에서 제시하는 상담 및 정보제공의 취지와 일치하는 것으로 보이나, 임신유지 또는 중지 여부를 고민하고 있는 임산부가 아닌 이미 임신중지를 결정한 임산부에게도 상담의무를 부과하는 입법방향은 자기결정권에 대한 존중과는 배치될 수 있다.

결국 상담 의무화 여부에 대한 검토는 국가가 향후 구축해 나가야 할 임신·출산·임신중지와 관련된 상담체계의 목적과 방향을 고려하는 가운데 이루어질 필요가 있다.

(2) 상담기관의 상담과 의사에 의한 정보제공과의 관계

현재 모자보건법 개정안 중 정부안, 서정숙의원안, 류해진의원안은 임신
중지를 하고자 하는 여성에게 상담기관에서 상담할 의무와 의사에 의한 정
보제공을 받을 의무(의사의 설명의무)를 동시에 규정하고 있다. 또한 의무화
된 상담 이후 받게 되는 상담확인서 및 의사 설명 이후 여성의 동의서는 임
신중지 의료서비스에 적법하게 접근할 수 있는 절차로 설계되어 있다. 이
와 관련해서 보건복지부는 2021년 고시 개정을 통해 모자보건법 법률개정
의 정부안에 기초하여 의사의 인공임신중절 교육·상담 체계를 마련하였
다.[12] 이에 따르면, 의사는 인공임신중절 교육·상담을 요청한 임신 중인 여
성에게 요청확인서를 받은 후 대한산부인과학회에서 마련한 「인공임신중
절 표준교육자료」를 활용하여 의료행위에 관한 설명 외에도 정신적·신체
적 합병증, 피임의 시기·방법 및 계획임신 등 자가관리를 할 수 있는 포괄
적인 내용을 개별적으로 20분 이상 교육하도록 되어 있다. 의료급여의 범
위는 수술 전 1회 교육이며 수술 후 30일 이내 재교육한 경우에 추가 1회
산정할 수 있도록 되어 있어, 의사의 정보제공은 기본적으로는 임신중지
이전에 수행되어야 하는 것으로 설정되어 있음을 알 수 있다. 대한산부인
과학회의 「인공임신중절 표준교육자료」의 내용은 처치 및 수술 방법, 수술
전 주의 사항, 수술 후 관리, 합병증, 피임방법 및 계획임신으로 구성되어
있는데, 이러한 내용은 정부안에서 제시한 의사의 설명의무에 포함되어 있

---

12   보건복지부의 정책에 대해, 실제 현장에서는 임산부들이 사생활 비밀 침해의 우려
로 교육·상담의 근거로 요청확인서 등 진료기록 보관을 거부하고 있으며, 의사들
이 20분 교육에 대해 2~3만원 정도의 상담료를 책정한 것이 의료현장 진료행태를
반영하지 못하는 등 의사에 의한 교육·상담 실효성이 낮으며, 입법불비의 상황 변
화 없이 상담·교육만을 추진하여 혼란이 가중된다는 등의 비판들이 제기되었다. 이
승우, "낙태 교육·상담료 급여 강행…현장에선 혼란·무관심 '혼재'", 의협신문, 2021.
8. 5, https://www.doctorsnews.co.kr/news/articleView.html?idxno=140524,
2023. 7. 13. 방문.

는 정보제공 내용과 일치한다.

비록 모자보건법 개정이 추진되지 않아 의무화된 절차로 도입되지 않았으나 현재 구축되어 있는 임신중지 관련 의사의 정보제공의 방식이 〈인공임신중절 교육·상담〉으로 명명된 것은 정부안에서 제시하고 있는 상담의무와 의사의 설명의무가 서로 다른 목적과 내용을 가진 절차가 아니라 사실상 동일하다는 점을 보여주는 징후로 보인다. 실제 해외 입법례들을 살펴봐도 임신중지 결정기간 중 이루어지는 상담기관에서의 상담과 의사에 의한 정보제공의 목적은 동일하기 때문에, 대체로 상담의무(상담에 대한 증명서) 내지 의사의 정보제공 의무(임산부의 동의서) 중 하나의 절차만을 규정하고 있다. 상담기관에 의한 상담의무를 규정하고 있는 독일이나 이탈리아와 같이 임신과 출산, 양육 등 광범위한 가족 상담 내지 지원을 제공하는 상담체계를 구축한 경우에도 의사의 설명의무 및 동의서 규정을 별도로 법률에 규정하고 있지 않다.[13]

이러한 점에서 상담기관의 상담 절차와 의사의 정보제공 절차를 동시에 의무화하는 방향에 대해서 그 필요성과 각 절차에서 제공될 수 있는 조력의 내용에 대해 검토할 필요가 있다. 또한 유사한 단계를 중복적으로 절차화하는 제도의 도입이 임신중지 의료서비스에 대한 접근성을 제한하는지에 대해서도 점검할 필요가 있다.

(3) 상담·지원 전달체계 구성

현재 개정안들은 임신중지에 대한 상담전달체계를 별도로 구축하기보다는 임신 유지 또는 중지에 대한 상담을 임신·출산·모성 및 영유아 건강 등 재생산 건강과 관련된 정보제공 및 심리지원과 함께 담당할 수 있는 전달체계안을 제시하고 있다. 다만, 전달체계를 기존의 임신·출산 관련 건강

---

13   해외의 상담의무 및 정보제공의무 규정에 대해서는 Ⅲ장에서 상세히 검토한다.

관리를 담당하는 모자보건기구에서 추가적으로 담당하도록 하는 안(조해진 의원안)과 중앙 및 지역 내 별도의 기구를 마련하여 임신·출산·임신중지 등을 모두 포괄하여 상담 및 지원을 담당하도록 하는 안(권인숙의원안, 이은주의원안, 서정숙의원안, 정부안)으로 구분된다. 2021년 보건복지위원회 검토보고서에 따르면, 기획재정부에서는 지역 보건소 내 모자보건기구나 2차 의료기관인 모자보건종합센터, 건강가정지원센터, 약물정보상담센터에서 이미 관련 사업을 수행하고 있어 별도 기관을 설치하기보다는 보건소 및 기존 수행기관에 대한 지정을 통해 임신·출산·임신중지 관련 중앙지원 기능강화에 대응할 필요가 있다는 의견을 제출한 바 있는데,[14] 현재 제출된 개정안들에서도 기존의 보건소 내지 모자보건종합센터를 활용하거나 민간 사회복지법인 등에 지정할 수 있도록 하고 있다.

개정안들의 내용을 살펴보면, 중앙지원기관의 역할에 대해서는 거의 유사하게 설정하고 있으나[15] 개정안에서 전제하고 있는 모자보건법 자체의 목적과 방향에 따라 기관의 명칭 및 업무 범위에서 차이가 나타난다. 모자보건법을 성과 재생산 건강 관련 보건의료정책 전반을 관할하는 것임을 분명히 하고자 하는 권인숙의원안과 이은주의원안에서는 "재생산 건강"이라는 용어를 도입하거나 모성 정의를 "임신·출산·유산·사산·인공임신중단"을 포괄하는 개념으로 개정안을 제시함으로써 중앙지원기관의 업무범위를 확대하고 있다. 정부안은 "임신·출산 등"이라는 명칭을 활용하고 있으나 그에 대한 정의 규정은 마련하고 있지 않은데, 지역내 종합상담기관 업무

---

14 보건복지위원회 전문위원 신항진, 제284회 국회 제1차 보건복지위원회 "모자보건법 일부개정법률안 및 국민동의청원 검토보고", 2021. 2, 96-97면.

15 개정안들에서는 중앙기구의 역할에 대해 공통적으로 ① 임신·출산 등의 지원을 위한 핫라인(상담전화 및 온라인 상담) 설치, ② 지역 내 센터 지원 및 종사자 교육, ③ 임신·출산 등 관련기관 연계체계 구축, ④ 임신·출산 등 관련 건강증진에 관한 정책 분석, ⑤ 기타로 제시하고 있다.

범위에 "임신의 유지·종결에 대한 상담"을 명시하고 있어 다른 개정안들과 업무 범위에 큰 차이는 없어 보인다. 그러나 그동안 출산 및 영유아 건강 등 인구관리에 초점을 두어 왔던 모자보건법의 목적과 방향이 임신중지 관련 상담 및 지원을 위한 전달체계를 포섭하는 방향으로 변화한다는 점을 고려할 때에 향후 모자보건법 및 관련 정책이 나가야 할 방향에 대한 논의와 합의가 필요하다.

지역상담기구에 대해서 개정안들은 공통적으로 지자체를 중심으로 지역 내 상담기관을 두도록 하고 임신·출산·임신중지 정보제공 및 상담, 심리지원, 교육 및 홍보, 서비스 연계 등을 할 수 있도록 하고 있는데, 모두 지역내 보건소와 모자보건기구 내에 설치하도록 규정하고 있다. 다만 정부안의 경우에 사회복지사업법에 따른 사회복지법인에 대해 대통령령에 정해진 기준을 충족하는 경우에 지정위탁할 수 있도록 규정하고 있다는 점에 차이가 있다. 그러나 사회복지법인을 지역상담기구로 지정할 경우에 해당 법인의 특정한 입장과 관점이 상담의 내용에 반영될 우려가 제기될 수 있다. 현재 사회복지시설의 대다수가 종교법인이고 이 중 임신중지를 반대하는 종교계인 기독교와 카톨릭이 전체 67.3%[16]로 상당수를 차지하고 있는 상황에서 종교적 신념에 따른 상담이 이루어질 수 있기 때문이다.

현재 전달체계 구축안을 제시한 개정안들을 살펴보면, 지역상담기구가 임신·출산·임신중지·양육 등 재생산 상담에 있어서 가장 핵심적인 역할을 할 것으로 보이며, 특히 정부안 등 낙태죄 존치를 전제로 처벌면제조건으로 상담확인서를 발급하는 역할을 하게 될 경우에 그 권한과 역할은 매

---

16 2018년 문화체육관광부가 발표한 '한국의 종교 현황'에 따르면 종교계가 운영하는 사회복지법인은 전체 529개 가운데 개신교가 259개(49.0%)으로 가장 많으며, 불교계 사회복지법인이 152개(28.7%), 카톨릭은 97개(18.3%), 원불교 14개(2.6%), 기타 7개(1.4%)이다. 고병철·강돈구·조현범, 『2018 한국의 종교현황』, 문화체육관광부, 2018, 217면.

우 클 수밖에 없다. 이러한 점을 고려할 때에 임신중지 상담에 대한 WHO 권고를 참조하여 지역상담기구에서의 상담의 역할과 내용에 대한 원칙과 방향이 명확하게 제시될 필요가 있으며, 이에 대해 상담의 목적이나 상담 원칙 내지 편향된 상담 등에 대한 금지규정 신설 등이 검토될 수 있다. 정부 안에서는 상담의 목적을 "임신한 여성이 심리적 지지와 임신, 출산 및 양육 등에 관한 정보를 충분히 제공받고 임신의 유지 여부에 대해 스스로 결정 할 수 있도록 제공되어야 한다"고 명시하고 있으나, 권인숙의원안과 이은 주의원안에서는 특정 방향의 결정을 지시하거나 강요하는 방식에 대한 금 지 규정을 별도로 두고 있는 것과 달리 정부안에서는 이러한 금지 규정이 명시되어 있지 않다. 이에 상담 및 지원 전달체계의 운영에 있어 구체적인 방향과 원칙에 대해 점검할 필요가 있다.

Ⅲ. 해외의 임신중지 및 재생산 건강 관련 상담체계에 대한 검토

1. 임신중지 관련 사전 상담 및 정보제공 의무화에 대한 해외 입법례 검토[17]

낙태죄 처벌 규정을 두고 있는 국가들 중 15개 국가들이 임신중지 전에 여성의 결정과 관련된 상담 내지 정보제공을 하도록 의무화한 법률 또는

---

17   해외 주요국가들의 임신중지 관련 상담 및 의사의 정보제공와 관련된 규정은 WHO에서 구축한 〈세계 임신중지 정책 데이터베이스〉에서 제공하는 법령 및 정 부의 공식문서를 참조하였다. 주로 OECD 국가들을 중심으로 살펴보았다. World Health Organization, Global Abortion Policies Database: A tool to expand knowledge, encourage transparency, and promote accountability, https:// abortion-policies.srhr.org, 2023. 2. 13. 방문.

명령, 규칙, 지침 등을 두고 있는데, 이를 규정하는 방식은 국가별로 차이가 있다. 이는 의무 주체의 설정에 따라 크게 두 가지로 구분할 수 있는데, 여성에게 임신중지 결정에 대한 상담을 받을 의무를 규정하는 방식과 의사에게 임신중지를 하고자 하는 여성에 대해 정보제공을 할 설명의무를 규정하고 여성의 동의서를 확인하는 방식으로 나눌 수 있다. 임신중지 사전에 상담 내지 정보제공을 의무화하고 있는 국가들에서는 여성의 상담의무 내지 의사의 설명의무 규정 중 하나의 방식만을 취하고 있을 뿐, 두 가지 방식 모두를 채택하고 있는 사례는 없다.

(1) 여성의 사전 상담의무 규정 방식

여성에게 사전 상담의무를 부과하고 있는 국가는 독일, 이탈리아, 헝가리 네덜란드, 폴란드, 영국령 맨섬과 저지 등이 있다. 사전 상담의무를 부과하는 방식은 독일과 같이 형법상 낙태죄를 두고 처벌을 면제하는 요건으로 일정 기간 내 상담 후 임신중지를 규정하거나 폴란드나 영국령 저지 등과 같이 임신 중지를 하고자 하는 여성들에게 의료서비스에 접근하기 위한 요건으로 사전 상담을 받아야 한다고 규정하는 방식 등 다양하다. 이렇게 입법방식에는 차이가 있으나, 대체로 여성이 임신중지 의료서비스를 받기 위해서 상담사실을 확인하는 증명을 해야 한다는 점에서 사전 상담이 임신중지 허용요건이 된다는 결과는 동일하다.

해당 국가들이 임신중지 이전에 의무적인 상담을 받도록 규정한 취지에 대해서는 여성의 임신중지 결정에 대한 충분한 숙고를 위해 임신유지 시 다양한 지원 정보를 제공하기 위한 것으로 설명하고 있다. 예를 들어, 네덜란드는 임신중지법(Wet afbreking zwangerschap) 제5조에서 상담의 목적과 관련하여 "의사가 임신중지 이외의 해결책에 대한 책임 있는 정보를 제공함으로써 조력하고, 여성이 임신중지를 결정하는 경우에 의사가 여성의 결정이 자발적으로 이루어졌음을 확인하고, 법률상 규정된 허용요건에 해당

함을 확인하도록 보장"하기 위한 것이라고 규정하고 있다. 영국령 저지는 1997년 임신중지법(Termination of Pregnancy (Jersey) Law 1997) 제3조 제2항에서 의료인에 의해 수행되는 사전 상담(제1차 상담)의 내용에 대해 명시하고 있는데, 이에 따르면 임신중지와 관련된 의학적 위험 이외에도 상담 서비스 및 입양, 임신중지를 위한 의료정보 등 임신중지 결정을 위한 정보를 제공하도록 되어 있다. 폴란드는 가족계획, 인간태아 보호 및 임신중지 허용조건에 관한 법률(planowaniu rodziny, ochronie płodu ludzkiego i warunkach dopuszczalności przerywania ciąży) 제4조 제7호에서 상담의 목적에 대해 "여성의 건강 및 생활 상황을 파악하고 임신과 출산 후 여성이 받을 수 있는 지원의 형태를 알려줌으로써 여성의 문제 해결을 돕고, 태아기 생명의 법적 보호 및 임신 및 임신중지의 의학적 측면, 피임조치 및 방법에 대해 여성에게 알려주기 위한 것"이라고 명시하고 있다. 독일은 임신갈등의 예방 및 관리에 관한 법률(Gesetz zur Vermeidung und Bewältigung von Schwangerschaftsk onflikten(SchKG), 이하 임신갈등법) 제5조 제2항에서 사전 상담인 임신갈등 상담의 내용 및 상담의 원칙에 대해 규정하고 있는데, 상담을 통해 "상황에 따라 필요한 의료, 사회 및 법적 정보, 어머니와 아이의 법적 권리에 대한 설명 및 가능한 실질적인 도움, 특히 임신의 지속과 모자의 상황을 용이하게 하는 정보(동항 제2호)"와 "연방 정부 서비스 청구, 주거, 보육시설, 교육 지원, 사후 관리 제공 등 임산부를 지원하는 정보 및 임산부의 요청이 있는 경우 피임에 대한 정보(동항 제3호)"가 제공되어야 한다고 규정한다. 다만, 추가적으로 이러한 정보는 여성의 결정을 조력하기 위해서 제공되는 것으로 이 과정에서 상담자는 자신의 의지가 여성에게 강요되지 않도록 한다고 규정하고 있다(동항 제1호). 국가별로 상담목적에 일부 차이가 있긴 하지만, 사전 상담의 주된 목적이 여성이 스스로 임신유지 또는 중지를 결정하는 데에 고려할 수 있는 다양한 정보를 제공하기 위한 것이라는 점을 공통된다는 것을 확인할 수 있다.

상담을 제공하는 자에 대한 규정방식은 국가별로 다양하다. 폴란드나 영국령 저지, 네델란드의 경우에는 상담제공자를 의료인에 한정하고 있는데, 이 중 영국령 저지와 네덜란드의 경우에 관련 법률에 의해 임신중지 의료서비스를 제공할 수 있는 병원이나 의료인을 등록하거나 허가하는 제도를 두고 상담을 제공하는 의료인에 대해서 별도의 관리체계를 마련하고 있다. 사전 상담의 목적이 임신중지 결정에 도움이 되는 정보제공에 있으므로, 해당 정보의 제공은 서면으로 이루어지기도 한다(Termination of Pregnancy (Jersey) Law 1997 제3조 제2항 제b호 참조). 의료인이 아니라 임신중지 관련한 사회적 지원체계 내 마련된 상담기구에 의해 사전 상담을 실행하는 국가는 독일, 이탈리아, 헝가리로, 독일은 임신갈등법에 따른 임신갈등상담소, 이탈리아는 모성 및 자발적 임신중지의 사회적 보호에 관한 규칙(Norme per la tutela sociale della maternità e sull'interruzione volontaria della gravidanza, Legge 22 maggio 1978, n. 194)에서 규정하고 있는 가족상담센터, 헝가리는 1992년 태아생명보호에 관한 법률(1992. évi LXXIX. törvény a magzati élet védelméről)상 국가가족보호서비스에서 임신중지 이전 상담을 담당한다. 이러한 기구들은 임신중지 상담을 위해 마련되었으나 그 외에도 임신·출산과 관련된 노동·복지 등 전반적인 지원정책과의 연계를 담당하는 역할을 담당하며, 관련 법률에 의해 별도로 관리·감독된다.

대체로 여성의 사전 상담 의무를 규정하고 있는 국가들은 임신중지 결정에 있어 임신중지 이외의 해결책 등에 대한 정보를 제공함으로써 임신중지를 신중히 결정하고 생명보호의 원칙을 강조하고자 하는 취지에서 임신중지 이전에 상담 의무를 설계하였기 때문에, 상담 후 의무적 숙려기간을 최소 3일에서 최대 7일까지 두고 있다. 그러나 다른 한편으로 임신 및 출산에 대한 여성의 자기결정권에 대한 존중이라는 원칙에 반하지 않도록 특정 방향의 상담을 지양하는 원칙을 명시하거나(독일 임신갈등법 제5조 제2항 제1호) 여성의 존엄성과 비밀을 존중하면서 상담을 진행하며 여성의 결정에 따라 확인서를 발급하도록 규정하고 있다(이탈리아 모성 및 자발적 임신중지의 사회적 보호에 관한 규칙 제5조).[18] 결국 여성의 상담 의무 규정의 도입이 생명보호의 원칙을 중심에 두고 이루어지긴 했지만, 여성의 자기결정에 따른 임신중지를 법률상 허용하는 한 의무화된 상담이라도 그 목적이 여성의 결정을 조력하기 위한 것으로 설정될 수밖에 없음을 확인할 수 있다.

이러한 상황에서 최근에는 상담 의무화 규정을 두더라도 임신중지 상담의 취지와 역할을 고려한 새로운 규정 방식을 고안하거나 기존의 상담 의무화 규정을 아예 삭제하는 입법례들이 나타난다. 영국령 맨섬은 2019년 임신중지 관련 규정을 제정하였는데, 2019년 낙태개혁법(Abortion Reform Act 2019) 제6조 제9항은 "정부가 본 법에 따라 임신중지를 하고자 하는 여성을 위해 적절한 상담 및 지원의 제공을 보장해야 한다"고 규정하고 있으며, 동조 제10항에서는 "낙태 서비스를 여성에게 제공하기 전에, 해당 서비스 제공의 부당한 지연을 초래하지 않으면서 상담이 제공될 수 있는 경우에 여성은 상담을 제공받아야 한다"고 규정하고 있다.[19] 해당 규정은 여성의 사전 상담을 의무화하고 있으나 의무의 주체를 여성뿐만 아니라 정부를 포함하여 설정하고 있다. 또한 상담으로 인해 의료서비스 접근이 저해되지 않는 것을 조건으로 두고 별도의 숙려기간이나 상담확인서와 같은 추가적인 절차적 요건을 두지 않음으로써 사전 상담 의무를 규정하고 있는 다른 국가의 입법방식과는 차이를 보인다. 실제 영국령 맨섬에서는 2019년 낙태개혁법상 상담의무를 이행하기 위한 방법으로 핫라인을 개설하여 전문간

---

18 단, 헝가리의 경우에는 사회경제적 사유에 의한 임신중지를 허용하면서도 태아의 생명 보호 원칙을 전면에 두고 임신중지 관련 절차를 〈태아생명보호에 관한 법률〉이라는 명칭으로 마련하였으며, 동법 제8조에서 상담자의 의무로 "임산부의 감정과 존엄성을 존중하여 태아를 보존해야 하는 필요성을 알려야 하며, 태아에 대한 보호 조치를 취해야 한다"고 규정하고 있어 임신유지를 위한 상담이라는 점을 분명히 하고 있다.

19 Isle of Man, ABORTION REFORM ACT 2019, AT 1 of 2019, 9면.

호사(specialist Nurse)와 초기 상담이 연결될 수 있도록 하고, 전화 또는 대면 등 초기 상담 이후 지역 내 임신중지 클리닉으로 연계하여 의료서비스를 받도록 체계를 구축하였다.[20] 전문간호사와의 전화 또는 대면상담이 의료서비스 접근을 위한 전달체계로 설계되어 있으며 시술 후에도 전문간호사의 후속 지원을 받도록 되어 있어, 상담 의무가 의료서비스 접근에 대한 조력 과정으로 배치되어 있다는 점이 특징적이다. 아이슬란드의 경우에는 2019년 임신중지법(Law on termination of pregnancy)이 제정됨으로써 1975년 성, 출산, 낙태 및 불임에 관한 상담에 대한 법률에서 정하고 있었던 임신중지 전 상담 의무가 폐지되었다.[21]

(2) 의사에 의한 사전 정보제공 의무(설명의무) 규정 방식

의사에 의한 사전 정보제공 의무를 설정하고 있는 국가들의 규정방식은 낙태죄의 처벌면제 요건으로 임산부의 정보를 제공받은 동의(informed consent)를 규정하고 제공되어야 할 정보의 내용을 법률로 규정하는 방식을 취하거나 임신중지 의료서비스를 제공하는 의사에게 설명의무를 규정하는 방식으로 나눌 수 있다. 우선 정보를 제공받은 동의를 낙태 처벌면제 요건으로 규정하고 있는 나라들은 호주 뉴사우스웨일즈주와 웨스턴오스트리아주, 슬로바키아 등인데, 이에 따라 의사는 상담 또는 서면의 방식으로 임부에게 정보를 제공해야 한다. 여성의 동의는 서면에 사인을 하는 것으로 이루어지며, 이때 임부의 동의서가 합법적 임신중지의 요건이다. 시술 의사에게 설명

20　The Official Isle of Man Goverment Website, "Terminations", https://www. gov.im/categories/health-and-wellbeing/pregnancy-and-family-planning/ terminations, 2023. 7. 13. 방문.

21　Silja Bára Ómarsdóttir, "A Global Milestone: Why Iceland's 2019 Law on the Termination of Pregnancy is one of the most Progressive Abortion Laws in the World", 02 Februar 2023, https://verfassungsblog.de/a-global-milestone, 2023. 7. 13. 방문.

의무를 규정하고 있는 국가는 프랑스, 룩셈부르크, 스페인, 포르투갈 등이다.

의사의 의무를 부과하고 있는 입법례들은 모두 법률상 의사가 제공해야 하는 정보를 명시하고 있는데, 이때 의사가 제공해야 하는 정보에는 의료서비스 및 그에 따른 부작용, 합병증 등 의학적 정보 이외에 사회적 또는 심리적 지원의 내용이 포함되어 있다. 앞서 살펴본 여성에게 상담의무를 부여하고 있는 국가들에서 상담을 통해 제공하는 정보와 그 내용이 유사하다는 점을 고려하면, 의사에 대한 의무를 규정하는 방식은 임신중지를 하고자 하는 여성들에게 부담을 덜 주면서도 여성의 자유로운 선택과 여성의 건강을 증진하기 위한 핵심적인 필요 정보를 전달하는 방식일 수 있다. 그러나 의무화된 숙려기간을 함께 규정하게 되는 경우에는 여성의 상담 의무 규정과 동일한 효과를 가진다. 예를 들어, 룩셈부르크 보건법(CODE DE LA SANTÉ, 2015년 7월 24일 개정) 제12조 제1항은 임산부가 임신중지 최소 3일 전 산부인과 전문의에게 정보를 제공받고 법률상 규정된 정보를 제공받은 후 임신중지 의료서비스가 가능한 병원을 방문하여 임신중지를 하도록 규정하고 있어, 시술의사가 아닌 의료인에게 일종의 사전 상담을 받도록 의무화하고 있다. 의사의 정보제공 의무 규정방식을 채택하는 국가들이 설정한 숙려기간은 최소 2일에서 최대 3일로, 상담의무를 규정하는 국가들이 3~7일의 숙려기간을 둔 것과 비교해볼 때 단축되어 있긴 하지만, 시술 병원이 아닌 의료기관을 여성이 직접 방문해서 정보를 제공받아야 한다는 점에서 여성의 상담의무 규정과 차이가 없는 것이다. 그렇기 때문에 의무적 숙려기간 설정으로 야기될 수 있는 임신중지 의료서비스 접근 지연을 최대한 억제하기 위해 포르투갈에서는 임신중지조례(MINISTÉRIO DA SAÚDE, Portaria n.o 741-A/2007 de 21 de Junho) 제16조에서 숙려기간이 최대 5일을 초과하지 않도록 명시한다.

의무적 숙려기간에 대해 WHO는 그로 인해 임신중지가 지연됨으로써 여성이 안전하고 합법적인 임신중지 의료서비스에 접근할 수 있는 가능성을 제한할 뿐만 아니라 의사결정의 주체로 여성을 취급하지 않는 차별적인 태도를 보이는 문제가 있다고 지적하면서, 국가나 의료인들이 낙태 시술에 있어 여성을 의사결정자로 존중해야 하며, 숙려기간이 의학적으로 요구되는 요소가 아니라는 점을 인식하고 여성이 즉각적으로 의료서비스에 접근할 수 있도록 의무적 숙려기간 규정을 폐지할 것을 권고하고 있다.[22] 그렇기 때문에 어떤 입법례들은 의사의 정보제공 의무를 규정하면서도 숙려기간에 대한 규정을 두지 않고 여성에게 정보제공을 거부할 수 있는 권한을 부여함으로써 이 부분을 해결하고 있다. 구체적으로 살펴보면, 호주 뉴사우스웨일즈 주는 2019년 재생산 건강 양육 개정법안(Reproductive Health Care Reform Bill 2019 [NSW]) 제7조 제1항에서 의료인에게 임신중지에 대한 상담이 여성에게 필요한지 여부를 평가하고, 그 결과 상담이 필요하다고 판단되고 여성이 상담에 대한 관심을 가지는 경우에 한하여 상담에 대한 필요한 정보를 제공할 의무를 두는 방식으로 규정한다. 또 다른 호주의 주인 웨스턴오스트렐리아주 역시 1998년 낙태법 개정법(ACTS Amendment (Abortion) Act, 1998)에 따라 의료인에게 상담을 거부할 수 있는 기회가 있음을 설명하고 여성이 원하는 경우 임신 종결 또는 임신 유지에 관한 상담을 할 수 있음을 고지하도록 의무화하고 있다. 즉, 의사의 정보제공 의무에 대한 규정을 두면서도 여성에게 정보 제공 또는 상담에 동의하는지 여부를 확인하거나 상담을 거부할 수 있는 기회가 있다는 점을 고지하도록 의무화함으로써 여성의 자기결정권을 존중하는 동시에 정보를 제공받을 수 있는 기회를 부여하는 효과를 주고 있다. 또한 정보제공 의무와 함께 의무적 숙려기간을 부여하고 있지 않기 때문에 여성의 의료서비스 접근성을 제한하지 않는 방식으로 정보 제공이 이루어질 수 있도록 하고 있다.

---

22 World Health Organization, 위의 글, 2022, 41-42면; World Health Organization, 위의 글, 2012, §4.2.2.6 참조.

2. 상담 및 정보제공의 방향과 내용에 대한 규정방식 검토

상담이나 정보 제공이 여성이 안전한 임신 중지에 접근할 수 있고 부당한 부담없이 자유롭게 선택할 수 있도록 핵심적인 역할을 담당할 수 있기 위해서는 상담 및 정보의 제공이 시술 전 임신종결을 위한 의무 요건으로 한정되는 것이 아니라 시술 전후 여성의 재생산과 관련된 종합적인 정보를 제공하는 기회가 되어야 할 필요가 있다. 이러한 점에서 상담과 정보제공 방향과 내용을 어떻게 구성할지에 대한 고민이 필요하다.

상당수의 국가들이 상담이나 정보제공 의무화와 관계없이 여성에게 제공되어야 하는 정보에 대해 형법 또는 보건법, 각종 시행규칙이나 지침에 규정하고 있다. 대체로 임신중지와 관련된 의학적인 정보 이외에도 제공될 수 있는 상담 및 지원에 대한 정보나 피임방법 등의 정보를 추가적으로 규정하고 있다. 그러나 프랑스 공중보건법(Code de la santé publique, 2023년 1월 1일 개정)과 같이 의사의 설명의무를 규정하면서도 조치방법 및 위험, 후유증에 대한 정보만을 제시할 뿐 피임방법이나 사회적 지원에 대한 정보제공을 의무화하지 않는 입법례도 있다. 임신중지와 관련된 수술 또는 조치의 의학적 방법이나 효과, 후유증에 대해서는 다른 의료서비스에서 제공되는 정보와 동일하므로 이견이 없으나, 상담 등의 지원 내용이나 피임방법에 대한 정보 등이 임신중지 의료서비스를 위해 필수적인 정보에 해당하는지에 대해서는 검토해볼 필요가 있다.

우선 피임정보와 관련해서 WHO는 특히 여성에게 제공되어야 할 상담에서 피임정보 및 피임약의 지원 등이 제공되는 것이 향후 의도하지 않은 임신을 예방하고 여성의 재생산 건강을 증진시키는 데에 중요하다고 권고하고 있다.[23] 사후피임약을 포함하여 피임 상담 및 피임방법에 대한 지원이 임신 내지 임신중지의 예방을 위해 상담 및 정보제공에 있어 중요한 내용

---

23   World Health Organization, 위의 글, 2012, § 2.3 참조.

이 되어야 한다는 것이다. 임신유지 또는 중지가 여성의 건강에 미치는 영향을 고려한다면 이를 예방할 수 있는 정보 및 서비스를 제공하는 것은 중요하나, 그것이 임신중지 사전에 반드시 제공되어야 하는 정보인가에 대해서는 검토가 필요하다. WHO 역시 피임에 대한 정보제공을 사전 상담이 아닌 임신중지 이후 연계되어야 할 서비스로 보고 있다.[24]

여성이 원치 않음에도 불구하고 피임방법이나 사회적 지원 등의 정보제공을 강제하는 것은 자기결정권에 대한 과도한 제한일 수 있다. 이러한 점을 고려하여 앞서 살펴본 대로 호주 뉴사우스웨일스주나 웨스턴오스트리아주는 정보제공이 필요한 경우에 한하여 여성의 의사를 확인하여 이루어지도록 규정하고 있다. 이와 유사하게 노르웨이의 경우 보건복지부 임신중지규칙(Regulations on termination of pregnancy, 2022년 6월 2일 개정) 제2조에서 여성이 임신중지를 요청하는 경우에 의사가 절차의 내용과 의학적 효과에 대한 정보제공을 의무화하고 있으나, 사회적 지원과 관련해서는 여성이 해당 정보를 원하는지를 확인하고 원하는 경우에 지원 관련 정보를 제공하거나 사회복지사, 보건 간호사, 산파 또는 기타 전문가에게 연계할 수 있도록 규정하고 있다. 상담에 대한 정보제공 역시 마찬가지인데, 여성이 결정을 위한 조언이 필요한 경우에 관련 전문기관에 대한 정보를 제공하도록 규정하고 있다.

또한 상담이나 정보제공의 방식이 객관적이고 중립적으로 이루어질 수 있도록 그 방식을 법령에 명시할 수 있다. 예를 들어, 노르웨이 보건복지부 임신중지규칙 제2조에서는 정보 제공 및 연계는 객관적인 방식으로 이루어져야 하며, 의사 등의 개인적인 평가가 관여되어선 안된다는 점을 명시함으로써, 상담이나 정보제공이 여성의 자기결정권 행사를 저해하지 않고 존중하는 방식으로 이루어져야 한다는 점을 분명히 하고 있다. 영국령 맨섬 역시 2019년 낙태개혁법 제6조에서 시술 전 상담은 서비스를 부당하게

---

24   World Health Organization, 위의 글, 2022, 40면.

지연시키지 않고 모든 상황에서 상담이 제공되어야 한다는 점을 명시하고 있으며, 상담 가이드라인의 핵심 원칙으로 "① 상담은 균형 잡히고, 편파적이지 않으며 판단적이지 않아야 하며, ② 태아발달장애 산전 진단의 경우에 상담에 임신을 최종단계까지 지속할 수 있는지에 대한 정보를 제공해야 하며, ③ 상담자는 임신과 관련된 모든 선택지에 대해 완전하고 적절하게 임신부와 논의할 수 있으며 이에 대해 거부적인 태도를 보일 수 없고, ④ 장애인 관련 지원단체 및 기타 조직에서 제공하는 정보를 서면으로 제공해야 한다"고 명시적으로 규정하고 있다.

3. 해외 임신중지 관련 상담전달체계 및 운영 사례 검토

앞서 살펴본 해외 입법례들은 주로 임신중지 관련 상담이나 정보제공을 낙태죄에 대한 처벌면제요건으로 두거나 임신중지 의료서비스에 접근하기 위한 허용요건으로 두고 있다. 이러한 경우 상담전달체계는 별도의 법령을 통해 제공되어야 하는 정보내용 내지 상담기관 및 상담자의 자격을 명시하는 방식으로 구축된다. 이와 달리, 낙태죄를 폐지하고 임신중지를 필수적인 의료서비스로 다루는 경우에는 별도의 법적 근거를 두지 않고 상담전달체계를 기존의 보건체계 내에서 구축하는 국가들도 있다. 그러나 이 경우에도 WHO에서 권고하는 임신중지 보건의료지침에 따라 임신중지의 특성을 고려한 전달체계를 구축할 수 있다. 이하에서는 여성의 상담 의무 규정을 두고 법률에 근거하여 임신중지 관련 상담전달체계를 구축하고 있는 독일과 상담 및 정보제공 등 의무 규정을 두고 있지 않으나 임신중지 의료서비스의 특수성을 고려한 상담전달체계를 구축하고 있는 호주의 사례를 위주로 상담전달체계의 특징과 운영방식을 살펴보고자 한다.

(1) 독일 임신갈등법상 임신갈등상담소에서의 임신중지 상담

독일은 형법상 낙태죄의 처벌면제요건으로 상담 및 숙려기간 의무 규정을 두고 있는데, 이에 따라 임신갈등법을 제정하여 상담확인서를 발급하는 전문화된 상담소 및 관련 절차를 규정하고 있다. 임신갈등법에서는 연방과 각 주의 상담전달체계를 규정하고 있는데, 우선 연방차원에서 연방보건교육센터를 마련하여 성교육, 피임, 임신 갈등과 관련된 교육 내용을 마련하고 지원하고 있으며, 임산부와 양육에 대한 지원(익명 상담 및 비밀출산제도 포함) 정책을 마련하는 역할을 한다(제1조). 각 주는 민간기관 내지 의료시설을 임신갈등상담소로 지정하고(제8조), 주민 4만 명당 최소 1명의 상담원을 두도록 되어 있는 규정에 따라 인건비 및 실비에 대한 공적 자금을 지원한다(제4조).

임신갈등상담소에서의 상담은 임신중지에 관련된 상담에 국한되지 않으며, "성교육, 피임, 가족 계획에 관한 모든 문제"를 포괄하는 상담을 설정함으로써 성과 재생산 건강 전반에 대해 상담 및 지원을 할 수 있도록 한다.[25] 임신중지 결정을 위한 상담은 '임신갈등상담'으로 분류되며, 이때 상담의 내용은 임신갈등법 제5조 제2항에 명시되어 있는데, 사회적·법적·의료적 지원 정보와 법적 권리, 피임에 관한 정보가 포함되어 있다. 이에 따라 임신갈등상담소는 여성을 지원할 수 있는 다양한 자원과 여성을 연계하는 역할을 하게 된다. 임신갈등상담소는 여성에게 필요한 경우 의료인, 전문의, 심리 전문가, 사회교육 전문가, 사회복지사, 법률 전문가의 상담을 연계

---

25 임신갈등법 제2조에서는 상담의 범위를 ① 성교육, 피임 및 가족 계획, ② 직장생활과 관련된 특별한 권리를 포함한 기존의 가족 및 아동 지원 서비스, ③ 임신 중 건강검진 및 출산 비용, ④ 임산부를 위한 사회적·경제적 지원, 특히 경제적 지원 및 주택, 직업, 훈련 등에 대한 지원, ⑤ 장애인 및 그 가족을 위한 지원, ⑥ 임신중지를 시행하는 방법, 임신중지의 신체적·심리적 결과 및 관련 위험, ⑦ 임신과 관련된 심리사회적 갈등에 대한 해결책 모색, ⑧ 법적 입양에 대한 심리적 지원 및 양육과 관련된 선택지 등으로 명시하고 있다. 상담은 익명으로도 가능하며, 임신중지 이전뿐만아니라 임신중지 이후나 출산 후 사후관리에 대한 상담 받을 권리가 포함되어 있다. 여기에 비밀출생제도에 대한 상세하고 개방된 상담이 포함된다.

할 수 있어야 하며, 임산부와 아동을 위한 공공 및 민간의 지원체계와 연계할 수 있어야 한다(제9조).

현재 독일에서 임신갈등상담소를 운영하고 있는 민간단체들은 가족계획, 성 건강, 종교단체 등 다양한데, 이 중 임신갈등상담소 중 성과 재생산 건강 증진을 목표로 활동하는 민간단체인 Pro Familia의 경우 독일 내 180개 상담소 및 4개의 의료기관을 운영하고 있다.[26] Pro Familia가 운영하는 베를린 임신갈등상담소 실무자와의 면담 기록에 따르면, 임신갈등법상 임신갈등에 대한 상담과 정보제공, 그리고 연계를 지원하는 경우는 임신중지 여부를 결정하지 못한 소수에 한정되며 상담소를 방문하는 대다수는 이미 임신중지를 결정하고 확인서 발급을 위한 경우에 해당한다고 한다.[27] 이러한 기록은 실제 임신갈등상담소의 운영이 법률상 임신갈등상담의 규정에도 불구하고 임신중지와 관련하여 별도의 상담 없이 상담확인서 발급 역할에 집중되어 있다는 것을 보여준다. 해당 면담 기록에서는 임신갈등상담소에 상담자를 위한 훈련 프로그램이나 매뉴얼을 공유해줄 것을 요청했으나 관련 매뉴얼이 없다는 대답을 들었다는 언급이 있는데, 이러한 상황은 독일의 임신갈등상담이 심리적 지지와 정보제공의 목적으로 마련된 상담이 아니라 임신중지 처벌면제를 위한 요건으로 마련된 것이라는 특성이 반영된 것으로 보인다. 대다수의 내담자가 임신중지를 결정하고 상담확인서 발급을 위해 상담소를 방문하다 보니, 임신갈등상담소의 업무 중 상담이 차지하는 비율이 크지 않기 때문일 수 있다.

임신갈등상담소의 역할이 상담보다는 상담확인서 발급에 집중되어 있

---

26   International Planned Parenthood Federation, "Pro Familia-Germany", https://www.ippf.org/about-us/member-associations/germany, 2023. 7. 13. 방문.

27   아하!청소년성문화센터, "베를린 임신갈등소 및 지역사회 돌봄 기관 탐방기", 2018. 9. 10., https://ahacenter.tistory.com/622, 2023. 7. 13. 방문.

다는 점은 최근 독일 주법의 변화로도 확인할 수 있다. 독일 바이에른주는 2014년 임산부 상담에 관한 법률(Bayerisches Schwangerenberatungsgesetz, 1996년 제정, 2014년 개정) 제10조를 개정하여, 임산부가 임신중지를 고려하는 이유를 제시하면 상담원은 상담이 완료된 것으로 간주하고 임산부의 신원을 확인한 후 상담확인서를 발급하는 간소화 절차를 마련하였다. 이러한 상황은 여성의 상담 의무화 절차가 임신중지와 관련된 상담을 활성화하는 결과로 이어지지 않는다는 점을 보여준다.

(2) 호주 임신 지원 상담

호주는 주법률에 의해 낙태죄나 임신중지 관련 절차를 규정하고 있기 때문에 주별로 차이가 있으나 대부분의 주에서 임신 중기인 2/3분기까지 여성의 요청에 의해 임신중지를 할 수 있도록 규정하고 있으며 후기 임신중지 역시 광범위하게 허용하고 있다. 여성의 상담이나 배우자 또는 부모 등 제3자의 동의를 임신중지 요건으로 두고 있지 않으며, 다만 임신중지를 의료서비스로 보고 의료인에 의한 임신중지 판단과 결정에 대한 규정을 두는 주들이 있다. 예를 들어, 빅토리아주는 2008년 낙태법률개혁법(Abortion Law Reform Act 2008, No. 58 of 2008, 2010년 7월 1일 개정)을 마련하면서 형법상 낙태죄를 폐지하고 임신 24주 이내에는 여성의 요청에 의해, 24주 이후에는 의료인 2인이 의학적 환경과 여성의 현재와 미래의 신체적·심리적·사회적 환경을 고려하여 임신중지 여부를 결정하도록 하고 있다. 이 법에서는 여성의 상담 의무나 의사의 설명의무를 부과하고 있지 않다. 사우스오스트렐리아주의 경우에는 2021년 임신중지법(Termination of Pregnancy Act 2021)에 따라 임신 22주 6일을 초과하지 않은 경우에 의료인이 통상적인 업무 과정에서 임신중지를 할 수 있도록 하고 있으며, 22주 6일 이후에는 이후에 의료인 2인이 상담을 통해 임신의 지속이 임산부의 생명이나 신체적 또는 정신적 건강에 더 큰 위험을 주는 경우 내지 심각한 태아의 기형 내지 위험이 있는 경우에 해당하는지를 판단하고 임신중지를 결정하도록 규정하고 있다.

임신중지 관련 상담에 대한 법적 근거는 없지만 호주 연방정부는 2006년 11월부터 임신 지원 상담(pregnancy support counselling) 전달체계를 구축하고 있다.[28] 임신 지원 상담은 임신 중 내지 임신 이후 12개월이 지나지 않은 사람 중 임신 지속 또는 유지를 고민하는 내담자를 대상으로 호주 공공의료체계인 메디케어(Medicare)의 일환으로 이루어지는 비지시적 임신 지원 상담 서비스(non-directive pregnancy support counselling services)이다. 비지시적이라는 용어는 상담사가 해결책을 제시하는 방식이 아니라 내담자가 이용할 수 있는 충분한 선택지와 서비스에 대해 편견없는 증거 기반 정보를 제공받음으로써 내담자가 스스로 문제를 해결할 수 있다는 이해에 기초한 상담임을 강조하기 위해 사용된다. 임신 지원 상담은 임신 중지 여부를 고민하는 내담자에게 심리적 지지를 제공하고 내담자가 요청하는 경우에 필요한 정보를 제공받는 방식으로 이루어진다. 총 3회의 비지시적 임신 지원 상담 서비스에 대해서는 메디케어 혜택이 적용된다.

호주 연방정부는 임신 지원 상담을 할 수 있는 전문인력을 양성하기 위한 교육·훈련체계를 구축하고, 관련 협회 및 학회와의 협력을 통해 임신·출산 관련 상담 전문인력 양성을 위한 자격증제도를 운영한다. 자격증을 취득하는 이들은 주로 일반의(General Practitioner)이며, 임상/상담심리사, 사회복지사, 상담간호사학회 내지 협회를 통해 교육 및 인증을 받고 자격증을 취득할 수 있다. 관련 자격증을 취득하게 되면 메디케어에 등록이 되어 임신지원상담을 할 수 있다.

---

28 The Dpartment of Health and Aged Care Australian Government, "Pregnancy support counselling", 최종업데이트: 2020. 10. 13., https://www1.health.gov.au/internet/main/publishing.nsf/Content/health-pcd-pregnancy-support.htm, 2023. 7. 13. 방문. 이하 임신지지 상담에 대한 내용은 해당 홈페이지를 참조하였다.

메디케어에서 제공하는 상담 이외에 민간에서 제공되는 임신중지 관련 상담 서비스도 있다. 호주 빅토리아주의 경우, 빅토리아 여성건강에서 운영하는 1800MyOptions과 호주가족계획연맹 빅토리아지부 전화상담창구가 있는데, 여기에서는 임신중지 관련 정보와 심리적 지지를 제공한다.[29] 호주 공공의료체계를 통한 임신중지 관련 상담 이외에 각 주별로 주정부나 민간 단체에 의해 운영되는 상담 서비스를 통해 상담과 정보제공이 이루어지고 있는데, 이러한 상담서비스를 통해 비지시적 임신 지원 상담서비스에 대한 정보가 제공되며 연계가 이루어지기도 한다.

호주 내 임신중지 관련 상담체계가 연방 및 주 정부와 민간 차원에서 다양하게 구축되어 있긴 하지만 실제 활용도는 호주의 여성 인구수를 고려했을 때에 높지 않다는 지적이 있다. 2007년부터 2012년까지 비지시적 임신 지원 상담 서비스의 메디케어 환급율을 분석한 결과, 여성 10만명당 평균 90.6회로 매우 낮은 편이었는데, 그 이유로 비밀유지를 위해 메디케어 환급에 대한 회피, 해당 서비스가 아닌 일반의(GP) 내지 주정부가 지원하는 민간 상담 활용의 상황이 지적되기도 하였으나 다른 상담서비스의 이용률 역시 낮다는 점을 고려했을 때에 가장 중요한 원인으로 임신 지속 또는 중지 결정을 위한 상담을 원하는 여성보다는 임신중지 결정 이후 실질적인 도움을 필요로 하는 여성들이 더 많을 수 있다는 점이 제시되었다.[30] 그러나 그럼에도 불구하고 15~24세의 저연령대 여성 등의 이용률이 전체 호주 여성의 연령별 출산율에 비하여 상대적으로 높다는 점을 고려했을 때에 사회경제적 어려움을 겪고 있는 여성들에게 이러한 상담체계가 도움이 될 수 있

---

29   최기홍 외, 위의 글, 2020, 178-179면.

30   Shelley, J., Kavanagh, S., Graham, M., & Mayes, C. "Use of pregnancy counselling services in Australia 2007-2012," *Australian and New Zealand Journal of Public Health* Vol. 39, No. 1, 2015, 77-81면.

다고 평가하였다.[31]

IV. 결론: 임신중지 상담체계 구축의 방향 모색

1. 성과 재생산 건강권 관점에서 상담체계 구축의 의미구성

현재 임신중지 상담체계 관련 모자보건법 개정안들의 주요 쟁점은 여성의 사전 상담을 의무화할 것인지, 의사에 대한 정보제공을 의무화할 것인지 여부에 집중되어 있으나 그에 대한 판단은 결국 모자보건법이 포괄하고 있는 우리 모자보건정책의 지향과 방향성의 설정 속에서 임신중지 사전 상담과 정보제공의 목적과 역할을 어떻게 설정하는가와 연동되어 있다. 앞서 모자보건법의 연혁을 통해 모자보건정책이 인구관리의 관점을 넘어 성과 재생산 건강권의 차원에서 임신 및 출산을 다루는 국제적 변화를 포섭하고자 했으나 난임지원이나 임신중절예방 등 관련 정책들이 여전히 임신과 출산의 문제를 저출산 대응이라는 인구통제의 틀에서 구성되고 있다는 점을 살펴보았다. 이러한 시점에 낙태죄 헌법불합치 결정은 그동안 모자보건정책에서 임신중지에 대해 인구억제를 위해 장려하거나 저출산 대응을 위해 예방하는 방식으로 다루어 왔던 것을 넘어서 성과 재생산 건강권의 차원에서 성관계, 피임, 임신, 출산, 양육과 함께 임신중지를 재생산 건강의 범주로 통합적으로 구성할 수 있는 계기를 마련한 것으로 평가할 수 있다. 성과 재생산 건강권의 통합적 권리로서의 성격을 고려할 때, 국가는 임신중지가 단편적인 사건이 아니라 자신의 생애기획 속에서 성과 재생산 건강을 둘러싼 사회적 환경을 고려한 자기결정이라는 점을 인식하고, 출산 및 양육정책을 포함한 성과 재생산 건강 정책과 의료서비스를 장애나 연령, 경제적

---

31   앞의 글, 80-81면.

상황 등과 관계 없이 개인이 평등하게 접근할 수 있도록 구축함으로써 임신과 출산, 임신유지 또는 중지, 양육에 대한 개인 결정이 자유롭고 평등하게 이루어질 수 있도록 보장해야 한다.

앞서 살펴본 해외 임신중지 및 재생산 건강 관련 상담체계를 분석한 결과, 여성의 사전 상담 의무화나 의사의 정보제공 의무화를 법령에 규정하고 있는 국가들의 경우 태아의 생명보호와 여성의 자기결정권 존중이라는 원칙을 동시에 고려하여 규정방식 및 절차 등을 설계하고 있는 것을 확인할 수 있다. 여성의 상담 의무 규정 방식을 선택하거나 의사의 정보제공 의무 방식과 의무적 숙려기간 규정을 동시에 설정한 국가들의 경우 태아의 생명보호라는 원칙을 주요한 방향으로 법률상 명시하고 있지만, 여성의 자기 결정에 따른 임신중지를 비범죄화하였기 때문에 자기결정권에 대한 존중 원칙 역시 절차 설계에 있어 고려하고 있었다. 그렇기 때문에 해당 상담이나 정보제공은 여성의 자기결정을 조력하기 위한 목적과 역할로 설계되며, 특정한 선택을 강요하는 상담이나 정보제공의 금지의무가 함께 규정되기도 한다. 또한 의무적 숙려기간으로 인해 의료서비스 접근성이 저해되는 것을 제한하기 위한 규정방식이 함께 고민되기도 한다. 여성의 자기결정 조력 및 생명보호를 위한 상담 의무를 규정하고 있더라도 다수의 여성들이 임신중지 결정을 상담 또는 정보제공 없이 스스로 결정하고 있기 때문에 임신중지 상담은 거의 형식화되고 있으며 절차적으로 이를 간소화하려는 움직임도 나타난다. 의사의 정보제공 의무화 규정방식 역시 최근에는 의무적 숙려기간 없이 시술의사의 설명의무로 규정하기도 하고 서면 제공으로 대체할 수 있도록 하거나 여성이 원하는지를 확인하고 그 후에 사회적 지원에 관한 정보를 제공하는 방식으로 변화가 나타난다.

이러한 해외 임신중지 상담 및 정보제공 체계의 변화는 국제사회에서 권고하고 있는 상담과 정보제공의 방향과 내용에 발맞추고자 하는 노력을 보인다. UN 사회권 위원회 성과 재생산 건강권 일반논평 22호에서는 국가의 핵심의무사항으로 WHO 등 UN 기구들의 최신 가이드라인과 프로토콜을 따라야 하며 "최소한 자유롭고 정보에 근거한 책임있는 개인의 의사결정을 보장"하고 "차별적이지 않고 편견없고 근거 있는, 그리고 아동의 발달하는 역량을 고려한 성과 재생산 건강에 대한 종합적인 교육 및 정보 접근을 보장"하고 "필요로 하는 사람들에게 임신 중지 후 의료서비스 및 상담을 제공"하도록 권고하고 있다.[32] 이러한 국가의 책무를 고려할 때에 임신·출산·임신중지 등 재생산 건강과 관련된 상담은 상담이 필요한 사람들에게 제공되어야 하며, 그러한 상담을 통해 차별적이지 않고 편견 없는 정보를 제공받을 수 있어야 하며, 이를 통해 개인의 판단과 의사결정이 보장되는 방식으로 제공되어야 한다. WHO 역시 임신중지 전후의 상담을 정보제공이나 지원에 대해 자발적으로 원하는 사람에 대해 훈련받은 상담원이 지시적인지 않은 방식으로 이루어지는 집중적이고 상호적인 프로세스로 보고 있다.[33] 이에 따라 WHO는 가장 최근 임신중지 관련 가이드라인에서 상담에서 고려되어야 할 필수적인 원칙을 다음과 같이 제시하고 있다.

- 임신중지 서비스를 원하는 사람들에게 상담을 제공할 수 있지만, 여성이 원할 경우 파트너, 가족 또는 다른 개인과 공동으로 상담을 제공할 수도 있다.
- 상담이 가능하고 접근가능해야 하지만, 상담을 받을지 여부를 선택하는 것은 항상 여성의 자발적인 선택이어야 한다.
- 상담은 사람 중심이어야 하며 개인의 필요에 따라 조정해야 할 수 있다. 청소년, 성 및 젠더 기반 폭력의 생존자 또는 소외 집단 구성원은 정보 또는 상담 요구 사항이 다를 수 있다.
- 낙태를 원하는 이유(예: 인공유산, 자궁내태아사망[IUFD], 태아기형 등)에 따

---

32   Committee on Economic, Social and Cultural Rights, para.49.
33   World Health Organization, 위의 글, 2022, 38면.

라 상담내용 및 접근방식을 조정할 필요가 있다. 따라서 상담자는 개인의 상황과 필요를 인식하고 세심하게 파악하는 것이 중요하다.

- 낙태 전후 상담에는 핫라인 및 원격 의료를 통한 원격 액세스와 피해 감소 상담 및 지역 사회 기반 봉사 활동과 같은 접근 방식 등 다양한 전달체계가 있어야 한다.[34]

UN 및 WHO의 상담 및 정보제공의 방향은 성과 재생산 건강권 차원에서 의사결정을 고민하고 있는 사람, 즉 상담과 정보제공을 필요로 하는 사람에게 양질의 정보와 서비스를 제공하는 데에 초점을 두고 있다. 특히 개인의 역량과 그를 둘러싼 사회적 환경의 특징을 고려하여 상황과 필요에 조응할 수 있는 상담과 이를 통한 전달체계와의 연계에 집중하고 있다. 연령, 장애, 성적 지향, 사회적 지위 등 차별적 요소들을 고려하여 상담 및 서비스 접근성을 높임으로써 성과 재생산 건강권의 평등한 보장을 달성하려는 것이다.

이러한 방향성은 임신중지 상담체계의 목적과 역할이 어떻게 구성되어야 하는지 보여준다. 기본적으로 임신중지 상담은 특정한 선택을 강요하기 위한 것이 아니라 자유롭고 정보에 입각한 자기결정을 보장하기 위한 것으로, 필요한 경우 지원체계와 연계하여 실질적인 조력을 받게 하기 위한 목적으로 구성된다. 임신중지 상담이 자기결정의 조력을 위한 역할이라면, 그 조력을 필요로 하는 사람의 상황과 특성, 필요에 맞도록 제공되는 것이 중요하다. 특히 계획하지 않는 임신에 대해 대응할 수 있는 자원이 제한된 청소년, 장애인, 빈곤층 등이 평등하게 성과 재생산 건강권을 보장받을 수 있도록 임신중지 상담체계의 구축에 초점을 둘 필요가 있다.

34   앞의 글, 38-39면.

2. 성과 재생산 건강권 실현을 위한 모자보건법상 상담체계 구축 방향

모자보건법 개정안 쟁점별로 성과 재생산 건강권 관점에서의 임신중지 상담체계 구축 방향은 다음과 같이 제시된다.

첫째, 임신중지를 포함한 재생산 건강과 관련된 상담은 필요한 사람들에게 자율적으로 제공되어야 하며 편견 없이 중립적인 방식으로 진행될 수 있는 원칙들이 보완될 필요가 있다. 기본적으로 여성의 사전 상담을 의무화하는 방식은 UN 및 WHO에서 제시하고 있는 원칙과 배치되며, 실제 독일의 사례를 통해 확인되듯이 상담을 필요로 하지 않는 사람들에게 상담의무 및 확인서 제출은 형식적으로 부과되는 절차적 장벽이 될 수 있다. 임신중지 결정 이전 상담을 요청하는 사람들은 많지 않으며 오히려 저연령층이나 사회경제적 어려움을 겪고 있는 사람들의 상담 욕구가 상대적으로 높게 나타나는 호주의 사례를 고려한다면, 오히려 임신중지 상담체계는 성과 재생산 건강 관련 자원과 서비스에 접근하기 어려운 사람들의 접근성을 높이기 위한 방향으로 구성되는 것이 타당하다. 이러한 점을 고려할 때 상담을 의무화하고 있는 정부안, 류해진의원안, 서정숙의원안은 성과 재생산 건강권의 관점에서 채택되기 어렵다. 특히 류해진의원안과 서정숙의원안의 경우 상담목적을 임신지속의 장려를 위한 것임을 명시함으로서 특정한 결정을 이끌어내기 위한 편파적인 상담 및 정보제공의 방향을 제시하고 있다는 점에서 한계점이 명확하다. 이에 비해 정부안의 경우에는 상담을 의무화하면서도 그 목적을 "심리적 지지와 정보 제공 등 임신 유지 여부에 대해 스스로 결정할 수 있도록 하기" 위한 것으로 명시함으로써 중립적인 정보제공으로서의 역할을 명확히 하고 있다. 그러나 한편으로 상담자의 금지의무에 대한 규정이나 이에 대한 제재수단에 대해서는 규정하고 있지 않아, 실제 상담 과정에서 이루어지는 지시적이고 편향적인 상담에 대해서 대처할 수 있는 수단이 없는 한계가 있다. 게다가 정부안의 경우에는 상담기관의 상담 의무 이외에도 의사의 정보제공 절차와 동의서 확인절차를 동시에 두는 등 상담이나 정보제공을 필요로 하지 않는 사람들에게 중복적인 절차로 인한 부담을 가중시키는 방향으로 상담체계가 설계되어 있는 한계가 있다. 결국 임신중지 결정 전 충분한 정보제공과 심리적 지지를 효과적으로 수행할 수 있는 상담체계를 마련하기 위해서, 상담 의무화를 통한 형식적인 운영보다는 상담을 필요로 하는 사람들의 취약한 상황과 구체적 필요를 고려하여 상담체계를 구축하고 상담이 필요한 경우에 접근성을 높일 수 있는 다양한 연계 프로세스를 마련할 필요가 있다.

둘째. 의사의 정보제공 역할 및 제공될 정보의 범위와 관련하여 의사의 역할은 임신중지 의료서비스에 대한 정확한 정보를 제공하고 당사자의 자기결정을 확인하는 것으로 하고, 필요한 경우 사회적 지원 및 상담 등 정보제공을 할 수 있는 것으로 설정하는 것이 필요하다. 상담과 차별화된 의사의 역할은 정보에 입각한 동의(informed consent)를 확인하는 데에 있다. 임신중지 의료서비스를 제공하는 의료인들의 단체인 전미낙태연합(National abortion Federation)에서도 상담과 정보에 입각한 동의를 구분해야 한다고 강조한다. 이에 따르면 상담은 의사결정, 피임선택, 가치를 명확히 하는 작업, 다른 전문가로의 연계를 포함하는 절차이지만, 정보에 입각한 동의는 임신 지속 또는 중지의 결정이 여성의 자발적인 결정인지 충분한 정보의 기반 위에서 내려진 것인지를 확인하기 위한 것이다.[35] 현재 발의된 모자보건법 개정안들은 모두 의사의 설명의무를 명시함으로써 의사에게 사전 정보제공 의무를 부과하고 있는데, 이중 정부안과 서정숙의원안, 류해진의원안은 자기결정에 따른 임신중지임을 확인하는 동의서를 받도록 하여 정보에 입각한 동의임을 확인하기 위한 절차를 두고 있다. 의사의 정보제공 역할을 고려할 때 의사의 설명의무는 의료서비스에 대한 의학적 정보제공 및

---

35   김동식 외, 『낙태죄 헌법불합치 결정 이후 여성의 재생산 건강 및 권리 보장을 위한 정책방향』, 한국여성정책연구원, 2020, 126면.

당사자의 자기결정 확인을 위한 것으로 설정할 수 있다. 그러나 의사가 제공해야 하는 정보의 범위를 의료서비스에 대한 의학적 정보 제공 이외에 어디까지 포함해야 할 것인지 면밀한 검토가 필요하다. 각 개정안들은 정보의 범위에 의학적 정보 이외 상담 및 지원에 대한 정보, 피임방법 및 계획에 대한 정보 내지 태아존재의 확인을 위한 시청각 자료 등을 포함하고 있다. 현재 보건복지부 고시에서는 의사가 임신중지 시술 이전에 임산부에게 제공하는 교육 상담 자료에는 피임방법에 대한 정보가 포함되어 있는 상황이다. 물론 WHO는 반복적 임신중지로 인한 재생산 건강의 악화를 고려하여 피임방법에 대해서 정보를 제공할 필요성을 강조하고 있으며 해외 사례에서도 의료서비스에 대한 설명이나 (낙태죄 처벌 면제조건 등 허용사유를 두고 있는 경우에) 법률적 설명, 피임방법 및 상담 및 지원에 대한 정보 등을 제공하는 경우가 있다. 그러나 WHO는 피임방법 및 계획에 대한 정보제공의 중요성을 강조하면서도 이를 임신중지 사전이 아닌 사후에 제공될 정보로 보고 있다. 또한 해외 입법례들을 살펴보면, 상담 및 지원에 대한 정보를 의사가 제공하도록 의무화하더라도 당사자가 원하지 않음에도 불구하고 정보제공을 강제하는 침해적인 결과를 방지하기 위해, 여성에게 거부권을 행사할 수 있도록 동시에 규정한다거나 당사자가 원하는 경우에 한하여 정보를 제공하도록 규정하는 방식을 채택하는 국가들도 있으며 서면 정보 제공으로 대체하는 국가들도 있다. 결국 피임방법이나 상담 및 지원에 대한 정보는 의사가 의학적 정보 이외에 제공할 수 있는 정보일 수 있으나 이러한 정보제공을 의무화하더라도 최대한 당사자의 의사결정권을 존중하는 방향으로 절차를 구성하고 있음을 알 수 있다. 이러한 점을 고려할 때 피임방법이나 상담 및 지원 정보의 경우 설명의무에 따라 제공되어야 할 정보로 규정되기보다는 당사자가 원하는 경우에 한하여 제한적으로 제공될 수 있도록 절차를 구축할 필요가 있다. 또한 의사에 의한 정보제공이 실효성 있게 이루어질 수 있도록 하기 위한 고려 역시 필요하다. 현재 보건복지부 고시와 같이 의사에 의한 정보제공이 20여 분이 소요되는 교육의 방식으로 이루어지는 것은 의료 서비스를 제공하는 의사의 역할 범위를 초과할 뿐만 아니라 진료 현장의 현실을 고려하지 않는 방안이라는 비판을 받고 있다. 관련 정보의 접근이 가능하도록 서면이나 웹주소 공유 등의 방식 등 효과적인 정보제공의 방식에 대해 의료계와 협의하는 것이 필요하다.

마지막으로 상담과 정보제공을 통한 조력이 임신유지 또는 중지를 고민하는 임산부에게 실질적인 도움이 되기 위한 사회안전망을 구축해야 하며, 재생산 건강에 대한 통합상담체계 구축을 위해 예산과 자원을 확보하기 위한 노력이 필요하다. 현재 모자보건법 개정안들에서 제시하고 있는 상담체계안은 임신중지만을 별도로 상담하는 것이 아니라 임신·출산·임신중지·영유아 양육 등 모자보건법이 관할하는 재생산 건강과 관련된 통합상담체계를 구축하는 방향이다.[36] 성과 재생산 건강권의 관점에서 통합적인 상담을 제공할 수 있는 전달체계를 마련하는 것은 성과 재생산 건강에 대한 접근성을 높이는 중요한 방향이라는 점에서 긍정적이다. 그러나 현재 보건복지부 및 보건소 중심으로 한 전달체계안에 따라 통합상담체계를 구축하기 위해서는 상당한 변화가 필요한 상황이다. 우선 지역 상담기관으로 상담체계안에서 많이 고려되는 것이 보건소이다. 보건소는 모자보건법상 모자보건사업을 담당하고 있는데, 현재 전국 258개(2021년 12월말 기준) 보건소에서는 급여 내지 물품 지원 이외에 심리상담과 같은 서비스를 제공하고 있지 않기 때문에, 현재 모자보건법 개정안에서 제안하고 있는 지역 상담기관의

---

36 보건복지부의 연구용역으로 수행된 최기홍 외(2020)의 〈임신출산상담체계 구축방안 연구〉에서 구체적인 방향을 확인할 수 있는데, 해당안에서는 임신출산 상담을 위한 전달체계의 기본적인 방향으로 여성과 남성을 대상으로 보편적인 정보와 지원을 제공할 수 하는 보편적인 서비스체계를 구축하여 특정서비스에 대한 낙인을 줄이고, 성과 재생산 건강과 권리의 차원에서 임신·출산 여부를 고민하는 사람의 구체적인 특성, 예를 들어 장애, 연령, 소득수준 등을 고려하여 사회적 안전망을 수립해야 한다는 점을 제시하고 있다. 최기홍 외, 위의 글, 2020 참조.

역할을 위해서는 새롭게 심리상담이 가능한 전담인력의 채용 및 관련 부서 신설 등의 배치가 필요한 상황이다. 게다가 임신 등 재생산 건강과 관련된 상담을 필요로 하는 이들 중 청소년과 장애인, 외국인 등 정보 전달에 어려움이 있거나 개인의 의사결정에 대한 제약이 있는 경우에는 이들의 조건과 상황에 따라 특정 수요에 대응할 수 있는 상담 및 지원 시스템을 구축할 필요가 있는데, 이를 위해서는 심리상담 이외에 이들의 수요를 파악하고 지원체계와 연계할 수 있는 사례관리자의 배치 역시 필요하다. 사례관리자는 의료기관, 지자체 내 보건서비스 체계와 다양한 지원체계와의 네트워크에 참여하여 원활한 지원 및 연계가 이루어지기 위한 역할을 담당할 수 있다. 결국 보건소 중심의 지역 내 상담기관 설치 및 운영을 위해서는 기존 보건소 인력 이외에 새로운 전담인력을 최소 2인에서 4인까지 배치할 필요가 있으며, 이를 위해서 지자체 내에서의 예산을 확보하는 것이 필수적인 과제로 남는다. 또한 정부안은 예산상의 제한을 고려하여 보건소 이외에 민간단체를 지정하여 지역 상담기관을 운영하는 방안을 추가적으로 제시하고 있다. 그러나 종교적 신념에 따른 상담의 우려를 고려한다면 사회복지법인을 지정하는 것에 대해서는 신중한 검토가 필요하며, 만약 민간단체를 지정한다고 하더라도 종교적 신념에 따른 편향적인 상담을 방지할 수 있는 기관의 자격요건을 마련할 필요가 있다. 마지막으로 보건복지부 관할 전달체계 이외에 여성가족부의 위기임신 관련 상담전달체계와 유기적으로 구축되어야, 현재 진행되고 있는 여성가족부의 관련 상담제도와 중첩을 최소화하면서 병행될 수 있다. 성과 재생산 건강 관련 통합상담체계를 구축하기 위해서 보건복지부와 여성가족부의 부처 차원에서의 유기적 연계 체계를 함께 마련해야 한다. 장기적으로는 모자보건법을 성과 재생산 건강과 관련된 법률로 전환하고 기본계획을 수립하여 관련 부처들 간의 역할과 협력방안을 모색하는 방안이 필요하다.

최현정 변호사

(희망을 만드는 법 변호사)

헌법재판소는 2019. 4. 11. 형법 제269조 제1항(자기낙태죄), 제270조 제1항(업무상동의낙태죄)의 '의사' 부분에 대하여 헌법불합치결정을 하였다(헌법재판소 2019. 4. 11.자 2017헌바127 결정). 이 결정에서 헌법재판소는, 임신한 여성이 임신을 유지 또는 종결할 것인지 여부를 결정하는 것은 "스스로 선택한 인생관·사회관을 바탕으로 자신이 처한 신체적·심리적·사회적·경제적 상황에 대한 깊은 고민을 한 결과를 반영하는 전인적 결정"에 해당한다고 하면서, 이에 영향을 미치는 사회적 조건을 적극적으로 개선할 것을 요청하였다.[1] 남은 과제는 여성의 임신중지를 포함하여 모든 사람의 재생산건강권을 보장할 수 있는 사회적 조건과 제도를 만들어나가는 것이다. 앞으로의 입법 방향을 설정하고 정책을 마련함에 있어서, 기본권 보장의 다면적 성격을 파악하고 여성의 임신중지 및 재생산권과 관련한 논의를 포괄할 수 있는 기본권 체계를 구성하는 것은 중요한 기초 작업이라고 생각한다.

이런 맥락에서 전종익 교수님의 발표문에 드러나는 문제의식, "낙태를 둘러싼 여성의 경험이 단지 출산을 할 것인지 여부라는 일회적 선택과 결

---

[1] 헌법재판소 2019. 4. 11.자 2017헌바127 결정.

단의 수단으로 환원될 수 없"다는 점, "좁은 범위의 형사법 개정만으로는 헌법재판소 헌법불합치결정 취지를 제대로 실현할 수 없다"는 문제의식에 동의한다. 국제인권규범에서의 성 건강, 성적 권리, 재생산 건강, 재생산권의 영역은 독립적이지 않고 중복·교차되거나 상호 전제된다.[2] 발표문에 정리된 것처럼 재생산권리는 "성관계에서부터 가족구성과 임신 및 출산 또는 임신중단과 양육에 관한 권리이자 이 모든 활동이 차별없이 보장되기 위한 노동, 교육, 보건, 의료, 환경 등의 권리들을 포괄"하여, 그 범위는 자유권의 영역과 사회권의 영역을 아우른다. 이러한 권리 특성을 감안할 때, 헌법상 하나의 기본권(예를 들어 '자기결정권')만으로는 성재생산건강권을 충분히 설명하기 어렵다. 발표문에서 전제하는 것처럼, 우리 헌법의 기본권 보장 체계가 3중 체제("자유권을 기본으로 한 국가에 의한 침해 금지와 기본권 보호의무를 바탕으로 한 제3자에 의한 침해의 방지, 그리고 사회적 기본권을 통한 국가에 의한 급부 및 적극적 정책의 수립과 실현")를 채택하고 있고, "일정한 목적 달성을 위해 복수의 기본권들이 상호 유기적으로 결합하여 다층적으로 상호협력하고 보완하는 것 역시 예정되어 있는 것"이라면, 헌법 기본권 체계에서 성재생산건강권을 실효성 있게 보장할 수 있는 논리 구성이 가능할 것이다.

그런데 발표문에서 임신중지권과 재생산권을 우리 헌법상 기본권에 근거지우면서도, '낙태의 자유 근거가 헌법 제10조인지에 대해서는 재검토가 필요하며, 그보다는 사생활의 자유를 보장하는 헌법 제17조가 우선적 근거 조항'이고 '헌법 제36조 제2항의 모성보호 규정은 낙태 및 재생산권의 사회권적 측면에 대한 핵심 규정'이라고 본 부분에 대해서 의문이 남는다.

출산 가능한 여성의 몸이 인구정책의 도구로 인식되어온 역사를 고려한다면, 임신이나 출산에 관한 결정을 여성 개인에게 온전히 맡긴다는 의미에서 임신중지와 재생산권의 근거를 헌법 제17조 사생활의 자유로 보는 것

---

2   소은영, 『재생산권에 관한 헌법적 연구』, 헌법재판소, 2021, 21면.

이 의미 있을 수 있다. 낙태죄 헌법소원 당시 청구인 대리인단도 자기낙태죄 조항이 침해하는 여성의 기본권 중 하나가 사생활의 비밀과 자유라고 주장한 바 있다.[3]

그런데 헌법 제17조를, 근거가 되는 기본권 중 하나가 아니라 '우선적' 근거조항으로 위치 짓는 것은 임신중지권이나 재생산권을 실효성 있게 보장하기에는 한계가 있는 것으로 보인다. 헌법재판소에 의하면 헌법 제17조가 규정하는 사생활의 비밀이란 "국가가 사생활영역을 들여다보는 것에 대한 보호를 제공하는 기본권"이며, 사생활의 자유란 "국가가 사생활의 자유로운 형성을 방해하거나 금지하는 것에 대한 보호"를 의미한다.[4] 즉 "헌법 제17조가 보호하고자 하는 기본권은 사생활영역의 자유로운 형성과 비밀유지라고 할 것이며, 공적인 영역의 활동은 다른 기본권에 의한 보호는 별론으로 하고 사생활의 비밀과 자유가 보호하는 것은 아니"라는 것이다.[5]

사생활의 비밀과 자유가 위와 같은 기본권이라고 할 때, 이를 임신중지권 및 재생산권의 우선적 근거로 볼 경우 다층적 현실에서의 임신중지권 또는 재생산권을 충분히 보장할 수 있을지 의문이 있다. 현실에서의 임신중지권과 재생산권 침해는 사회의 다양한 불평등이 교차하며 발생하는데, 사생활의 비밀과 자유를 핵심에 놓을 경우 이러한 다양한 불평등의 문제가 포착되지 않을 우려가 있기 때문이다. 낙태죄 조항이 유지될 때에도 임신중지시술에의 접근성은 연령이나 계급 등에 따라 크게 달랐다. 미국의 논의가 정답은 아니지만, 미국에서도 프라이버시권만으로는 여성의 임신중지 상황에 작동하는 사회의 불평등한 권력 관계가 간과된다는 비판이 있었

---

3 낙태죄 위헌소원 대리인단, 낙태죄 위헌소원 변론요지서, 42–44면, 민주사회를위한변호사모임, 『낙태죄 헌법소원 백서』, 112–114면.

4 헌법재판소 2003. 10. 30.자 2002헌마518 결정.

5 헌법재판소 2003. 10. 30.자 2002헌마518 결정.

고, 이를 넘어서기 위하여 재생산 정의 논의가 발전한 것으로[6] 알고 있다. 낙태죄 조항이 효력을 상실한 후에도 여성들은 '임신중지 접근성이 나아지지 않았다'고 경험하고,[7] "비범죄화를 넘어 재정지원, 정보제공, 사회적 인식 등 다각적 측면에서 제도변화가 필요"하다고 이야기한다.[8] 재정지원, 정보제공, 사회적 인식 등의 요소는 임신중지와 관련한 결정권, 그 접근 가능성(실현 가능성)에 중요한 영향을 미치는데, 사생활의 비밀과 자유를 우선적 근거로 두어서는 이러한 변화를 요구하기 어려워 보인다.

발표자가 제안하는 체계에 대한 의문은 헌법 제36조 제2항과 함께 살펴보면 더 강해진다. 앞서 보았듯 발표자는 헌법 제17조와 함께 헌법 제36조 제2항을 '낙태 및 재생산권의 사회권적 측면에 대한 핵심 규정'으로 본다. 그런데 헌법 제36조 제2항은 재생산권의 근거 조항으로서는 여러 한계가 있다는 점이 지적된 바 있다. "모든 사람의 재생산권을 보장하기보다는 '모성'으로 제한된 대상을, 권리보다는 객체로서 '보호'하며, 재생산권 관련된 폭넓은 영역에 비하여 보호 범위가 매우 좁고, 모성의 보호조차도 보호할 의무가 아니라 보호하도록 '노력'할 의무를 부과하는 데 그친다"는 것이다.[9] 모자보건법이 재생산의 주체를 여성으로만 상정함으로써 남성을 비가시화하는 것처럼,[10] 헌법 제36조 제2항도 '모성' 아닌 권리 주체들을 비가시화한다. 더 나아가 발표문처럼 헌법 제36조 제2항의 모성을 "혼인에 상관없이 임신하고 있거나 자녀를 출산하여 양육의무가 부여된 여성"이라

---

6   소은영, 전게서, 27-28면.

7   모두를위한낙태죄폐지공동행동, 「2021 임신중지 경험 설문·실태조사 및 심층인터뷰 결과보고서」, 2021, 10-11면.

8   모두를위한낙태죄폐지공동행동, 전게보고서, 11면.

9   김정혜, "헌법상 모성보호의 한계와 성과 재생산 권리 보장을 위한 헌법 개정 방향", 『법학논총』 제27집 제1호, 2020, 277면

10   김선혜, "모성의 의무에서 재생산 권리로", 『이화젠더법학』, 2020, 35-36면

고 본다면, 모자보건법의 '모성'[11]보다도 좁은 범위의 여성만이 '보호'의 대상이 된다. 발표문 전반부에 정리된 것처럼, 재생산권은 임신·출산을 위한 권리에 국한되지 않는데, 헌법 제36조 제2항을 중심에 두어서는 이러한 다면적인 권리의 측면을 충분히 기본권 보장의 영역으로 포섭하기 어려워 보인다.

한편, 발표자는 '헌법상 모성보호를 위한 적극적인 지원의무 규정들이 임신, 출산과 관련하여 여성만이 겪는 특수한 부담을 국가 및 공동체 전체가 분담함으로써 실질적 평등을 실현하기 위한 것이므로, 국가의 지원 규정들의 위반이 문제되는 사안에서 별도로 평등권 침해가 검토될 이유는 없다'고 보지만, 잘 동의되지는 않는다. 현실에서는 재생산권을 차별 없이 보장받을 권리가 중요하기 때문이다.[12]

또한 근본적으로, 여성에게 모성의 역할을 기대하고, 모성의 역할(만)을 적극적으로 지원하는 규정체계나 정책 방향 자체가 성별 고정관념을 전제하고 더 나아가 이를 강화시키는 것은 아닌지 우려된다. 국가의 적극적 지원의무가 '모성'인가 아닌가에 좌우된다면, '어머니됨'을 선택하지 않거나 이를 선택할 수 없는 사람에 대한 불평등을 초래할 가능성도 있다. 현실에서 재생산권 침해는 다양한 불평등 구조에서 발생하는데, 일률적인 '모성'을 상정하여 이를 모두 해소할 수는 없을 것이다. 예를 들어 계급이나 연령, 장애 유무, 사용하는 언어, 거주지역 등에 따라 정보접근성, 의료기관 접근성에 있어서 편차가 크다. 소수자성에 대한 사회와 개인의 무지, 편견, 고정관념과 선입견도 실제 현실에서 많은 영향을 미친다. 예를 들어, 의료인의 편견과 차별적 태도는 소수자의 의료접근성을 떨어뜨리는 중요한 요인이

---

11   모자보건법 제2조(정의) 이 법에서 사용하는 용어의 뜻은 다음과 같다.
      1. "임산부"란 임신 중이거나 분만 후 6개월 미만인 여성을 말한다.
      1. "모성"이란 임산부와 가임기(可姙期) 여성을 말한다.
12   소은영, 전게서, 49-53면

다. 김정혜 부연구위원의 발표문에서 사회권규약위원회 일반논평 제22호가 전반적으로 "차별 금지와 권리의 동등한 실현"을 강조하는 이유도 불평등한 사회 구조가 개인에게 끼치는 영향을 인식했기 때문이다. 이런 현실에서 현재의 모성보호 조항들만으로 이러한 침해로부터의 보호영역을 충분히 설정하기 어려울 수 있다.

이상의 의문은 아래와 같이 정리할 수 있다.

1) 발표문 전반부에서 발표자는 "복수의 기본권들의 다층적인 상호협력과 보완 필요성"을 인정하는 것이 헌법이념의 실현에 적합하고, 재생산권 또한 그러한 다층적 권리들을 내용으로 한다고 본다. 그런데 발표문 후반부에서는 헌법 제17조나 제36조 제2항을 임신중지권이나 재생산권의 '우선적' 근거조항으로 보는 것이 필요하다고 본다. 후반부처럼 헌법 제17조와 제36조 제2항을 임신중지권이나 재생산권의 '우선적' 근거조항으로 보기보다는, 기본권 주체의 구체적 상황에 따라 복수의 기본권들이 교차적·중첩적으로 관련된다고 구성하는 것이 더 적절할 수 있다.

발표문에서 제안하는 것처럼 헌법 제17조와 제36조 제2항이 '우선적' 근거라고 본다면, 임신·출산을 예정하지 않은 사람들의 성·재생산건강과 권리를 보장하기에는 불충분하기 때문이다. 예를 들어, 어떤 사람이 안전한 임신중지시술에의 접근권(김정혜 부연구위원님이 정리하신 사회권규약위원회 일반논평 제22호의 '물리적 접근성, 비용 접근성, 정보 접근성') 보장을 국가에 요구하고자 한다면, 헌법 제17조와 헌법 제36조 제2항보다는, 자기결정권과 생명권의 근거가 되는 헌법 제10조와 "모든 국민은 보건에 관하여 국가의 보호를 받는다"고 규정한 헌법 제36조 제3항이 더 직접적인 근거가 될 수 있다. 이런 점에서 성·재생산건강과 권리의 근거가 되는 헌법 조항들은 우열 관계라기보다는 같은 평면에서 중첩적·교차적으로 위치한다고 보는 것이 더 적절할 수 있다.

2) 임신중지와 재생산권의 다면적이고 다층적인 내용이 어느 기본권에

근거할 수 있는지에 대한 고민과 논의가 더 필요하다. 예를 들어, 임신중지 후의 휴가 보장(노동권의 측면), 포괄적 성교육(교육권의 측면)[13] 등은 발표자가 제안하는 헌법 제36조 제2항의 보호 영역으로는 포섭하기 어려울 수 있다. 임신중지와 재생산권의 위와 같은 측면은 헌법 제11조(평등권), 헌법 제36조 제3항(보건에 관한 권리) 등에 근거 짓는 것이 보다 타당할 수 있다.

---

[13] 근로기준법 제74조 제3항은 임신 중인 여성이 유산 또는 사산한 후 사용자에게 청구한 경우 사용자로 하여금 휴가를 주어야 한다고 명시하는데, 모자보건법상 '합법적' 인공임신중절이 아닌 경우를 제외한다. 이러한 법률을 시정하고자 기본권 침해를 주장할 때, 헌법 제36조 제2항만으로는 불충분해 보인다.
근로기준법 제74조(임산부의 보호)
③ 사용자는 임신 중인 여성이 유산 또는 사산한 경우로서 그 근로자가 청구하면 대통령령으로 정하는 바에 따라 유산·사산 휴가를 주어야 한다. 다만, 인공 임신중절 수술(「모자보건법」 제14조제1항에 따른 경우는 제외한다)에 따른 유산의 경우는 그러하지 아니하다.

이은진

(성적권리와 재생산정의를 위한 센터 셰어SHARE 연구활동가)

　

"우리의 임신중지를 지지하라." '모두를 위한 낙태죄 폐지 공동행동'은 이 슬로건이 크게 적힌 플랑을 들고 2019년 '안전하고 합법적인 임신중지를 위한 국제 행동의 날(9월 28일)' 맞이 기자회견을 진행했다. 그러나 그로부터 4년이 지난 현재까지, 이 기자회견의 요구사항이[1] 실현되지 않았음은 물론이고, 임신중지를 지지하기 위한 법·제도적 논의 자체를 찾아보기 어려웠다. 임신중지 사안을 다루는 법학 저널의 논문은 최근 몇 년만 셈해도 수십 개에 달하지만, 대부분 임신중지에 어떤 처벌과 제한을 가할 것인지에 초점을 두고 있기 때문이다. 2020년 12월 31일이라는 헌법재판소가 정한 기한이 도과하여[2] 형법상 낙태죄가 실효를 다한 뒤로도 임신중지한 여성에 대한 형사 처벌이 포함된 소위 '대안 입법' 논의를 이어가거나, 임신중지를 받기 위해 개인이 충족시켜야 하는 절차와 조건들을 구체화하고 나열하는 데에 치중돼 있다. 상담에 대한 논의도 자세히 들여다보면 임신

1　　해당 기자회견에서 '모두를 위한 낙태죄 폐지 공동행동'은 '임신중지의 전면 비범죄화' 외에도 '의료인 교육훈련', '의료 접근권 보장', '유산유도제 도입', '피임 접근권 확대', '포괄적 성교육'을 요구했다.

2　　헌법재판소 2019.4.11. 선고 2017헌바127 결정.

중지 권리를 보장하기 위함이라기보다 그 권리 행사를 제한하는 역할로서 논의되는 경우가 많다. 임신중지가 권리라면 개인이 그 권리를 보장받을 수 있도록 법·제도를 설계하는 것이 뒤따라와야 함에도, 오로지 임신중지 권리의 한계선을 규명하는 데에 몰두하는 기이한 논의 지형인 것이다. 권리 보장 체계에 대해 본격적으로 다루는 이번 학술대회가 소중하고 반가운 이유다.

1부의 세 발표문은 모두 포괄적이고 통합적인 성·재생산 건강 및 권리(Sexual and Reproductive Health and Rights, SRHR)를 권리 보장 체계 구축의 중심에 둘 것을 제안하고 있다. 국가 중심적이고 발전주의적인 인구 조절 담론이나, 현실 적합성이 떨어지는 '태아 생명 대 여성 자기결정권' 구도 대신, 통합적인 성·재생산 건강 및 권리를 새로운 원칙으로 삼자는 것이다. 예를 들어, 장임다혜 님의 발표문은 포괄적인 성·재생산 건강을 중심에 둔다면, 상담은 임신중지 허용의 선결 요건으로서 요구되거나 의무화되어서는 안 된다는 점을 분명히 했다. 상담이 선결 요건이나 의무가 되면, 권리 보장이나 자원 제공의 차원이 아니라 임신중지 장벽으로 작용한다는 것이다. 독일의 사례를 통해, 상담의 내용을 내실화하려는 여러 제도적 노력에도 불구하고 의무적인 상담은 상담확인서 발급을 위한 요식행위로 여겨져 무력화될 수 있음을 보였다는 점도 인상 깊었다. 형법상 낙태죄가 임신중지율을 감소시키는 효과가 없었던 것처럼, 성과 재생산에 대한 결정은 자신의 인생에 대한 통합적이고 전인격적인 결단과 맞닿아있기에 처벌과 제한으로 그 결정을 뒤집기는 어렵기 때문일 것이다. 인권 침해적이며 효과도 불분명한 통제적 접근법에 작별을 고하고, 지지적인 통합 상담의 체계를 구축하기 위해 노력해야 할 시점이다. 장임다혜 님이 지적한 바와 같이, 인력, 예산, 기관 간 협조 등 앞으로의 과제가 많다.

이처럼 토론자는 1부의 세 발표문의 공통된 요지인, 성·재생산 건강 및 권리 보장을 관련 법·제도 설계의 중심에 두어야 한다는 점에 전적으로 동의한다. 성·재생산 건강 및 권리를 어떻게 보장할 것인지를 질문하면, 처벌과 제한에 집중된 기존의 논의와 다른 방향과 각도에서 필요한 법·제도에 관한 논의를 전개할 수 있다. 성·재생산 건강 및 권리라는 개념은 낙태죄 형법 조문에 주목하면서 처벌과 허용 사이의 경계선 긋기에 치중한 논의는 물론, 임신중지를 다른 성·재생산 이슈들과 따로 떼어놓고 생각하는 것도 협소한 관점임을 드러낸다. 성적 권리, 성적 건강, 재생산 권리, 재생산 건강은 실제 삶에서는 명확하게 구획하기 어려울 만큼 밀접한 관련성을 가지며, 월경, 섹스, 보조생식술, 임신의 유지와 중지, 출산, 양육 등은 유기적으로 연결되어 있다. 임신중지만을 특수한 사안처럼 취급하는 것은 현실에 부합하지 않고, 따라서 효율적인 제도 설계라고 볼 수 없다. 성·재생산 건강 및 권리가 포괄적·통합적인 성격을 가지므로, 그것을 보장하기 위한 법과 제도 역시 포괄적으로 설계되어야 하며, 통합적인 전달 체계를 갖춰야 하고, '취약 계층'이나 '위기 임신'을 특정하기보다 보편적인 서비스로서 모두에게 제공될 수 있어야 한다.

이 토론문에서는 장임다혜 님의 발표문에 대한 코멘트 남기기에만 국한되지 않고, 성·재생산 건강 및 권리 보장 체계에 대한 앞으로의 논의를 더 풍성하게 하기 위한 몇 가지 지점을 짚어보려고 한다.

1. 국제적 기준 혹은 해외 사례 참조에 있어서 남반구 (the Global South)

국제적 기준 혹은 국제인권규범이라는 용어로부터 북미와 서유럽의 사례를 주로 떠올리는 경향이 있으나, 재생산권 개념이 국제적 논의 속에 자리잡는 데에는 남반구의 참여가 주요했다. 재생산권 개념의 의의를 인구와 개발 관점에서 제공되던 가족계획서비스를 인권 담론 내에 위치시킨 것으로 꼽는데, 인구와 개발 접근법에 저항의 목소리를 내기 시작한 것이 남반구였기 때문이다. 1994년 카이로 국제인구개발회의와 1995년 북경 세계여성대회에서 채택된 행동강령에 대해서는 2부 양현아 님의 발표문이 자세히 분석하고 있으므로, 그에 이르기까지의 과정에 대해서 간단히 부연해 보려고 한다. 1974년 부쿠레슈티(Bucharest) 세계인구총회는 인구에 관한 최초의 국가간 공식 모임으로서, 여기에서 표출된 남반구 참여자들의 문제의식이 재생산권 개념의 맹아로 볼 수 있다. 당시 미국 등 선진국 위주로 행동강령 초안을 작성한 자들은 가족계획서비스에 관한 국제 원조를 제3세계를 돕기 위한 박애적인 제스처로 의미화하고 있었으나, 남반구 참여자들은 행동강령 초안에 문제를 제기하면서 재생산 사안에 대한 인구와 개발 관점의 접근법에 제동을 걸었다. 최종적으로 채택된 행동강령은 가족계획사업의 목표가 인구조절을 통해 개도국의 빈곤과 저개발 문제를 해결하기 위해서가 아니라, 개인의 삶의 조건을 향상시키기 위함이라고 명시하게 되었다. 이것이 유엔 여성 10년 등을 거쳐 논의가 발전되어, 1994년 카이로 국제인구개발회의에서 '재생산권'이라는 명칭을 얻고 정립될 수 있었다. 그러므로 재생산권 패러다임에 입각하여 법·제도를 설계하는 과정에는 남반구의 역사와 경험에 기반하여 권리 보장의 체계를 고민하는 것이 포함되어야 한다.

근래 남반구 국가들의 재생산권 투쟁이 활발하게 전개되었고, 법·제도적 진전을 일궈낸 국가들이 상당수이므로, 한국이 앞으로 성·재생산 건강 및 권리 보장 체계를 구축하는 데에 있어 좋은 참조가 될 거라고 생각한다. 한국에서는 낙태죄 폐지 전후로 독일 사례에 대한 의존도가 높은 것으로 보였는데, 독일은 대표성 면에서든 선진성 면에서든 본받을 만한 사례라고 보기 어렵다. 국가에게 태아의 생명 보호 의무를 지우는 것을 넘어서 태아가 생명에 대한 권리 주체성이 있다고 판단했다는 점에서 독일은 다른 서유럽 국가들과도 구분될 만한 규정을 가지고 있는 데다가, 나치 정권 시기에 만들어진 임신중지 법률에 대해 독일 내부의 여성단체 및 활동가들에 의한 비판도 축적되어 있기 때문이다. 비단 독일만이 아니라, 임신중지 권리가 1960-70년대 프로초이스(pro-choice) 운동에 의해 성취되고 사생활 권리로서 인정받게 된 서구권의 토양은 한국과 같이 인구와 개발을 목적으로 국가 주도의 재생산 통제가 이루어졌고 그에 대항하여 개인의 인권과 정의로운 자원 분배를 주장하며 낙태죄 폐지 운동이 전개된 곳과는 차이가 있다. 남반구 국가들은 인구 통제의 역사를 공유하고 있으며, 임신중지권 투쟁 역시 재생산권 패러다임 위에서 전개되었다는 공통점이 있다. 따라서 향후의 비교법연구는 남반구 국가들을 포함할 수 있도록 해외 사례 조사의 범위를 넓히기를 제안하고 싶다.

해외 사례 조사의 범위를 넓히는 것만큼이나 중요한 것은 비교의 기준 혹은 프레임을 변화시키는 것이다. 근래 임신중지 법률에 변화를 이루어낸 남반구 국가들 중 아르헨티나는 14주까지, 콜롬비아는 24주까지의 임신중지를 합법화했으며, 멕시코에서 임신중지 비범죄화와 관련된 주요 판결이 있었다. 아일랜드는 2018년 국민투표를 통해서 태아 생명권을 명시한 헌법 조문을 삭제하고, 이듬해 후속입법을 통해서 12주까지의 임신중지를 비범죄화했다. 이렇게 임신중지에 대한 형사처벌에 집중하면, 이런 변화가 북미와 서유럽에서 더 일찍 이뤄낸 것을 후발 주자로서 따라잡은 것으로 해석될 수 있다. 그러나 초점을 처벌과 제한에서 권리 보장과 지원으로 옮겨오면, 전혀 다른 방식의 비교법연구가 가능해진다. "부자가 낙태하면, 가난한 자는 죽는다"라는 슬로건으로 낙태죄 폐지 운동이 전개되었던 아르헨티나의 경우, '자발적 임신중지 접근법(Ley de Interrupción Voluntaria del Embarazo, IVE)'에[3] 따라 임신중지를 필수 의료서비스 대상으로 정하고 국민건강보험으로 의료비의 전액을 지원하도록 했다. 아일랜드 개정안에[4] 해당하는 비

---

3   Ley N° 27,610, Acceso a la Interrupción Voluntaria del Embarazo (IVE).
4   Health (Regulation of Termination of Pregnancy) Act 2018.

범죄화된 임신중지에 대해 보건부 승인을 받은 보건서비스집행국(Health Service Executive, HSE)에서 비용을 전액 지원하도록 하여, 임신중지를 무상으로 제공하고 있다. 단순히 형사처벌 면제에서 그치는 것이 아니라 임신중지를 권리로서 두텁게 보장하기를 고민한다면, 남반구 국가들로부터 얻을 수 있는 시사점이 매우 많을 것이다. 허용되는 임신주수와 사유를 국가별로 총망라하는 식의 비교법연구 논문과 보고서는 이제 그만 보고 싶다. 기존에 있는 것들만 해도 너무 많고, 이미 낙태죄 형법 조문이 완전히 사라진 한국 상황에서 논의의 실익도 없다. 성·재생산 건강 및 권리 보장을 중심에 둔 연구들이 더 많아졌으면 좋겠다.

더 나아가, 국제적 기준에 대해 논의하는 태도 자체를 재고해보길 권하고 싶다. 라틴 아메리카의 활동가 Naomi Braine은 미국 연방대법원에서 로대 웨이드(Roe v. Wade) 판결이 뒤집힌 것을 계기로 재생산 정의 활동가들이 공동집필한 책에서 "지금 남반구는 북반구에게 가르쳐줄 것이 많다(The Global South has much to teach the North in this moment)"라고 적었다. 프로초이스 운동의 성과만으로 백인 중산층 비장애 여성들은 임신중지 권리를 행사할 수 있었을지 몰라도, 북미와 서유럽 내에서도 빈곤, 장애, 질병, 성별 정체성, 인종, 이주 지위 등에 따라 취약한 위치에 놓인 사람들이 강제단종, 강제입양에 저항하고 피임, 임신중지, 보조생식술 등에 접근하기 위해서는 재생산권 패러다임으로의 변화가 필수적이다. 그녀는 재생산권으로의 패러다임 전환을 더 이른 시기에 주장하고 정착시키고자 노력했던 곳이 남반구임을 상기시키고 있다.[5] 국제적 기준을 선도해나가는 자리에 북미와 서유럽이 아닌 남반구를 두는 그녀의 말은, 국제적 기준에 대한 논의가 '뒤따라야 할 선진 사례 혹은 한국에게는 시기상조'라는 테두리 안에서만 이루

5   Natalie Adler et al. eds., *We Organize to Change Everything: Fighting for Abortion Access and Reproductive Justice*, Verso Reports and Lux Magazine, 2022.

어지는 것을 비판적으로 바라보도록 해준다. 오히려, 국제규범은 각 국가와 지역들이 규범 형성에 참여하는 과정을 통해서 변화하고 새롭게 형성되는 과정에 있는 것이다. 김정혜, 장임다혜 님의 발표문에 언급된 세계보건기구 (WHO)의 2022년 임신중지 수정 가이드라인이 나오게 된 배경에도 최근 남반구에서의 투쟁의 성과가 반영되어 있을 것이다. 토론자는 여기에 한국의 낙태죄 폐지 운동과 임신중지 전면 비범죄화도 일조했을 거라고 생각한다. 대한민국은 캐나다에 이어 세계에서 두 번째로 임신주수, 사유와 무관한 전면 비범죄화를 이뤄냈으며, 앞으로 성·재생산 건강 및 권리 보장 체계를 수립해나가는 과정이 해외 다른 국가들에게 참조가 될 것이다.

2. 포괄적 제도 마련의 구체적 방법
   : 성·재생산권리보장기본법

성·재생산 건강 및 권리 보장을 원칙으로 삼아 법·제도 설계를 하기 위해서는, 성·재생산권리보장기본법의 제정이 필요하다. 개별법의 제정이나 개정으로는 포괄적이고 통합적인 법·제도 수립과 시행을 이뤄내기 어렵기 때문이다. 예를 들어, 현행 모자보건법을 법명까지 포함하여 '재생산 건강에 관한 법률'로 개정한다면 여성의 일차적 지위를 어머니에 두고 출산으로 이어지는 재생산 건강만을 선택적으로 보장 범위에 포함시키는 문제는 완화되겠으나, 성·재생산 건강 및 권리가 제대로 보장되려면 의료법, 국민건강보험법 등이 유기적으로 함께 변화해야 한다. 게다가 성·재생산 건강 및 권리는 보건의료 뿐 아니라 노동, 교육, 상담, 주거 등의 넓은 영역에 걸쳐있다. 저출산고령사회기본법이 재생산 영역을 국가의 경쟁력 제고와 지속적 발전의 관점에서 규율하고 있는 이상, 개별법만으로는 상위규범과 충돌하는 정책을 적극적이고 안정적으로 추진하는 데에도 난관이 예상된다.

기본법이란 정책에 관한 기본적인 지침·방향과 그것을 추진하기 위한 체계, 정부의 권한과 활동의 규준·절차·조직에 관하여 개괄적으로 규정하는 입법 형식으로서, 기본법의 제정을 통해서 통일된 방향성과 지침을 가지고서 계획적·종합적·장기적으로 정책을 추진할 수 있다.[6] 기본법의 제정을 통해서 해당 영역이 정부의 중점 정책 영역임을 표명하고 새로운 개념에 대한 교육 효과를 꾀하기도 한다는 점을 고려하면, 재생산권 패러다임 위에서 성·재생산 건강 및 권리 보장 체계를 구축하기 위해서는 성·재생산권리보장기본법을 제정하고, 해당 기본법이 제시한 원칙과 목적에 맞추어 개별법의 제·개정을 해나가는 방식이 적합할 것이다.

성적권리와 재생산정의를 위한 센터 세어SHARE는 2020년 10월에 「성·재생산권리 보장 기본법(안)」을 만들어 발표했고, 같은 해 11월에 그에 대한 해설집을 공개했다.[7] 성과 재생산에 대한 개인의 권리와 건강을 중심에 두고, 차별 없이 모두가 그것을 누릴 수 있도록 정부, 지방자치단체 및 책임 있는 개인(사용자, 교육기관의 장 등)의 의무를 규정하고 있다. 제3장에서는 5년마다 종합계획, 1년마다 시행계획을 수립하여 발표하도록 자세한 절차와 규준을 설정했다. 2022년 7월, 남인순의원 등 11인이 「성·재생산 건강 및 권리 보장 기본법안」을 발의했으나,[8] 세어의 기본법에 비해 차별금지 및 평등의 가치가 약화된, 타협적인 조문들이었고, 해당 발의안은 본회의에 회부되지 못한 채 논의가 멈춰있다.

---

6   최현정, "왜 「성·재생산 권리 보장 "기본법"」인가?", 성적권리와 재생산정의를 위한 센터 세어SHARE 이슈페이퍼, 2020년 8월호. https://srhr.kr/issuepapers/?idx=6142945&bmode=view

7   성적권리와 재생산정의를 위한 센터 세어SHARE 홈페이지에서 다운로드 가능. https://srhr.kr/policy/?bmode=view&idx=6142616&t=board

8   남인순 발의, "성·재생산 건강 및 권리 보장 기본법안," 의안 제2116377호, 2022.7.8. [계류 중]

3. 법과 제도에 수반하여 필요한 조치들

1) 예산의 문제

1부의 발표문들에서도 주지했다시피, 성·재생산권은 자유권과 사회권이 상호유기적으로 통합되어 있으며, 국가의 부당한 침해를 제거하는 것 이상으로 적극적인 지원 및 보장 체계를 만드는 것이 권리 보장에 핵심적이다. 이를 위해서는 법·제도의 정비와 더불어 예산의 확보가 반드시 필요하다. 앞서 언급한 아르헨티나의 경우에는 자발적 임신중지 접근법 통과 이후 여성·성·다양성부 예산이 3배 가까이 증가하였다. 발표자들이 제안한 법·제도가 실현되고 제대로 작동하기 위해서는 한국에서도 이에 비견할 만한 경제적, 제도적, 문화적 투자가 필요할 것이다. 장임다혜 님의 발표문은 상담체계의 구축 하나만을 놓고 보더라도 추가적인 전담 인력 채용 등을 위한 예산 확보가 필수적인 과제임을 짚고 있다. 법·제도가 유명무실화되지 않기 위해서는, 예산 확보를 위한 정치적인 투쟁도 계속해서 해나갈 필요가 있다.

예산 확보를 위한 정치적 과정에서 인구조절 담론과 타협하라는 압력은 계속해서 존재할 것이나, 인구정책에 입각한 선별적 지원은 성·재생산권의 기초적인 원리 및 내용과 배치되는 것임을 분명히 하고 싶다. 그보다, 성·재생산 사안이 가지는 공적인 성격을 사회적 비용을 최소화하기 위한 적극적·선제적 투자(investment)의 개념으로 정립하는 것이[9] 중요할 것이라고 생각한다. 예를 들어, 자궁경부암 예방접종을 권장하고 그것을 위한 공익광고 캠페인에 비용을 지불하는 것은 국민의 건강을 증진시키기 위함일 뿐 아니라, 자궁경부암 치료에 드는 사회적 비용을 고려했을 때 백신에 선

---

[9] 김동식, "[토론문]모두의 성·재생산 건강과 권리 보장을 위한 적극적·선제적 투자와 그 이득과 효과에 대한 논의," '낙태죄' 폐지 이후의 대한민국의 성과 재생산의 권리 정책 토론회, 2022.

제적 투자를 하는 것이 합리적이기 때문이기도 하다. 성·재생산 건강 및 권리 보장 체계를 구축하고 그것에 대한 모든 사람의 접근성을 높여두면, 보다 이른 시기에 개입하여 문제를 해결할 수 있고, 그것은 사회적 비용이 감소되는 결과를 낳을 것이다.

2) 법·제도 바깥의 사람들의 문제

법·제도가 개인의 권리를 보장하고 지원할 수 있도록 설계하는 것은 중요하지만, 그와 동시에 법·제도의 바깥에 존재하게 될 사람들의 인권과 존엄성에 대해 고려할 필요가 있다. 예를 들어, 장임다혜 님의 발표문은 통합적인 상담체계를 보건소 혹은 국가의 위탁을 받은 사회복지법인을 통해서 마련하는 안을 검토하고 있는데, 미등록 이주민, 난민 신청자, 성매매 여성, 마약 사용자 등 법과 제도의 바깥에 위치한 사람들의 경우에는 그러한 성·재생산건강 서비스를 제공받는 데에 어려움이 있을 것이다. 이에 대해서는 풀뿌리 공동체 기반 전략들(grassroot, community-based strategies)을 발전시켜온 재생산 정의(reproductive justice) 활동가들의 사례로부터 얻을 수 있는 시사점이 있을 것이다. 재생산 정의 운동은 국경과 이주, 장애, 감금 및 '보호' 시설 등의 문제에 적극적으로 개입하고 이를 재생산 정의의 의제들로 연결해 나가고 있다.

한 가지 예시를 들자면, 라틴 아메리카의 재생산 정의 활동가들은 국가가 운영하는 임신중지의 의료화된 모델과도 거리를 두면서, 약물을 활용한 스스로 하는 임신중지(Self-Managed Abortion, SMA) 전략을 발전시켜왔다. 소위 '먹는 낙태약'이라고 불리는 유산유도제 약물을 단지 임신중지를 위해 병원을 방문한 여성이 수술 이외에도 택할 수 있는, 건강상의 위험을 최소화한 선택지로서 사고한 것이 아니라, 의료기관이나 국가기관을 거치지 않고도 자신의 재생산에 대한 결정을 관철시킬 수 있게 하는 접근성 높은 수단으로 여긴 것이다. 페루의 재생산 정의 단체인 acompañamiento의 활동가들은 임신중지를 원하는 여성들에게 유산유도제 알약과 복용방법에 대한 정보를 제공함은 물론, 필요한 경우 이동과 일시적으로 머무를 공간을 찾도록 돕고 정서적 지지를 보내는 역할을 했다고 한다.[10]

반면, 한국에서는 2021년 말 한국방송통신심의위원회가 위민온웹(Women on Web)이라는 해외사이트에 접속하는 것을 차단하는 조치를 취했다. 위민온웹은 전세계의 필요로 하는 사람들에게 임신중지 약물을 우편으로 발송해주는 비영리단체로서, 방통위의 조치는 유산유도제에 대한 접근성을 떨어뜨리는 것이었다. 토론자는 유산유도제 도입이 되지 않은 현 시점은 물론이고, 한국의 의료기관에서 유산유도제를 구할 수 있게 된 이후에도 법·제도 바깥의 사람들을 위해서 위민온웹과 같은 통로를 열어두기를 제안하고 싶다.

---

10   Deirdre Niamh Duffy, Cordelia Freeman, Sandra Rodriguez Castaneda, Beyond the State: Abortion Care Activism in Peru, *Signs* 48(3), 2023.

이보라

(권인숙 국회의원 前 보좌관)

I. 재생산권리 실현의 목적과 방향에 대한 물음

재생산 건강 관련 상담 및 상담원 교육체계에 대한 논의는 기존 낙태에 대한 찬반 논쟁이나 임신주수에 대한 쟁점으로 협소화되었던 문제를 넘어서서, 여성의 재생산 건강과 권리의 방향을 설정하고 입법정책적으로 보완함에 있어서 고려되어야 할 구체적 쟁점을 제시하고 있다는 점에서 의미가 크다. 더구나 21대 국회에 제출된 「모자보건법」 5개의 개정안에서 상담체계의 의무화 여부, 의사의 설명 내용, 상담·지원 전달체계의 구성 등의 쟁점은 사실상 임신중지 관련 입법의 핵심적인 내용이라는 점에서 본 논의를 통해 향후 국회 입법심사의 구체적인 방향을 설정해볼 수 있을 것이다.

재생산권리의 핵심은 신체에 대한 자기결정권이 두텁게 보장될 수 있도록 하며 권리 실현의 제약을 제거하는 사회권의 복합적 성격에 있다. 이는 "성과 생식건강권은 다른 인권들과 분리될 수 없으며 상호의존적"이라고 정의한 유엔사회권위원회 〈경제적·사회적 및 문화적 권리에 관한 국제규약(International Covenant on Economic, Social and Cultural Rights)〉의 일반논평 22호의 내용과도 일치한다. 이와 관련하여 당사국은 성과 생식건강권을 실현하기 위해서는 교육권, 평등권, 노동권 등에 따른 의무사항도 함께 이행해야 할 것을 주문하고 있다.[1] 보다 구체적으로, 상호연결된 성과 생식 건강권은 가용성(availability), 접근성(accessibility), 수용성(acceptability), 품질(quality)이 네가지의 요소를 필수적 갖춰야 할 것을 요구하고 있다.[2]

그러므로 임신중지 상담체계와 그 근간이 되는 개정 법률안의 평가는 이와 같은 기준에 의해 평가되어야 할 것이다. 또한 현재 계류되어 있는 개정법률안이 담지 못한 내용 또한 본 기준과 연동해 전망해봄으로써 향후 법안 심사 시의 방향성으로 삼아볼 수 있을 것으로 전망한다.

1. 가용성

성과 생식건강권에 있어서 가용성은 권리 실현을 위한 근본적 결정요소를 보장하기 위한 시설과 물품 및 서비스, 즉 안전하고 음용 가능한 용수 및 적절한 위생 시설, 병원, 보건소 등의 이용 가능성을 보장하는 것이다.[3] 임신중지 상담체계와 관련해서는 훈련된 의료 및 전문 인력으로부터 제한 없는 범위의 서비스를 보장받는 것을 의미한다.

이럭 맥락에서 보면 「모자보건법」 개정안 중 서정숙의원안, 조해진의원안에 담긴 '상담'의 기능은 임신중지를 위한 허용 요건으로서의 의무화된 조치인데 이는 임신중지 접근성을 제한하는 요건이 될 수 있다는 점에서 국제규약의 취지에 부합하지 않는다. 특히 두 안에는 상담의 목적에 "임신의 지속을 위해 여성을 격려"하기 위한 목적이 명시되어 있는데, 이는 가용

---

1   Committee on Economic, Social and Cultural Rights. General Comment no.22 (2016) on the right to sexual and reproductive health(article 12 of the International Covenant on Economic, Social and Cultural Rights), 01 May 2016, E/C/12/GC/22.

2   *Ibid*. pp.5-8.

3   *Ibid*. p.5.

성 개념에서 "이념에 기반한 정책과 관행으로 인해 물품 및 서비스를 이용 못하게 되는 일"이 지양되어야 한다는 기준에 비춰봤을 때에도 적절하지 못하다고 할 수 있다.

2. 접근성 - 물리적 접근성, 비용 접근성, 정보 접근성

성과 생식건강과 관련된 보건시설, 물품, 정보, 서비스는 모든 개인과 단체가 차별과 장벽 없이 접근할 수 있어야 한다.[4] 이에 따라 상담체계는 여성들이 지리적으로 인접한 거리 내에서 상담서비스를 이용할 수 있도록 갖춰져야 하는데, 보다 구체적으로 〈상담체계 상담 전개도〉와 같이 상담서비스 이용자들은 성과 재생산 건강에 대한 정보를 중앙의 핫라인과 자신이 살고 있는 가까운 지역센터를 방문하여 각각 필요한 방식으로 제공 받을 수 있어야 한다. 중앙 핫라인의 경우 24시간 365일 상담이 가능하도록 하

상담체계 상담 전개도[5]

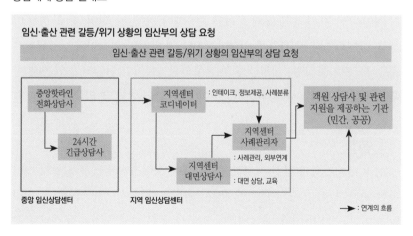

---

4   *Ibid.* pp.6-7.
5   최기홍 외, 임신·출산 상담체계 구축방안 연구, 보건복지부·고려대학교산학협력단 (2020), 209면.

고, 지역센터의 경우 대면이나 전화의 방식을 통해 정보제공 및 상담을 받을 수 있도록 해야 하며, 뿐만 아니라 정부의 인증을 받은 민간기관이 함께 서비스를 제공함으로써 복합사례 지원 등의 촘촘한 사례 관리가 이뤄질 수 있도록 하는 것이 필요하다.

또한 비용 부담이 여성들의 건강권을 제약하는 요인이 되지 않도록 평등의 원칙에 기반해서 비용 접근성을 높이는 조치가 필요하다. 이런 의미에서 권인숙의원 대표발의 「모자보건법」의 부수법안으로 「국민건강보험법」 개정안이 제출되었는데, 이는 현행 모자보건법상 성폭력·친족간 임신 등에 한하여 건강보험이 적용되던 것에서 전체 임신중단 시술로 건강보험이 적용·확대될 수 있도록 하여 비용 접근성을 높이기 위한 취지를 담고 있다.

3. 수용성

수용성은 성 및 생식건강과 관련된 모든 시설, 물품, 정보, 서비스는 반드시 개인, 소수자, 공동체 등의 문화를 존중해야 하며, 성, 연령, 장애, 성적 다양성, 생애주기별 필요 등에 민감하게 대응해야 하는 원칙이다.[6] 본 원칙은 계류 중 「모자보건법」 개정안 중 이은주의원안에서만 언급되고 있는데, 향후 병합심사시 반드시 함께 논의되어야 할 조항이라 할 수 있다.

4. 품질

성과 생식건강과 관련된 시설, 물품, 정보, 서비스의 품질은 양질의 것이어야 하는데, 이는 증거에 기반하면서 과학적, 의학적으로 적합하며 최신의 것이라는 의미[7]이다. 상담체계에 있어서 훈련 받고 숙련된 보건의료 인

---

6   *Ibid.* p.7.
7   *Ibid.* p.8.

력이 상당히 중요하다는 의미와 연결된다. 특히 복합적 성격의 권리보장을 위해서는 임신·출산 관련 보건의료 지식, 심리적, 사회적 지식, 정책 및 지역사회 자원 체계, 임신·출산 관련 윤리적 결정과 전문가의 자세, 공공서비스로서 임신·출산 상담체계에 대한 이해, 임신·출산 상담서비스 이용자의 특성과 요구, 상담 기술 및 상담 실무 등의 지식과 실무가 두루 갖춰져야 할 것이다.

뿐만 아니라 계류 중 개정안에서의 상담원 자격에 대해서는 조건이 법률에 명시되어 있지 않거나 의료인으로만 제한되어 있는데, 제도개선의 초기에는 누가 어떻게 상담서비스를 제공하는가가 여성의 건강권 보장의 향방과 직결되어 있는 문제이므로, 상담목적과 상담내용, 상담·지원 전달체계와 국가의 역할 및 의무가 하위법률이 아닌 본 법률에 규정되는 방향으로 명시되어야 할 것이다.

II. 상담의 방향성
: 한국사회에서 임신중지 상담의 의미

상담의무와 의사의 정보제공 의무는 여성의 자기결정권의 보장 및 확대를 위한 보충적 조치여야 하며 이것이 임신중지 여부를 결정하는 필요적 조치가 되어서는 안된다. 다만 재생산권이 실현되는 방식은 국가마다 사회마다 다양한 양상으로 드러나게 되므로 상담체계의 유용성부터 상담 내용과 형식의 방향성을 정립하는데 있어서 각국의 사회문화적인 차이가 크게 고려되어야 할 것으로 보인다. 국제규범이 충분히 포괄하지 못하는 사회구조적인 문화가 존재할 수밖에 없기 때문이다.

그런 의미에서 한국의 출산문화는 196~70년대 인구조절에 따른 가족계획사업, 남아선호사상 등 여성의 재생산권리를 국가와 가부장제가 통제하는 방식을 경유하여 출산의 의료화·과학화 경향에 따라 여성들이 자신의 몸에서 소외되기도 하였고, 한편 최근의 청소년들은 디지털 환경 기반으로 다양한 성적 정보와 체험을 교환하고 있기도 하다.[8] 이렇게 한국사회에서 재생산권과 관련해서 시기, 세대, 주체별로 다양한 경험을 하고 있음에도 생애주기별로 이를 뒷받침할만한 구조적인 토대가 부족하다.

따라서 임신중지 상담의 전달체계가 중앙 및 지방자치단체 등에 구축된다면 한국의 사회문화적 특성을 반영하는 권리 실현의 구체적 방편이 될 수 있을 것으로 보인다.

권인숙의원안에서 제12조 '인공임신중절 예방 등의 사업'을 '재생산건강 증진 사업'으로 제명을 변경하고 피임, 임신·출산, 안전한 인공임신중단을 위한 상담, 정보 제공, 교육을 하도록 한 것은, 계획되지 않은 임신을 예방할 수 있는 포괄적 성교육, 의료지원 서비스, 양육 시스템 등을 비롯해 국민 모두가 성·재생산 건강권을 보장받을 수 있도록 국가에 의무를 부여하는 적극적 조치라고 할 수 있다.

III. 전사회적 지원시스템으로서의 상담체계

결과적으로 유엔사회권위원회 일반논평 22호는 한국사회의 상담자와 상담기관, 의료인과 의료기관의 입장 변화를 촉구하는 내용이며 종국적으

---

8   배은경, 한국사회 출산조절의 역사적 과정과 젠더: 1970년대까지의 경험을 중심으로, 박사학위논문 서울대학교 (2004. 2), 김은실, "출산문화와 여성," 한국여성학 제12권 2호 (1996), 119-153면, 김주희, "2000년대 도시 여성의 출산문화: 문화변동의 장" 한국문화인류학 제40권 제2호 (2007), 253-286면, 이현옥, 한국여성의 출산의지 결정요인, 정책개발연구 제11권 제1호 (2011), 99-132면, 김정혜 외, 청소년의 디지털 성문화 특성 분석과 성교육 과제 (한국여성정책연구원, 2022),

로 헌법재판소가 판단한 여성의 자기결정권을 보장하는 구체적 방향이 될 수 있을 것이다. 여기서 중요한 것은 자기결정권은 개인의 능력만이 아니라 사회적 환경과 조건이 수반되어야만 권한의 행사가 가능하다.

따라서 임신중단에 대한 거부와 규제의 방식이 아니라 사회경제적 지원 인프라의 확대, 상급 의료기관으로의 연계 지원이 가능하도록 교육·상담·정보제공에서부터 공공의료 기관과 권역 단위 병원까지 체계적이고도 촘촘한 연계 시스템 구축이 필요하다. 이와 같은 조치는 성과 재생산권과 관련한 제도가 여성들에게 전인적(全人的) 조력이 될 수 있도록 전사회적 지원체계를 마련해야 한다는 것을 의미한다.

한국의 성과
재생산권리 정책의 주요 의제

제4장

조명되지 않은 영역,
남성의 재생산권

신필식 (안양대학교)

I. 남성, 평등 그리고 보편적 재생산권

국가교육위원회는 '2022 개정 교육과정 심의안'에서 '재생산 권리', '생식권' 등 성교육의 중요 개념들을 상당수 삭제하였다. 고등학교 보건 교과에 반영되기로 했던 '성·생식 건강과 권리'는 '성 건강 및 권리'로 수정됐다. 이는 앞선 행정예고안(案)에서 '성·재생산 건강과 권리'가 '성·생식 건강과 권리'로 바뀐 뒤 다시 변경된 것이다. 이때 빠진 재생산 권리는 '차별, 강압, 폭력으로부터 자유로운 상태에서 임신과 출산을 결정하고 존중받을 권리, 임신과 출산에 대한 정보를 받을 권리, 평등하고 안전한 관계를 맺을 권리' 등을 포괄하는 개념으로 지금의 저출생·저출산의 위기를 벗어나는 최소한의 요건이자 나이, 국적, 성별, 인종, 장애, 혼인 여부, 성적지향, 종교 등과 관계없이 보장받아야 할 기본적 권리이다. 그럼에도 국가교육위원회는 재생산이란 표현이 낯설다는 의견과 기독교계의 반발을 고려해 행정예고 전에 생식으로 수정했다가 이후에도 기독교 단체들이 생식마저 삭제하라 요구하자 이를 수용한 것이다.[1]

2022년 우리나라의 출생아 수는 전년보다 1만 1천명 감소한 24만 9천명, 합계출산율은 0.78명으로 역대 최저를 기록했다.[2] 2000년대 초반 이후, 저출생·저출산 관련 정책들은 지속적으로 확대되어왔음에도 합계출산율에 대한 전망은 여전히 어둡다. 이러한 상황에서 성·재생산권[3] 의제의 중요성은 더욱 커지고 있음에도 그와 관련된 정부의 인식과 정책적 대응은 오히려 퇴행과 역행의 양상이다. '성·재생산권'이란 용어는 2020년 12월 발표된 『제4차 저출산·고령사회 기본계획』에 기존의 임신·출산 지원을 대신하여 "포괄적인 성·재생산권을 보장하고, 생애 주기에 따른 임신·출산에 대한 의료지원 강화"라는 내용을 통해 정책 용어로 도입되었다.[4] 여전히 기존의 사업들이 큰 변화 없이 유지되고 있다는 한계 속에서도, 새로운 성·재생산권이란 개념과 명칭 변경은 모자보건 사업과 임신·출산과 관련된 정책이 성·재생산권 보장을 위한 방향으로 정책 패러다임 변화를 기대하게 하는 의미있는 도입이었다. 성·재생산 권리의 관점에서 성관계, 임신과 출산과 양육에 이르는 개인의 재생산 활동은 개인의 선택이자 책임의 문제인 동시에 국가와 사회공동체는 소극적 보호 이상의 의료, 정보, 교육 및 양육 지원 등을 통해 적극적으로 지원할 책임이 있다.

1   교육과정 심의한 수정과 관련한 연구원은 "근본적으로 표현에 문제가 없다고 생각했지만, 압력이 거세지면 성교육 자체가 원활히 진행되기 어렵겠다는 우려가 커져 삭제하게 됐다"라고 전했다. 김나연, ""재생산은 낙태, 전성(全性)적 존재는 동성애 유도" 혐오에 굴복한 교육과정", 경향신문(2022. 12. 7.), https://m.khan.co.kr/national/education/article/202212071619001#c2b, 2023. 8. 25. 방문. 오세진, "'성평등'·'성소수자' 뺀 교육과정 개정안...어떻게 가르치려고?", 한겨레 (2022. 11. 9.), https://www.hani.co.kr/arti/society/society_general/1066543.html, 2023. 9. 7. 방문.

2   통계청, "2022년 출생통계" (2023. 8. 30.) https://kostat.go.kr/board.es?mid=a1030 1010000&bid=204&list_no=426806&act=view&mainXml=Y, 2023. 10. 3. 방문.

3   대통령직속 저출산고령사회위원회 홈페이지에서는 성·재생산 건강 및 권리에 대해 먼저 성·재생산 건강을 "임신, 출산, 양육 등 성·재생산 전반에 질병·기능 저하, 장애로 인한 고통이 없는 상태로 신체적, 정서적, 정신적, 사회적으로 안녕(well-being)한 상태로 규정하며, 재생산권리는 자녀의 수, 자녀를 가질 시기에 대해 자유롭고 책임 있는 결정을 할 수 있는 권리로, 필요한 정보를 제공받을 수 있는 최고

기존의 국내 재생산권에 대한 논의는 주로 국가 주도적 인구정책 접근을 비판하는 페미니스트 연구자를 중심으로 페미니즘과 여성인권의 이슈로 다뤄져 왔다.[5] 이들은 인구조절 목적과 모성 통제, 장애여성 재생산권의 배제와 같은 문제를 지적하면서 재생산권을 보편적 권리, 인권적 이슈로 전환 시키고자 했다. 한편 재생산권은 임신과 출산 등의 측면에서 여성에게 중요한 권리이지만 남성에게도 반드시 보장되어야 할 권리이며, 이때 여성과 남성은 기혼자뿐 아니라 비혼자(미혼, 이혼, 배우자와 사별 등)를 포함한다. 즉, 재생산권은 성별에 관계없이 모두에게 차별 없이 보장되어야 할 시민의 보편적 권리이다.

의료인류학자인 인혼[6]은 남성중심적인 사회 속에서 이제까지 모든 사회적 기준과 규범, 정상성이 남성을 중심으로 구성되어 온 상황에서 여성이 '제2의 성'으로 여겨져 온 것과는 다르게, 재생산의 영역에서만은 남성이 '제2의 성'의 위치에 놓여 있다고 보았다. 이처럼 재생산권 영역은 남성인 부(父)와 태아(자녀), 여성인 모(母)와 태아(자녀), 남성인 부(父)와 여성인 모

　　　수준의 재생산 건강을 향유할 권리로 설명한다. 대통령직속 저출산고령사회위원회, "모두를 위한 성·재생산권 이야기"(2020. 11. 25.), https://betterfuture.go.kr/front/committeeActivity/conferenceDetail.do?articleId=101, 2023. 8. 16. 방문.

4　　저출산고령사회위원회, 『제4차 저출산·고령사회 기본계획』(대통령직속 저출산고령사회위원회, 2020), p.38.

5　　조영미, "출산의 의료화와 여성의 재생산권", 『한국여성학』 제20권 제3호(한국여성학회, 2004), pp.67-97. 하정옥, "재생산권 개념의 역사화·정치화를 위한 시론", 『보건과 사회과학』 제34호(한국보건사회학회, 2013), pp.183-210. 나영정, "장애여성의 경험과 관점으로 다시 제기하는 재생산권리", 『한국장애학』 제1권 제1호(한국장애학회, 2016), pp.65-98. 배은경, "'저출생'의 문제제기를 통해 본 한국 인구정책의 패러다임 전환 모색 - 재생산 주체로서 여성의 행위성과 저출산·고령사회정책의 검토", 『페미니즘 연구』 제21권 제2호(한국여성연구소, 2021), pp.137-186.

6　　Inhorn, M. C., Mosegaard, la Cour M., Tjøornhøj-Thomsen, T., Goldberg, H.(eds.), *Reconceiving the second sex: Men, masculinity, and reproduction* (Berghahn Books, 2009).

(母)의 관계, 부성과 모성의 관계를 개인과 사회가 어떻게 전제하고 있는지, 특히 남성이 주도성을 점유하지 않는 재생산 영역에서 여성과 남성의 삶과 관계는 평등할지 혹은 또 다른 형태로 남성의 특권이 유지될지 살펴보기에 적합하다. 과연 재생산 영역에서만은 남성이 사회 전반에서 주도적 역할을 해온 것과 달리 부차적이고 주변적 위치를 점하고 있다고 할 때, 재생산 현실 속에 개별 남성과 여성의 재생산 영역 내 실제 권한과 자율성은 성별에 따라 어떻게 성평등하게 분배가 되고 있을지에 주목할 필요가 있다. 이를 통해 남성과 재생산 영역 내 논의를 통해 재생산권 의제 속에서 권리 주체로서 인식되지 못했던 남성의 위치를 살핌으로써 남성이 재생산권 논의에서 어떻게 비가시화되어있는지, 왜 남성은 재생산 의제에서 남성을 배제하고 분리시킨 양상을 수용하고 자신들의 재생산 권리에 대해 요구하지 않는지 질문해볼 수 있다. 이 과정은 남성 재생산권의 공백에도 불구하고 재생산 영역 내에서도 전 사회에 내재한 젠더화된 억압적 성별 정체성 획득 구조와 모성 이데올로기를 성찰하고 남성의 재생산권 주체됨과 성평등하고 보편적 재생산권을 모색하는데 기여할 수 있을 것이다.

II. 보편적 인권으로서 재생산권 전환과 남성

1. 재생산권 논의의 확장 속 남성

재생산의 범주는 초기에는 '여성의 임신과 출산 과정, 이와 관련된 행위'로 이해되었고, 생식과 출산이라고도 쓰였다. 그러나 재생산을 임신, 출산만으로 떼어 사고하는 것은 재생산 이슈를 여성만의 문제로 보이게 하고, 여성의 신체와 섹슈얼리티를 통제하는 의도를 내포한 것일 수 있기 때문에 점차 임신, 출산에만 한정되지 않고 섹슈얼리티, 피임, 임신중지, 양육까지

재생산 전반을 아우르는 것으로 확장되어 왔다.[7]

1994년에 개최된 국제인구개발회의(ICPD: International Conference on Population and Development)에서 채택된 카이로 행동강령에는 재생산 권리의 개념이 처음 등장하여 기존의 인구문제에서 인권의 문제로 패러다임이 전환이 모색되었다. 1995년 제4차 세계여성대회에서 채택된 북경행동강령은 어떠한 강제와 차별, 폭력으로부터의 자유를 의미하는 성과 재생산 건강 및 권리(Sexual and Reproductive Health and Right, SRHR) 개념을 명시하였다. 1990년대 중반 두 국제회의를 계기로 인권보장과 성평등 제고, 삶의 질 향상의 측면에서 재생산권 보장이 인구정책의 목표로 설정되어야 한다는 국제적 합의가 이루어진 이후 재생산권은 국가, 특히 제3세계 국가의 인구정책 및 보건의료적 차원에서 여성의 권리 개념으로 변화해 여성인 개인이 보호받을 권리 논의에서 점차 어떻게 누구나 접근 가능한 기본적 권리가 될 수 있도록 할 것인지로 그 초점이 이동해 왔다. 우리나라에서는 제4차 저출산·고령사회 기본계획에서 최초로 성·재생산권 보장이 공식 정책 목표로 포함되었지만, 이를 추진하기 위한 기반은 아직 부족한 상태다.[8]

우리나라의 재생산 정책은 여성의 몸을 인구조절의 도구로 대상화하고, 임신과 출산 이슈나 결혼한 기혼여성의 모성 건강 문제로만 협소하게 다루어 온 흐름에서 크게 벗어나지 못하고 있으며, 성 관련 정책은 사적인 영역으로 여겨지면서 UN 등 국제사회가 보장하도록 성과 재생산 건강 및 권리 보장 방향[9]과는 거리가 있다. 이런 현실 속에 오랫동안 지속되어 온 국

7 　김영미, "저출산·고령사회 기본계획에 대한 젠더 분석: 저출산 담론의 재구성을 위하여", 『비판사회정책』 제59호(비판과 대안을 위한 사회복지학회, 2018), pp.103-152.

8 　김새롬, "성·재생산 건강과 권리에 대한 국제적 정책 추세와 한국에 주는 함의", 『국제사회보장리뷰』제18호(한국보건사회연구원, 2021), pp.16-26.

9 　1979년 유엔 제34차 총회에서 채택된 여성차별철폐협약 제16조에는 결혼과 가족관계에서 여성에 대한 차별을 제거하는 내용의 성·재생산 건강 및 권리가 포함되었으며, 이후 여성차별철폐협약은 성·재생산 건강과 권리 측면에서 여성에게 불평등하

가 중심의 인구통제적 관점에서 벗어나 보편적 인권으로서 성과 재생산 건강과 권리에 기반한 정책의 모색이 시급한 상황이다. 재생산권은 혼인 지위, 성별, 나이, 건강상태 및 장애 여부, 인종, 성적지향 등과 무관하게 모든 개인과 커플의 권리로 평등하게 보장되어야 한다. 성별에 따라 재생산권은 여성에게 한정되지 않는 모든 시민의 기본권리이며, 여성은 물론 남성에게도 보장되어야 한다. 그러나 우리나라의 재생산 관련 주요 정책인 저출생·저출산 대책에서는 물론 재생산 관련 논의에서는 여전히 재생산은 여성만의 일로 간주하고 사실상 남성은 암묵적으로 비가시화 또는 예외적 대상으로 간주되어 왔다. 이에 재생산권 논의는 남성 재생산권 부재와 남성의 비가시화에 대한 비판적 논의를 통해 재생산권의 보편적 인권 의제로의 전환과 과연 성평등한 재생산권이란 무엇이고 어떻게 실현 가능한지에 대해 탐색이 필요한 시점이다.

2. 지연된 남성 재생산권 논의

대표적 재생산 행위인 임신과 분만의 과정이 여성의 몸 안에서 이루어지기 때문에, 임산부에 대한 의료적·사회적 고려가 더 많이 이루어져야 하는 부분은 분명히 존재하지만, 그럼에도 임신과 출산의 과정을 포함한 재생산 영역이 여성만의 책임과 노력만으로 이루어질 수 있는 것은 아니다. 성·재생산 건강과 권리를 인권으로 규정한 1994년 국제인구개발회의 카이로 행동강령에서는 재생산권이 남성과 여성 모두의 기본적인 권리임을 명시하고 있으며, 재생산 건강과 관련된 기본적인 의료서비스, 정보와 교육에 대한 접근권이 남성에게도 동등하게 보장되어야 하고, 특히 재생산권 교육에서 남성 참여와 책임분담을 강조하고 있다. 구체적으로는 남성에게도 가족계획과 가사·양육책임을 평등하게 공유하고, 성병 예방과 피임에서 책

고 차별적 현실이 개선되지 못하고 있음을 지적해 왔다.

임감을 강하게 인식하도록 교육, 상담하고 수단을 제공해야 함을 카이로강령은 강조한다. 하지만 이러한 국제강령과 실천에서 강조되는 남성의 재생산 영역 내 권리와 책임 인식은 우리나라의 재생산권 관련 법률과 정책에까지는 반영되지는 못하고 있다.

재생산권 개념은 성별화된 세계 속에서의 성별 정치의 역사를 내포하고 있다. 재생산권 개념은 형성된 초기부터 재생산을 통해 여성의 삶 속의 기본적 인권이 복합적으로 침해받는 상황에 대한 문제의식과 연결되어 있었다. 그러므로 여성의 재생산과 관련된 의제는 여성의 몸, 여성의 인권을 결정하는 사안이며, 당연히 여성 스스로 결정하고 판단할 권리를 가져야 하며, 오랫동안 재생산과 관련된 결정을 해온 가부장적 권력에 의한 결정이 이뤄져서는 안 된다는 요구 또한 재생산권 도입의 주요한 취지였다. 그러나 재생산권 개념의 전 세계적 확대 과정에서 제3세계에서 아직 여전한 가부장적 남성과 과거 정부 주도적, 인구통제적 시각과 상충할 수밖에 없었고 재생산권 논의는 지체될 수밖에 없었다. 그 결과 여성 내부적으로 재생산권의 전면적 확대를 달성하지 못하였을 뿐 아니라 남성의 재생산권 의제에 대한 이해 증진과 주체화는 오랜 과제로 남아 있다.

아직 충분하진 않지만 국내에서도 재생산권과 남성의 연결, 재생산 주체로서 남성 참여 확대의 필요성은 지속적으로 제기되어 왔다.[10] 지금은 실제로 성평등한 재생산권 보장은 어떤 상(像)을 지향하고, 남성은 어떤 과정을 통해 자신들을 재생산권의 주체로 인식할 수 있을지, 그러한 남성의 재생산 주체화가 지금껏 젠더화된 재생산권 논의와 확대 양상을 변화시키는데

10　채수홍, "비아그라와 남성중심의 성 관념의 재생산에 대한 우려", 『열린전북』 제69호(열린전북, 2005), pp.111-115. 지은숙, "부모를 돌보는 비혼 남성의 남성성" 『한국여성학』, 제30권 제4호(한국여성학회, 2014), pp.77-117. 김선혜, "재생산의료 영역에서의 남성: 한국의 보조생식기술과 난임 남성의 비가시화", 『경제와 사회』 제124호(비판사회학회, 2019), pp.12-43.

기여할 수 있을지 보다 적극적으로 모색해야 할 때이다. 이어지는 논의를 통해 재생산권 논의에서 분리적 존재로 전제되는 남성인 부(父)가 재생산권 맥락에서 비가시화되고, 그러한 주변화된 남성으로서 자신을 위치시키는 상황 속에서도 자신의 남성성을 유지·확인하는 과정을 주목하고자 한다. 동시에 여성인 모(母)의 경우 비가시화된 남성의 공백을 대신하는 이중적 책임을 강요받는 재생산 영역에 숨겨진 또 다른 남성중심적 젠더화 양상을 살펴보고자 한다.

Ⅲ. 재생산권 내 남성중심성과 젠더 이데올로기

1. 난임 관련 제도에서 남성의 비가시화

의학적으로 난임(infertility)이란 통상적으로 1년간 피임하지 않은 상태에서 정기적인 성관계를 했음에도 불구하고 임신이 되지 않는 상태로 정의된다.[11] 난임은 재생산권 논의에서 주요한 의제로 등장하고 있는 의료화, 국가 정책화가 진행돼 왔으며, 여성과 남성이 함께 관련된 인식과 지식, 담론이 축적되어 온 영역에 속하기 때문에 남성의 재생산 의제 내 위치를 살피는 데 적합하다. 이에 재생산권의 여러 의제 가운데 난임을 의제로 남성 재생산권을 살펴보고자 한다.

난임의 요인은 크게 여성 요인, 남성 요인, 여성과 남성 복합요인, 원인불

---

11   여성의 나이가 35세 이상인 경우는 6개월간 임신이 되지 않는 경우를 난임으로 진단하기도 한다. 임신은 했지만 반복적인 자연유산으로 출산에 이르지 못하는 경우도 난임으로 여겨진다. CDC(Centers for Disease Control and Prevention) U.S. Department of Health & Human Services. "Infertility FAQs," (최종업데이트: 2023. 4. 26.), https://www.cdc.gov/reproductivehealth/infertility/index.htm, 2023. 10. 15. 방문.

명 등으로 분류되는데, 실제 난임을 구성하는 원인이 남성에게 있을 수 있으므로 남성의 몸 역시 난임시술의 대상이 되고 있다. 그럼에도 임신과 출산을 여성의 역할로 여겨온 사회문화적 흐름 속에 난임은 여성의 문제로 여겨져 왔으며, 난임 남성은 난임 치료와 관련 제도 속에서 부차적이거나 보조적인 위치에 머물러 왔다.[12]

난임 치료에서 남성인 부(父)와 그의 정자는 수정부터 착상과 임신, 출산의 과정에서 분리되어 있거나 일부 특정 상황에서만 관련성을 갖는 것으로 전제되어왔다. 이처럼 남성에 의한 난임도 상당수 존재할 뿐 아니라 남성의 삶에 있어서도 중요한 난임 치료가 간과되고, 재생산 영역 전반에서 남성은 마치 없는 존재인 것처럼 여겨지게 된 것은 왜일까? 과연 재생산 과정에서 남성·부(父)의 관련성이 실제 협소한 것인지 아니면 다른 이유에서 비가시화된 것일지 질문해볼 필요가 있다.

재생산 영역에서 피해가 발생할 경우 이러한 상황을 설명하는 지식(주로 의학적 지식)과 담론은 이러한 재생산 피해에 이른 원인을 어떻게 설명하고 있을까? 기존의 재생산권 논의에서 재생산 피해에 대한 보호의 수행 책임이나 보호 공백에 따라 발생한 피해의 책임을 주로 여성인 모(母)와 관련해 설명해 왔다. 난임과 난임 치료, 이후 임신의 과정에서 태아(자녀)에 대한 위해 요인은 무엇이고 그로 인한 피해, 피해로부터의 보호 책임에 관한 논의에서 남성인 부(父)는 어떻게 인식되고 재현되고 있을지와 밀접하게 연결되어 있다.[13]

---

12   Vayena, E., Rowe, P. J., Griffin, P. D., *Current practices and controversies in assisted reproduction: report of a meeting on medical, ethical and social aspects of assisted reproduction* (World Health Organization, 2002), Greil, A. L., Slauson-Blevins, K., McQuillan, J., "The experience of infertility: a review of recent literature," *Sociology of health & illness*, Vol. 32, No. 1 (2010), pp.140-162, 김선혜, supra note 10, pp.12-43.

13   난임시술의 경우 시술을 통해 원하는 태아가 여성과 맺는 관계와 위해성에 대해서

먼저 정부의 난임부부 지원사업 내 남성과 여성의 난임시술 내 역할에는 남성의 비가시화가 뚜렷하게 나타난다. 임신을 결정하고 준비하는 과정은 남녀가 함께해야 하는 일이고 그 과정에서 남성의 역할 또한 크다. 사실 난임의 원인이 남녀에게 함께 존재함에도 불구하고, 정부의 난임부부 심리 및 의료상담서비스 사업에서 정책 대상은 '난임 환자 및 임산부'라고 되어 있다. 실제 상당수 난임의 원인이 남성에게 있고, 환경, 생활습관, 체중 등의 남성 몸과 외부 환경과 관련된 요인에 의한 난임 관련성이 높음에도 불구하고, 여성이 난임부부 중 난임의 원인이자 난임 치료에서 주체는 성별에 상관 없이 '난임 환자' 또는 여성인 '임산부'라는 시각이 유지되고 있는 것이다. 남녀가 함께 치료 과정에서 권리와 책임을 공유하기보다 난임치료와 시술이 주로 임신을 하는 여성의 일로 여겨지고 있음을 보여준다.

남성 난임과 여성 난임이 다르게 전제되는 것은 난임시술비 지원사업의 신청 자격에서도 확인된다. 정부가 제시한 난임시술 지원 신청자격은 2019년 7월 이전에는 '법적 혼인부부이며, 건강보험 가입자로서 여성의 연령이 만 44세 이하인 자'로 되어있었다.[14] 2017년 처음 실시된 난임시술 건강보험 적용에서부터 여성의 나이가 자격 조건으로 제시되고 있었던 것이다. 이러한 신청자격 기준에서 주목할 점은 난임 남성의 나이 기준이 존재하

는 많은 연구와 논의가 이뤄져 온 반면, 난임시술에 함께하고 있는 남성과 태아가 맺는 관계나 위해가능성에 대한 논의가 최근에서야 시작되고 있으며, 주로 남성의 난임시술 내 역할은 간단하게 정자를 채취하면 되는 것으로 축소되어 왔다.

14 보건복지부에서 발표한 "난임부부 시술비 지원 연령제한은 폐지되고, 지원 횟수는 확대된다"(등록일 2019년 7월 4일)라는 제목의 보도자료에 따르면 난임치료시술에 대한 건강보험 적용기준이 확대되어 기존의 '난임부부 시술비 지원사업'에 대해서 연령 기준을 폐지하고, 지원 횟수를 최대 17회까지 확대 시행을 2019년 7월 1일부터 시행한다고 발표했다. 그러나 44세 이하라는 연령의 제한은 폐지되었으나 부부난임에 대한 시술이라는 개념에는 변함이 없음을 알 수 있다. 보건복지부 "난임부부 시술비 지원 연령제한은 폐지되고, 지원 횟수는 확대된다" (2019. 7. 4.) https://korea.kr/briefing/pressReleaseView.do?newsId=156339718 2023. 10. 30. 방문.

지 않았다는 점이다. 개인 차이가 존재하겠지만 여성과 남성 모두 가임력은 나이에 의한 가임력의 차이[15]가 큰 것으로 보고[16]되어 왔음에도 난임시술 지원 자격 조건으로 여성의 나이 제한만을 두고 있었던 것이다. 난임시술 지원에 여성의 나이 제한만 둔 것은 남성의 정자를 남성 난임과 부부 난임을 초래하는 요인으로 고려하지 않음을 의미하며, 남성인 부(父)의 정자가 태아로의 수정과 발생 과정에서의 위해요소로서 인식하지 않고 있음의 방증일 수 있다.

이같은 남성 정자에 의한 태아(자녀)에 대한 위해성의 부정과 남성의 비가시화는 난임을 분류하는 한국표준질병코드에서도 발견된다.[17] 코드 분류에서 남성 난임은 N46이며 여성 난임은 N97이다.[18] 남성 난임(N46)에는

---

15   여성이 나이가 증가함에 따라 가임력이 감소한다는 여러 연구 결과들은 이제까지 많이 제시되어 왔지만, 그들의 파트너인 남성들의 나이가 어떠한 영향을 끼치는지에 대한 연구는 결여되어 있다. 35세 이상 여성의 가임력이 감소한다고 평가하는 중요한 요인으로 자주 언급되어 왔다. 최근 연구에서 주목하고 있는 것은 초기 유산과 남성 나이와의 관련성이다. 임신 초기인 5,100명의 임산부를 대상으로 연구를 수행한 결과 임산부의 나이와 상관없이 태아의 아버지 나이가 많을수록 유산율이 높아짐을 밝혔다. 초기 유산의 원인 중 대부분은 염색체 이상에서 기인하는데, 남성의 나이가 증가할수록 염색체 이상인 정자의 수가 많아지기 때문이다. 여성의 환자 나이와 수정률은 직접적인 연관성이 없다고 밝혀지기도 했는데 수정률은 여성의 나이에 상관이 없고, 정자의 성상이나 질 등 그 밖의 요인에 영향을 받음을 밝혔다. Slama, R., Bouyer, J., Wadham, G., Fenster, L., Werwatz, A., Swan, SH., "Influence of paternal age on the risk of spontaneous abortion," *American Journal of Epidemiology*, Vol. 161, No. 9 (2005), pp.816-823, 김선혜, supra note, 10, p.27 참조.

16   Harris, I., Fronczak, C., Roth, L., Meacham, R., "Fertility and the aging male," *Reviews in Urology*, Vol. 13, No. 4 (2011), pp.184-190.

17   KOICD(한국표준질병사인분류) 질병분류 정보센터 https://www.koicd.kr, 2023. 7. 18. 방문.

18   제8차 한국표준질병사인분류KOICD(한국표준질병사인분류)(KCD)질병에서 남성난임과 여성난임은 여전히 남성불임, 여성불임이란 용어가 사용되고 있다. 그러나 연구에서는 불임이라는 용어를 난임으로 대체하여 사용할 것이다.

무정자증과 정자부족증 두 가지로 분류되어 있는 반면,[19] 여성 난임(N97)의 경우 '난관에서 기원한 여성 난임'은 N97.1, '자궁에서 기원한 여성 난임'은 N97.2, '자궁경부에서 기원한 여성 난임'은 N97.3, 등 총 아홉 가지의 세부 항목으로 분류되어 있다. 여성 난임 세부 항목 가운데 '남성 요인과 관련된 여성 난임'인 N97.4와 '기타 요인에서 기원한 여성난임'인 N97.8, '상세불명의 여성난임'인 N97.9에 주목할 필요가 있다.[20] 이처럼 '남성 난임'(N46)과 '남성 요인과 관련된 여성 난임'(N97.4)이 별도로 존재할 뿐 아니라 기타 요인, 상세불명의 여성 난임, 기타 요인에 의한 여성 난임으로까지 여성 난임은 범주가 광범위하고 그 경계가 불명확하다. 그 결과 남성의 생식능력에 문제가 있는 무정자증과 정자부족증 이외의 경우, 남성 난임으로 규정될 수도 있지만 또한 '남성 요인과 관련한 여성 난임'으로 재분류될 수 있는 가능성도 있는 것이다. 그밖에도 요인을 특정하기 어려운 여러 난임의 경우에 대부분 여성 난임 분류 항목으로 포함될 가능성이 크다.

여성의 난자 혹은 자궁의 문제로 인해 부부나 파트너 간의 아이를 가지지 못하는 상황을 '여성 요인과 관련된 남성 난임'으로 분류한 항목이 없는 것은 임신과 출산 과정에 여성과 남성 모두의 기여를 필요로 하지만, 남성 난임은 '남성 요인과 관련된 여성 난임'으로 인식하나 그 역의 가능성은 고려하지 않음을 보여준다. 이러한 난임에서의 남성 관련 범주는 정자·남성과 난임 요인의 관계가 직접적이기보다 난자·여성을 통한 간접적인 것으로 젠더화되어 인식되고 있음을 알 수 있다. 정자와 남성이 점하는 난임

19 제8차 한국표준질병사인분류에서 남성난임(남성불임) 관련 자료 참조, KOICD(한국표준질병사인분류) 질병분류 정보센터 https://www.koicd.kr/kcd/kcd.do?degree=08&kcd=N46, 2023. 7. 18. 방문.

20 제8차 한국표준질병사인분류에서 여성난임(여성불임) 관련 자료 참조, KOICD(한국표준질병사인분류) 질병분류 정보센터 https://www.koicd.kr/kcd/kcd.do?degree=08&kcd=N97, 2023. 7. 18. 방문.

에 대한 간접적 위치성은 곧 난임 요인으로서 정자와 남성이 독자적, 독립적 난임 위해성을 구성할 수 없다는 인식을 전제한다고 볼 수 있다. 이처럼 난임시술 사업 내에서 위해 요인으로서 정자와 남성·부성은 상대적으로 독립적, 분리적인 비가시적 위치를 부여받는다. 그 결과 남성의 경우 본인의 난임 여부나 나이, 건강상태와 상관없이 자신의 파트너인 여성의 나이에 따라 그 자격 조건을 부여받았던 것이다. 난임이란 상황을 해결하고 극복할 책임을 지고 있으며, 치료를 받아야 할 존재, 즉 난임을 유발한 위해성을 가진 성별은 남성과 여성 양쪽이 아니라 주로 여성으로 인식됨을 확인할 수 있다.

태아가 정자가 아닌 난자로부터 위해를 입을 가능성만을 전제하는 상황 속에 남성의 정자에 의한 태아의 돌연변이 노출 가능성에 대한 인식도 여전히 낮을 수밖에 없다. 생식하는 몸을 가진 남성에 관한 인식이 부분적으로 생겨나고 있지만 근본적으로 다수의 남성들과 난임 남성, 대중적 인식 속에 남성이 중요한 재생산 주체라는 인식은 확대되지 못하고 있다. 그러한 상황에서 난임에서 임신과 임신 이후 태아의 위해성에 대해 정자, 즉 남성의 영향을 주장하거나 이를 증명하는 것은 여전히 극히 제한적 경우에만 가능하기 때문에 남성의 위해성은 여성·모성·난자에 의한 위해성과 혼합 또는 대체된다.

정부가 인정하고 의료계가 실시하는 난임의 제도적, 지식적 개념 속에 남성은 재생산 의료인 난임치료에서 부차적 존재로 자리하며, 난임시술의 전 과정은 여성을 중심으로 구성되어 있다. 때문에 남성 난임은 일차적으로 제대로 진단되거나 접근되지 않으며, '남성 난임'은 '남성 요인 여성 난임'으로 전환·대체되어, 남성 난임은 난임의료에서 제도, 연구·개발, 지식·담론 등에서 전반적으로 비가시화된다.

난임부부의 태아에게 남성·부(父)의 정자와 여성·모(母)의 난자 간의 위해적 상관관계를 비교하는 것이 어렵지만 남성·부(父)의 영향[21]을 유추하는 것은 논리적으로 어렵지 않다. 그러나 지식과 담론의 영역에서는 물론 제도적 차원에서 난임에 접근하는 남성·부(父)에 대한 설명은 비가시화되고 그 핵심에 남성·부(父)의 위해가능성 없음을 전제하고 있음을 발견하는 것 또한 어렵지 않다. 난임시술에서 난임의 원인은 남녀 모두에게 있으며, 체외수정시술을 비롯한 난임시술의 과정은 남성의 몸과 재생산 능력 역시 중요한 의료적 시술의 대상일 수밖에 없다. 그럼에도 재생산에 있어서 남성·부(父)는 비가시화되고, 태아와 관계에서 위해상관성이 없는 분리된 존재로 전제되는 것이다. 이렇게 위험과 위해가능성으로부터 분리되어 외부적인 비신체적 존재가 된 남성·부(父)는 태아에게 위험을 주지 않는 안전하게 분리된 존재가 된다.

이어지는 논의에서는 남성·부(父)의 비가시화, 젠더화된 위해성 분배에 이어지는 질문으로 과연 남성은 그러한 비가시화된 자신의 상황을 어떻게 수용하고 대처하는지 살펴보고자 한다. 재생산 영역 내에서 남성·부(父)는 자신들이 비가시화된 상황에 대해 주체적 목소리를 내는지, 비가시화된 남

---

21   2000년대 들어서 세계적으로 임신 전 남성들의 건강 관리의 중요성이 부각되고 있으나 우리나라에서는 임신 전 남성관리에 대한 논의는 미흡하다. 보조생식술 (assisted reproductive technology, ART)의 발전은 역설적으로 임신을 위한 절반의 책임을 가져야 할 남성의 생식건강과 난임에 대한 관심을 더욱 저하시키고 있으며 늦은 결혼과 배우자의 고령화는 남성의 생식건강과 난임에 대해서 치료하여 임신을 유도할 시점을 놓칠 가능성을 높이고 있다. 남성 난임증은 20~25%는 원인을 알 수 없는 특발성이지만, 나머지 대다수는 원인을 찾을 수 있으며, 치료로 일차적으로 자연 임신을 목표로 원인적 치료를 시도하고 체외수정이나 보조생식술을 이차적으로 고려하도록 권고하고 있다. 임신을 위해 의료기관을 방문하는 남성의 나이가 많고 정액의 질을 저하시키는 질병을 가지고 있을 가능성이 높으며 대다수의 남성들이 임신 전 관리에서 방치되고 있어 남성들의 재생산 건강에 대한 관심을 통해 개선의 가능성은 높지만 적절한 인식과 조기 관리와 치료가 이루어지지 못하고 있다. 최진호·한정열, "임신 전 남성 관리", 『한국모자보건학회지』 제20권 제1호(한국모자보건학회, 2016), p.9. 참조.

성과 부성의 위치를 수정하기 위한 행동을 하는지 혹은 침묵하는지, 만약 침묵을 택한다면 그러한 선택을 하도록 이끈 요인은 무엇이 있을지 논의해 보고자 한다.

2. 부재(不在)를 통해 보호되는 재생산 위기 남성의 남성성

국내 재생산 관련 논의에서 남성의 비가시화 상황 속에 전반적 남성의 재생산 건강 상황이 건강한 상태라고 하기 어렵다. 그럼에도 한국의 개별 남성들 또한 재생산권 의제에 관심을 두지 않는 듯하다. 오히려 재생산 상황에서의 어려움에 대해 말하거나, 치료를 받거나 더 나아가 자신을 재생산 권리 주체로 호명하며 목소리를 내거나 재생산 건강의 위험을 줄일 것을 요구하지도 않으며, 남성 재생산 위기를 타개하기 위한 조직화 움직임 또한 거의 전무하다. 그러한 남성 재생산 건강과 재생산권에 대한 집단적 침묵을 개별 남성의 선호나 결정의 결과로 설명하긴 어렵다. 한국의 남성들이 재생산 건강 문제나 재생산 위기에 처해서도 자신들의 재생산 상황을 인식하거나 개선하려 하지 않는 양상과 이유는 남성성과도 관련되어 있다.

남성성(masculinity)이란 그저 생물학적 남성의 보편적 행태나 성역할 규범의 수행을 지시하는 개념이 아니라 구체적 삶의 조건, 타인과의 상호작용 속에서 '남성으로서의 의미를 획득하는 실천'을 지칭한다. 예를 들어, 여성에 대한 남성의 폭력에 대해 남성이 자신의 손상된 남성됨을 보여주고 인정받기 위한 수단이라는 페미니스트 범죄학자들의 설명은 젠더 폭력을 넘어 다양한 범죄 행위를 남성성과 젠더 수행 개념으로 설명하려는 논의로까지 확장한 예이다.[22] 국내에서도 남성의 돌봄 수행과 남성성의 변화를 살

---

22   Miller, J., "2. Doing Crime as Doing gender? Masculinities, Femininities, and Crime," in Rosemary, G. and McCarthy, B.(eds.), *The Oxford Handbook of Gender, Sex, and Crime* (Oxford University Press, 2014). Messerschmidt, J. W. / Stephen, T., (2018) "Masculinities and crime," in DeKesere- dy, W. and

피는 연구[23]가 진행되었다. 그 가운데 아동학대 부모를 젠더 관점에서 분석한 추지현[24]의 연구는 학대부모 중 남성인 부(父)의 경우, 가족 구성원에 대한 부양의무자로서 지배적 지위를 획득하거나 유지하지 못할 때, 이러한 지위 상실에 대한 대체로서 통제나 폭력의 행사로 남성성 획득하고자 하는 것으로 설명함으로써 남성에 의한 가정폭력 발생과 남성성 유지와의 관계를 설명하였다. 이처럼 남성의 집단적 행위 양상에 남성성 상실의 두려움, 대체 행위에 의한 획득 등이 관련되어 있고 이것이 남성의 개별 행동을 설명하는데 유용할 수 있다. 이때 남성성은 수행되고 획득되거나, 상실될 수 있는 것이며 상황적으로 선택되어 강화 또는 약화되는 젠더 수행적 성격을 갖는다.

남성들에게 재생산 능력과 성적 능력은 가족에 대한 주된 경제적 부양자로서 획득되는 남성성과 함께 중요한 남성성 획득의 영역이라고 할 수 있다. 남성의 재생산에 대한 여러 선행 연구는 여성화된 재생산 영역 속에서 남성의 재생산 경험, 특히 재생산 위기 상황 속에서 남성성이 어떤 변화를 겪고, 새롭게 재구성되는지 질문하고 있다. 미국의 난임 남성을 연구한 벨[25]은 심층면접을 통해 난임 남성들이 정자의 활동성과 성적능력은 관련

Dragiewicz, M.(eds.), *Routledge Handbook of Critical Criminology* (Routledge, 2018). 추지현, "아동학대에 대한 젠더 분석: 남성성, 돌봄, 재생산권", 『형사정책연구』 제128권(한국형사법무정책연구원, 2021), pp.33-61.

23 나성은, "부성 실천을 통해 본 '돌보는 남성성'의 가능성: 중간 계층 아버지들의 경험을 중심으로", 『한국문화연구』 제28호(이화여자대학교 한국문화연구원, 2015), pp.173-212. 문현아, "돌보는 남성성의 가능성 모색: 남성의 가족돌봄 사례를 중심으로", 『한국여성학』, 제37권 제3호(한국여성학회, 2021), pp.33-63. 추지현, supra note 22, pp.31-61.

24 *Ibid.* pp.42-43.

25 Bell, A. V. "I don't consider a cup performance; I consider it a test: masculinity and the medicalisation of infertility," *Sociology of Health & Illness*, Vol. 38, No. 5 (2016), pp.706-720.

이 없다는 점을 근거로 자신의 난임을 남성성 손상과는 분리시키는 경향을 발견하였으며, 난임시술의 궁극적인 목표는 여성의 임신과 출산이기 때문에 남성 본인이 주된 난임 요인임에도 본인을 조력자로 위치시키며 주도적 남성성(hegemonic masculinity)을 유지함을 보였다. 영국의 사례에서도 난임 남성은 약한, 죽은 정자를 생산하고 있다는 난임 진단을 받은 것을 자기 통제력 상실과 남성성의 위기로 경험하게 되며, 이러한 상황에서 난임 남성으로서 자신의 상황에 대해 침묵함으로써 남성성을 유지하려는 경향을 보였다.[26]

우리나라의 난임 남성과 부부 연구에서 김정수·박은아[27]는 보조생식 시술 실패를 겪은 난임 부부의 경험에 대한 연구를 통해 난임 부부가 겪는 신체적 고통과 정서적 고통은 물론 더 나아가 관계의 위기까지 겪게 됨을 확인하며, 이들 부부에 대한 정보·재정·감정적 지지그룹의 필요 등을 확인하였다. 한편 난임 부부의 보조생식술 실패 경험은 여러 가지 측면에서 고난의 여정이지만 다음 보조생식술 치료 시도를 위한 자기개발 과정을 통해 희망을 이어갈 수 있는 과정이었음을 밝혔다. 한편, 한국 남성의 난임에 대한 집단적 침묵으로 인해 난임 남성의 경험과 목소리를 듣는 것은 쉽지 않은 상황에 대해 김선혜[28]는 난임에 대한 사회적 낙인이 지금보다 훨씬 강했던 2000년대 초반에도 난임 여성들은 온라인 공간에서 활발하게 자신들의 경험과 고민과 감정을 공유해 온 반면, 난임 남성의 목소리는 2020년대에

---

26 Dolan, A., Lomas, T., Ghobara, T., Hartshorne, G., "It's like taking a bit of masculinity away from you: towards a theoretical understanding of men's experiences of infertility," *Sociology of Health & Illness*, Vol. 39, No. 6 (2017), pp.878-892.

27 김정수·박은아, "고난의 여정: 난임 부부의 보조생식술 실패 경험에 대한 질적 메타합성", 『수산해양교육연구』 제34권 제5호(한국수산해양교육학회, 2022), pp.814-829.

28 김선혜, *supra* note 10, p.16.

이르기까지도 찾아보기 어려움을 강조했다. 이는 난임을 수용하고 그에 대응하는 여성과 남성의 차이가 공적인 장에서도 크게 상이한 양상으로 나타나고 있음을 보여준다.

　남성의 경우 성적 능력(섹슈얼리티)과 재생산 능력(재생산)은 밀접한 관련이 있다고 여겨져왔기 때문에 성(性)과 재생산 능력은 곧 남성다움, 남성성으로 간주되는 경향이 있다. 그 결과 재생산 건강 문제나 재생산 위기를 겪은 남성은 자신의 남성성이 상실될 것을 두려워해 필요한 상담과 의료 서비스로의 접근을 피하려 할 가능성이 높다.[29] 재생산 영역에서의 남성의 비가시화 이면에는 남성이 재생산 문제를 확인할 경우 남성성을 상실할 수 있다는 두려움이 존재하고 있는 것이다. 그러한 상황에서 재생산과 남성성은 분리를 전제로 남성성 유지를 위해 분리와 연결을 전략적으로 선택할수 있다. 이러한 남성과 재생산 영역의 잠재적 분리와 선택적 연결은 왜 남성이 재생산 의제에 일관되게 무관심할 뿐 아니라, 재생산 주체로 등장하지 않는지, 재생산 영역에서의 남성의 비가시화가 왜 집단적으로 발생하고 지속되는지를 부분적으로 설명해 준다.

　대체로 남성이 재생산 위기를 남성성 상실과 동일시하고, 이를 드러내지 않고 비가시화함으로써 남성성을 유지하고자 하는 것은 남성의 재생산 건강 악화를 초래할 수 있다. 많은 남성이 남성성 상실에 대한 막연한 두려움에서 벗어나는 방법으로 재생산 영역에 대한 인식을 차단하고 분리시킬 수 있지만, 이처럼 개인적으로는 물론 집단적으로 남성과 재생산 영역을 분리하고 비가시화하는 것은 근본적인 재생산 능력과 건강의 유지와 상충하는 것이다. 남성의 재생산 건강은 외면이 아닌 예방과 치료를 통해 유지될 수

29　Starrs, A. M., Ezeh, A. C., Barker, G., Basu, A., Bertrand, J. T., Blum, R. et al., (2018) *Accelerate progress—sexual and reproductive health and rights for all: report of the Guttmacher-Lancet Commission*, Vol. 391 (Guttmacher Institute, 2018), pp.2642-2692.

있기 때문이다. 남성성과 재생산 간의 관계 재구성을 통해 남성의 재생산 건강을 위한 교육, 지식축적, 예방적 치료에 이르기까지 남성(성)과 재생산 의 연결을 모색할 때이다. 전반적인 재생산 영역과 난임 치료 영역에서 남 성의 재생산에 대한 집단적 무관심과 거리두기는 단순한 개별 요인에 의한 무관심과 외면이라기보다 젠더화된 남성성 인식과 행동 패턴에 구조적으로 내재된 남성성 획득 동기와 재생산 위기에 대한 두려움, 재생산 지식과 권 리의식의 부재에 기인한 것이라고 할 수 있다. 이어서는 남성이 재생산 권 리의 주체로 자리 잡지 못한 결과 남성이 주체로서 책임지지 않은 위험이 어떻게 여성인 모(母)가 태아(자녀)를 피해·위해로부터의 보호할 책임이 강 화되는 젠더화된 모성 이데올로기 강화로 연결될 수 있는지 살펴볼 것이다.

IV. 여성의 책임으로 전환되는 남성의 공백

앞서 살펴본 것처럼 난임치료 과정에서 남성은 부차적이고 보조적인 역 할을 담당하는 것으로 여겨지며, 난임시술은 여성으로부터 시작해서 여성 으로 끝나는 시술로 귀결된다. 이 과정에서 남성 난임은 사라지고 '남성 요 인 여성 난임'만 남게 됨으로써 부재한 남성의 책임 공백을 여성에게 전가 된다. 여기서 간과하지 말아야 할 점은 재생산 영역에서의 남성 비가시화 및 부재의 영향이 단순히 남성의 영역에 머물지 않고 여성에게 전이된다는 점이다. 이에 대해 김선혜[30]는 재생산 영역에서 남성의 부재와 공백은 여성 의 추가 노동으로 채워지는 점을 지적하며, 재생산 영역에서 남성이 제2의 성으로 여겨지고 있는 상황이 반대로 재생산 외의 나머지 모든 영역에서 여성을 제2의 성으로 머물게 한다고 보았다.

---

30   김선혜, *supra* note 10, p.15.

한국 사회에서 난임의 문제는 개인의 재생산권 혹은 재생산 건강의 관점이 아니라 출산율 증가를 목적으로 주로 다루어졌다. 이는 모자보건법의 제정·개정 역사에 반영되어 있는데, 출산율 억제를 위한 가족계획사업 추진의 법적 근거를 마련하기 위해서 1973년에 제정된 모자보건법은, 출산율 감소가 사회적 문제로 부상한 2000년 이후 난임부부 지원사업에 대한 법적 근거를 마련하는 방향으로 2009년 개정된다.[31] 현행 모자보건법에서 정의하고 있는 난임이란 "부부(사실상의 혼인관계에 있는 경우를 포함한다)가 피임을 하지 아니한 상태에서 '부부'간 정상적인 성생활을 하고 있음에도 불구하고 1년이 지나도 임신이 되지 아니하는 상태"로 규정하고 있다.[32] 여기서 주목할 점은 난임의 당사자이자 진단 단위가 부부라는 점이다. 난임은 재생산 건강상 어려움을 겪는 개인 혹은 그 합으로서 부부의 문제임에도 모자보건법은 개인이 아닌 부부가 아이를 원함에도 임신하지 못하는 상황으로 규정하고 있다. 이때 개인이 아닌 부부 단위의 규정은 사실상 남성의 난임과 관련이 많다. 앞서 살핀 바와 같이 난임 남성은 전체 난임의 주요한 원인이 될 수 있음에도 불구하고 잘 드러나지도 않고, 사회적으로 주목을 받지도 않을 뿐 아니라, 재생산 당사자로 명확히 규정되지도 않는다. 모자보건법의 부부 단위 난임 정의를 통해 난임 주체로서 남성과 여성의 혼합은 결국 남성인 부(父)의 책임을 여성인 모(母)로 전가할 수 있는 가능성을 열어준다. 난임 남성이 재생산의 영역에서 부차적 존재로 남기 위해서 곧 난임 남성이 독립적 난임 환자로 존재하지 않기 위해 난임의 원인을 여성인 모(母)에게 전가하고, 자신을 보조적·부가적 존재로 전환시키는 일련의 과정이 필요하다. 모자보건법의 부부 단위의 난임 규정은 손쉽게 난임 여성

---

31   장민선, 『건강한 임신·출산 지원을 위한 모자보건법 개정 방향 연구』(한국법제연구원, 2015). 김선혜, *supra note* 10, p.24.

32   모자보건법[시행 2022.6.22.] [법률 제18612호, 2021.12.21., 일부개정]

에게 재생산과 관련한 모든 원인과 책임, 이후의 난임 치료의 의무를 일방적으로 부여하고 있는 현재의 전반적 상황을 반영한 것이자 그러한 상황을 '자연'스럽고 당연한 것으로 여기게 한다.

결국 남성 난임이 '남성 요인 여성 난임'으로 전환이 쉽게 가능하고 사실상 권장되는 상황 속에서 여성인 모(母)는 태어나려고 애쓰는 아이의 임신과 출산을 감당하면서 자신의 신체적·감정적 부담은 물론 남성인 부(父)의 몫까지 이중, 삼중의 고통을 감내해야 한다. 그런 어머니, 아내, 난임 여성이라는 복합적 책임을 감당하는 것을 전제로 난임 여성의 모성은 보호되는 것이다. 이는 모성 이데올로기가 또 다른 형태로 난임 여성인 모(母)에게 요구되고 강요되는 것이라고 할 수 있다.

태아로부터는 자율적이고 독립적인 비가시성을 획득한 남성은 정부의 모자보건법의 난임 단위 규정에서뿐만 아니라, 난임 치료법의 발달에 있어서도 주된 난임의 책임을 여성인 모(母)에게 전가할 수 있는 기술적 지지를 받는다. 대표적으로 난임 치료법 가운데 실제 남성의 난임을 치료해 주는 것은 아니면서, 오히려 난임시술을 할 필요가 없는 여성들까지 난임 환자로 만들어내고 있는 정자 주입술(intracytoplasmic sperm injection, ICSI)[33]이 그 예이다. 배우자나 파트너의 정자 수가 극히 적거나 특수 정액검사를 통해

---

33 남성 정액 내 정자의 수나 형태상 이상이 있어 일반적인 체외수정 방법으로 수정이 어려울 경우 미세 조작기를 이용하여 정상적인 정자를 선별해 난자의 세포질 내로 미세한 유리관을 통하여 직접 주입하는 시술인 정자 주입술은 세포질내 정자 주입술로도 불린다. 주요 적용 환자로는 ① 정자 운동성·수·형태가 비정상적이어서 기능적 이상이 심한 경우, ② 수술적 교정이 불가능해 고환이나 부고환에서 정자를 얻어야 하는 폐색성 무정자증 환자, ③ 척추장애 등으로 인한 사정장애 남성, ④ 이전 체외수정에서 수정이 실패했을 경우, ⑤ 해동 난자 및 미성숙 난자의 수정 시 등 대부분 남성 정자의 요인에 의해 근래 발달한 난임시술 방식이다. 차여성의학연구소 "최신난임시술", "세포질내 정자 주입법"https://chaimc.m.chamc.co.kr:447/infertility/procedureView.cha?idx=5&menuCode=771&search=UB_TITLE&keyword=&pagesize=12, 2023. 10. 4. 방문.

서 정자의 기형률이 매우 높아 일반적 수정 방법을 적용할 수 없는 난임의 경우에 적용되는 기술인 정자 주입술은 난자를 채취한 후 난자를 둘러싸고 있는 세포막을 제거하고, 미세유리관을 통해 정자를 난자의 세포질 내로 주입하는 시술이다. 정자 주입술처럼 보조적인 방식으로 남성 난임을 해결할 수 있는 기술들이 발전할수록 오히려 남성 난임의 원인을 규명하고자 하는 연구들은 줄어들고, 반대로 정자 주입술의 성공률에 영향을 끼치는 난자나 자궁내막에 관한 연구들이 증가하는 등 다시 그 관심이 체외수정과 여성으로 이동하는 역설적 상황이 발생하는 것이다.[34] 이처럼 난임시술의 방식에서도 남성 혹은 정자의 문제는 쉽게 남성의 문제에서 부부 공동의 문제로, 더 나아가 여성인 모(母)의 문제에 대해 보조적이고 부차적인 남성의 조력이 주어지는 문제로 전환되어 감을 알 수 있다. 우리나라 남성 요인에 의한 난임 비율을 정확히 추정하기는 어렵지만, 남성 난임 역시 여성 난임과 마찬가지로 간과하기 어려울 정도의 비율을 보이며, 최근 빠른 속도로 증가하고 있다고 알려져있다.[35] 남성 역시 재생산하는 몸을 가지고 있음에도 여성과 남성 사이의 난임의 원인, 책임, 난임치료의 부담 및 그에 수반된 감정적·신체적 고통은 남녀 간 평등하게 분배되지 않고 있는 것이다.

이와 같은 여성인 모(母)의 전적인 보호 책임은 태아가 여성인 모(母)의 내부에서 보호되어야 하며, 남성인 부(父)는 태아와 독립적이고 분리되어 있다고 전제됨으로써 위해가능성이 사라지고 비가시화되는 것과 관련이 있다. 결국 남성인 부(父)의 위해가능성이 사라진 공백만큼 또한 여성인 모(母)에게 전가된다. 이로서 여성인 모(母)는 모체 외부의 다양한 위해요인으

---

34   Barratt, C. L., De Jonge, C. J., Sharpe, R. M., "'Man Up': the importance and strategy for placing male reproductive health centre stage in the political and research agenda," *Human Reproduction*, Vol. 33, No. 4 (2018), pp.541-545.

35   의학신문, "남성 난임 환자 10년 전 대비 33.7% 증가, 40대 증가추세"(2023. 6. 7.) http://www.bosa.co.kr/news/articleView.html?idxno=2198788, 2023. 9. 10. 방문.

로부터 태아를 보호할 책임을 '전적으로', '혼자' 지게 된다. 모자보건법상 임신중지[36]에 관한 사회경제적 요인을 불인정하는 것 또한 이러한 남성인 부(父)의 부재와 그에 따른 책임을 여성인 모(母)에게 전적으로 전가하는 양상과 닮아있다. 인공임신중절수술의 허용사유로서 사회경제적 요인의 불인정은 비신체적 요인에 의한 외부 위해성에 의한 영향을 중대한 위해로 인정하지 않음을 의미한다고 해석할 수 있다. 모(母) 외부의 요인을 사회경제적 요인이라고 설정할 경우, 그 위해는 주위 사회·경제·환경적 위해성(경제적 상황, 사회, 제도, 환경, 양육발달의 적절성, 사회적 인정의 가능성 등)을 고려해 어머니인 여성이 사회경제적 요인에 따라 결정할 수 있도록 하는 것이다. 이때 사회경제적 요인을 불인정하는 것은 이들 요인에 의한 위해성을 비가시화하고, 대신 모에게 모든 위해성으로부터 보호를 강제하는 것이 된다. 이는 남성과 국가, 관련 제도와 같은 주요한 외부적 요인의 영향력과 위해가능성을 부정하는 것이 될 수 있으며, 이는 곧 모의 보호 부담을 강화로 이어지게 된다. 결과적으로 경우에 따라 태아에 대해 부(父) 또는 사회·경제적 요인 등 자신이 선택할 수 없는 위해에도 모(母)가 책임을 지게 될 수 있으며, 위해가 발생할 경우 모든 위해를 차단하지 못한 책임까지 모(母)가 오롯이 지는 상황에 처할 수 있는 것이다.

남성·부(父)·정자도 여성·모(母)·난자와 마찬가지로 태아(자녀)에 대한

---

36 임신의 지속 상태를 중단시키는 행위에 대해 낙태(abortion)라는 명명 속에는 그에 대한 종교적, 윤리적 평가가 반영되어 있다. 성과 재생산 권리 차원에서 접근하는 본 논의에서는 낙태라는 용어를 지양하고 성과 재생산 권리의 영역으로 이와 관련된 성행위와 피임의 선택, 임신 유지 및 출산, 임신중지의 선택은 스스로의 삶에 대한 자유로운 결정에 의해 이루어져야 한다는 규범적 의미를 포함한다. 그런 점에서 본 연구에서는 임신의 유지 또는 중지에서 개인의 결정이라는 점에서 임신중지라는 표현을 사용하고자 한다. 장다혜, "임신중지 상담체계 구축의 방향 – 성과 재생산 건강권의 관점에서", 『서울대학교 법학』 제64권 제3호(서울대학교 법학연구소, 2023), pp.392-393. 참조.

생물학적으로 위해성이 있을 뿐 아니라 모체와 모(母)의 재생산 건강과 건강을 유지하는데 결정적 영향과 책임을 갖는다. 그럼에도 남성인 부(父)의 위해는 여성인 모(母)의 신체에 의존하고 있는 태아의 조건으로 인해 사실상 부(父)에 의한 위해로 인식되기 어렵다. 그리고 만약 부(父)측 요인에 의한 위해가 발생하더라도 그 책임을 모(母)와 구분하여 증명하고 묻기는 극히 어렵다. 위해와 '위해로부터 보호 실패'의 책임은 구분되어야 함에도 현재 임신중지나 재생산 위해성 판단에서 상당히 혼동되고 있다. 이는 신체적으로 여성인 모(母)와 그 이외의 존재가 갖는 근원적 '차이'가 존재함에도 그러한 차이를 고려한 위해성과 보호, 책임의 분배가 이루어지지 못한 결과와 밀접히 연결되어 있다.

V. 재생산권 보편화를 향해
: 과제이자 동력으로서 남성의 재생산 주체화

앞선 논의를 통해 재생산 영역 내 난임부부 치료에서의 남성·부성·정자의 비가시화에도 불구하고, 또 다른 침묵과 부재의 방식으로 남성성을 획득하고 유지하면서 난임 남성으로서 남성성을 보호하고 있음을 살펴보았다. 그러한 난임 남성의 비가시화에 젠더화 된 태아(자녀)와의 연결성 및 위해가능성 분배가 작용하고 있다. 이러한 재생산 영역에서 남성 주체가 비가시화된 공백만큼 여성이 태아(자녀)를 보호할 여성·모성·난자로 책임이 이전되어 전적인 책임을 요구받게 됨을 확인할 수 있었다. 재생산 영역에서 제1의 성이라고 할 수 있는 여성은 생산 영역 등 다른 영역에서와 마찬가지로 여성·모성에 대한 이중, 삼중의 책임과 부담을 지우는 가부장적 모순을 재생산 영역에서도 마주하고 있는 것이다.

재생산 건강과 권리 영역의 당면 과제로서 보편적이고 성평등한 재생산권의 모색을 위해 남성이 재생산 주체로서 자리 잡는 것이 중요하다. 부정할 수 없는 진실은 남성 역시 재생산하는 몸을 가지고 있으며, 재생산의 주체라는 점이다. 남성이 재생산 권리와 연결될 때 누구보다 먼저 남성 자신이 재생산 건강과 권리에 의해 지금껏 비가시화되고 주변화된 상황 속에 방치됐던 재생산 건강을 회복하고 유지하는 혜택을 받을 수 있을 것이다. 또한 남성의 재생산 주체로의 등장은 기존의 재생산권에 대한 사회적 인식과 공적 책임, 보편성에 대한 이해에 있어서 다양하고 심대한 변화를 가져올 수 있을 것이며 남성의 재생산 건강뿐만이 아니라 여성의 재생산 건강은 물론 다양한 소수자 집단의 재생산 건강과 권리 개선의 전환점이 될 수 있을 것이다.

한국 사회에는 비혼자, 빈곤계층, 청소년, 이주민, 장애인, 성소수자, 비정규직 등 자녀를 낳고 기르는 재생산 활동에 대한 사회적 인정과 정당성이 주어지지 않고, 공적 지지가 이루어지지 않은 다수의 집단이 존재한다. 이들 집단 내 다양한 남성의 교차적 재생산 건강상 위기를 개선하기 위해서는 여전히 그리고 더욱 젠더적 관점에서 구체적이고 복합적인 재생산 현실을 파악할 필요가 있다. 젠더화되고 교차적인 소수자 집단의 남성 재생산 양상을 파악하고 개선하는 과정은 포괄적이고 실질적인 재생산권 보장으로 이어질 수 있을 것이고, 이는 곧 다양한 집단 내의 남성과 여성의 재생산권 개선을 촉진하게 될 것이다.[37]

37 접근권이 개인마다 다르게 주어진다면 이는 재생산 불평등의 문제를 일으킬 수 있다. 재생산 영역에서 건강 격차의 문제를 해결하고 보편적 재생산권을 실질적으로 보장하기 위해서는 성별, 연령나이, 계층, 장애 여부, 혼인상태, 성적지향, 성별정체성에 등에 따라 권리 보장을 위한 서비스 접근에 차이가 발생하지 않도록 촘촘한 사회적 지원 체계가 필수적으로 요구된다. 우리나라의 모성보호 정책을 담은 모자보건법은 임산부, 영유아, 미숙아의 건강 관리, 난임 지원, 산후조리업 관리를 중심으로 구성되어 있어 재생산권 보장에는 크게 부족하다. 모성보호를 위한 모자보건법이 아니라 성·재생산 권리를 위한 성·재생산 권리 보장 기본법이 마련되어야 할 것

재생산 영역은 젠더 정치의 주요 의제로 본격적으로 다루어지지 못하고, 사적 영역 혹은 여성의 영역으로 인식되어 왔다. 이는 재생산 권리의 주체인 남성이 어떤 자기 입장과 자기 인식, 제도적 방향성에 대한 지지와 이해, 확신을 갖는지와 긴밀하게 연결되어 있다. 재생산 피해에 침묵하지 않고, 재생산 권리 주체로서 남성의 등장을 기대하며 함께 모색할 때이다. 한편 남성의 재생산 권리를 인식하는 것을 넘어 더 나아가 재생산 권리를 통해 남성성 재구성의 가능성을 모색할 필요가 있을 것이다. 생산 영역에 집중된 가부장적 남성 성역할이 가족, 양육, 돌봄과 같은 재생산 영역과 맞물려 (재)생산 되고 있음에 주목해야 한다. 생산 영역 의존적 남성(성)의 단편적 변화를 기다리기보다 재생산 영역에서의 남성(성) 변화를 통해 두 영역의 순환적 변환을 모색할 수 있을 것이기 때문이다.

재생산권이 보편적 권리로 확장되지 못한 현재 상황에도 젠더화 된 남성과 여성의 각기 다른 양상이 존재함을 확인할 수 있었듯, 재생산권의 보편화 과정에서도 젠더는 여전히 중요한 고려 사항이다. 특히 남성성과 여성성이 재생산 피해와 연결되는 특성이 젠더화된 양상을 보임을 고려할 때 재생산권 재구성은 남성성과 여성성의 재구성을 포함한 재생산 지식, 담론, 제도의 연계하려는 모색이 더욱 시도되어야 할 것이다. 무엇보다 인권으로서 누구에게나 보장되는 재생산 권리로 나아가기 위해 현재 상황을 진단하고 개선하기 위해 젠더적 시각이 여전히 필요하며, 젠더적 시각의 확산 과정에 전보다 더 많은 남성의 변화와 참여가 필요하다.

주목할 점은 가부장적 남성중심성은 재생산 주체로서 남성이 부재한 속에서도 여전히 존재할 수 있으며, 남성의 공백과 침묵, 비가시화 속에서도

이다. 난임지원 사업에 투입하는 재원을 증액하는 반면, 안전한 임신과 출산을 지원하는 의료기관 접근성 제고, 공공의료체계 강화, 전문인력의 충분한 확보, 임신·출산 유해요인과 환경을 제거하기 위한 역학조사와 환경조성 등에 예산 지원과 근거가 될 제도 마련이 필요하다. 김영미, supra note 7, p.137. 참조.

남성성 획득을 통해 남성중심성이 주도적 영향력을 행사할 수 있다는 것이다. 또한 모성 책임과 모성 이데올로기는 재생산 영역에서도 여전히 강제될 수 있음도 확인할 수 있다. 이처럼 재생산 영역에 대한 탐색을 통하여 여성(성)과 남성(성), 주체, 남성중심성, 가부장성, 억압과 전환에 관하여 여러 가지 함의와 과제를 발견하게 된다.

논의를 통하여 재생산 영역에서의 남성의 주체성과 책임, 참여의 공백을 확인하고, 어떠한 요인들로 남성이 그러한 공백 상태에 머물러 있는지, 그럼에도 남성이 재생산 주체로의 참여가 재생산권 논의의 퍼즐에서 빠질 수 없는 열쇠임을 생각해보고자 하였다. 현재 재생산권 상황에서 '돌보는 남성(성)'은 보편적이고 성평등한 재생산권 구현의 과정에 닿을 수 없는 목표가 아닌 전략적 가능성이자 필수 요건으로 모색될 필요가 있다. 재생산권 논의의 장에 남성의 적극적 개입은 지금까지 지체되었던 재생산권 보편화는 물론 여성주의 운동의 방향성을 돌아보고 재정립하는데 유용할 것이다. 젠더 분석 내에서 부족했던 남성(성)의 위치를 다시 살피고 재조정하는 과정은 재생산권 논의의 위치를 명확히 인식하고 성평등한 재생산의 나아갈 방향을 재설정하데 전환점과 돌파구, 새로운 추진력이 될 수 있을 것이다.

제5장

성소수자,
장애인의 재생산권 논의의 흐름과 쟁점

나영정 (성적권리와 재생산정의를 위한 센터 셰어SHARE 활동가)

Ⅰ. 들어가며

얼마전 장례식 없이 세상을 떠난 장애여성의 소식을 들었다. 원가족과 함께 살고 있었고, 장애인 단체와 연이 닿아있었다. 몇년전 장애여성공감 교육 활동에 강사로 참여한 적이 있는 그였지만 몇년간 소식이 뜸했는데 다른 장애인단체의 부고를 통해서 갑작스럽게 떠난 사실을 알게되었다. 왜 그 가족들은 장례를 치르지 않고, 유골을 화장터에서 다른 유골과 합사하여 처리하기로 결정했는지 알려지지 않았다. 그가 질병으로 인해 고통받았을 시간에 충분히 치료와 돌봄을 받았는지도 알 수 없다. 이 소식을 통과하면서 출생과 사망이라는 인간 재생산의 과정이 여전히 차별적이고 무참하다는 것을 실감한다. 장애여성으로서 사회적인 활동에 참여하고 자신의 목소리를 드러낸 사람조차 죽음의 순간에 원가족의 결정에 따라 존재의 방식이 정해지고, 사회적인 위치가 사라진다. 장애여성이 겪는 죽음의 모양새는 출생의 모양새와 닮아있다. 또한 생애 과정에서 부딪히는 차별의 모양새와 연결된다. 이는 장애여성이 재생산의 주체가 될 수 있는가, 장애인의 생명은 존중받고 있는가의 문제와도 직결된다.

성소수자는 어떠한가. 성소수자에 대한 혐오와 차별의 핵심에는 '비정상적인, 비생산적인 성행동'이라는 낙인이 자리하고 있다. 성소수자는 국가와 인구의 미래를 망치고 '에이즈'로 대표되는 성적 위험으로 공중보건을 위협하는 나쁜 존재로 규정되었다. 가족 안에서는, 아들과 딸, 아내와 남편으로서의 역할을 저버린 잘못된 구성원으로 평가된다. 또한 이른 죽음을 맞이했을때 원가족의 결정에 의해서 장례가 치러지지 않거나 고인에게 중요한 파트너나 지인 관계가 완전히 배제되며 자신답게 기억될 수 없는 등의 고통을 겪어왔다.[1] 한국사회에서 주로 이런 담론을 만들고 유포하는 것은 온라인을 중심으로 한 대중이라고만 지목할 수 없다. 성소수자에 대한 시민권을 인정하지 않고, 성소수자가 경험하는 차별과 폭력에 대한 책임을 부정하며 성소수자의 삶을 바람직하지 않은 삶이라고 규정하는 정부와 지자체, 전문가집단이 핵심적인 역할을 하며, 이로 인해서 제도화된 차별이 단단한 차별의 구조를 형성한다. 이들은 인류의 역사속에서 성소수자와 장애인이라는 정체성의 혹은 제도화된 이름없이 더 오랜 시간 살아왔던 다양한 몸·마음·정신을 가진 사람들이다. 그 동안 수많은 업적을 가지고 다양한 공동체에서 기여하면서 함께 살아왔음에도 불구하고 지금의 체제에서 재생산적 주체로 그려지지 않음으로써 오히려 분리되고 배제되고 있다고 볼 수도 있다.

어떤 사람도 재생산의 영역은 임신 출산이라는 특정한 단절적인 사건으로 한정될 수 없다. 하지만 '좋은 삶'이 아니라고 여겨지는, 생명의 위계 속에서 차별받는 소수자의 삶 전체가 재생산권의 영역이라는 점을 특별히 강조할 필요가 있다. 왜냐하면 정상적인 시민으로 기능할 것을 기대받는 비장애인, 비성소수자들의 임신과 출산이라는 사건으로 재생산 영역을 한정

---

1   이와 관련된 내용은 가족구성권연구소가 펴낸 『가족질서 밖 소수자의 장례와 애도를 위한 사례보고서: 퀴어의 삶과 죽음의 관계성을 중심으로』(2023)을 참고할 수 있다.

해서 생각하도록 여기는 국가의 관점이 협소하다는 것을 넘어서 그 외의 시민들을 좋지 않은 삶, 가치 없는 삶이라고 평가하는 체계와 연결되고, 사회에서 의도적으로 배제하는 장치의 효과를 지니기 때문이다.

이 글은 성소수자와 장애인의 재생산권을 확보하기 위한 방안을 고민하면서 기존의 이론적, 정책적 논의와 법제도를 둘러싼 시민사회 요구 등을 비판적으로 검토하고 과제를 제시한다. 장애인과 성소수자의 경험과 실태를 중심에 둔 재생산권에 대한 이론적, 정책적 논의가 제한적인 까닭에 그간 진행된 장애인과 성소수자에 대한 실태조사에서 성·재생산 영역이 어떻게 다루어지고 있는지를 주된 검토 영역으로 삼고 여기에서 발견되는 한계점을 과제로 연결하였다. 또한 장애여성, 성소수자 운동 영역에서 비판해온 국가의 인구정책 기조와 차별적인 정책을 지적하고, 대안적인 요구안을 충분히 담고자 하였다. 이 글은 소수자 집단이 재생산권과 관련해 겪는 차별에 주목함으로써 재생산권을 보편적인 인권으로 만들어가는데 필요한 문제의식을 짚어가는 것을 가장 큰 목표로 한다. 따라서 두 집단이 경험하는 차별이 정상성과 생산성에 기반한 국가의 인구정책에 기인하는 것으로 보고 이러한 기조를 전면적으로 바꾸어나가기 위한 방향을 향한다.

II. 장애인 재생산권 논의의 흐름
: 모성권에서 재생산권으로

이 장에서는 장애인 재생산권 논의의 흐름을 정리하고, 최근의 장애여성운동을 통해서 드러난 의제들이 어떻게 재생산권과 연결되는지를 검토한다. 장애여성의 재생산권은 국제인권규범이 임신과 출산을 인구정책에서 여성정책으로 이동하는 흐름 속에서 교차성을 짚어내는 맥락을 통해서 포함되었다. 장애인의 재생산권은 국가주도의 정상성·생산성 중심의 인구

정책 기조하에서 심각하게 침해되어 왔으나 법정책 수준에서는 이와 같은 구조와 역사가 충분히 규명되었다고 보기 어렵다는 점에서 많은 과제를 남긴다. 이 장에서는 주로 장애인운동과 여성운동, 장애여성운동 담론에 영향을 미친 학술계와 운동계에서 진행된 논의를 담고자 한다.

1. 모성권에 장애여성을 포함하기

임신 출산 등 모성역할을 여성 고유의 권리라고 규정하면서, 여성장애인이 장애, 여성, 빈곤이라는 복합적인 차별구조 안에서 임신과 출산을 경험하기에 어려움을 겪고 있다고 분석하는 논의가 있다. 오혜경·백은령은 "여성장애인이 임신과 출산에서 소외되는 이유는 여성장애인을 무성 혹은 중성으로 간주하는 근거없는 사회적 편견이 빚어낸 결과"라고 분석한다.[2] 또한 1975년 '세계 여성의 해'를 계기로 여성의 노동권 확립을 위해 여성의 책임으로 간주해오던 양육을 여성, 남성, 국가가 분담해야 할 영역으로 재설정하면서 모성은 임신과 출산으로 한정되는 흐름이 있다는 것을 지적한다.

또한 장애여성을 복지수혜자로만 설정하고 진행되는 연구와 정책의 한계를 지적하면서 여성주의적 시각으로 장애여성의 모성경험을 의미를 파악해야 한다고 주장하는 김경화는 "장애여성이 여성으로서 안고 있는 특수성과 차별성을 부각시킬 수 있는 대표적 준거틀이 모성이다"[3]라고 전제한다. 하지만 그는 장애여성들이 스스로 자신의 재생산능력을 의심하고 포기하는 태도를 내면화하는 반면 출산을 경험한 장애여성은 그것을 통해 그동안 부정된 모성을 인정받는 계기가 되었다고 했다. 또한 이러한 모성 실현

2   오혜경·백은령, "재가여성장애인의 모성 관련 실태 및 출산력에 영향을 미치는 요인," 『상황과 복지』, (2003), 제16호.
3   김경화, "장애여성과 모성경험의 이중적 의미", 『가족과 문화』, 제15권 제3호 (2003), 9쪽.

의 열망은 누적된 차별경험과 제한된 취업기회와도 연결된다고 지적했다. 이를 해결하기 위해서 장애여성운동의 활성화와 사회적 지원을 권리로 주장하는 것이 필요하다고 제안했다.

한편 모성권 보장방안을 논의하면서 모성권에 대한 해석을 확장함으로써 장애여성의 모성권을 보장하는 방안을 논의하는 시도가 있었다. 서해정·장명선은 임신과 출산으로 한정되지 않도록 임신과 피임, 임신 중지와 관련된 자기결정권의 차원과 친권과 육아권의 차원을 포함해야 한다는 것을 강조하였다. 전자의 경우에는 그간 모성권에 관한 전반적인 논의에서 제대로 포함되지 않은 영역이었고, 후자의 경우에는 외부적 개입에 의하여 자녀에 대한 양육 및 친권을 박탈당하거나 침해당하지 않은 권리가 특히 장애여성에게 중요한 지점이기때문에 강조할 필요성이 있다고 지적하였다.[4] 한편 모성권에서 비장애여성과 장애여성이 다르게 해석되는 관행에 대한 문제제기를 하였다. "흔히 모성권은 여성의 임신, 출산으로 파생되는 광범위한 모성보호정책에 대한 권리를 의미하는 것으로 사용되었는데, 비장애여성에게는 주로 근로여성의 생리휴가, 출산휴가, 육아휴직제도 등에 대한 권리 즉 사회적 권리의 의미로 지칭된 반면 장애여성에게는 장애로 인하여 임신, 출산, 육아의 수행에 제약이 있어 이를 지원함으로써 자연적 권리성을 뒷받침하는 의미로 사용되었다. 그러나 장애여성 모성권 정책 역시 장애여성의 모성기능 수행을 보조함으로써 장애여성 가족유지를 지원하기 위한 목적이므로 사회적 권리성으로 해석될 수 있다."[5]고 하였다.

모성개념은 많은 여성들이 자신이 낳은 아이를, 혹은 자신이 속한 공동체의 아이들을 돌보는 행위를 드러내는 개념이 되었고, 그러한 행위 안에

---

4   서해정·장명선, "여성장애인 모성권 보장 방안", 『이화젠더법학』, 제10권 제2호 (2018), 188-189쪽.

5   서해정·장명선, 위의 글, 2018, 187-188쪽.

서 스스로 찾은 보람과 행위성을 어떻게 인식하고 존중할 것인가를 둘러싸고 많은 논의가 진행되었다. 하지만 모성개념에는 적절하다/부적절하다는 사회적 평가와 국가의 인정이 제도와 규범을 통해서 매겨지고, 이를 통해서 실제로 양육행위를 하고 있는 소수자들이 강제로 양육행위에서 배제되거나 권리를 박탈당해온 것도 사실이다.

2. 재생산권에 장애여성 경험을 포함하기

모성권의 개념이 협소하여 장애여성의 경험을 담아내기 어렵기 때문에 재생산권에 대한 개념으로 나아가야 한다는 논의가 진행되었다. 차선자는 장애여성의 모성권의 개념이 "직업을 수행하는 (비장애)여성의 모성보호에 대한 권리성을 강조하는 것으로 사용되기 보다는, 개인이 임신, 출산, 육아와 같은 재생산의 일련의 과정에 대한 개인의 자율적 선택과 이와 같은 자기 결정이 국가나 타인에 의하여 침해되지 않고 보장되어야 한다는 의미"[6]로 사용되고 있다고 분석한다. 장애인차별금지법 28조 제1항에서 임신, 출산, 양육 과정에 있어서 장애를 원인으로 발생하는 제한, 배제, 분리, 거부를 모성권에 대한 차별로 한정하기 때문이라고 유추한다.

이러한 개념적 협소함을 해결하기 위해 재생산권에 대한 논의로 전환의 필요성이 대두된다. 국제사회를 중심으로 재생산권에 관한 확장된 논의가 확립되어 왔고, 유엔장애인권리협약에서도 이러한 흐름을 반영하여 가족구성권, 성적자기결정권, 생식능력에 대한 인정, 건강권 등을 포괄하고 있기 때문이다. 또한 재생산권의 경우 이러한 권리들이 국가 정책에 의해서 침해되지 않을 권리를 명시한다는 점과 실질적인 건강권을 확보하기 위해서 의료 서비스에 접근할 권리의 중요성이 강조된다. 또한 차선자는 낙태죄 존치 상황에서 장애여성 재생산권 증진을 위한 대안을 제시하였는데 성

---

6   차선자, "장애 여성의 재생산권에 대한 고찰", 『법학논총』, 제27권, 제2호 (2007), 197쪽.

관계에 대한 동의가 어려운 정신지체 장애여성을 고려해 사회경제적 사유를 인공임신중절 허용사유로 포섭해야 한다고 주장한다. 또한 모자보건법 내 우생학적인 요소는 비과학적이며 편견을 조장하므로 삭제할 것을 제시했다.

나아가 선택권을 중심으로 한 재생산권 논의는 장애여성이 구조적으로 경험해온 차별과 억압을 해결 할 수 없다는 점을 분명히 하고 현재의 의료기술이 과거의 우생학을 계승하고 있는 지점에 대한 주목을 요청하는 논의도 있다. 황지성은 여성운동에서 주장되어온 재생산권의 논의를 이으면서도 기존의 논의는 장애여성의 경험과 관점을 제대로 담아내지 못한다고 평가하였다. 모자보건법을 둘러싸고 여성운동은 사회경제적 사유로 인한 인공임신중절 허용범위 확대를, 장애인운동은 우생학 조항 폐지를 주장하는데 서로의 요구가 상충되는 것처럼 보이는 구도가 형성되었다는 점을 지적한다. 그러나 이러한 논의에서 강제 불임, 단종시설의 대상이 되었을 뿐만 아니라 재생산 행위의 주체가 되지 못했던 장애여성의 목소리가 은폐되었다는 점을 비판한다. 황지성은 재생산을 임신, 출산 및 양육의 과정 뿐만 아니라 사회관계의 재생산이라는 광의의 개념으로 정의하며 재생산을 둘러싼 권력관계에 중대한 영향을 미치는 의료기술의 문제를 다룬다. 특히 '선택권'을 중심으로한 협소한 권리의 틀로서는 장애여성이 경험하는 강제된 선택, 대안없는 결정과 이로 인한 권리의 파괴를 설명할 수 없다는 점을 강조하며 이러한 다층적인 권력의 문제를 재생산권 논의에서 다루어야 함을 역설한다.[7]

장애여성공감을 비롯해 페미니즘에 입각해 장애인 권리 운동을 펼치는 운동은 교차성의 정치를 통해서 보다 복합적이고 종합적인 논의를 만들어

7   황지성, "'선택'과 '권리'를 넘어서 장애여성의 재생산권 확보를 위한 시론", 『장애의 재해석』, 한국장애인재단(2011).

낸다. 그동안 장애를 가진 여성의 모성을 보호하거나 지원하는 흐름은 '낳지 않을 권리'를 포함하는 재생산권 흐름과 분리되어 있었고, 단지 모성지원에 장애여성을 포함하라는 요구로 축소되어 있어서 인구에 대한 국가통제 권력 문제를 다룰 수 없다고 평가했다. 한편 재생산권의 논의 흐름에서 장애여성이 경험한 차별의 역사를 다시 평가해야만 성관계, 피임, 낙태 등의 이슈를 포함한 논의에 참여할 수 있다는 점을 지적한 논의가 있다. 또한 장애남성의 부모됨을 부정하는 사회에서 모성권이 가진 한계를 인식하고, 재생산권은 장애남성이 어떻게 배치되고 있는가의 문제를 함께 볼 것을 요청한다.[8]

또한 나영정은 재생산이 임신출산에 대한 개인의 결정권의 문제를 넘어 어떤 생명을 살리고 죽일 것인가에 대한 국가의 생명통치와 관련된 문제라는 점에서 장애여성의 취약성을 근거로 모성을 지원하는 방식으로는 차별과 배제의 원인을 바꿀 수 없다고 주장했다. 오히려 생명이 태어나고 죽는 과정에서 장애는 보편적인 인간의 취약성에 대한 고민을 촉발하기에 이러한 질문을 중심에 놓고 재생산권의 문제를 새로운 패러다임을 만들어나갈 것을 제안한다. 또한 국가의 생명통치의 문제를 제기하기 위해서 모자보건법을 넘어 형법 낙태죄의 위헌성을 다루어나갈 필요성을 제기하였다.[9]

성적권리와 재생산정의를 위한 센터 셰어 SHARE(구 성과재생산포럼)은 우생학과 국가의 생명통치의 문제가 낙태죄, 성과 재생산권의 핵심을 관통하는 것으로 문제제기하면서 재생산권 운동을 본격화하였다.[10] 백영경은 프롤로그에서 재생산권의 개념을 한 사회의 문화와 제도, 가치를 재생산하는

---

8   진경, "재생산권 논의의 쟁점과 한계", 『우생학, 낙태, 모성권, 자기결정권-장애여성 재생산권 논의를 시작하며 토론회 자료집』, 장애여성공감(2014, 미간행).

9   나영정, "장애여성의 경험과 관점으로 다시 제기하는 재생산권리", 『한국장애학』, 제1권 1호(2016).

10   성적권리와 재생산정의를 위한 센터 셰어 SAHRE, 『배틀그라운드: 낙태죄를 둘러싼 성과 재생산 정치』(후마니타스, 2019).

과정까지 포함하는 것으로 보고, 그랬을 때 임신과 출산 행위를 직접 수행하지 않는 사람도 모두 한 사회의 재생산에 참여하는 것이라 전제한다. 따라서 이 과정을 문제삼는 것은 개인의 자유주의적 권리개념을 넘어서 결정권을 제약하고 통제하는 사회적이고 구조적인 조건을 문제삼는 것이다. 인구정책의 틀을 넘어 독자적인 재생산권리로, 여성의 자기결정권을 넘어 장애, 성정체성, 빈곤, 이주 등의 문제가 교차하며 발생하는 불평등을 해결하는 문제로, 임신중지를 보편적인 의료서비스로 만들어나가는 과정으로서 재생산권을 확립하고, 나아가 재생산 정의의 운동을 예비하는 작업이라고 할 수 있다.[11] 이러한 논의와 만나면서 장애여성이 경험하는 재생산권의 박탈과 차별은 국가의 인구정책 기조속에서 분석하면서 시설수용을 비롯한 여타의 구조적인 차별과 통합적으로 문제제기할 수 있다.

최근에는 장애여성의 성과 재생산 영역을 통합적으로 다룬 최초의 공식 보고서가 출간되었다. 김동식 등은 장애여성의 성재생산 권리에 관한 조사를 진행하였고, 특히 중증장애를 가진 여성의 경험에 기반해 이루어졌다.[12] 이 연구는 성·재생산 건강과 권리 보장을 위한 유엔인권규범에 입각해 인권으로서 보장받아야 할 영역으로 설정하고, 장애여성이 교차적인 차별에 놓여있다는 관점에서 출발하였다. 당사자 연구에서 소외되어온 발달장애, 청각장애, 중증신체장애(언어장애 등 중복장애)를 가진 장애여성과 일부 장애남성을 대면 면접하여 진행하였고 보건의료계 전문가와 장애인복지시설 및 장애인자립생활센터 관계자를 인터뷰했다. 이 보고서는 성교육, 월경, 자위와 성적욕구, 피임과 성관계, 연애와 결혼·동거, 임신·출산 및 분만, 육아, 성희롱·성폭력, 건강검진 및 건강관리, 활동지원, 거주시설, 성정

---

11   백영경, '프롤로그: 낙태죄 폐지가 시대의 상식이 되기까지', 『배틀그라운드: 낙태죄를 둘러싼 성과 재생산 정치』(후마니타스, 2019).

12   김동식 외, 『중증장애여성의 성·재생산 영역에서 차별 경험과 인권증진 방안 연구』, 한국여성정책연구원(2022), 참조.

체성 등의 영역을 아우름으로써 성·재생산 영역의 지평을 드러낸다. 한국의 법제도 안에서 장애여성의 성·재생산 영역은 단순히 임신·출산과 양육에서 지원이 필요한 존재로서 인식되고, 잔여적인 관점으로 정책이 마련되어 왔다. 특히 모자보건법의 우생학적 조항이 유지되고 있는 것, 장애인 건강법 등이 제정되었지만 의료서비스 접근성이 확보되지 않는 것, 시설수용으로 인해 성·재생산 권리를 확보하기 어려운 조건이 유지되는 것, 학교 안팎의 성교육에서 다양한 장애유형을 가진 이들의 접근성이 보장되지 않는 것, 보조생식기술 확대 기조에서 장애인의 접근성이 고려되지 않는 것, 국가승인 통계에서 유의미한 조사가 되지 않는 것 등이 문제점이자 해결해야 할 과제로 지적되었다.

3. 국가 승인 통계에서 나타나는 실태

국가는 장애인의 재생산권을 어떤 관점과 내용으로 파악하고 정책의 근거로 삼고 있는가를 살펴보기 위해서 통계 수집의 방식과 내용으로 살펴본다. 장애인의 성·재생산 건강과 권리 관련 항목과 관련한 국가 승인 통계는 총 5종인데, 대부분 임신·출산 영역에 집중되어 있다.

〈표 1〉 장애인 재생산권 통계와 지표[13]

국가승인 통계명	지표
장애인의 삶 패널조사	- 출산지원 서비스 인지, 이용경험 - 성희롱, 성적 폭력 피해 경험, 목격 경험 - 출산 경험 및 계획 - 임신 경험 - 임신·출산 관련 교육 경험 - 인공수정 경험 및 횟수 - 임신중절 경험, 이유, 강요받은 경험 - 성생활 만족도, 관련 주 상담자 - 원치 않는 성관계 경험률, 대응 방법

13　김동식 외, 위의 보고서, 2022, 7-49쪽, 재인용.

국가승인 통계명	지표
장애인 실태조사	- 임신 경험 - 자연 유산/사산 경험 - 출산 경험 - 임신중절 시 본인 의사 여부 - 임신·출산 서비스 필요도 - 젠더폭력 피해 경험
장애인 학대 현황	- 성적 학대 피해율
장애인 건강 보건 통계	- 유방암/자궁경부암 건강검진 수감자 수, 검진 결과 판정 현황
장애인 고용 패널조사	- 임신·출산 지원제도 혜택 가능 여부

가장 넓은 영역을 다루는 「장애인삶 패널조사」[14]의 경우 대부분 임신·
출산에 관한 내용을 비롯해, 임신중단, 성생활, 성폭력 피해 등의 항목을 담
고 있고 임신중단 강요 경험에 대한 문항도 일부 포함되어 있다.

「장애인실태조사」[15]의 경우, 임신·출산, 임신중단, 젠더폭력 피해 경험
등의 다양한 성·재생산 건강 및 권리 영역 중 일부 영역에 한정하여 설문
조사가 진행되었고, 「장애인 학대 현황」[16]은 장애인 학대 예방 및 피해자
지원을 위한 기초자료를 제공하기 위해 매년 발표하는 보고통계로, 장애인
학대 유형 중 성적 학대를 구분 집계·발표하고 있다. 「장애인건강보건통
계」[17]는 장애인의 건강상태 파악을 위해 매년 발표하는 가공통계로, 장애

14 「장애인삶 패널조사」는 국가승인통계로서(승인번호: 제438001호) 통계적 방법에
    따른 표본설계 기반으로 2018년 장애인 패널 6,121명을 구축하였다. 한국장애인개
    발원이 관리하며, 장애인 패널과 그들의 가구원이 2차 조사에 참여하여 시간 경과
    에 따른 변화를 파악한다.
15 보건복지부에서 실시하는 「장애인실태조사」(승인번호: 제117032호)로 장애인복지법
    제31조 및 장애인복지법시행령 제18조 및 제19조에 의거하여 진행한다. 조사원이 등
    록장애인 7,025명에 대한 일대일 방문면접조사 실시하며 조사 및 공표주기는 3년이다.
16 「장애인 학대 현황」은 중앙장애인권익옹호기관에서 매년 발행한다.
17 「장애인건강보건통계」(승인번호: 제117102호)는 국립재활원에서 관리하며 보건복
    지부에서 제공한 장애인등록자료를 기반으로 구축한 데이터베이스를 활용한다. 정
    부와 사회보장지금(건강보험)으로부터 기본 의료저적 서비스를 제공받는 장애인인

인 유방암·자궁경부암 검진대상 및 수검 인원, 판정 현황 등을 집계·발표하고 있다. 「장애인고용패널조사」[18]의 경우, 현재 경제활동에 참여하는 장애인을 대상으로 현 일자리에서 임신·출산 지원제도의 혜택을 받을 수 있는지에 대해 조사하고 있다.

이러한 조사에서 조사된 지표를 통해서 각각의 조사가 성·재생산 영역을 어떻게 파악하고, 또 각각의 조사에서 조사해야 할 관련된 영역이 무엇이라고 여기는지가 드러난다. 장애인삶 패널조사를 제외하면, 대부분 임신·출산·임신중지에 대한 경험, 젠더폭력과 학대와 관련된 영역에 한정되어 있고, 학대실태나 고용실태와 관련된 조사에서는 성·재생산 영역이 장애여성에게 한정된 지표로 축소되는 경향도 보인다. 장애인삶패널조사를 통해서 성생활(만족도, 성상담가 유무, 원치않는 성관계 경험 등), 임신과 출산, 임신중단, 젠더폭력, 의료서비스 접근성 등에 대한 통계(성별과 중증/경증 장애에 따른 차이 등을 포함)를 확인할 수 있다. 한편 패널조사의 경우 시설거주인인이나 의사소통의 어려움을 겪는 장애인의 경험은 누락될 위험이 다분하다.[19]

앞서 살펴본 것처럼 현재 진행되고 있는 국가승인통계에서 성·재생산 영역이 주로 임신·출산 경험으로 협소하게 다루어지고 있는 점, 성·재생산 영역에 대한 독립적이고 전문적인 조사와 연구가 진행되지 않는 점, 차별 피해경험을 해결하고 권리를 증진할 수 있는 정책 과제가 구체적으로 제시되지 않는 점, 시설거주인이나 의사소통의 어려움을 겪는 이들에 대한 조사연구가 효과적으로 이루어지지 않는 등의 한계점이 노출되었다. 이러한 한계점을 해결해나가는 것은 성·재생산 영역과 관련된 장애인의 권리를 법제화하는 과정에서 해결해야 할 과제와 동일하다는 점에서 중요하다.

구를 대상으로 한다.

18 「장애인고용패널조사」는 한국장애인고용공단에서 관리하며, 장애인고용촉진 및 직업재활법 제26조에 의거해서 진행된다.(승인번호: 제383003호)

19 김동식 외, 위의 보고서, 2022, 43~66쪽 재인용.

4. 소결

여성으로 지정된 '국민'은 정상적이고 생산적인 생식활동을 해야 한다는 국가주도의 인구계획의 기조아래에서 장애여성은 부적절하고 부족한 '모성'으로 인식되었다. 여성정책이 수립되어 시행되고, 장애여성과 관련된 내용이 포함되어야 한다는 압박 속에서 "여성장애인 모성 지원"의 형태로 그 자리를 채웠다. 하지만 성·재생산 과정에 개인의 결정을 존중하고, 그것을 지원하는 권리를 실현시킬 국가의 역할은 희미했고, 개인과 가족의 책임하에 단순히 보조하고 지원하는 잔여적 방식에 머물렀다. "국가 차원의 여러 정책이 임신·출산 등 모성보호 중심이고 의료 장비 접근성 등의 내용이 대부분인 점, 성과 재생산 건강과 권리 전반의 정책들은 매우 부재"하다고 지적하는 이유이다.[20] 장애여성운동은 장애인의 재생산권을 논의하기 위해서 장애인이 권리를 행사하고 참여해나갈 수 있는 동료관계를 맺을 수 있는가가 실제 삶에서 권리가 발현되는 방식이라는 점, 젠더 폭력을 해결해나가는 과정 또한 즐거움을 가진 주체로서 어떻게 관계 맺을 것인가가 빠져있는 한 피해자의 "권리" 실현은 요원하다는 점도 강조하고 있다.

따라서 인권에 기반한 성·재생산권리가 확립되는 차원에서 장애를 가진 사람들의 권리가 차별없이 존중받고 실현되는 방안을 논의해야 하는 시점이다. 그것을 위해서는 법제도 차원에서 특히나 이데올로기적인 성격을 강하게 띄는 '모성' 프레임에서 벗어나야 장애여성의 자리가 마련될 것이다. 김정혜는 모성보호 정책이 "임신에서 출산으로, 육아로 이어지는, '어머니 되기'에만 집중하는 정책은 사람들이 생애 동안 직면하는 수많은 필요와 욕구를 놓치고", 심지어 "법률혼 관계의, 이성애 부모 아래에서 태어난 자녀라야 행복하다는 '정상가족'의 지향 속에서 장애인, 이주민, 성소수

---

20   나무, "장애여성의 성·재생산 건강을 위한 보건의료 접근성 모색", 「2022 셰어의 친구들 오픈테이블 자료집」, 성적권리와 재생산정의를 위한 센터 셰어SHARE, (2023, 미간행).

자, 비혼인, 저소득층, 비정규직 등등 어떤 집단의 임신, 출산은 애초에 선택 불가능한 일이거나, 환영받지 못하거나, 없는 듯 외면당한다. 보호되는 모성은 따로 있다."고 비판하였다.[21] 또한 장애여성이 성재생산 영역에서 자신의 결정권을 발휘할 수 없는 여러 사회구조적인 차별과 불평등을 해소하기 위해서 탈시설의 권리, 이동할 권리 등 다른 권리들과의 연관된 고민이 필요하며, 이러한 비전을 제시하는 재생산 정의 프레임을 보다 적극적으로 사고할 필요가 있다.

"1990년대 후반부터 미국의 흑인 여성과 라틴 아메리카계 이주 여성, 아시아 여성들은 이러한 불평등의 상황에 주목하고 재생산 정의(reproductive justice) 운동을 시작했다. 임신중지 뿐만 아니라 출산도, 양육도 자기결정권이나 프라이버시권이라는 개념만으로는 해결될 수 있는 문제가 아니었기 때문이다."[22] 재생산정의 운동이 중요한 이유는 '사회적으로 취약한 존재'에 대한 관용을 요구하는 것이 아니라, 그 관점을 전환하여 재생산 권리를 누구나 확보할 수 있도록 하기 위한 책임과 역할을 사회로 돌리는 것이기 때문이다. 예를 들어, 장애여성의 재생산정의를 위한 요구는 단지 임신과 출산을 둘러싼 조건이나 출산 여부로서만 다루어지지 않고, 여성으로서의 사회적 조건과 섹슈얼리티 전반을 고려하게 하며, 장애나 질병을 가진 이들의 사회적 존재와 조건, 이를 둘러싼 가치 자체를 새롭게 전환하여 볼 것을 요구하게 되는 것이다. 재생산정의 운동을 하는 단체 중의 하나인 '재생산정의를 위한 아시아 커뮤니티'는 재생산 건강과 권리를 가로막고, 재생산에 대한 압력을 가하는 사회적 구조에 대해, "재생산 통제와 여성의 몸

---

21   김정혜, "모성보호를 거부한다", 성적권리와 재생산정의를 위한 센터 셰어SHARE 이슈페이퍼 https://srhr.kr/issuepapers/?idx=6142949&bmode=view (2023년 12월 10일 최종 검색).

22   나영, ""나의 몸, 나의 선택"을 넘어", 웹진 세미나 4호, 2020, http://www.zineseminar.com/wp/issue04/04-body/

과 노동의 착취는 모두 인종, 계급, 젠더, 섹슈얼리티, 장애, 연령, 이주상태에 기반한 사회적 억압 시스템을 만들기 위한 도구로 활용된다"고 분석했다. 이는 재생산 통제가 단지 인구 통제로서만이 아니라 사회 전 영역에 걸친 구조적 통제를 위해 활용된다는 지점을 보다 명확하게 드러내준다."라고 지적하였다.[23]

III. 성소수자 재생산권 논의의 흐름: 욕구를 가시화하기

국가는 성소수자를 시민으로, 인구를 구성하는 하나의 집단으로 인정하고 있는가? 2022년 국가인권위원회는 국무총리와 보건복지부 및 행정안전부, 여성가족부 장관, 통계청장에게 성소수자 규모를 파악하기 위한 지침을 마련하라고 권고했지만 불수용했다.[24] 통계청은 사생활 침해 우려와 사회적 합의 필요성 등을 이유로 인구주택총조사에 관련 항목을 신설하는 것이 어렵다는 입장이고, 다른 부처의 경우 인구주택총조사에 포함되지 않으면 대부분 그것을 기초로 이루어지는 부처간 통계에서 따로 반영하기 어렵다고 밝힌 것으로 알려졌다.

인권침해나 차별이 발생했지만 이를 해결할 수 있는 법제도가 마련되어 있지 않을 때, 국가인권위원회가 설치된 이후에는 국가인권위원회 진정을 통해서 문제를 제기할 수 있다. 이 문제가 인권침해나 차별이라는 사회적

---

23 나영, "불평등과 성적권리로 관점을 전환하는 여성주의적 재생산 정의운동", 장애/여성 재생산권 새로운 패러다임 만들기 종합토론 자료집』(2015), 재인용.

24 국가인권위원회, "트랜스젠더의 인권상황 개선을 위한 정책권고, 통계청 등 관계 부처 불수용 – 트랜스젠더 등의 인구 규모·요구 등 파악 위한 적극적 노력 필요 –" https://www.humanrights.go.kr/base/board/read?boardManagementNo=24&boardNo=7608755&menuLevel=3&menuNo=91 (2023년 12월 1일 검색)

인식이 형성되고 해결을 위한 사회적 공감대가 형성되는 과정에서 국가인권위원회는 실태조사를 하고, 그 결과를 바탕으로 정부와 지자체에 권고를 한다. 정부와 지자체는 권고를 수용하기 위해서 또다시 실태조사를 벌이고 법정책을 수립한다. 현재 성소수자에 대한 실태조사는 국가인권위원회를 중심으로 진행되었고 정부와 지자체에 권고하였지만 정부와 지자체 차원에서는 제 역할을 하지 않고 있는 상황이다. 몇개의 공공 연구기관의 보고서가 존재하지만 대부분 국민에게 성소수자에 대한 인식을 조사하는 것이 대부분이다. 정체성에 따른 차별 경험을 직접적으로 조사하는 경우는 「근로환경조사」가 유일했다. 「청소년성행태조사」에서 동성간의 성경험을 묻는 항목이 있었으나 2017년부터는 문항에서 빠져서 더 이상 파악할 수 없다.[25]

시민의 삶을 전반적으로 파악할 수 있는 조사에 성적지향과 성별정체성에 대해 묻는 항목이 없다는 것은 성소수자로서 필요한 사회적 욕구에 대해서 정부와 지자체가 무관심하다는 뜻이며 이는 성소수자에 대한 정책이 만들어질 수 있는 기본적인 조건이 마련되어 있지 않다는 것을 뜻한다.

〈표 2〉 성소수자 관련 질문이 있는 한국의 국가 대표성이 있는 설문조사 현황[26]

분류	목록
성소수자 정체성에 대한 태도 및 인식	가족과출산조사(2015) 아동종합실태조사 (2008, 2018) 사회통합실태조사(2011, 2013-2020) 국민다문화수용성조사(2015, 2018) 청소년종합실태조사(2017) 청년사회경제실태조사(2016) 국민법의식실태조사(2019) 국가인권실태조사(2019)

25   자세한 논의는 이호림 외, "국가 대표성 있는 설문 조사에서의 성소수자 정체성 측정 필요성 : 국내외 현황 검토와 측정 문항 제안", 『비판사회정책』 제74호(2022) 참조.
26   이호림 외, 위의 글, 2020, 188쪽, 재인용.

분류	목록
성소수자 정체성으로 인한 사회적 경험	근로환경조사(2010, 2014, 2017) - 지난 12개월 동안의 일 관련 차별 경험: 동성애와 같은 성적지향에 따른 차별
성소수자 정체성 관련 문항 - 가장 최근 조사에서는 문항을 포함하지 않고 있으나 과거 해당 문항을 포함한 적이 있는 경우	청소년매체이용및유해환경실태조사(2006-2008)- 첫 성관계 경험 상태의 성별(2006), 동성애 경험 여부(2007, 2008) 청소년건강행태조사(2006-2016) - 동성과 성 접촉 경험
성소수자 정체성 관련 문항 - 가장 최근 차수에 문항을 포함한 경우	없음

한편 성소수자 인권단체를 중심으로 욕구와 실태를 파악하는 조사가 꾸준히 진행되어 왔다. 이 장에서는 현재까지 진행된 실태조사에서 드러난 재생산 관련 욕구와 실태가 조사되고 논의된 흐름을 정리하여 이후 논의의 근거로 삼는다.

1. 성소수자의 성·재생산 욕구

「LGBTI 커뮤니티 사회적 욕구조사」[27]는 2014년에 3천여명 규모로 이루어진 온라인 설문조사와 심층면접, 포커스그룹 인터뷰로 이루어져있다. 조사의 주제는 커밍아웃과 커뮤니티, 트랜지션과 성별정정, 사랑과 가족제도, 사회환경과 국가 주요기관에 대한 인식, 차별/폭력 경험과 구제, 건강, 정치 참여와 사회변화 등의 이슈를 아우른다.

설문조사 참여자들 중에서 39.8%가 파트너와의 결혼이나 관계의 사회적 인정이 '매우' 중요하고, 46.3%가 '어느 정도' 중요하다고 말했다. 그리고 응답자의 40.8%가 연인과의 공동생활을 '매우' 선호하고, 50.6%가 '어느 정도' 선호했다. '파트너 관계 및 공동생활을 유지하는데 가장 시급히 필

---

27   한국게이인권운동단체 친구사이에서 기획, 발주한 조사로 2014년 성적지향성별정 연구회(나영정 외)가 수행하였고, 총 3,158명이 설문조사에 참여하였으며 심층면접 과 초점집단면접 등도 진행되었다.

요한 제도가 무엇인지 물었을때, 가장 많이 선택한 것은 '수술 동의 등 의료 과정에서 가족으로 권리행사'(67.3%)이고, 다음으로 '국민건강보험 부양/피부양 관계 인정'(44.6%)였다. 그 다음으로 시급한 제도로 '동성커플에게 입양 허용(37.4%)를 지적한다. 실제로 응답자 중 39.1%가 출산이나 입양을 통해 부모가 되고 싶은 마음이 있고, 응답자 중 1.4%는 현재 자녀가 있거나 과거에 자녀를 둔 적이 있다. '임대차 승계 혹은 임대주택 신청에서 가족 인정'(응답자의 29.1%), '각종 보험/금융 상품에서 가족혜택'(27.6%), '국민연금/공무원연금 등 공적연금에서 배우자 승계(19.9%)가 뒤따랐다.

〈표 3〉 파트너 관계나 공동생활 유지에 필요한 제도[28]   (응답자 수 3,158명)

LGBTI로서 파트너 관계나 공동생활을 유지하는데 귀하에게 가장 시급히 필요한 제도는 무엇입니까? (3개 이하 선택)		
	응답자 수(명)	비율(%)
수술 동이 등 의료 과정에서 가족으로서 권리 행사	2,132	67.5
국미건강보험 부양-피부양 관계 인정	1,408	44.6
동성커플에게 입양 허용	1,183	37.4
임대차 승계 혹은 임대 주택 신청에서 가족 인정	918	29.1
각종 보험/ 금융 상품에서 가족혜택	873	27.6
국민 연금/공무원 연금 등 공적연금에서 배우자 승계	629	19.9
연말정산 등 세제 혜택	356	11.3
헤어질 때 재산분할 등을 청구	339	10.7

파트너 관계의 제도적 보장을 위한 방법으로는 전체 응답자의 59.8%가 이성결혼과 동일한 '법적 결혼'을 원한다고 했고, 36.1%가 시민결합 등의 다른 제도적 인정을 원한다고 응답했다.

28   나영정 외, 『LGBTI 커뮤니티 사회적 욕구조사 주요결과보고서』, 한국게이인권운동 단체 친구사이(2014), 21쪽.

한편 주관식 응답을 통해서 부모됨의 욕구에 대한 다양한 답변을 들을 수 있었다.[29] 참여자들은 '귀하는 출산이나 입양을 통해서 부모가 되고 싶은 마음이 있습니까?'라는 질문에 "그렇다, 아니다, 모르겠다"고 응답한 후 구체적인 이유를 적었다. 구체적인 이유를 서술하는 것은 선택사항이었지만 수많은 답변이 쏟아졌다. 아니라고 응답한 이들은 비용의 부담, 무거운 책임감, 양육의 어려움, 차별에 대한 걱정 등으로 요약할 수 있다. 한편으로는 "이성애 가족 시스템을 따르고 싶지 않다, 한국의 가족제도 자체에 문제가 있어서 그 안에 들어가고 싶지 않다, 현재 동거인과 자녀가 있기에 더 이상은 원하지 않는다, 성정체성과 무관하게 부모가 되기에 부족하다, 사회구조상 양육이 어렵다" 등의 취지가 많았다. 모르겠다고 응답한 이들 또한 "고민 중이다, 관심사가 아니다, 생각해본 적이 없다"는 답변과 사회적인 편견, 경제적인 부담, 양육의 어려움, 책임의 무거움 등을 서술했다. 그렇다고 답변한 이들은 "가정/가족을 가지고 싶다, 좋은 부모가 될 자신이 있다, 양육의 욕구, 인생의 보람, 가치있는 일, 파트너가 원한다, 평범한 가정을 만들고 싶다, 외롭지 않고 싶어서" 등의 답변을 하였다.

2. 트랜스젠더의 성·재생산권

2020년에는 「트랜스젠더 혐오차별 실태조사」[30]가 이루어졌는데, 혐오차별의 실태를 파악하기 위해서 가족생활 및 일상에 대한 영역을 포함시켰다. 우선 조사참여자의 성별 정정에 관한 항목에서도 성·재생산 관련 이슈를 엿볼 수 있다. 조사 참여자중 일부는 현재 혼인중이기 때문에, 미성년인

---

29   나영정 외, 위의 보고서, 2014, 385-426쪽.

30   『트랜스젠더 혐오차별 실태조사』는 국가인권위원회가 기획, 발주한 조사로 2020년 숙명여자대학교 산학협력단에서 수행하였고(연구책임자 홍성수) 총 591명의 트랜스젠더가 설문에 참여하였다(이하 홍성수 외, 2020으로 표기함).

자녀가 있기 때문에 성별정정을 시도하지 않았다고 답변했다.[31] 현재 대법원에서 마련한 예규를 통해서 성전환자 성별정정 사건이 결정되고 있는데 이 안에 예시로서 혼인 중이 아닐 것, 미성년 자녀가 없을 것이 포함되어 있기 때문이다.[32]

가족생활과 일상 영역에서의 실태를 다루는 부분에서 연인/파트너/배우자 등으로부터 경험한 폭력에 대한 내용이 다루어졌다. 지난 12개월 동안 내가 원치 않을때 성관계를 강요하거나 내가 원하지 않는 형태의 성관계를 강요하였다에 대해서 트랜스 여성 14.2%, 트랜스남성 10.3%, 논바이너리지정성별 여성 13.1%, 논바이너리지정성별 남성 12.5%가 그렇다고 응답했다. 이는 트랜스젠더 뿐만 아니라 동성애자, 양성애자의 경우에도 이성애자와 마찬가지로 경험할 수 있는 폭력이다. 하지만 성소수자 커플에 대한 낙인과 차별로 인해서 폭력의 피해자가 경찰을 비롯한 공적 기관에 보호나 구제를 요청하기 어려워서 폭력이 은폐되고 지속될 가능성이 높다.

이 조사에서는 가족구성권 보장을 개선과제로 제시했는데 법적 성별 정정에 있어 혼인 및 미성년자 자녀 요건 폐지, 동성혼 법제화 및 동성 커플의 권리 보장, 트랜스젠더 부모의 권리 보장을 위한 사회적 논의와 제도 개선 등이다. 이는 성·재생산권리와도 긴밀하게 연결된다. 자신이 결정에 따라 누구와 성관계를 할 것인지, 누구와 파트너십을 맺을 것인지, 자신이 자녀를 낳고 양육하는 것을 결정하지 못하도록 가로막는 제도적인 장벽을 성소수자들은 직접적으로 경험하고 있다. 특히나 현재는 트랜스젠더가 법적인 성별을 정정한 이후에도 자녀와의 관계는 당초 정해진 부와 모를 변경할 수 없어서 자신이 인식하는 성별로 자녀와 관계맺을 권리를 침해당하고

---

31   홍성수 외, 위의 보고서, 2020, 184쪽.

32   한편 2022년 11월 24일에 혼인중이 아닐 경우 미성년 자녀가 있다는 사실 만으로 기각해서는 안되고 주변 사정을 따져서 종합적으로 판단해야 한다는 대법원 판례가 나와 이후 변화를 예고하고 있다(2020스616 등록부정정 (아) 파기환송).

있다.[33]

3. 성소수자 조사·연구에서에서 드러나는 차이

『청년성소수자사회적욕구조사』[34]는 설문참여자를 대상으로 동성간 혼인제도 또는 생활동반자제도를 이용할 수 있다면 이용의사를 물었을때 '동성혼과 생활동반자제도 모두 이용하겠다'는 응답이 전체의 66.5%를 차지했고, 생활동반자제도만을 이용하겠다는 응답은 24.1%가 나타났다. 성소수자 내부에서는 정체성에 따라 응답의 차이를 보이기도 했는데 둘다 이용하겠다는 응답이 가장 높은 집단은 레즈비언이었고, 둘다 이용하겠다는 응답이 가장 낮고, 생활동반자제도를 이용하겠다는 응답이 높은 집단은 에이섹슈얼(무성애자)였다. 이러한 결과는 성소수자 내부의 젠더, 섹슈얼리티에 따른 차이의 의미를 파악하고 좀더 다양하고 포괄적인 정책이 마련될 필요가 있다는 점을 시사한다.[35]

한편 성소수자가족구성권네트워크(현 혼인평등연대로 개칭)은 2019년 동성혼 및 파트너십 권리보장을 위한 국가인권위원회 집단진정을 준비하면서 동거 동거커플이 경험하는 가족제도에서의 어떻게 차별과 배제를 경험하고 있는가를 알아보기 위해서 양적조사를 진행했다. 총 380명이 설문조사를 완수하여 분석의 대상이 되었는데 법적 성별 여성이 78.1%, 남성이 21.9% 참여하여 큰 차이를 보인다. 조사대상은 18-60세 사이였는데 30대 참여자의 비율이 42.4%로 가장 높았고, 29세 이하가 38.5%, 40세 이상이

---

33   홍성수 외, 위의 보고서, 2020, 343쪽.

34   다양성을 향한 지속가능한 움직임 '다움'에서 2022년 진행한 조사(보고서 제목 『2021 청년 성소수자 사회적 욕구 및 실태 조사 결과보고서』)로 3911명의 설문조사 응답자가 참여한 대규모 온라인 조사였고 다양한 성별정체성과 성적지향을 아우르는 성소수자 전체를 대상으로 하였다(이하 정성조 외, 2021로 표기함).

35   정성조 외, 위의 보고서, 2021, 45쪽.

19%의 비율을 보였다. 조사를 통해서 동성 동거커플에 대한 법제도적 인정이 되지 않아서 주거, 의료, 직장, 연금 관련 영역에서 차별을 받고 있다는 점이 드러났다. 또한 조사에 참여한 동성 동거커플 중 91.8%는 혼인제도를 이용할 수 있다면 의사가 있다고 답했고, 98.9%는 파트너십 제도를 이용할 의사가 있다고 응답했다. 이호림은 이 조사결과를 분석[36]하면서 여성이 남성에 비해서 주거실태가 취약했고, 의료와 직장 영역에서 차별 경험을 더 많이 보고 했으며 여성들이 동성혼 및 파트너십 제도에 더 큰 관심을 가지고 있다고 했다. 또한 29세 이하의 응답자가 다른 나이대에 비해서 동성혼에 대한 욕구를 더 많이 표출했는데 이는 "어떤 동거 동성커플에게는 상속권이나 친권처럼 혼인제도를 통해 맺어지는 가족관계를 기반으로 한 높은 수준의 권리와 의무가 절실한 사회적 안전망일 수 있으며, 이들에게는 한국에서 논의되는 생활동반자법안 등 가족관계를 발생시키지 않는 파트너십 제도는 불충분한 선택지일 수 있다"고 지적했다.

4. 소결

성소수자 또한 '국민'은 정상적이고 생산적인 생식활동을 해야 한다는 국가주도의 인구계획의 기조아래에서 부적절하고 문제있는 신체와 관계를 가진 이들로 인식이 되어왔다. 국가가 공식적인 통계를 통해서 성소수자 인구의 규모를 조사하지 않은 상황에서 성소수자의 권리와 사회적 욕구는 국제인권규범 차원에서 논의되는바를 준거틀로 삼아 시민사회나 학계를 통해서 실태와 욕구가 조사되어 왔다. 좁은 의미의 성·재생산 관련 영역에 대한 조사는 독자적으로 이루어진바 없고 혼인제도나 파트너십 제도에 대한 욕구와의 연관 속에서 입양을 포함한 자녀계획에 대한 욕구를 질문해

---

36   이호림, "한국 성소수자의 동성혼/파트너십 욕구와 동거 동성커플의 삶", 한국여성학회 추계학술대회 발표문(2020, 미간행).

왔다. 참고로 국가차원에서는 HIV/AIDS 관리와 예방을 목적으로 질병청에서 발주하는 MSM (Men who have sex with men, 남성과 섹스하는 남성의 약자) 성행태조사가 정기적으로 이루어지고 있을 뿐인데, 조사결과가 공개되지 않으며 HIV/AIDS는 남성과 섹스하는 남성(MSM)이 긴밀하게 연결된 이슈이긴 하지만 특정한 질병에 관련된 조사이기 때문에 성소수자 조사라고 할 수는 없다.

성과 재생산의 영역은 나누기 어려울 정도로 긴밀하게 연관된다. 특히나 성적 낙인을 받는 성소수자의 경우 성적 권리를 부정당하고, 성적 낙인으로 인해서 전반적인 삶에서 차별과 배제를 경험하고 있는 상황에서 재생산권과 관련된 분리된 논의를 하는 것은 불가능에 가깝다. 성·재생산 영역에 포함되며, 다른 영역과도 긴밀하게 연관되는 여러가지 권리를 실현하는 방법은 다양하고 복잡하다. 따라서 성소수자 집단을 단일한 욕구나 이해관계를 가진 집단으로 상정하지 않고, 내부의 사회경제적 차이를 비롯해 복합적인 요인을 고려하는 것이 중요하다. 비성소수자의 삶이 그러한 것과 마찬가지로 결혼을 선택할 수 있다고 해서 양육의 사회경제적 조건이 자동적으로 마련되는 것이 아니며 결혼이나 파트너십을 선택하는 이유 또한 결혼비용, 주거의 마련, 양쪽 가족과 맺는 관계와 인정에 따라 매우 복잡한 선택이며 사회경제적 불평등이 개입되는 장이라는 점도 고려되어야 한다. 그래야 재생산권을 혼인지위나 국적, 계층 등에 종속된 방식을 떠나 기본적인 권리로 자리매김할 수 있다.

IV. 소수자의 경험으로 구축하는 재생산 정의의 지평

이 장에서는 장애인과 성소수자의 재생산권 논의에서 중요하게 고려해야 할 관점과 쟁점을 소개하고 논의한다. 또한 장애인과 성소수자 집단이 완전히 분리된 별개의 삶을 살지 않기 때문에 서로 소수자 집단으로서 공유하는 억압을 함께 인식하고, 재생산권을 확보해나가는데 있어서 서로의 경험과 운동의 관점을 공유하자고 제안한다. 국가의 인구정책 기조에 따라 비정상, 비생산 인구로 낙인받아온 두 집단이 함께 변화를 만들어나갈 때 또다른 소수자집단 뿐만 아니라 모두에게 근본적인 변화를 추동하도록 영향을 줄 수 있을 것으로 기대한다.

1. 인구통치에 바탕한 모성권에서 재생산권으로

서해정·장명선의 모성권 논의[37]는 이전의 논의에 비해서 모성권의 범위를 확대하자 하였고 모성권의 해석에 있어서 비장애여성과 장애여성을 다르게 적용하는 것에 대한 것은 흥미로운 지적이지만 장애여성에게 임신, 출산, 육아 수행에 집중적으로 지원하는 정책을 '자연적 권리성'이라고 규정하고, 모성 기능 수행 보조가 '근로'나 '가족유지'를 위한 것일 때 이른 '사회적 권리성'이라고 구별하는 것은 부적절하다. 왜냐하면 임신, 출산, 육아의 과정을 자연 vs 일터와 가족 생활의 문제를 사회로 이분화하는 결과를 낳기 때문이다. 또한 임신, 출산, 육아에 있어서 장애여성이 어려움을 겪는 것을 '자연적 권리성'이라고 규정하게 되면 이러한 과정에서 장애여성이 겪는 차별과 고통을 장애로 인한 생물학적인 조건이라고 보는 결과를 낳을 위험이 있다. 앞서 오혜경; 백은령이 지적한 것처럼 모성권에서 육아와 관련된 내용이 떨어져나오게 된 맥락은 장애여성과 비장애여성의 생물학적 차이가 아니라 국가적인 인구정책에 따라 비장애여성의 노동력이 필요해졌기 때문이다.[38]

---

37   서해정; 장명선, "여성장애인 모성권 보장 방안", 『이화젠더법학』 제10권 제2호 (2018).

38   오혜경; 백은령, "재가여성장애인의 모성 관련 실태 및 출산력에 영향을 미치는 요인", 『상황과 복지』, 제16호(2003).

어머니임, 어머니됨이라는 뜻의 모성이라는 개념은 인권에 기초한 권리 개념으로 나아가기에 상당한 한계가 있다. 모성을 법에서 명시하는 방식은 「모자보건법」의 제1조(목적)에서 확인할 수 있는데, 이 법의 목적을 "모성 및 영유아의 생명과 건강을 보호하고 건전한 자녀의 출산과 양육을 도모함으로써 국민보건 향상에 이바지함을 목적으로 한다"고 제시한다. 어머니라는 것은 이 사회에서 국민보건 향상에 이바지하기 위해서 보호되어야 하고, 건전한 것이어야 한다는 규범과 의무에 가깝다. 특히나 모자보건법이 인구관리를 위해서 제정되고 바뀌어온 흐름을 볼 때 어머니됨을 법으로 규정하는 목적은 국가의 인구통치를 위한 도구화에 가깝다.[39] 이러한 한국의 역사 위에서 모성권은 애초에 불건전하다고 배치된 장애여성을 비롯한 비정상인구, 소수자의 모성권을 배제함으로써만 가능했다. 여성가족부를 인구가족양성평등본부로 개악하는 시점에 이러한 문제의식은 가장 현안이 되었다.

더구나 어머니임/됨이라는 개념은 임신, 출산, 양육을 수행하는 사람과 동일한 의미가 아니다. 남성이 여기에 참여해야 한다거나 보조생식기술의 이슈 때문만도 아니다. 그럼에도 어머니임/됨이라는 말은 이미 질서와 규범을 내포하고 있어서 생식력을 가진 몸은 어머니가 되어야 한다는 압력을 행사한다. 지금까지의 모성권에 대한 법적 규정이나 논의가 특정한 비장애-이성애 중심의 관계와 생물학적 신체 조건을 바탕으로 국가의 목적에 이바지하기 위하여 임신 출산 양육을 보호한다는 개념에 한정되어 있어 그 자체로 협소하고, 따라서 어머니임/됨에 자격과 의무를 부여하는 방식이라 사실상 권리를 다루기에 적합하지 않다. 권리의 기반을 모성권에서 재생산권으로 전환하는 것은 소수자들의 권리를 제도화하고 실질화하기 위해서

---

39   이에 관한 자세한 논의는 다음을 참조. 김선혜, "모성의 의무에서 재생산 권리로", 『이화젠더법학』, 제12권 제2호(2020).

반드시 필요하다. 그런 점에서 여전히 법제도적 기반, 권리의 기초로서 모성 개념에 대한 비판적인 논의가 전면화될 필요가 있다.

또한 재생산권 논의를 실질화하기 위해서는 성적권리와의 통합적인 인식이 필수적이다. 임신과 출산으로부터 시작하는 논의는 이미 임신에 이르는 다양한 조건과 불평등, 차이와 위계에 대한 논의를 불가능하게 하며, 그 효과는 고스란히 규범을 강화하는데 기여한다. 법률혼 내에서 일어나는 임신과 출산과 그 밖에서 다양한 관계 속에서 일어나는 임신, 임신중지, 출산, 양육은 전혀 다른 위상을 지닌다. 낙태죄가 폐기되기 전까지 낙태죄는 법률혼 밖의 성관계로 인한 '자율적이고 문란한 결과'를 처벌하는 조항으로 기능해왔다. 성적 권리를 재생산권과 연속선으로 인식하고 권리화한다는 것은 형법의 성풍속 위반죄와 강간과 추행의 죄를 낙태죄와 함께 사유하는 것이다. 음행의 상습없는 부녀와 정조를 보호하기 위한 목적으로 규정된 형법상의 섹슈얼리티 관리와 통제는 결국 그러한 보호대상이 바로 모성을 가진 주체로 인정받아온 것과 이어진다. 가부장적 가족질서 바깥에서 존재해왔던 장애여성을 비롯한 미혼모, 성소수자, 이주민 등 소수자들이 차별과 낙인을 받으며 시설에 수용되거나 추방되는 과정 또한 인구정책과 생명통치의 논리 속에 있다.

이진희는 제도에서 상정하는 장애인, 장애여성에 대한 통제와 보호주의를 넘어 운동의 터전을 일구는 현장으로서 성적 권리 운동을 제안한다. "불구의 존재들은 사회적으로 경험과 목소리를 가시화하는 과정에서부터 도전받지만, 결국 체제를 흔드는 일탈적 존재로 연결되어 있다. 이러한 깨달음에서 운동을 시작하면서 제도의 진입이 아닌, 제도를 밟고 더 일탈 할 수 있는 방법을 고민중이다. 성적으로 일탈되었다는 낙인, 미성숙함과 의존적 존재라는 규정, 사회복지 제도에 진입하기 위해 감수해야 하는 모욕 등이 섞인 질문엔 언제나 불구의 존재들의 얼굴과 이름이 있다. 사회가 규정한 정체성을 호명하는 대신 서로의 억압을 부를 수 있는 질문과 이름은 무엇일까?"[40] 이처럼 제도가 규정한 '장애인'의 범주를 넘어서 사회가 성적으로 낙인찍은 불구의 존재들과 함께 성적 권리를 실현시켜나갈 수 있는 방안을 고민하는 이유는 성적 억압이 정체성에 따라 단순히 할당되는 것이 아니기 때문이다. 성적권리는 차별의 원인이 정체성에 귀속된 것이 아니라는 점, 장애를 가진 이들의 능력부족이 아니라 이들이 자신의 몸을 탐색하고, 타인과 관계맺을 수 있는 기회를 박탈당하는 구조 속에서 살아왔기 때문이라는 점을 명확하게 지적한다.

진은선은 장애여성공감이 2022년 스위스, 덴마크, 영국, 독일 등에 방문해 관련 활동가와 상담가를 만나 나눈 정보와 고민들을 전했다. 덴마크는 1950년대 장애인시설에서 발달장애여성에 대한 강제불임시술이 시행되었고, 이후 시설폐쇄를 위한 운동과 정부의 정책이 마련되었지만 현재 진행형이라고 했다. 덴마크 정부에서 장애인 섹슈얼리티 가이드라인이 나온 배경에는 바로 시설의 역사가 있고, 시설종사자 교육과 성상담가를 양성하면서 계속해서 권리로 만들어나가려는 운동의 노력이 지속되고 있다는 것을 확인할 수 있었다.[41] 성적 권리가 인권이라면 정부와 지자체는 성적 권리를 보장받지 못하는 이들을 위한 노력을 기울이고, 성적 권리가 침해되는 관행을 바로잡으며 피해자를 보호해야 한다. 또한 성적 권리를 실질적으로 실현시키기 위해서 예산을 배정하고 관련된 통계 등 근거를 만들어내야 한다. 장애인의 성과 재생산 권리를 논의하기 위해서는 구조적으로 그 권리

---

40   이진희, "장애여성의 자기결정권과 성적권리 보장을 위한 방향 모색", 한국여성학회 추계학술대회 발표문(2022, 미간행).

41   진은선, "안전과 동의를 함께 말할 수 있는 관계, 성적 권리를 실천하려면", 『마침』, 장애여성공감, 25호(2022). 장애여성공감은 덴마크 정부가 1989년에 마련한 「장애에 구애되지 않는 섹슈얼리티 가이드라인」을 소개하였는데 "지방자치단체는 사회서비스법에 근거한 개인의 욕구에 대한 평가를 토대로 장애인의 섹슈얼리티를 보조하고 지원해야 한다"고 명시되어 있다. 이는 정부와 지자체가 장애인 개인의 성적 권리를 증진하기 위한 구체적인 방안을 제시한다는 점에서 의미가 있다.

를 박탈해온 시설수용의 문제를 다루어야만 하고 국가의 권리 실현 의무에 대해서 새롭게 써나가야 한다는 점을 다시금 확인한다.

결국 성과 재생산권을 새롭게 논의한다는 것은 국가와 개인의 관계를 다시 설정하는 것에 핵심이 있다. 선택권과 생명권의 이분법은 태아와 산모 간의 대립이 아니라 국가의 생명통치와 개인의 기본권 간의 대립이었다. 인구관리를 위해서 임신과 출산에 대한 결정을 개인의 기본권으로 보지 않으려고 했던 의지가 만든 구도였고 국가가 태아를 내세우면서 국가폭력을 은폐하는 수단으로 삼았다고 볼 수 있다.[42] 이것은 보편적 인권과 개인의 권리가 무시되거나 정당하지 않은 이유로 한없이 지연되는 방식은 이렇게 어떤 권리가 타인의 권리나 사회의 이익과 경쟁하거나 갈등하는 것처럼 만들어지기 때문이다. 장애인의 재생산권을 논의하는 것이 정치적인 이유는 국가가 만드는 생명의 위계와 권리의 침해를 명징하게 드러내 주기 때문이다. 인간의 출생과 사망에 이르는 생물학적인 사건과 사회의 문화와 제도, 가치를 이어나가는 넓은 의미의 재생산은 인간의 삶 전체를 아우르며 모든 권리와 긴밀하게 엮여있다. 재생산 영역을 소수자의 생애 전반에 걸쳐서 드러나는 차별 해소와 연결하고, 여타의 사회정의와 함께 엮어내는 것이 절실한 이유이다.

2. 불구의 인식론으로 성소수자의 재생산권리를 상상하기

성소수자가 재생산권의 주체가 되기 어려운 조건은 구조적이다. 성과 재생산의 영역이 정조와 모성이라는 규범으로 가부장적 가족제도 안에 종속된 의무인 사회구조 속에서 성소수자의 자리는 심각하게 불안정할 수밖

---

42 이은진은 법학을 비롯해 인구정책에 대한 더 비판적인 논의의 필요성을 지적하였다. 이은진, "낳아라, 우리가 원할 때 : 인구정책과 낙태죄의 창조", 웹진 세미나 4호 (2020), http://www.zineseminar.com/wp/issue04/04-abortion/ (2023년 12월 10일 최종검색).

에 없었다. 국가는 동성간의 성행위, 이분법적 젠더질서에서 이탈하는 행위를 비정상적이고 비생산적인 것으로 규정하고 병리화하고 범죄화하였다. 성적자기결정권, 신체의 자유, 표현의 자유, 행복추구권 등 여러가지 헌법적 가치를 부정당하며 성소수자의 인권은 국가에 의해서 사회적 합의를 운운하는 논란거리로 남겨져있다. 군형법상 추행죄는 "'군 내부의 건전한 공적 생활을 영위하기 위한, 이른바 군대가정의 성적 건강을 유지하기 위한 것"[43]로 판단되고 있고 여전히 존속 중이다. 에이즈예방법상 전파매개행위 금지조항은 에이즈라는 질병이 동성애를 병리화하고 통제해야 하는 상징으로 여전히 강력한 혐오의 힘을 형성하고 있는 와중에 동성간 성행위를 범죄시하고 HIV감염인의 성적 권리를 침해하는 효과를 발휘하고 있다. 혼인중이 아닐 것, 미성년자녀가 없을 것을 요구하는 트랜스젠더 성별 정정요건은 트랜스젠더의 성과 재생산권리를 직접적으로 침해한다. 성소수자에 대한 이러한 국가의 억압은 인구 통치 기조 속에서 만들어지고 유지되고 있고, 유엔차원에서 권고하는 포괄적 차별금지법 제정이나 성소수자 인권증진을 위한 구체적인 근거를 불수용하는 형태로 확인되고 있다.

법적 혼인이나 파트너십이 인정을 중심으로 성소수자의 성·재생산권이 논의되어 왔고 앞으로도 보다 실질적인 경험에 기반한 연구와 권리보장을 위한 다각도의 모색이 진행되어야 한다. 동시에 법제도적 관계 인정은 성적 행동과 쾌락, 임신, 출산, 입양, 양육 등의 행위와 사건 속에서 발생하는 욕구와 고통을 해결하는 단일한, 충분한 방법은 아니다. 따라서 성과 재생산 권리를 평등하게 실현할 수 있는 다양한 영역의 사회적 변화를 추동

---

43 대법원 1973. 9. 25. 선고 73도1915 판결. 하지만 2022년에는 군형법상 추행죄로 기소된 사건에 대하여 유죄로 인정한 원심을 파기하고, 무죄 취지로 파기 환송한 것이다(대법원 2022. 4. 21. 선고 2019도3047 전원합의체 판결). 헌법재판소에서 2002년, 2011년, 2016년, 2023년 등 4번의 위헌 심판이 있었지만 여전히 합헌 의견을 유지하고 있다.

하면서 선택의 자유로 권리가 협소화되거나 인구정책에 동원되는 한계에 갇히지 않도록 지향을 세우는 것이 중요할테다. 성소수자가 단일한 집단이 아니며, 젠더정체성과 사회경제적 지위에 따라 차별의 양상과 효과도 천차만별이라는 점도 복합적인 해결방법을 요구한다. 한국사회에서 관계성을 인정하는 것과 자녀계획을 갖는 것은 점차 더 분리되는 추세라는 점에서 한국사회를 살아가는 성소수자가 이와 관련해 어떤 욕구와 계획을 가지고 실현시켜나갈 것인가는 복합적인 차원에서 논의해나갈 필요가 있다.

언제나 권리는 특정한 제도로 수렴되지 않기에 법제도의 개선을 가능하게 하기 위한 조건을 형성하기 위해서라도 국가의 인구통치의 기조속에서 성소수자가 어떻게 놓여있었는지에 대한 평가가 면밀하게 필요하다. 또한 전세계적으로 혼인과 재생산 행위는 점차 분리되는 흐름 속에 있으며 자녀 출산과 양육은 훨씬 더 경제적이고 계급적인 이슈가 되고 있다. 이미 성소수자들도 가족 안에서 태어나 가족과 관계를 맺고 끊으며 살아오면서 이러한 조건들을 체득하고 있고 생애 기획과 계획에 영향을 준다. 가족제도 안에 있지만 가족으로 인정받지 못했던 경험, 가족 밖에 있지만 가족 실천을 수행하면서 자신만의 가족을 구성해온 경험을 모두 주목하면서 어떠한 형식의 권리를 요구할 것인가를 고민해나갈 필요가 있다.[44] 특히나 현재 성소

---

[44] 김수영은 가족의 안전성과 세대 간 계급을 재생산하기 위해서 자녀에게 필요한 비용을 투자하고 그 투자에는 자녀가 이성애가족이 재생산하고자 하는 규범 혹은 가치에 동의하고 그 연속선상에서 자신의 생애를 기획할 것이라는 기대가 전제되어 있는데, 트랜스젠더 정체성의 커밍아웃은 그러한 전제에 반할 뿐만 아니라 정상적인 가족관계를 위협하는 행위로 여겨지고 지원과 투자를 철회하는 이유가 된다는 점을 지적한다. 이러한 논의는 트랜스젠더 성별정정 기준을 바꾸고 의료적 조치에 대한 비용을 보험화하는 논의 뿐만 아니라 계급재생산으로서의 가족제도가 젠더규범을 어떻게 생산하고 있는가와 관련된 고민이 보다 풍부하게 진행되어야 할 필요성을 확인할 수 있다. 김수영, "트랜스여성의 노동과 복합적인 젠더 실천", 연세대학교 문화학과 석사학위 논문(2018), 52-53쪽.

수자, 특히 트랜스젠더의 빈곤율이나 자살율[45]을 짐작해볼때 역사적으로 오랫동안 누적되어온 차별의 효과를 개선하기 위해서는 이러한 법제도적 대안들이 어떻게 개인의 선택권을 확장하는 것을 넘어서 불평등한 조건 자체를 변화시키는 다각도의 노력에 기여할 수 있는가를 심문하는 것이 필요하다. 성·재생산권리를 중심으로 파트너십, 임신과 출산, 자녀계획과 양육에 대한 논의를 한다면 혼인제도와 파트너십 제도를 고정된 형태로 두거나 위계적인 관계로 설정하지 않고 권리화하는 방식을 고민해볼 수도 있다. 성적 정체성이나 파트너십의 형태를 떠나 누구나 임신과 출산을 결정하고, 양육에 관한 권리와 책임을 지니며 국가가 이를 보호, 존중하고 권리를 실현시킬 수 있는 구체적인 역할을 해나가도록 하는 방향의 논의가 필요하다.

또한 시설수용이 가진 억압 또한 보다 넓게 해석될 필요가 있다. 장애인과 성소수자의 재생산권을 함께 논의하면서 다시 생각해보자. 황지성은 시설수용과 요구호자와의 관계에서 젠더 문제를 주목한다. 그는 한국에서 복지제도가 빈곤 문제를 해결해야 할 국가의 책임으로서가 아니라 반공주의와 발전주의 체제 안에서 복지를 최소화하고 민간에 위임하는 방식으로 이루어졌다고 분석한다. 이러한 기조하에서 가족으로부터 보호받지 못하는 비규범적 신체들, 비생산적 몸들은 시설에 수용되거나 가족과 사회 가장자리로 밀려나게 되었다는 것이다. 이러한 처지에 놓인 여성들은 '윤락의 위험자'로 식별되었고 이들은 단속되었다.[46] 한국에서 성소수자로 살아간다

45　성소수자 집단 중에서도 트랜스젠더의 정신건강이 열악하다는 조사결과가 다수 존재한다. "트랜스젠더 10명 중 6명가량(57.1%·인권위 조사)이 지난해 우울증 진단을 받거나 치료를 받았다. 공황장애라는 응답도 24.4%에 달했다. 국내 트랜스젠더 278명을 대상으로 2018년 이뤄진 조사(김승섭 고려대 보건과학대 교수, 트랜스젠더 건강연구) 결과 극단적 선택 시도율은 40%였다. 같은 해 기준 전체 성인(0.5%)이나 청소년(3.1%)의 자살 시도율과는 비교가 되지 않는 수치다.", "트랜스젠더 의료는 없다", 한국일보(2021. 3. 28).

46　황지성, "장애여성의 시설화 과정에 관한 연구", 서울대학교 여성학협동과정 박사

는 것은 역사적으로 이러한 위험 속에 놓인 것이었다. 커밍아웃을 하지 못하고, 가족 질서 안에서 머무르는 것은 단지 정체성의 불인정이 아니라 생존의 방식이었다. 특히 여성-성소수자는 미혼 여성의 노동력이 필요해졌을때 도시로 떠나 독립성을 확보하기도 했고, 트랜스젠더 여성의 경우 유흥산업이 팽창할때 성산업으로 유입되어, 권리 없이 삶의 터전을 일구었다. HIV감염인의 경우 은폐된 존재로 살아가길 강요당했다는 점에서, 요양병원에 들어가서 자의로 나오기 어려운 삶을 살아왔다는 점에서 시설화된 삶과 가장 가깝다.

이러한 맥락위에서 기존의 혈연과 혼인 중심의 형태와 가족에게 모든 생존을 위임하며 국가의 인구통치의 도구가 되는 가족제도를 넘어서는 것은 성소수자를 비롯한 모든 사람이 성적인 자율성을 갖고, 스스로의 즐거움을 위한 성적 권리를 향유하며, 임신과 출산, 양육을 비롯해 사회의 문화와 가치를 재생산하는데 참여하는 동등한 사람이 된다는 성재생산 권리와 긴밀하게 연결된다.[47] 또한 가족의 보호가 철회된 이들에게 강제했던 시설화의 억압 속에서 물리적인 시설에 갇히지 않더라도 보이지 않는 존재로 살기를 강요당하며 권리를 누리지 못했던 시설화의 억압을 규명하는 것이다. 이를 위해서 불구의 인식론을 공유하는 것이 필요하다. 앨리슨 케이퍼는 불구의 이론과 정치가 하는 역할을 이렇게 예시한다. "강제적 비장애신체성/강제적 비장애정신성과 강제적 이성애 정상성에 봉사하는 과정에서 서로 어떻게 얽히는지 추적하는 것. '결함있는', '일탈적인', '아픈' 등의 용

학위 논문(2023).

47   김대현은 '윤락여성' 단속이 대대적으로 이루어지던 60년대 "창녀"로 오인받아 단속된 여성의 경우 사실혼 배우자가 석방을 요구했으나 법적인 부부가 아니라면서 거부한 사례를 지적하며 "요보호여성"이 성도덕에 기반해 구성되는 범주이며 문제있는 몸을 시설수용하는 맥락속에서 생산되어 왔음을 밝힌다. "1950~60년대 '요보호'의 재구성과 '윤락여성선도사업'의 전개", 『사회와 역사』, 제129집(2021).

어가 어떻게 암묵적 규범을 정당화하고 다른 몸, 마음, 욕구, 행동 습관을 가진 사람들에 대한 차별을 정당화하는데 활용되어 왔는지 조사하는 것. 젠더화된 행동규범(적절한 남성성 및 여성성)이 어떻게 비장애인의 신체에 기반을 두고 있는지 헤아리는 것. 마지막으로 퀴어 (및) 장애 활동가 사이의 잠재적 연결 지점과 이탈 지점을 드러내는 것."[48] 이러한 작업을 통해서 비정상으로 규정되어온 몸과 행위들이 처한 차별과 낙인의 구조와 원인을 제대로 지목하고 변화를 꾀할 수 있다. 이를 통해서 성소수자, 장애인이 겪었던 억압의 원인이 각 개인의 정체성이나 장애로 환원되지 않을 수 있고 오히려 정체성과 장애를 교정이 필요한 것으로 보는 억압에 대항하는 방향을 세울 수 있다. 그렇다면 문제를 해결하는 과정 또한 성정체성과 장애를 문제삼았던 억압적인 논리에 천착할 필요가 있다. 그것을 단순히 뛰어넘어 정상화된 시민으로서의 권리를 주장하는 것, 선택권 담론에 귀의하는 것은 국가의 책임을 기초로 하는 인권으로서의 성재생산 권리로 이어나가기 어렵기 때문이다.

"불구의 존재들을 선별해온 국가는 정상적인 국민과 비정상적인 국민을 구분하며 불평등을 유지했다. 장애등급제와 부양의무제, 장애인과 이주민에 대한 최저임금 적용 제외, 군형법의 추행죄, 낙태죄와 모자보건법의 우생학 등 법과 제도로 장애와 몸, 빈곤, 성별정체성과 성적지향 등을 기반으로 한 차별을 양산하고 국민과 비국민에 대한 불평등과 억압을 조장해 왔다. 사회와 국가는 온전하지 못한 기능이나 스스로 구할 수 없는 능력을 가진 사람을 차별하고 배제하지만, 바로 거기에서 불구의 정치가 피어난다."[49] 장애여성공감이 밝힌 불구의 정치는 정상성과 생산성을 지향하는

---

48   앨리슨 케이퍼, 『페미니스트, 퀴어, 불구』, 이명훈 옮김(오월의봄, 2023), 61-62쪽.
49   장애여성공감 20주년 기념 선언문: 시대와 불화하는 불구의 정치 https://wde. or.kr/20%EC%A3%BC%EB%85%84-%EC%84%A0%EC%96%B8%EB%AC%B8/ (2023년 12월 10일 최종검색).

국가의 제도에 맞지 않는 존재들의 권리를 주장하기 위해서 그러한 제도와 불화한다는 점을 숨기지 않고, 그 제도 자체를 변혁하려는 정치적 지향을 가리킨다.

3. 소결

모성권에 대한 전면적인 비판을 통해서 우생학과 억압적인 인구정책을 위해 기능해온 모자보건법을 폐지하고 재생산권리에 기반한 새로운 법제도를 만들어나가야 한다. 또한 성소수자의 성과 재생산권은 혼인제도를 비롯한 파트너십 인정 제도에 종속된 것이 아니라 오히려 더 우선적이고 넓은 지평으로 논의함으로써 성소수자가 가족제도로부터 배제당해왔던 '비정상', '비생산'적 낙인에 대항하고 권리의 기초를 새롭게 만들어나가야 한다. 나아가 장애인과 성소수자의 재생산권에 관한 논의는 가족제도 밖으로 밀려난 모든 '비정상', '비생산' 불구의 존재들의 목소리와 맞닿을 수밖에 없다. 역사적으로 경험해왔던 차별과 폭력을 제대로 규명하고 성과 재생산 권리를 실현해나가기 위해서 제도가 규정하는 정체성의 구획에 미리 갇히지 않는 것도 중요하다. 국가의 책임을 중심에 놓고 요구하고, 넓어진 지평 속에서 욕구를 개발해나가면서 권리를 발명해나가는 것이 우리앞에 놓인 과제이다. 그 과정은 국가와 개인의 관계를 계속 질문하고, 국가의 생명보호의 범위와 논리, 가치있는 생명을 둘러싼 위계와 차별, 사회적 불평등을 해소하기 위해서 자원을 어떻게 배분할 것인가를 둘러싼 투쟁을 포함하며 인권의 문법을 새로 써나가는 급진적인 시도와 함께 진행되어야만 할 것이다.

V. 법제도적 변화의 방향

이 장에서는 성소수자와 장애인의 재생산권리를 보장해나갈 수 있는 방안을 모색하며 다섯가지 과제를 제시한다. 이 과제는 권리를 보장하기 위해 국가가 견지해야 할 관점과 책임을 가장 우선적으로 지적한다. 아울러 국가가 책임성을 갖고 권리보장을 위한 실질적인 대책을 마련하고, 계속해서 강화해나갈 수 있도록 하는 것은 사람들의 경험과 목소리이기 때문에 삶의 현장에서 그것들을 길어올리고 조직하고 요구할 수 있는 담론과 실천이 끊임없이 갱신되어야 한다.

1. 국가와 지자체, 사회 각 기관에 책임과 역할을 규정하기[50]

성적권리와 재생산정의를 위한 센터 셰어SHARE는 성·재생산권리보장 기본법안을 제시했다. 기본법의 형식으로 제안한 이유는, 형법 상 낙태죄가 폐지되었지만 모자보건법 개정이나 특별법 제정을 통해서 일부의 법조항을 수정하는 것으로는 성·재생산 건강과 권리를 포괄적으로 보장하기 어렵기 때문이다. 성·재생산 권리의 세부 내용은 무엇이며 어떠한 원칙에 따라 보장하여야 하는지를 명확히 규정하고, 이 원칙이 모든 생활 영역의 개별 법률과 정책에 반영되도록 촉구하기에 가장 적합한 입법 형식이 '기본법'이다. 또한 이 법은 성적 권리와 재생산 권리는 스스로의 성과 재생산에 대해 '결정할 권리'일 뿐 아니라 '행사할 권리'까지도 포함한다는 것을 분명히 하고, 이는 자신의 결정을 실현할 수 있는 실질적 조건을 모든 사람이 보장받아야 함을 의미한다.

50 　『성·재생산권리보장 기본법안과 해설집』(성적권리와 재생산정의를 위한 센터 셰어 SHARE, 2020)은 여기에서 볼 수 있다. https://srhr.kr/policy/?bmode=view&idx =6142616&t=board (2023년 12월 10일 최종검색).

제1장 총칙	제2장 성과 재생산에 관한 권리	제3장 종합계획과 추진계획의 수립·시행 등
제4장 월경	제5장 피임	제6장 성별확정 및 성별정정
제7장 보조생식기술	제8장 임신·출산과 임신중지	제9장 포괄적 성교육
제10장 상담과 상담기관	제11장 통역 등 지원인력	제12장 의료인 등과 의료기관 등
제13장 일터에서의 성·재생산권리의 보장	제14장 교육기관에서의 성·재생산권리의 보장	제15장 보호·복지시설 등에서의 성·재생산권리의 보장

이 법의 구조는 크게 15장으로 나누어져있는데 1장에서는 이 법의 목적, 기본이념, 정의, 권리, 평등과 차별금지, 국가와 지방자치단체의 의무, 다른 법률과의 관계를 규정하였다. 2장에서는 자기결정권, 건강권, 성적 즐거움을 향유할 권리, 정보접근권 등, 비밀보장을 비롯한 성과 재생산에 관한 권리의 내용을 규정한다. 제3장 종합계획과 추진계획의 수립·시행 등에서는 구체적으로 어떠한 내용과 시기를 통해 계획을 수립할 것인지, 심의위원회 구성은 어떻게 할 것인지를 예시하였다. 제4장에서부터 9장까지는 월경, 피임, 성별확정 및 성별정정, 보조생식기술, 임신·출산과 임신중지, 포괄적 성교육에 관한 내용을 구체적으로 규정하였다. 이러한 영역과 관련해서 해당하는 모든 사람이 성과 재생산 건강과 권리를 얻을 수 있도록 접근성을 갖추고, 관련 전문가들의 역할을 제시하며, 정부와 지자체의 책임을 명시하였고, 반차별의 원칙을 확인하였다. 제10장~12장은 상담기관, 통역 등 지원인력, 의료기관의 종사자들의 역할과 훈련의 내용, 비용 지원 등을 규정하였다. 마지막으로 제13장~15장은 일터, 교육기관, 보호·복지시설에서 성·재생산권리의 보장을 하기 위해 책임자의 의무와 구성원들의 권리를 명시하였다.

성소수자와 장애인에게 이러한 기본법의 의미는 각별하다. 모든 사람의

---

51   성적권리와 재생산정의를 위한 센터 셰어 SHARE, 위의 보고서, 2020, 재구성.

기본권으로서 성·재생산권리의 보장의 원칙과 내용이 규정되지 않으면, 인구정책을 비롯해 저출산해결 정책, 모성보호 정책 등에서 성소수자와 장애인이 배제되기 십상이기 때문이다. 현재 난임지원이나 보조생식기술이 혼인을 전제로한 커플에게만 지원되는 상황에서 동성커플이나 비혼상황에 처한 사람은 차별을 받는다. 성소수자와 장애인이 처한 다양한 상황이 성교육에서 전혀 다루어지지 않거나 접근성이 확보되지 않고 있다. 또한 성별확정 및 성별정정과 같은 문제가 성소수자의 특수한 인권분야로 분리되었을때 트랜스젠더가 성별확정 및 성별정정 과정에서 겪을 수 있는 성·재생산 건강은 권리로 다루어지지 않는다. 통역 등 지원인력을 법으로 규정하지 않았을때 통역이나 조력이 필요한 장애인의 경우 접근성이 확보될 때까지 성·재생산 권리가 침해되는 것을 감내할 수밖에 없다. 또한 보호·복지시설 등에서의 성·재생산권리의 보장을 규정해놓지 않으면 탈시설을 할때까지 권리의 박탈이 벌어지며, 이러한 조건에서는 탈시설을 하더라도 성·재생산권리를 어떻게 실현해나갈 수 있는 방안이 구체적으로 마련되기 어렵다.

따라서 성소수자와 장애인을 비롯한 누구나 성적 활동과 재생산 활동을 해나갈때 2장에서 규정한 자기결정권, 건강권, 성적 즐거움을 향유할 권리, 정보접근권 등, 비밀보장 등의 권리를 확보하고, 이 권리를 실현할 수 있도록 정부와 지자체를 비롯한 각 영역의 담당자의 책임과 의무를 규정하는 것이 중요하다. 모든 사람이 차별없이 이 법에서 규정한 권리를 실현해나가기 위해서는 기본법 제정과 더불어 기본계획을 구체적으로 수립하고, 이행을 점검해나가는 과정이 필요하다. 이 과정에서 성소수자와 장애인이 실태조사에 참여하고 기본계획에 필요한 내용이 만들어지는 과정에 참여하는 것도 매우 중요하다. 특히나 아동청소년, 발달장애, 시청각장애를 가진 이들은 국가통계 조차에 참여할 권리를 가지기 어려우며 법적 대리인이나 보호감독 책임자에 의해서 의사결정권이 함부로 대리되지 않기 위한 장치

또한 자기결정권 안에 포함될 필요가 있다.

2. 보건의료, 상담, 사회복지 영역 전문가 훈련하기

성·재생산 영역과 관련해 국가차원의 보건의료 전문인력, 상담사, 사회복지사에 대한 교육과 연수, 가이드가 전반적으로 부재한 상황이다. 이들이 대학 등에서 전문교육을 받고 자격을 얻는 과정에서부터 이러한 교육이 실질적으로 이루어져야 하며, 지속적/정기적으로 보수교육이 이루어져야 한다. 그동안 불법이라는 이유로, 환자의 권리로 인식하지 못했던 영역이라는 이유로 교육과 훈련에서 제외되었던 안전한 임신중지와 관련된 의료서비스, 발달/지적 장애인을 비롯한 모든 장애 유형을 가진 사람들에 대한 성과 재생산 건강 상담과 진료, HIV/AIDS 감염인에 대한 성과 재생산 건강 상담과 진료, 성매개감염에 대한 편견없는 진료, 트랜스젠더의 호르몬 치료를 비롯한 트랜지션 과정 전반에 대한 상담과 진료 등이 모든 의료기관에서 제대로 시행될 수 있어야 한다.

그동안 장애친화 산부인과 지정사업이 보건복지부 정책을 통해서 시행되었으나, 2022년 현재 전국 8개 산부인과가 지정되었을뿐 실질적으로 역할을 하고 있지 못한 것으로 조사되었다.[52] 물리적인 접근성을 개선하고, 통역사를 배치하는 것 뿐만 아니라 의료현장에서 장애인의 자기결정권, 건강권, 성적 즐거움을 향유할 권리, 정보접근권 등, 비밀보장이 실현될 수 있는 방안이 마련되어야 한다. 의사소통 조력이 필요한 발달장애인, 언어장애인, 시각장애인, 청각장애인이 방문했을때 '보호자'나 통역자, 활동지원사 등이 의사결정을 대리하지 않도록 각별한 주의가 필요하다.

특히 산부인과, 비뇨기과, 항문외과, 정신과, 감염내과 등에서 성소수자와 장애를 가지고 살아가는 사람들의 삶의 맥락에서 성건강과 성적 즐거움

52　김동식외, 위의 보고서, 2022. 참고.

을 증진할 수 있는 방안이 고려될 필요가 있다. 성매개감염의 경험, 성관계와 관련된 신체적/정신적 건강에 대해서 두려움없이 환자와 내담자가 의료인과 상담자, 사회복지사에서 상담을 할 수 있는 환경을 구축해야 한다.

성적권리와 재생산정의를 위한 센터 셰어SHARE는 상담자와 의료인을 위한 임신중지 가이드북 『곁에, 함께』(2020)를 발간했다. 이 가이드는 그게 상담가이드와 의료가이드를 제시한다. 상담가이드에서는 상담의 원칙을 제시하고 임신중지, 출산, 양육과 입양에 관한 상담의 가이드를 제시하며 별도의 지원과 고려가 필요한 경우의 상담을 예시한다. 상담자가 알아야 할 의료정보와 참고자료도 담았다. 의료가이드에서는 충분한 정보에 기반한 동의 제공을 어떻게 할 수 있는지, 임신중지 이전과 임신중지, 임신중지 이후에 필요한 사항을 담았고, 팬데믹 상황에서의 안전한 임신중지와 참고자료도 포함했다.[53]

3. 건강보험 적용 확대를 통해서 공공성 확보하기

특정한 의료행위를 건강보험 급여 항목으로 만든다는 것은 비용을 사회적으로 해결해나갈 수 있을 뿐만 아니라 의료행위에 대한 관리감독을 용이하게 하고, 공식화하는 효과가 있다. 현재 임신중지와 트랜지션(성별위화감 해소를 위한 호르몬 치료, 수술 등)이 비급여 항목이기 때문에 비용이 제각각이고, 매우 비싸며, 통계 생산도 어려우며, 실상을 파악하기가 쉽지 않은 상황이다.

건강보험 적용을 통해서 임신중지와 트랜스젠더의 성·재생산 건강과 권리보장을 국가의 책임 영역으로 다시금 확인하고, 트랜스젠더가 법적으

---

53 상담자와 의료인을 위한 임신중지 가이드북 『곁에, 함께』의 전문은 아래에서 볼 수 있다. https://srhr.kr/materials/?q=YToyOntzOjEyOiJrZXl3b3JkX3R5cGUiO3M6 MzoiYWxsIjtzOjQ6InBhZ2UiO2k6Mjt9&bmode=view&idx=6142620&t=board (2023년 12월 10일 최종검색).

로 성별을 변경하는 과정에서 생식능력 제거를 강제당하지 않아야 한다. 이는 국가에 의한 불임수술 강제로, 유엔고문방지위원회는 이를 금지하도록 권고하고 있다.

비장애인의 몸과 젠더이분법에 근거한 의료지식과 현장, 장애인과 트랜스젠더의 성건강에 무지하고 재생산권리를 침해하는 법과 관행을 철폐하기 위한 구체적인 가이드와 프로토콜을 만들고 실행해야 한다. 이를 통해서 관련 진료과 뿐만 아니라 모든 의료현장에서 보편적으로 양질의 진료가 이루어질 수 있도록 해야 한다.

4. 이용가능성과 접근성을 보장할 수 있는 인프라와 시스템 구축

의료기관에서 장애인 접근성을 확보하기 위해서는 휠체어 이동을 비롯한 물리적 접근성 뿐만 아니라 다양한 장애를 가지고 살아가는 사람들의 몸이 성과 재생산 관련 활동을 하는 것을 당연하다고 전제하고, 그 전제 위에서 장애인이 사회적 환경이나 주변 관계로부터 경험하는 특수한 요소들을 이해하는 것으로부터 출발한다. 장애인이 사회구조적인 차별로 인해 교육받을 기회가 부족하고 빈곤할 확률이 높기 때문에 발생할 수 있는 의료접근성의 저하 또한 중요한 고려의 대상이다. 이른 시기에 진료를 받지 못하고, 가장 효과적이고 최신의 진료방법을 선택하지 못할 가능성이 높기 때문에 이에 대한 대안을 함께 고민할 필요가 있다. 또한 성재생산 영역의 진료는 민감한 프라이버시이기때문에 수어통역사의 역할이 매우 중요하다. 수어통역사가 관련된 내용에 대한 전문적인 지식을 갖추는 것도 필요하고, 비밀보장과 선택권 확대를 위해 충분한 수어통역사의 수를 확보하는 것도 필요하다.

성소수자와 장애인의 이용가능성과 접근성을 확보하는데 있어서 가장 중요한 것은 이들이 의료기관에 방문했을때 의료인이 이들을 존중하고, 이들의 건강권을 증진하기 위해서 노력을 기울이며, 환자의 이야기를 경청함으로써 이들과 함께 더 나은 진료의 방식을 찾아가는 것이다.

셰어의 연계클리닉인 〈색다른의원〉과의 연계활동을 통해서 누구도 차별받거나 배제되지 않고, 자유롭고 건강하게 성과 재생산의 권리를 누리며, 충분한 정보와 평등한 자원을 바탕으로 서로의 역량을 키워나가는 사회를 만들기위해 의료현장의 변화를 꾀하고 있다. 2023년에 진행된 〈색다른토크 하셰어〉 프로그램은 장애인과 성소수자들의 경험이 충분히 포함되지만 보편적인 성재생산 건강 영역의 주제를 선정하여 총 3회의 토크 프로그램을 진행했다. 이를 통해서 '다양한 몸들이 모여서 함께 나누는 질과 자궁이야기', '"성병"과 함께 살아가는 사람들의 이야기', '항문섹스도 인권이다, 잘난 사람들의 이야기'를 주제를 다루었는데 질과 자궁이라는 생식기관을 둘러싼 다양한 경험과 차별, 즐거움, 고통의 이야기를 나누었고 성매개감염을 둘러싼 사회적인 차별과 낙인이 미치는 영향과 이에 대한 대응을 공유하였으며, 항문섹스를 둘러싼 즐거움과 건강의 이슈를 드러내었다. 이러한 구체적인 이야기를 통해서 다양한 당사자들의 경험과 문제의식을 의료인들과 함께 나눔으로써 지식을 순환하고, 의료현장을 바꾸어나갈 수 있는 근거로 활용될 수 있다.[54]

5. 성건강과 즐거움을 옹호하는 포괄적 성교육 제공

성교육이 위험한 성관계를 예방하는 것을 목표로 할 경우 성폭력예방과 피임에 그칠 가능성애 많다. 금욕을 목표로 하지 않는다고 하더라도 위험예방에만 그칠 경우 성적 권리를 증진하기 어려운 집단에 속하거나 상황에 처한 이들은 계속 차별적인 상황에 놓이게 된다.

성건강을 증진하기 위한 목표가 단지 질병이 없는 상태를 넘어서 정신

---

54   성적권리와 재생산정의를 위한 센터 셰어 SHARE, 『색다른 노크하셰어』 기록집 (2023, 미간행).

적, 신체적 만족감을 느낄 수 있는 것으로 확대되어야 하고, 생식을 위한 성관계를 넘어서 즐거움을 찾아갈 수 있는 성적 활동을 지지하고 여기에서 소외되는 사람들을 줄이기 위한 방안이 포괄적 성교육으로 제공되어야 한다.

포괄적 성교육(Comprehensive sexuality education)[55]은 인간의 생애에서 성과 관련된 모든 경험을 포괄하는 교육을 뜻한다. 단지 생물학적 지식을 넘어서 모든 연령, 성별, 정체성, 건강 상태, 사회문화적 배경을 고려하여 인간의 성적 경험을 이해하고 각자가 자신의 역량을 키워나갈 수 있도록 돕는 것이다. 장애인과 성소수자가 자신의 몸과 정체성을 긍정하고 자신과 상대방을 존중하면서 성적 즐거움을 추구해나갈 수 있는 구체적인 방법이 성교육이 되어야 한다.

셰어는 「에브리바디 플레져북」이라는 성교육 교재와 「섹스 빙고」라는 교구를 개발하여 편견과 두려움없이 성적 건강, 권리를 이해하고 즐거움을 찾아나갈 수 있는 교육을 성소수자, 장애인을 비롯해 다양한 소수자 그룹과 진행하고 있다. 교재에는 '플레져미터'[56]라는 프로그램이 포함되어 있는데 이는 성교육과 성상담의 현장에서 위험요소를 파악하고 해결하는데 그치는 것이 아니라 위험요소와 즐거움의 복합적인 관계를 이해하는 것이 중요하다. 사람들은 위험요소로 인해서 즐거움이 반감되기도 하지만, 때로는

---

55   유네스코에서 발간한 포괄적 성교육 가이드라인의 한글 번역본은 여기에서 볼 수 있다. https://ahacenter.kr/dat/%EC%9C%A0%EB%84%A4%EC%8A%A4%EC%BD%94-%EA%B5%AD%EC%A0%9C-%EC%84%B1%EA%B5%90%EC%9C%A1-%EA%B0%80%EC%9D%B4%EB%93%9C-%EB%9D%BC%EC%9D%B8/

56   Global Advisory Board (GAB) for Sexual Health and Wellbeing이라는 기관에서 만든 「성적 즐거움: 성과 재생산 건강과 권리에서 잊혀진 링크 SEXUAL PLEASURE : The forgotten link in sexual and reproductive health and rights」라는 제목의 훈련도구 세트 Training Toolkit은 여기에서 볼 수 있다. https://www.gab-shw.org/resources/training-toolkit/

즐거움을 위해서 위험요소를 감수하기도 하기 때문이다. 또한 같은 행동이라도 파트너와의 관계 양상, 사회경제적 상황, 주변 환경 등의 요소를 통해서 다른 의미와 영향을 받기도 하기 때문에 성적 실천을 둘러싼 복합적인 요소와 행위의 맥락을 낙인없이 드러내고 다양한 상황에서 자신이 원하는 것을 발휘할 수 있는 역량을 기르는 성교육이 제공되어야 한다.

제6장

재생산권리, 누구의 어떤 권리로 어떻게 행사되어야 하는가[1]
: 한국과 영국의 보조생식술 관련 법정책 비교를 중심으로

김은애 (이화여자대학교 연구윤리센터 특임교수)

Ⅰ. 들어가며

재생산권리(reproductive rights)를 간단하게 설명하자면, 임신·출산을 통해 자녀를 두고자 하는 사람에게는 이를 할 수 있고 이에 필요한 도움을 받을 수 있는 권리, 즉 임신·출산권이라고 할 수 있으며, 이와 반대로 자녀를 두지 않고자 하는 사람에게 재생산권리는 피임과 임신중단을 할 수 있고 이에 필요한 도움을 받을 수 있는 권리라고 할 수 있다. 이 글은 보조생식술 (assisted reproductive technology)을 이용하여 임신·출산을 하고자 하는 사람의 재생산권리에 대한 몇 가지 질문에서 시작되었다. 특히, 보조생식술을 이용한 임신·출산의 결과로 태어나는 아이에 대해 법적으로 어머니나 아

---

1   이 글은 한국법제연구원 글로벌법제전략 연구 21-17-②의 연구보고서 『미래세대를 위한 법적 과제 Ⅱ : 보조생식의료에 관한 글로벌 법제 동향(2021.9.30)』에 포함된 내용을 토대로 2021년 9월 3일 한국법제연구원·대한산부인과학회·이화여자대학교생명의료법연구소 공동학술회의에서 발표한 내용과 2022년 11월 9일 서울대학교 법학연구소 공익인권법센터 제6차 재생산권 세미나 및 2022년 공익인권법 전문과정에서 발표한 내용을 정리한 것임을 밝힙니다.

버지가 되고자 하는 의사가 있는 사람이 아닌 기증자의 생식세포(난자와 정자)나 배아를 이용하여 임신·출산이 이루어지는 경우와, 이렇게 태어나는 아이에 대해 법적으로 어머니가 되고자 하는 의사가 없는 여성이 임신·출산을 대신해주어 아이가 태어나는 경우에 주목하고 있다. 예를 들면, "기증자나 대리모의 도움을 받는 일이 어떤 조건을 가진 누구에게 허용되고 있고 허용되어야 하는가? : 법률혼관계에 있는 부부인가? 비혼자 1인도 포함되는가?", "이러한 도움을 받아 태어나는 아이에 대해 누가 법적으로 부모가 되어야 하고 어떤 방식으로 부모를 확정하여야 하는가? : 아이의 출생을 의도한 사람이 부모가 되어야 하는가? 생식세포나 배아의 출처가 되는 사람이 부모가 되어야 하는가? 직접 임신·출산을 한 여성이 어머니가 되어야 하는가?", "법적 부모, 기증자와 대리모, 태어나는 아이 각각의 권리는 어떻게 보호되어야 하는가? : 서로에 대해 알 수 있게 하여야 하는가?"가 주요한 질문이다.

우리나라에는 세계적인 수준의 보조생식술을 시행하는 의료기관이 많은 것으로 알려져 있고, 늦은 결혼으로 인해 임신을 시도하는 연령 역시 높아지고 있는 점이 난임의 문제로 이어져 보조생식술을 필요로 하는 경우 역시 늘어나고 있으며, 사회경제적인 상황이나 문화적인 측면에서의 변화로 인해 혼인은 원하지 않으나 자녀를 두고자 하는 비혼자가 예전에 비해 늘어난 것으로 예상되고 있다는 점 등을 고려하면, 보조생식술과 관계되는 윤리적 법적 쟁점에 대한 검토와 함께 관련 법정책의 적절성에 대한 진단과 개선이 이루어져야 한다. 이 글에서는 보조생식술과 관련한 우리나라와 영국의 법정책을 비교해보는 일을 중심으로 하여 앞서 제시한 질문에 대한 답을 찾아보고자 하였다. 왜냐하면 영국은 세계최초의 시험관아기를 탄생시킨 국가로 보조생식술에 대한 가장 오래된 역사를 가지고 있고, 앞서 언급된 상황들을 먼저 경험하여 그에 따른 여러 가지 질문들에 대한 나름의 답을 법정책에 이미 담고 있기 때문이다.

II. 우리나라 보조생식술의 현황과 법정책

1. 재생산권리와 보조생식술의 관계

재생산권리는 재생산활동과 재생산능력에 관계되는 권리로, 1979년 유엔 여성차별철폐협약, 1993년 유엔 비엔나 세계인권대회, 1994년 유엔 카이로 세계인구개발회의, 1995년 북경 제4차 세계여성대회와 같은 국제적인 차원에서의 논의를 통해 그 개념이 발전되어 왔다.[2] 이러한 논의의 결과를 종합해보면 재생산권리는 임신·출산의 여부와 시기 그리고 이를 둘러싼 여러 가지 여건과 환경에 있어서의 자유권이자 평등권으로 설명될 수 있고, 권리 주체가 자유롭고 평등한 상태에서 재생산권리를 향유함으로써 궁극적으로는 행복을 추구하고자 하는 권리를 실현하는 데에 의의가 있다. 그리고 현실적인 측면에서 재생산권리의 실질은 권리 주체의 선택권, 결정권, 건강권, 의료권, 정보권이라고 할 수 있다.[3]

자연적인 방법으로 임신이 가능하지 않은 경우, 재생산권리는 보조생식술을 이용하는 일에 관계되는 권리, 즉 임신을 위해 의학적으로 필요한 도움을 받는 일을 가능하게 하는 권리라고 할 수 있다. 「모자보건법」에 정의된 바에 따르면, 법률혼부부와 사실혼부부가 피임을 하지 않은 상태에서 정상적인 성생활을 하고 있음에도 불구하고 1년이 지나도 임신이 되지 않는 경우를 난임(難妊)이라고 한다(제2조). 의학적으로는 이러한 경우를 불임(不妊)이라고 하는데, 보조생식술이 발전하면서 자연적인 방법으로 임신이

---

2 재생산권리 개념 발전에 대해서는 신옥주, "헌법적 관점에서 본 여성의 재생산권 보장을 위한 방안", 『공법연구』, 제49집 제2호, 2020, 307-310면; 송윤진, "생명공학기술과 여성의 몸 그리고 권리 : 생명의료윤리에서의 관계적 자율성론 소고", 2017년 한국젠더법학회·경상대 여성연구소 공동 추계 학술대회 자료집(미간행), 153-156면.

3 성과 재생산 건강 및 권리(sexual and reproductive health and rights)로의 설명은 오승이, "낙태죄 헌법불합치 결정을 딛고, 어디로 가야 하는가?", 『서울대학교 법학』 제64권 제2호, 2023, 9-13면.

가능하지 않은 원인을 파악하여 해결할 수 있는 방법이 다양해짐에 따라 "임신을 하지 못한다"는 부정적인 의미에서의 불임이라는 용어는 "임신을 하기 어렵지만 할 수 있다"는 긍정적인 의미를 담은 난임이라는 용어로 전환되어 사용되고 있다. 「생명윤리 및 안전에 관한 법률(이하 "생명윤리법"이라 한다)」에도 난임이라는 용어가 사용되고 있고(제29조 제1항 제1호), 이러한 용어가 사용되게 된 이유는 이 법의 개정이유에서 찾아볼 수 있다.[4]

사실 보조생식술은 임신에 이르는 일뿐만 아니라 임신 상태를 유지하여 출산에 이르기까지의 전 과정에서 의학적 보조 또는 도움을 받고자 하는 모든 사람에게 제공되는 방법을 포함한다. 특히, 자연적인 방법으로 임신이 되지 않는 부부에게 의학적 보조 또는 도움을 제공해주어 임신이 되도록 하는 방법이 핵심이다. 광의의 보조생식술은 인간의 생식세포(난자와 정자)를 체외로 채취하여 임신을 도와주기 위해 행하는 여러 종류의 시술로서, 체외수정시술(일명 "시험관아기"라고 하는 자궁내배아이식술을 핵심으로 함) 외에 체내수정시술(주로 자궁내정자주입술을 말함)도 포함한다. 협의의 보조생식술은 인간의 난자를 체외로 채취하여 임신을 도와주기 위해 행하는 여러 종류의 시술로서, 체외수정시술만을 의미하기도 한다.

2. 우리나라 보조생식술 실시 현황

통계청 조사 결과에 따르면, 자녀의 필요성에 대해 2020년에는 국민 10명 중 7명이 결혼 후 자녀가 필요하다고 생각하는 것으로 확인되었는데, 모든 연령대에서 자녀의 필요성에 대한 인식이 2년 전과 비교할 때 감소되긴 했지만 그래도 여전히 많은 수의 사람들이 자녀가 필요하다고 생각하고 있

---

4   「생명윤리 및 안전에 관한 법률」 2012년 2월 1일 전부개정 개정이유 : '불임'이라는 부정적인 용어가 불임가정에 대한 사회적 편견을 조장할 우려가 있어 '임신하기 어려운 일 또는 그런 상태'를 뜻하는 '난임'으로 용어를 변경하여 난임 가정에 희망을 주고 난임에 대한 사회적 인식을 전환하려는 것임.

는 것으로 나타났다.[5] 그러나 2017년도 난임부부 지원사업 결과평가 및 저소득층 지원실태 분석 결과에 따르면, 자녀의 필요성에 대한 난임인 사람의 생각은 일반적인 경우에 비해 좀 더 높게 나타난 것으로 확인되었는데, 체외수정시술 대상자 여성의 경우 50% 이상이 꼭 있어야 한다고 답했고, 있는 것이 없는 것보다 나을 것이라는 답은 40% 이상이었으며, 인공수정시술 대상자 여성의 경우 60% 이상이 꼭 있어야 한다고 답했고, 있는 것이 없는 것보다 나을 것이라는 답은 30%에 가까웠다.[6] 참고로, 이 분석 결과에 따르면 자녀의 입양에 대한 고려는, 체외수정시술 대상자 여성의 경우 60% 이상이 입양을 전혀 고려한 적 없다고 답했고, 고려한 적이 있으나 포기했다는 답이 30% 이상이었으며, 인공수정시술 대상자 여성의 경우 75% 가까이가 입양을 전혀 고려한 적 없다고 답했고, 고려한 적 있으나 포기했다는 답은 20% 이상이었다. 이는 자녀를 두는 방식이 여러 가지이고 입양에 대한 사회적인 인식도 많이 좋아졌지만, 여전히 생물학적으로나 유전적으로 연관성이 있는 자녀를 두고 싶어 하는 상황이라고 해석된다.

그래서인지 보건복지부 연구용역사업 최종보고서 상의 내용에 따르면, 우리나라에서 2008년부터 2018년까지 자궁내정자주입술은 매년 3만2천~4만6천건 정도 실시되었고, 체외수정시술은 매년 3만~10만건 정도 실시되었으며, 이 중 자궁내정자주입술에 있어 비배우자의 정자를 이용한 경우가 매년 30~1천2백건 정도를 차지했고, 체외수정시술에 있어 비배우자의 난자를 이용한 경우는 매년 200~300건 정도였고 비배우자의 정자를 이용한 경우는 매년 300~500건 정도였던 것으로 나타났다.[7] 이러한 현황을 앞

---

5   통계청, 2020 한국의 사회지표.

6   보건복지부·한국보건사회연구원, 『2017년도 난임부부 지원사업 결과평가 및 저소득층 지원실태 분석』, 2018.

7   국가생명윤리정책원, 『생식세포 및 배아의 안전한 보관·활용을 위한 관리체계 구축』, 보건복지부 연구용역사업 최종보고서, 2019, 40-42면.

서 살펴본 자녀의 필요성에 대한 인식조사 결과에 비추어보면, 상당히 많은 건수로 보조생식술이 실시되고 있는 것과 기증자의 생식세포를 이용하는 경우도 적지 않다는 점은 인식조사 결과와 잘 맞고 연관성이 있는 것으로 보인다.

3. 보조생식술 관련 윤리적 법적 문제

법률혼 관계에 있으면서 부모가 되고자 하는 의지가 있는 남녀가 보조생식술을 이용하지만 자신들의 생식세포를 이용하고 이들 중 여성이 직접 임신·출산을 하여 아이가 태어난다면, 이러한 절차와 방법을 허용하는 일이나 태어나는 아이의 법적 부모를 결정하는 일 등에 있어 윤리적으로나 법적으로 크게 문제될 바가 없다. 그러나 보조생식술에 기증자의 생식세포나 배아 그리고 임신·출산을 대신해주는 여성인 소위 대리모가 관계되는 경우인 소위 제3자 개입 임신(third party reproduction)의 경우에는 말 그대로 부모가 되고자 하는 당사자가 아닌 다른 사람이 개입되기 때문에 이와 관련한 윤리적 법적 우려점이 제기된다.

정자와 달리 난자는 침습적인 절차와 방법을 통해서만 체외로 확보할 수 있고 여러 개의 난자를 확보할 수 있으려면 약물을 사용하여야 하기에 난자기증자의 건강에 부정적인 영향을 미칠 수밖에 없다는 점,[8] 임신·출산은 10개월 정도의 장기간이 소요될 뿐만 아니라 이를 직접 담당하는 여성의 건강은 물론 생활 측면에서도 상당한 부담과 불편을 끼친다는 점, 무엇보다 기증자와 대리모가 태어나는 아이와 유전적 생물학적 연관성을 가질 수 있는 상황인데 사실상 아이의 부모가 되기를 원하는 사람은 따로 있어

---

8   난자채취시술의 절차와 방법 그리고 이로 인해 난자기증자의 건강에 미치는 부정적인 영향에 대해서는 이미 다른 논문을 통해 제시했던 바 있다. 김은애, "여성의 재생산건강권 보장에 관한 소고 : 생식세포제공·수증의 문제를 중심으로", 『의료법학』 제17권 제2호, 2009, 91-95면.

누가 아이에 대해 법적으로 부모가 되는지가 명확해야만 이들 각자의 책임과 의무 그리고 권한이 명확해지고 태어나는 아이의 양육 받을 권리 등이 제대로 보장될 수 있다는 점[9] 등이 이러한 우려점의 예라고 할 수 있다.

더 나아가 제3자 개입 임신의 경우 비혼자도, 즉 여성 1인뿐만 아니라 남성 1인도 자신의 생식세포를 이용하여 자신과 유전적으로 연관성이 있는 자녀를 두는 일이 실제로 가능하다. 그러나 대부분의 아이는 부모가 될 남녀의 결합관계를 전제로 태어나야 하고 이들에 의해 양육되어야 한다는 사회적인 통념, 그리고 적어도 아이를 직접 임신·출산한 여성이 아이의 모(母)로 여겨지는 것이 의심의 여지 없이 당연하다고 여기는 점은 비혼자의 보조생식술 이용이 윤리적으로나 법적으로 문제가 있다고 보는 가장 중요한 이유이다.[10] 특히 비혼여성이 기증자의 정자를 이용하여 임신·출산을 하는 일과 관련해서는 유전적으로 아버지인 기증자가 아이에 대해 인지청구를 할 수 있는 가능성이 있다는 점, 태어난 아이가 유전적인 아버지에 대

---

9   보조생식술로 인해 모성과 부성의 스펙트럼이 매우 확대되고 있으므로 비록 부모자녀 간에 유전적 생물학적 연관성이 없더라도 아이의 임신출산을 의도한 부모가 그 결과로 태어나는 아이에 대해 자녀에 대한 부모로서의 법적 책임과 의무를 다하겠다는 적극적인 의사를 명확히 밝힌 경우 그 부모자녀 관계가 법적으로 타당하게 인정될 수 있어야 한다는 것은 이미 다른 논문을 통해 주장했던 바 있다. 김은애, "법적 부모 규정방식 변화의 필요성 : 보조생식술에 따른 모성·부성 개념 변화와 관련하여", 『한국여성철학』 제12권, 2009, 89-117면.

10   혼인하지 않은 상태에서 보조생식술을 이용하여 아이를 낳은 외국인 여성 방송인의 사례를 계기로 이의 정당성에 대한 논란이 있었고, 논란의 핵심은 비혼여성의 권리가 사회질서를 원하는 국민의 권리보다 앞서는지, 기증 받은 정자의 안전성을 보장할 수 있는지, 정자기증자에 대한 아이의 알권리를 어떻게 보장해줄 것인지, 정자를 기증받는 일과 관련하여 우생학과 상업화를 막을 수 있는지였다. 이에 대해서는 의학신문 2020년 12월 2일 기사 '사유리의 임신은 정당한 권리인가' 참고. 그리고 2021년 3-4월에는 비혼모의 출산을 부추기는 공중파 방영을 즉각 중단해달라는 국민청원도 있었는데, 해당 청원의 내용은 공영방송이 올바른 가족관을 제시하고 결혼을 장려하며 정상적인 출산을 장려해야 하니 비혼출산이라는 비정상적인 방식이 마치 정상인 것처럼 여겨질 수 있는 내용이 방송되어서는 안 된다는 것이었다.

해 알권리를 주장하는 경우 대처방안이 마련되어 있지 않다는 점 등이 우려된다.[11]

4. 보조생식술 관련 우리나라 법정책의 내용과 문제점

우리나라에서 보조생식술에 대한 법적 기준이 마련된 것은 2004년 1월 29일에 제정되어 2005년 1월 1일부터 시행된 「생명윤리법」 상에 보조생식술 관련 규정이 포함되면서부터라고 할 수 있다. 그리고 이 법이 전부개정되어 2013년 2월 2일부터 시행되면서 보조생식술 관련 법적 기준은 이전에 비해 좀 더 명확해졌다.

현행 「생명윤리법」에 따르면 보조생식술을 시행하는 의료기관은 보조생식술에 관계되는 당사자들, 즉 난자 기증자, 정자 기증자, 체외수정 시술대상자 및 해당 기증자·시술대상자에게 배우자가 있는 경우 그 배우자의 서면동의를 받아야 한다(제24조 제1항). 물론 동의를 받기에 앞서 배아생성의 목적, 배아·난자·정자의 보존과 폐기에 관한 사항, 그리고 전여배아와 잔여난자의 연구 목적 이용에 관한 사항을 비롯하여 이 법에 정해져 있는 사항에 대해 사전에 충분히 설명하여야 하고(제24조 제2항 및 동법 시행규칙 제20조 제4항), 동의는 법정서식을 사용해서 받아야 해당 동의서를 10년간 보존해야 한다(제24조 제3항 및 동법 시행규칙 제20조 제1항, 제2항, 제5항). 그리고 난자기증은 건강검진을 통해 문제가 없음이 확인된 경우에만 허용되고(제27조 제1항, 제2항 및 동법 시행규칙 제23조 제1항, 제2항), 그렇다고 하더라도 평생 3회로 제한되고 6개월 이상의 기간을 두고 이루어져야 하며(제27조 및 동법 시행령 제11조 제1항), 난자기증에 필요한 시술 및 회복에 걸리는 시간에 따른 보상금 및 교통비, 식비, 숙박비에 대해서만 실비보상을 받을 수 있을 뿐 그

---

11   백수진·이현아·문한나·박인경·김명희, "기증 정자를 이용한 비혼 여성의 임신과 출산에 대한 법적 쟁점 연구", 『생명, 윤리와 정책』 제6권 제1호, 2022, 33-50면.

외에 사례를 받을 수 없다(제27조 제4항 및 동법 시행규칙 제24조 제1항).

그러나 기증 받은 생식세포를 이용한 체외수정시술이 법적으로 명확하게 허용되고 있음에도 불구하고, 그 결과로 태어난 아이에 대해 누가 법적 부모인지를 명확하게 정하는 기준을 담은 규정은 이 법에 포함되어 있지 않다. 우리나라는 아이를 낳은 여성이 모(母)가 되는 것을 당연시하고 있어서인지 모자관계의 법적 성립에 대한 내용을 담은 규정은 없다. 그리고 현행 「민법」에 따르면 아이를 낳은 여성이 남성과 법률혼관계에 있다면 그 아이는 이 남성의 자녀로 추정되도록 되어있다(제844조 제1항). 추정은 말 그대로 추정일 뿐이어서 친생부인이 가능한데, 일부러 기증 받은 생식세포를 이용한 체외수정시술을 통해 아이가 태어나도록 했음에도 불구하고 이러한 경우에 대해 친생부인이 불가능하도록 하는 내용을 담은 규정이 없어 문제이다. 만약 기증자의 정자를 이용하여 태어난 아이라면 사실상 이 아이는 아버지로 추정된 남성과 아무런 유전적 연관관계가 없는데, 친생부인의 타당성을 판단하는 기준 중 하나가 유전적 연관관계라는 점을 감안하면 기증자의 정자를 이용하여 태어난 아이는 친생부인의 대상이 될 가능성을 계속 가지고 있는 셈이다. 물론 이러한 경우에 있어 친생부인은 신의성실의 원칙에 반하여 인정될 수 없다는 판결이 내려졌던 바가 있기는 하다.[12] 그러나 판결이 존재한다는 정도만으로 아이의 법적 지위가 안정적이라고 하기에는 무리가 있다.[13]

남성과 법률혼관계에 있지 않은 여성이 기증자의 정자를 이용하여 체외수정시술을 받을 수 있는지에 대해서도 명확한 기준이 없다. 분명 「생명윤

---

12 대구지방법원 가정지원 2007.8.23. 선고, 2006드단22397 판결, 대법원 2019.10.23 선고 2016므2510 전원합의체 판결.

13 제3자의 정자를 이용한 출생자와 아버지의 친생자관계 관련한 윤리적 법적 문제점은 이미 다른 논문을 통해 제기했던 바 있다. 김은애, "비배우자간 보조생식술에서 친생자관계와 동의 문제", 『생명윤리정책연구』 제13권 제2호, 2020, 89-117면.

리법」상 동의 획득에 관한 규정에는 체외수정시술대상자에게 배우자가 있는 경우에 그 배우자의 동의를 받으라고 되어 있을 뿐이어서 배우자가 없는 경우도 상정하고 있는 것으로 추측할 수 있을 뿐이다.[14] 그렇다면 남성과 법률혼관계에 있지 않은 여성이 기증자의 정자를 이용하여 체외수정시술을 받는 것이 법에 의해 금지되어 있지 않기 때문에 사실상 이러한 일을 해주는 배아생성의료기관에서의 실제가 중요한데, 이러한 일은 사실상 불가능에 가까운 상황이다.[15] 왜냐하면 배아생성의료기관에 소속되어 있는 산부인과의사들이 대한산부인과학회 보조생식술위원회가 마련하여 제시하고 있는 〈보조생식술 윤리지침〉을 따르고 있는데, 2021년 1월 1일자 지침(version 9.0)에 따르면 체외수정시술은 원칙적으로 부부관계에서 시행되어야 하는 것으로 기준이 제시되어 있고, 다만 사실상의 혼인관계에 있는 경우 정도까지를 포함하도록 하고 있기 때문이다. 법에 의해 금지되지 않

---

14   우리나라 법학자들 사이에서도 해당 조항에 대한 해석은 서로 다르게 되고 있다. 어떤 법학자들은 배우자가 있는 경우 동의를 받으라는 것을 규정하는 조항이지 배우자가 없다면 배아생성을 위한 행위를 할 수 없다는 취지의 조항으로는 볼 수 없다거나, 태어나는 자녀에 대한 부양의무가 함께 부과되니 배우자가 있는 경우에 동의를 요구하는 조항에 불과하다고 보았다. 그러나 다른 법학자는 국내법은 법률로 인정되는 부분의 혼인관계 외에서는 한 아이의 출생이 이루어질 수 없다는 해석론을 바탕으로 마련된 것이니 비혼 등 법률적 혼인 외 상황에서 출산하는 경우를 무조건 불법이 아니라고 판단하기 어려운 측면이 있다고 보았다. 하지만 보건복지부는 설명회를 통해 비혼 출산에 법적 위반 사항이 없다고 밝히면서 기증 시 금품거래가 있는 경우 법 위반이 된다고 설명한 바 있다. 이에 대해서는 법률신문 2020년 11월 23일 기사 '방송인 사유리 '비혼 출산' 공개, 한국서는 불법인가' 참고.
15   보조생식술이 난임치료를 위한 것으로 간주되고 난임의 당사자가 법률혼 부부로 제도화됨에 따라 난임의 정의에 포함되지 못하는 독신 여성이 보조생식술에 접근하는 일은 실질적으로 불가능한 상황이라는 해석과, 이는 보조생식술의 대상을 법률혼 부부로 제한함으로써 기존의 가족규범에서 크게 벗어나지 않아 보조생식술과 관계되는 윤리적 반발과 사회적 갈등을 최소화할 수 있는 방법으로 여겨졌기 때문이라는 분석은 김선혜, "난임의 자격 : 보조생식기술의 일상화와 계층화된 재생산", 『과학기술학연구』 제23권 제2호, 2023, 89-91면.

는 일이 학회 지침에 의해 금지되고 있는 것이라고 할 수 있다. 이에 국가인권위원회가 학회 지침에 대한 개정을 권고하였으나,[16] 대한산부인과학회는 제3자의 생식능력을 이용해 보조생식술로 출산하는 것은 생식세포 기증자와 출생아의 권리를 포함해 논의해야 하는 중대한 문제이고 독신자의 보조생식술을 허용하는 국가들은 동성커플의 보조생식술도 허용하고 있어 이에 대한 사회적 합의와 법률 개정이 선행되어야 하므로 현행 기준을 유지하겠다는 입장을 밝혔던 바 있다.[17] 그리고 이러한 학회의 입장에 대해 국가인권위원회는 대한산부인과학회가 비혼 여성의 출산에 대한 자기결정권 등 사안의 본질을 제대로 인식하지 못하고 있고, 사회적 합의의 유무 등은 대한산부인과학회가 권한 없이 임의로 단정해 판단할 사안이 아니며, 법률로 위임 받은 바 없는 사안에 대해 자의적인 기준으로 제한하는 조치를 둔 것은 타당성을 인정하기 어렵다고 하며 유감을 표했던 바 있다.[18]

현행 「생명윤리법」에 따르면 배아는 동의권자가 5년 범주 내에서 기간을 정해 보존할 수 있고(제25조 제1항), 항암치료 등 특별한 사유가 있는 경우에는 5년 이상으로 정할 수도 있다(제25조 제2항). 그러므로 배아가 보관되어 있는 상태에서 남성 배우자가 사망하는 경우가 발생할 수 있고, 그럼에도 불구하고 보관되어 있는 배아로 여성이 임신을 시도하는 일은 문제 없이 가능하다. 이 법에서 사망한 사람의 난자나 정자로 수정을 하는 행위는 명확하게 금지되는 행위로 규정되어 있으나(제23조 제2항 제2호), 사망한 사람의 생식세포로 이미 생성되어 있는 배아를 이식하는 행위를 금지하는 내

---

16   2022년 4월 12일 비혼여성에 대한 시험관 시술 제한 차별(20진정0915500·1진정019000) 사건에 대한 국가인권위원회 차별시정위원회 결정문.

17   서울경제 2022년 9월 30일 기사 '대한산부인과학회 비혼여성 시험관 시술 불가 입장 고수, 인권위 원고 불수용'.

18   청년의사 2022년 10월 1일 기사 '산부인과학회, 인권위 권고에도 '비혼여성 시험관 시술 불가'.

용을 담은 규정은 없기 때문이다. 기술적으로는 배아뿐만 아니라 생식세포도 모두 보관 가능한 상황이고, 보관되어 있는 생식세포로 수정란을 생성하는 시점이나 보관되어 있는 배아를 이식하는 시점에 배아생성의료기관에서 일일이 남성 배우자의 사망 여부를 확인하기 어려운 경우가 있으며, 실제로 남편이 사망한 후 보관되어 있는 생식세포로 생성된 배아로 출생한 자녀에 대한 인지청구가 아이와 아버지의 혈연관계가 확인되었다는 이유로 이미 받아들여졌던 사례가 있다.[19] 물론 이러한 결정이 내려진 것이 아이와 어머니의 입장에서는 긍정적인 결과이겠지만, 사망한 사람의 생식세포로 수정을 한 배아생성의료기관은 법에 위배되는 행위를 한 것이다. 전반적으로 사후생식에 대한 윤리적 법적 판단과 사회적 합의점 도출이 되지 않은 현 상황은 의생명과학의 발달 수준이나 이러한 방식의 임신·출산을 원하는 사람들의 생각과 상당한 괴리가 있어 문제이다.

현행 「생명윤리법」에는 대리임신·출산과 관계되는 조항이 전혀 없다. 대리임신·출산 현황이 공식적으로 정확하게 확인되어 발표된 바는 없으나 실제로 이런 사례가 존재하는 것으로 비공식적으로 알려져 있는 가운데, 대리모를 통해 태어난 아이에 대한 출생신고가 거부되었던 것이 적절하다고 판단된 경우가 있다.[20] 직접 임신·출산하는 것이 불가능할 뿐 자신들의 생식세포를 이용할 수 있어 자신들과 유전적인 연관관계가 있는 자녀를 둘 수 있는 사람의 경우 대리임신·출산은 유용한 선택지일 수 있다. 그러나 대리임신·출산이 선량한 풍속에 반하는 일이라고 판단되고 있을 뿐 명확한 규정에 의해 법적으로 금지되거나 제한되고 있지 않은 상황이기에 대리임신·출산을 통해 태어난 아이에 대한 출생신고에 대해서까지도 아무런 기준이 없어 문제이다.

---

19   서울가정법원 2015.7.3. 선고 2015드단21748 판결.

20   서울가정법원 2018.5.9. 선고, 2018브15 결정.

Ⅲ. 영국의 보조생식술 현황과 법정책

1. 영국 보조생식술 실시 현황

영국은 1979년에 세계 최초로 체외수정시술 아기인 루이스 브라운이 태어난 국가로, 보조생식술의 시행에 대해 매우 오랜 역사를 가지고 있다. 영국은 보조생식술의 이용에 대한 국가 차원에서의 규제, 관리, 지원 등을 위해 1990년에 「인간 수정 및 배아생성에 관한 법률(Human Fertilisation and Embryology Act, 이하 "HFE법"이라 한다)」을 제정하였고,[21] 이 법에 근거하여 설립된 인간 수정 및 배아생성 관할관청(Human Fertilisation and Embryology Authority, 이하 "HFE청"이라 한다)이 보조생식술을 관리감독하고 있다. HFE청은 홈페이지[22]를 통해 이성애자 커플, LGBT(레즈비언, 게이, 양성애자, 성전환자), 독신여성, 38세 이상인 여성, 가족력에 해당하는 유전질환을 가진 사람 각각에게 필요한 정보를 구분하여 제공하고 있는데, 이를 통해 영국에서 보조생식술 대상자의 법정책적 범위가 넓은 것을 알 수 있다.

2023년 6월에 발표된 『난임치료 2021 : 예비적 경향과 수치(체외수정시술과 기증자의 생식세포를 이용한 자궁내정자주입술을 통한 치료, 생식세포와 배아의 보관과 기증)(Fertility treatment 2021: preliminary trends and figures(preliminary UK statistics for IVF and DI treatment, storage, and donation))』[23]과 2021년 5월에 발

---

21   이 법은 2008년에 개정되어 현재에 이르고 있다. https://www.legislation.gov.uk/ukpga/2008/22/contents 이 법의 제정 배경 및 연혁에 대한 보다 자세한 내용은 김은애, "영국 인간 수정 및 배아발생에 관한 법률(HFEA) 개정의 내용 및 시사점 : 보조생식에 따른 부모의 법적 확정에 관한 'part 2'를 중심으로", 『생명윤리정책연구』 제3권 제2호, 2009, 119-232면. 이 법의 개정 배경 및 주요 내용에 대해서는 이기평·김은애·유수정·이권일·박수경, 『미래세대를 위한 법적 과제 Ⅱ : 보조생식의료 관련 글로벌 법제 동향』, 글로벌법제전략 연구 21-17-②, 한국법제연구원, 2021.9.30., 98-99면.

22   https://www.hfea.gov.uk

23   https://www.hfea.gov.uk/about-us/publications/research-and-data/

표된『난임치료 2019 : 경향과 수치(체외수정시술과 기증자의 생식세포를 이용한 자궁내정자주입술을 통한 치료, 생식세포와 배아의 보관과 기증)(Fertility treatment 2019 : trends and figures(UK statistics for IVF and DI treatment, storage, and donation))』[24]에 따르면, 영국에서 지금까지 30년 이상의 기간 동안 39~40만명 정도의 아기가 보조생식술을 통해 태어났고, 2021년에 약 55,000명의 환자가 영국 HFE 청의 허가를 받은 의료기관에서 약 76,000회의 신선배아이식 및 냉동배아 이식 체외수정시술 주기와 약 7,000회의 기증자의 생식세포를 이용한 자궁내정자주입술 주기의 시술을 받은 것으로 나타났다.

특히 2020년 9월 22일에 게시된『2018년 난임치료의 가족 형성 : 이성애자, 여성 동성애자, 독신 여성에 있어 체외수정시술 및 기증자의 생식세포를 이용한 자궁내정자 주입술에 대한 영국 통계(Family formations in fertility treatment 2018: UK IVF and DI statistics for heterosexual, female same-sex and single patients)』[25]에 따르면, 2018년에 난임치료는 이성애 관계에 있는 여성이 90% 정도로 가장 많이 이용했지만 동성애 관계에 있는 여성이 6.4% 정도, 독신인 여성이 3.2% 정도, 그리고 대리모가 0.4% 정도 이용했던 것으로 파악되었고, 역사적으로 동성애 관계에 있는 여성과 독신인 여성이 지난 10년 동안 체외수정시술을 사용하는 비율이 증가하여 동성애 관계 여성의 경우 2008년에 27% 정도였으나 2018년에는 45% 정도로 증가했고, 독신 여성의 경우 2008년에 41% 정도였으나 2018년에는 57% 정도로 증가한 것으로 확인되었다. 또한 2022년 11월에 공개된『영국 난임 부문의 기증 및 기증자 치료에 대한 통계자료(Statistics on donation and donor

fertility-treatment-2021-preliminary-trends-and-figures

24 https://www.hfea.gov.uk/about-us/publications/research-and-data/
    fertility-treatment-2019-trends-and-figures

25 https://www.hfea.gov.uk/about-us/publications/research-and-data/family-
    formations-in-fertility-treatment-2018

treatments in the UK fertility sector)』[26]에 따르면, 기증자의 생식세포를 사용한 임신은 2019년에 4,100건 이상의 출생으로 이어졌고, 2020년에 영국에 등록된 신규 정자기증자의 절반 이상이 다른 나라에서 유입된 기증자(영국 국적이 아닌 다른 나라 국적의 기증자)로 이들 중 27%는 미국인이고 21%는 덴마크인으로 파악되었다.

2. 보조생식술 관련 영국 법정책의 내용과 의의

보조생식술에 대해 규정하고 있는 영국 HFE법은 총 3부로 구성되어 있는데, 제1부는 1990년 HFE법의 개정에 관한 내용, 제2부는 보조생식이 개입된 경우에 있어 부모성(Parenthood) 결정에 관한 내용, 제3부는 대리모에 의한 임신·출산 등에 관한 내용을 포함하고 있다. 그리고 보조생식술에 대한 가이드라인으로는 HFE청이 제시하고 있는 실무규정(Code of Practice, 9판, 2021년 10월 개정)[27]이 있는데, 이에는 보조생식술과 생식세포·배아의 보관과 기증 등의 동의에 관한 구체적인 지침뿐만 아니라 법적 부모성, 대리임신·출산 등에 관한 구체적인 지침이 포함되어 있다. 즉, 보조생식술과 관련된 여러 가지 기준을 법에 명시함으로써 분명히 하고, 이러한 법규정에 근거하여 전문적으로 역할을 할 수 있는 관할관청을 두고 있으면서 이 관할관청이 구체적인 지침을 제시할 뿐만 아니라 보조생식술을 시행하고 있는 의료기관에 대해 허가하고 관리·감독을 할 수 있도록 함으로써 보조생식술에 관계되는 당사자들과 의료기관 관계자들을 제도적으로 뒷받침하고 있는 것이다.

HFE청은 의료기관에서 보조생식술의 시행과 관련하여 사용할 수 있는

---

26   https://www.hfea.gov.uk/about-us/publications/research-and-data/trends-
      in-egg-sperm-and-embryo-donation-2020

27   https://portal.hfea.gov.uk/knowledge-base/read-the-code-of-practice

각종 서식을 마련하여 제공하고 있다.[28] 이는 보조생식술의 당사자들이 이들 서식을 작성하면서 보조생식술과 관련한 자세한 기준을 이해하게 되고 선택지가 있는 경우 자신이 어떤 사항을 선택할 것인지를 생각해보고 판단하여 서식에 기재하도록 되어 있어 자연스럽게 자신의 결정을 문서로 명확히 하도록 되어 있는 것이다. 즉, 보조생식술 관련 영국 법정책의 핵심은 모든 사항에 대한 충분한 정보를 당사자들에게 제공하고, 모든 사항에 대해 관련자들이 합의하여 결정하도록 하고 있으며, 합의하여 결정한 내용을 모두 문서를 통해 남기도록 함으로써, 당사자들로 하여금 사실상 누구의 정자와 난자를 이용하여 언제 어떻게 아이를 낳아 부나 모가 될 것이고 누구와 함께 부모가 될 것인가를 정하여 법적 부모자녀 관계를 명확히 함은 물론 그에 따른 양육의 책임과 의무를 이행하도록 하고 있는 것이다.

영국 HFE법에 따르면, 배아 또는 난자와 정자를 체내에 삽입한 결과로 아이를 임신 중이거나 임신했던 여성은 삽입 시점에 영국에 있었든 그 외의 장소에 있었든 관계 없이 그 결과로 태어난 아이의 어머니가 된다. 그리고 이 삽입 시점에 이 여성과 혼인관계에 있거나 시민동반자관계(civil partnership)에 있는 남성은 이 여성의 임신에 자신의 정자가 사용되지 않았더라도 이러한 난임치료에 동의를 하지 않은 경우를 제외하고는 삽입 시점에 영국에 있었든 그 외의 장소에 있었든 관계 없이 그 결과로 태어난 아이의 아버지가 된다. 그리고 영국은 여성끼리의 혼인관계나 시민동반자관계도 인정하고 있으므로, 한 여성이 다른 여성과 이러한 관계에 있으면서 임신을 하게 되면, 직접 임신·출산을 한 여성은 아이의 어머니(mother)가 되고, 이 다른 여성은 이러한 난임치료에 동의를 하지 않은 경우를 제외하고는 아이의 부모(parent)가 된다. 만약 독신 여성이 임신·출산을 하게 되는 경우라면, 임신에 자신의 정자가 사용되었는지 유무와 관계 없이 태어나는

---

28   https://portal.hfea.gov.uk/knowledge-base/consent-forms

아이의 아버지가 되기로 이 독신 여성과 합의한 남성이 아이의 아버지가 될 수 있다. 물론 이 독신 여성과 동일한 방식으로 합의한 여성은 아이의 부모가 될 수 있다. 반면, 여성은 자신이 임신하고 있지 않은 아이나 임신하지 않았던 아이의 어머니로 간주될 수 없다. 설령 자신이 기증한 난자로 다른 여성이 임신·출산하더라도 자신의 난자가 임신에 이용되었다는 이유만으로 그 아이의 어머니가 될 수 없다. 이러한 기준을 통해 부모가 되고자 의도한 사람의 권리와 책임뿐만 아니라 부모가 되고자 하지 않으면서 다른 사람의 부모됨에 대해 도움을 주고자 한 사람의 권리도와 책임도 명확히 하고, 결과적으로 태어난 아이가 법적으로 부모로 인정되는 사람에 의해 양육될 수 있도록 하는 것이다.

영국 HFE법은 사후생식과 대리임신·출산에 있어 부모를 정하는 방식에 대한 규정도 두고 있다. 남성이 사망한 후 그 남성의 정자나 이를 통해 생성된 배아로 여성이 임신·출산한 경우, 남성이 자신이 사망한 후 자신의 정자나 이를 통해 생성된 배아가 여성의 임신에 사용되는 것과 이로 인해 태어나는 아이의 아버지가 되는 것에 동의했고 해당 여성이 아이가 태어난 날로부터 42일 이내에 그 남성이 자신이 낳은 아이의 아버지로 간주되는 것에 대해 서면으로 동의하면 그 남성이 아이의 아버지가 된다. 그리고 대리임신·출산의 경우 혼인관계나 시민동반자관계에 있거나 영구적 가족 관계에서 동반자로 살고 있고 서로에 대해 금지된 근친혼 관계의 범위에 들지 않는 18세 이상 여성과 남성은 자신들 중 적어도 1명의 생식세포를 이용하여 대리모에게서 임신·출산된 아이가 법적으로 자신들의 아이로 간주되도록 친권명령을 해줄 것을 요청할 수 있다. 물론 이 경우 해당 여성과 남성은 물론 대리모와 그 남편/시민동반자까지가 친권명령에 관계되는 사항에 대해 충분히 이해하고 자유로운 상태에서 아무 조건없이 합의했다는 것을 법원이 확신할 수 있어야 하고, 이러한 합의에 대해 대리임신·출산에 합리적으로 발생한 비용 외에 금전이나 혜택의 수수가 없어야 한다. 사후생식이나 대리임신·출산에 대한 여러 가지 윤리적 법적 논란이 있고 서로 다른 주장들 사이에 간극도 상당하지만, 어쨌든 영국은 이러한 일들에 있어 허용의 기준과 조건을 명확히 제시하는 방식으로 대응을 하고 있는 것이다.

이렇듯 영국은 다양한 상황에 있는 사람들이 보조생식술을 통해 아이가 임신·출산되도록 하여 가족을 형성되는 일을 모두 인정하면서 이에 관계되는 의료적 부분이 관할관청에 의해 적극적으로 관리되고 법적 부분에 논란이 없도록 기준을 마련해두고 있다. 물론 가족의 개념과 인정 범주에 대한 영국의 문화와 법정책이 우리나라와 다른 부분이 있으나 우리나라의 문화가 변화해가고 있는 방향을 보면 영국과 유사해질 수 있는 가능성이 있다. 그렇다면 이 나라에서 어떤 절차와 방법을 통해 지금의 법정책을 갖추게 되었는지를 검토하여 우리나라 문화의 변화에 적절하게 맞출 수 있는 준비가 되어야 할 것이다.

Ⅳ. 마치며

예전과 비교하면 가족의 형태는 이미 상당히 다양해졌고, 가족의 개념에 대한 생각이 바뀌어가고 있으므로 가족의 형태가 점차 더 다양해질 수 있는 가능성은 충분해 보인다. 그리고 이것이 보조생식술의 이용과 적극적으로 관계된다면 혼란을 막기 위해서라도 기준이 마련되어야 한다. 이를 위해서는 허용과 금지에 대한 이유와 논리를 중심으로 사회적인 차원에서의 논의가 이루어져야 하고 그 결과로 합의점이 도출되어야 한다. 즉, 재생산 권리로서의 임신·출산에 대한 권리가 누구의 어떤 권리로 어떻게 행사되어야 하는지에 대한 판단이 보다 명확하게 내려져야 한다. 그리고 이에 맞추어 법정책도 마련되어야 할 것인데, 이에 있어서는 부모가 되려는 사람의 입장과 태어나는 아이의 입장이 적절하게 고려되어야 할 것이고, 궁극적으로는 가족 형성과 유지에 대한 국가 사회적 차원에서의 지원까지도 가능할 수 있도록 하여야 할 것이다.

제7장

"한국의 재생산정책 수립에서 미혼모/미혼여성의 재생산권리의 중요성"

양현아 (서울대학교 법학전문대학원 교수)

I. 여는 말

대한민국 헌법재판소는 2019년 4월 형법 제269조 등 낙태죄 규정이 헌법에 불합치한다는 결정을 내렸지만 4년 이상이 지난 현재까지 후속 입법을 하지 못한 상태이다.[2] 후속입법이란 헌법불합치 결정이 내려진 형법의 해당 규정이지만,[3] 이 밖에도 모자보건법, 민법, 한부모지원법, 양성평등기본법, 건강가정지원법 등의 관련 규정이 포함된다. 필자는 헌법재판소(이하 헌재)의 본 결정을 단지 임부의 낙태 허용의 폭을 넓힌다거나 낙태를 [4] 비범죄화하라는 취지를 훨씬 넘어서서 '낙태'를 포함한 성과 재생산 권

1 본 논문은 『법과 사회』 제74호(2023.10)에 수록되었음을 밝힙니다.

2 헌법재판소 2019.4.11.선고 2017헌바127.

3 형법 제269조 (낙태) ①부녀가 약물 기타 방법으로 낙태한 때에는 1년 이하의 징역 또는 200만원 이하의 벌금에 처한다. 제270조 (의사 등의 낙태, 부동의 낙태) ①의사, 한의사, 조산사, 약제사 또는 약종상이 부녀의 촉탁 또는 승낙을 받아 낙태하게 한 때에는 2년 이하의 징역에 처한다.

4 낙태 및 인공임신중절과 같은 법률용어에서는 의사와 의료인이 중심이 되고 임부여성의 주체성이 가려져 있다는 등의 문제제기 속에서 한국의 시민사회에서는 '임

리 보장을 위한 정책(이하 재생산정책)[5] 전반을 수립하라는 시각에서 접근하려고 한다. 그 이유는 우선 헌재의 해당 결정문에서 찾을 수 있다. 본 결정의 법정의견은 여성의 자기결정권에 대한 상세한 논변과 함께 여성과 태아 간의 '상호연결성'에 관하여, 태아의 생명과 임신한 여성의 안위란 서로 충돌하는 관계가 아니라 서로 협력하는 관계라고 설시하였다. 이에 따라 "태아의 생명을 보호한다는 언명은 임신한 여성의 신체적 사회적 보호를 포함할 때 실질적 의미를 가질 수 있다"고 하였다.[6] 나아가, 법정의견에서는 '원치 않는 임신과 낙태를 감소시킬 수 있는 사회적 여건을 마련하는 것이 태아의 생명을 위하는 실효성 있는 수단'이고, '임신 여성들이 낙태갈등 상황에서 전문가의 지지와 충분한 정보를 제공받고 본인의 숙고를 통해서 임신 유지 여부를 결정하도록 해야 한다'고 하였다.[7] 이렇게 본 결정은 임신중지 및 출산 등에 관해 전문적인 조력을 받을 수 있는 시스템을 구축하라는 제안을 포함하는데, 이런 시스템이야말로 재생산정책에 해당한다.

대한민국이 성과 재생산 권리 보장을 위한 체계적 정책을 수립해야 하는 이유는 헌재의 본 결정 취치에만 국한하지 않는다. 그것은 한국정부가 가입한 국제인권규범을 준수하는 일로서, 후술할 것처럼 관련 국제규범은 재생산권리를 성적 권리(sexual right)와 통합된 권리로 다루고 건강권을 강조하는 경향이 나타난다.[8] 또한, 2010년대 이후 한국에서 나타난 임신중지와

신중지' 용어가 널리 쓰이고 있다. 이 글에서는 맥락에 따라 임신중지, 인공임신중절, 낙태 등의 용어를 혼용할 것이다.

5   이 글에서는 '성과 재생산 건강과 권리'를 줄여서 재생산권리 혹은 재생산권으로 표기하고, 관련 정책을 재생산정책이라고 표기한다.

6   헌재 2019. 4. 11. 2017헌바127 결정 [판례집 31-1, 422-423면].

7   헌재 2019. 4. 11. 2017헌바127 결정 [판례집 31-1, 423면].

8   2019년 개최된 ICPD+25 나이로비 회의에서는 1994년 카이로 선언을 재확인하고 한국을 포함한 각국 정부는 이행 의지를 천명하였다. 이외 재생산권리와 관련되는 국제규범으로는 여성차별철폐협약(CEDAW) 제10조 및 제16조, 베이징행동강령

재생산권리 보장을 요청하는 여성시민들의 목소리는 더 이상 좌시할 수 없을 정도로 터져나왔다.[9] 정부의 입장에서 여성들의 재생산 건강 증진을 위한 체계적 정책은 0.75 합계출산율을 기록하는 저출생의 추세 속에서 새로운 인구정책의 패러다임으로서도 적극 고려해야 하는 일이다.[10]

이 논문에서는 성과 재생산 정책의 의제들 중에서 '미혼모/미혼여성의 성과 재생산 권리'의 의미와 중요성에 대해 다루고자 한다. 미혼모란 일반적으로 '법률혼 관계가 아닌 상태의 어머니'를 지칭하는 여성만이 가질 수 있는 젠더 특화된(gender-specific) 용어로서, 법률혼 바깥에서 자녀를 임신, 출산, 양육하는 모든 비혼모들의 권리와 맞닿아 있다. 법률혼 바깥에서 자녀를 임신·출산 혹은 양육하는 여성들의 재생산권리의 문제는 결국 한국의 모든 비혼 그리고 혼인 중 여성들의 성적 권리, 가족구성권리, 성평등권리, 그 자녀들의 권리 등 다양한 권리들과 맞닿아 있다.[11] 그럼에도 이 글에서 볼 것처럼 미혼모들의 성과 재생산권리가 기혼모들의 권리 그리고 여타의 사실혼, 이혼, 재혼 등 비혼 여성들의 성과 재생산권리에 비해서 더욱 제제한되고 있으므로 미혼모들의 권리란 한국 여성 전반의 재생산권리 보장의 바로메타라고 할 수 있다. 이와 같다면, 미혼모들이 처한 성과 재생산 이슈의 딜레마의 해소란 한국 여성 전반의 성과 재생산권리의 물꼬를 트는

(1995), 여성차별철폐협약위원회 일반권고 24호(1999), 사회권위원회 일반논평 14호(2000) 등이 있다.

9   2019년 결정 이전 낙태죄에 대한 헌법소원으로 헌법재판소 2012.8.23. 2010헌바402 형법 제270조 제1항 (의사 등의 낙태죄)도 참고할 것(합헌결정).

10 출산율 제고정책과 재생산정책간의 관계에 대해서는 별도의 논의를 요하지만, 다음 기사를 참고할 수 있다. 유수인, "출산율 제도=저출산 해결을 깬다. 성·재생산권 뭐길래," 쿠키뉴스, 2021.12.27., https://www.kukinews.com/newsView/kuk202112160032#:~

11 기본권의 차원에서 재생산권리에 관한 연구는 [소은영, 『재생산권에 관한 헌법적 연구』, 헌법재판연구원, 2021, 신옥주 외, 『성·재생산 건강과 권리의 보장을 위한 법제 연구』 저출산고령사회위원회, 2020]을 참고할 수 있다.

주요 방법이 될 것이다.

최근 미혼모의 지위와 인권에 대한 관심이 증가하고 있다. 미혼모에 관한 연구는 이들의 경험과 생활 연구, 불법적 해외입양,[12] 베이비박스,[13] 양육미혼모 지원정책,[14] 미혼모 자립운동 및 담론변화 등 다양한 주제 하에 진행되고 있다. 2023년 들어서는 아동학대, 영아살인, 출생신고 없는 미등록 아동 등에 대한 사회적 관심이 급증하면서 '출생통보제'를 규정한 가족관계등록 등에 관한 법률의 개정안이 급속히 의결되었고, 생모의 익명성을 보장하는 '보호출산제'를 허용하는 위기 임신 및 보호출산 지원과 아동 보호에 관한 특별법안 역시 국회를 통과하여 두 법률은 2024년 7월 19일 시행을 앞두고 있다.[15]

이 연구는 기존의 미혼모 연구에 기반하면서도 성과 재생산 권리의 관점에서 미혼모의 의제를 다루고자 한다. 기존 성과 재생산권리 연구에서 미혼모에 초점을 맞춘 연구를 찾기는 어렵다. 해당 권리의 관점을 채용할 때, 미혼모의 재생산권리는 미혼여성들의 권리와 연속선상에 있고, 다시 여타 비혼여성들의 권리와 연속선상에 있는 과정적 접근을 할 수 있다. 이 글은 미혼모에 관한 법정책을 상대적으로 덜 다루어 온 가족의 구조개혁이라는 측면에서 조명해 보고자 한다. 사회학적으로도 인구 및 가족에서 나타나는 가족의 개인화, 혼인지위의 다양성 등과 같은 흐름을 관찰할 때, 미혼여성과 미혼모의 성과 재생산권리의 보장이란 사회적 변화에도 부합하는

---

12 예컨대, "신필식, 한국의 해외입양과 친생모 모성," 1966-1992. 서울대대학원 박사학위논문, 2020.

13 예컨대, 소라미 "익명출산제도가 베이비박스의 대안인가: 베이비박스의 실태와 익명출산제도의 문제점 검토" 『사회보장법연구』 제12권 1호, 2023, 195-228면.

14 예컨대, 이미정 외, 『임신기 및 출산 후 미혼모 지원방안』 한국여성정책연구원 (2018)을 볼 것

15 '가족관계의 등록 등에 관한 법률'(법률 제19547호, 2023.7.12. 일부개정), '위기 임신 및 보호출산 지원과 아동 보호에 관한 특별법' (법률 제19816호, 2023.10.31.제정)

일이다.[16] 다음 장에서는 국제규범으로서의 성과 재생산 권리 개념에 대해 살펴보면서 해당 권리가 한국의 미혼모의 지위와 어떻게 만날 수 있는지 논의한다. III장에서는 미혼모에 대한 통계조사 등을 중심으로 그녀들의 실상에 접근할 것이다. IV장에서는 앞으로 필요한 미혼모 정책들이 무엇인지를 살펴볼 것이다.

II. '미혼모'의 성과 재생산 권리

미혼모(未婚母)란 일반적으로 "혼인하지 않은 상태에서 임신 중이거나 사실혼 관계에서 자녀를 가진 여성"을 의미한다.[17] 하지만 이 정의에는 불분명한 점이 많다. 먼저, '사실혼'을 '혼인의 실체를 가지고 있으나 혼인신고가 이루어지지 않아 법률혼이 성립되지 않는 남녀 사이의 결합형태'라고 정의한다면,[18] 사실혼의 요건이 너무 좁아서 미혼모의 정의에 포함시킬 필요가 있을지 의문이다. 필자는 미혼모를 "본인이 그 생부와 혼인하지 않은 상태에서 자녀를 임신하거나 출산한 여성"이라고 일단 정의하고자 한다. 한편, 미혼모라는 표현은 결혼을 예정한다는 편견이 내재해 있어서 비혼(非

---

16   가족 및 인구 변화에 관한 추세에서 볼 때, 미혼모 등 비법률혼 가족들을 제도 안으로 수용하는 정책 수립은 더 이상 미룰 수 없는 과제이다. 한국 가족의 변화 전망 (2017-2047)에서는 1인 가구의 뚜렷한 증가(28.5%-)37.3%), 유배우 인구의 감소 및 혼인 지위의 다양화(2000년 15세 한국여성의 60%가 유배우상태, 2047년에 48.7%), 성인 남성 가구주 감소와 여성가구주의 증가(2047년 여성가구주 29.2% 전망) 등이 그것이다. 보다 자세한 논의는 송효진 외. 『개인화 시대, 미래 가족 변화에 대응하는 포용적 법제 구축 방안』 한국여성정책연구원, 경제인문사회연구회 협동연구총서 (2021)를 참고할 것.

17   변수정 외, 『미혼모가족의 출산 및 양육 특성과 정책과제』, 한국보건사회연구원, 2019, 41면.

18   강승묵, "사실혼과 비혼 동거에 관한 연구," 『한양법학』 제26집 제3호, 2015, 3면.

婚)과 같이 보다 중립적인 용어가 사용하기도 하는데, 비혼 범주에는 결혼하지 않은 사람뿐 아니라 이혼, 별거, 사별 등 미혼모보다 더 다양한 지위들이 포함된다. 이 글에서는 미혼모 지위가 미혼여성의 그것과 연속적일 뿐 아니라 한국의 법률혼주의에 의해서 여타 비혼모들보다도 성과 재생산 권리가 더 많이 제한된다고 보아서 미혼모를 중심으로 논의하려고 한다.

1. 성과 재생산 권리: 제3세계와 제1세계 여성 권리의 통합

재생산권리 개념이 세계적으로 확산된 계기는 1994년 이집트 카이로에서 개최된 유엔 인구 및 개발회의(UNICPD)에서 찾을 수 있다. 이 회의에서는 재생산권리에 대한 행동강령 및 원칙을 널리 선포함으로써 해당 권리의 성격과 내용을 명료하게 만들었다.[19] 하지만, 재생산권리 개념이 당시 회의에서 도출되었다기보다는 이미 존재하던 인권기준들 – 세계보건기구(WHO), 여성차별철폐협약(CEDAW) 등을 바탕으로 해서 형성되었다 할 수 있다. 재생산권리는 "혼인상태, 연령, 계급 등과 상관없이 성관계, 피임, 임신, 출산, 임신 종결을 비롯한 재생산 활동에 대한 자유권적 권리이자 출산 이후 건전한 양육을 위한 사회적 국가적 책임까지 포괄하는 사회권적 권리" 내지 "성·재생산 권리(sexual and reproductive rights)는 건강의 차원을 넘어 모든 사람이 자신의 몸과 섹슈얼리티에 대한 자기결정권, 생애주기에 걸쳐 이루어지는 생식 과정(reproductive life)에서 안전과 존엄, 건강을 보장받을 권리"라고 정의할 수 있다.[20] 재생산권리는 성적 자유, 자녀를 낳거나

---

19   본 회의에 대한 상세한 내용은 ICPD, 5-13, September 1994, Cairo, Egypt, https://www.un.org/en/conferences/population/cairo1994를 찾아볼 것.

20   각각의 정의는, 양현아, "낙태에 관한 다초점 정책의 요청: 생명권 대(對) 자기결정권의 대립을 넘어,"『한국여성학』 제26권 제4호, 2010, 63-100면. 김새롬, "포괄적 성재생산 건강보장을 위한 보건의료체계의 과제: 임신중지를 중심으로,"『여성연구』 제109집 제2호, 2021, 5-36면.

낳지 않을 선택 권리, 부모간의 평등 권리 등을 그 핵심적 내용으로 한다. 그동안 '자연스럽다'고 치부된 인간의 재생산이란 실은 파트너, 가족, 국가 등의 통제 놓여 있거나 개인을 둘러싼 불평등한 자원 속에서 이루어져왔던 것이라면 그러한 통제와 불평등을 넘어서고 권리를 실현하기 위한 인권으로서의 재생산권리가 요청되는 바이다. 그리고 권리의 실현을 위해서는 중앙정부와 지방정부의 사회공동체 등의 적극적인 지원정책이 요청된다.[21] 성과 재생산 권리가 보장되어야 할 재생산 활동에는 성적행위, 성교육, 임신, 피임, 임신 중지, 출산, 양육 등이 포함된다. 또한, 보조생식술에 의한 임신과 출산, 입양 등이 포함된다. 요컨대, 성과 재생산 권리는 인간 생명을 창조하고 육성하는 제활동에 있어서 보장되어야 할 인권의 체계이다.

재생산권리 형성의 추동력은 먼저 서구사회에서 1960년대 이후 전개된 성적 권리를 실현코자 했던 여성주의 사회운동에서 찾을 수 있다. 그것은 사생활 권리(privacy right) 내지 여성의 성적 자율성 등으로 말해지는 자유권적 성격을 가진다.[22] 1994년 카이로에서 개최되었던 유엔 인구 및 개발회의에서는 주로 서구사회에서 형성된 자유권적 개념에다 주로 비서구사회들이 겪었던 인구 정책의 경험이 통합되었다는 점에서도 주목된다. 이 회의에서는 대다수 비서구 내지 남반구 국가에서는 여성의 출산력이 경제발전과 인구통제의 관점에서 조정되고 통제되었다는 점에 관해 비판과 성찰이 일어났다. 이 회의에서는 남반구 국가들에서 압도적으로 나타나는 조기결혼, 임부사망, 영아살해 등 열악한 건강과 의료, 관련 사회 상황에 대한 보고가 있었다. 예컨대, 남반구에서는 합법적 임신중지 및 피임시술이 거

---

21   재생산권리를 헌법적 권리로 정립하고자 했던 시도로는 문재인 전대통령 제10차 개헌안을 찾아볼 수 있다(안 제33조 제5항, 제33조 제8항, 제35조 제3항).

22   Roe v. Wade 판결 등 미국연방 대법원의 낙태 관련 판결을 자유권의 관점에서 논의한 글로는 최희경, "미국연방대법원 판례를 통해 본 낙태와 여성의 프라이버시 권리," 양현아 편저, 『낙태죄에서 재생산권으로』 사람생각, 2005, 173-202면을 참고할 것.

의 이루어지지 않았고, 임신관련 사망 중에 불법 낙태로 인한 사망이 전체의 3분의 1을 차지한다.[23] 인간 생명의 재생산활동은 여성과 남성을 포함하는 모든 젠더들의 활동이지만, 임신과 출산은 생물학적 여성만이 할 수 있고 육아와 돌봄은 여성들의 성역할이 되어왔다는 점에서 인간의 재생산이란 주로 여성들이 수행해 온, 대다수 여성들의 일생을 지배해 온 활동이라해도 지나치지 않을 것이다. 이 점에서 성과 재생산 권리는 여성인권에서 반드시 포함되어야 할 권리의 묶음이다. 필자가 보기에, 재생산권리 개념의의의이자 매력은 서구와 비서구 사회의 재생산 활동과 관련된 경험과 시각을 통합시켜서 자유권이자 사회권의 세트로 만들었다는 것이고, 여성중심적 권리가 보편적인 인권 개념으로 확장되었다는 점이며, 보기 드물게 젠더문제가 제3세계라는 지역성과 강하게 결합된 인권 목록이라는 점이다.

2. 성과 재생산 건강 권리(SRHR): 복합성과 차별금지성

1994년 카이로 회의 이후 재생산권리에 관한 논의는 눈부시게 발전하였는데,[24] 특히 2016년 UN 경제적·사회적 및 문화적 권리 위원회(Committee on the Economic, Social, and Cultural Rights; 이하 사회권위원회)가 작성한 일반논평 제22호 "성과 재생산 건강 권리"가 현재 널리 회자되고 있다.[25] 이 일반

---

23   Markene Gerber Fried, "Abortion and Sterilization in the Third World," in Markene Gerber Fried(ed.), *From Abortion to Reproductive Freedom: Transforming a Movement*, South End Press, 1990, pp.63-64.

24   1995년 유엔 산하 여성지위위원회(Commission on the Status of Women)가 주도한 베이징 세계여성대회 및 후속회의에서는 카이로 ICPD의 재생산권리 규범을 재확인하고 구체화하였다. 2016년 유엔 사회권 규약위원회는 일반논평 22호로 "성과 재생산 건강 권리"(Rights of Sexual and Reproductive Health)의 원칙과 가이드라인을 제시했고 2022년 국제보건기구(WHO)는 임신중지에 관한 가이드라인을 냈다.

25   UN Economic and Social Council, "General comment No.22 (2016) on the rights to sexual and reproductive health (article 12 of the International Covenant on Economic, Social and Cultural Rights)(이하 General comment),

논평은 성과 재생산권리의 성격 그리고 당사국의 의무 등을 포괄적으로 제시하고 있어서 관련 논의에서 빠질 수 없는 지침이 되었다. 이 일반논평은 성과 재생산 권리가 서로 통합되어 있고, 이 권리의 실현을 위해서 경제적·사회적 및 문화적 권리에 관한 국제규약(이하 사회권규약) 제12조에 규정된 건강권리가 핵심 요소이자 조건이 된다는 점을 분명히 하고 있다.[26] 여기서, 성적 건강(sexual health)이란 "섹슈얼리티와 관련해서 신체적, 감정적, 정신적, 사회적 안녕 상태"라고 정의되고 재생산 건강(reproductive health)이란 "재생산을 할 수 있는 능력과 정보에 기반하여 자유롭고 책임있게 결정을 할 수 있는 자유"를 뜻하며, 이를 누리기 위한 정보, 물품, 시설과 서비스에의 접근성을 포함한다. 따라서 성과 재생산 건강이란 통상의 개인의 신체적 건강을 훨씬 뛰어넘는 사회적 건강을 의미한다. 실제로, 일반논평 제22호에서는 건강에 대한 "사회적 결정요소(social determinants)"에 대해 깊이 있게 개진한다. 그것은 안전한 물, 위생, 음식과 영양, 주거, 노동조건과 환경, 건강 관련 교육과 정보, 폭력, 고문, 차별이나 다른 인권침해로부터의 보

원문은 아래링크: http://docstore.ohchr.org/SelfServices/FilesHandler.ashx?enc=4slQ6QSmlBEDzFEovLCuW1a0Szab0oXTdImnsJZZVQfQejF41Tob4CvIjeTiAP6sGFQktiae1vlbbOAekmaOwDOWsUe7N8TLm%2BP3HJPzxjHySkUoHMavD%2Fpyfcp3Ylzg;

일반논평 제22호에서 설시한 권리는 '성과 재생산 건강에의 권리'라고 번역되는 것이 적합하다고 보지만, 이후 유엔 인권기구에서는 본 일반논평을 포함해서 여타 위원회의 지침 등을 통합해서 'Sexual and Reproductive Health and Rights(SRHR: 성과 재생산 건강과 권리)'로 널리 표기하고 있다(https://www.ohchr.org/en/women/sexual-and-reproductive-health-and-rights). 이에 따라 본 논문에서는 해당 권리를 '성과 재생산 건강과 권리' 또는 SRHR 개념을 함께 사용하기로 한다. 한국어 번역으로는, 국가인권위원회, 『유엔 인권조약기구 일반논평 및 일반권고: 사회권규약위원회 일반논평』, 2021, 265-285면을 참고할 것.

26　사회권규약 제12조: 1. "이 규약의 당사국은 모든 사람이 도달 가능한 최고 수준의 신체적·정신적 건강을 향유할 권리를 가지는 것을 인정한다" [한국어 번역은 정인섭 편역, 『증보 국제인권조약집』, 경인문화사, 2008, 24면].

호 등을 포함하는데,[27] 이러할 때, 개인들이 건강할 수 있는 사회적 기초가 마련된다. 하지만, 일반논평은 현실에서 수많은 사람들, 특히 수많은 여성들과 소녀들이 관련 시설, 서비스, 물품과 정보 등을 접근하는데 많은 제약이 있음을 인정한다.[28]

이 일반논평에서 특히 주목되는 부분은 해당 권리가 차별 철폐 내지 실질적 평등의 실현 속에서만 가능하다는 것을 강조한다는 점이다. 성과 재생산 건강의 패턴은 한 사회의 불평등과 젠더, 인종, 연령, 장애 등에 기반한 권력의 불평등한 배분을 반영한다. 재생산건강의 주요 사회적 결정요소인 빈곤, 소득 불평등, 체계적 차별과 주변화는 자주 법과 정책과 관련되어 있으므로 당사국은 개인들이 성과 재생산 건강을 누리는 데에 방해가 되는 제도적 장치나 사회적 실천을 철폐하기 위한 조치를 취해야 한다.[29] 또한, 해당 권리를 실현하기 위해서 사회권규약 당사국은 사회권규약의 다른 의무들을 준수해야 한다. 예컨대, 교육과 관련된 성과 재생산 건강은 사회권규약 제13조와 제14조와 결합되어 있고, 남성과 여성 간의 차별금지와 평등권은 사회권규약 제2(2)조 및 제3조와 관련된다. 또한, SRHR은 노동할 권리(사회권규약 제6조) 및 우호적인 노동 조건의 권리(사회권규약 제7조) 등과 결합되어 있으므로 당사국은 모성보호 및 부모 휴가 등을 보장하는 일터의 상태를 점검해야 한다. 당사국은 성희롱 및 임신, 출산, 양육(parenthood), 성적 지향, 젠더정체성, 간성적 신분 등에 따른 차별을 금지하고, 이주노동자, 장애여성 등과 같이 보다 취약한 노동자에 대한 차별이 없는 일터 환경을 보장해야 한다.[30] 이렇게 SRHR가 다른 인권들과 불가분적이고 상호의존적이라는 점에 대해서도 상세히 논평한다.

---

27   General comment, para. 6 & 7
28   General comment, para. 2
29   General comment, para. 8
30   General comment para. 9

또한 일반논평은 실질적 성평등과 젠더 시각의 중요성을 거듭 강조하고, 교차성과 복합적 차별(intersectionality and multiple discrimination)에 대해서 경계한다. 재생산활동을 이유로 한 직접적인 여성차별 뿐 아니라 외면적으로 중립적인 법과 정책, 행위도 여성에 대해서 차별적 효과를 낼 수 있다.[31] 나아가, 빈곤 여성, 장애인, 이민자, 토착민 또는 인종적 소수자, 청소년, 성소수자들, HIV/AIDS 감염인들과 같은 취약자들은 성과 재생산 건강 권리 실현에서 한층 더 복합적 차별을 경험할 가능성이 높고, 분쟁지역의 여성과 소녀들은 체계적 강간, 성노예, 강제 임신과 강제불임을 포함하여 성과 재생산 권리를 침해당할 가능성이 매우 높다고 지적한다.[32] 이렇게 볼 때, 여성들은 임신·출산 능력 때문에 오히려 다양한 통제를 받아 왔으므로 재생산 권리 보장은 여성인권 보장의 핵심 요소가 될 뿐 아니라 의료서비스, 일터, 기후환경, 가족 등의 영역에서 재생산 건강 보장은 젠더 평등을 실현하기 위한 핵심적 인권 기준이 되어야 한다. 이상과 같은 논평에 따른다면 한국의 미혼모정책은 어떻게 분석될 수 있을까. 보편적인 국제인권규범이라도 지역에 따라 강조점과 우선순위가 달라질 수 있기에 국제규범에 대한 섬세한 법사회학적 접근이 필요하다.

3. 한국사회 속의 미혼모의 성과 재생산 권리

일반논평 제22호에서 차별의 복합성과 교차성을 강조하였지만 미혼모와 같이 혼인지위에 따른 차별을 교차적 차별을 언급하지는 않았다. 성 소수자, 장애, 난민이나 무국적자 등에 대한 복합적 차별을 논하였지만, 법률혼을 하지 않아서 해당 권리의 실현에서 차별 받는 현상에 대해 다루지는 않았다. 하지만 이 일반논평과 한국의 미혼모의 성과 재생산 권리 간에 연

---

31   General comment, para. 24-29

32   General Comment, Para. 30

결점들을 찾을 수 있다. 그것은 첫째, 일반논평에서의 젠더평등과 젠더관점의 중요성에 대한 강조이다. 젠더관점에서 본다면, 법률혼 관계의 파트너 없는 미혼여성 또는 미혼모들이 기혼여성 내지 기혼모들에 비해 재생산권리 실현에서 차별을 받거나 불이익을 당해서는 아니 된다. 이러한 차별은 표면적으로 여성간 차별로 보일 수 있지만, 그것은 법률혼 중심주의를 경유한 체계적 차별이라 할 수 있다. 법률혼을 통한 가족의 구성은 민법의 성 본제도, 배우자를 첫째 구성원으로 꼽는 친족과 가족 정의(定義), 주택정책 등을 통해 한국에서 의심의 여지없는 '정상적 가족'으로 인식되어왔는데, 가족 안과 바깥의 정치경제적 환경으로 인해 그 남성중심성을 여전히 벗어나지 못하였다. 이에 따라 법률혼 안에서 태어나지 않은 자녀들은 사생아, 혼외자 등과 같은 표식으로 차별받는데, 그것은 혼외 자녀에 대한 차별에 그치지 않고 여성의 성성에 대한 혼인중심적 통제에 해당한다. 요컨대, 배우자 없는 미혼의 여성들이 이혼하거나 재혼한 여성들에 비해서 그 임신과 출산이 사회적으로 더욱 배타시되는 것은 법률혼 중심주의의 표출이다. 둘째, 본 논평은 SRHR이 노동권리 등 다른 권리들의 보장 속에서 실현 가능하다는 것을 깨우쳐준다. 미혼모와 그 가족을 위해서 자녀양육비 등의 경제적 지원뿐 아니라 모성보호, 돌봄지원, 성희롱 없는 일터의 보장이 중요하고 일·가정 양립, 주거와 같은 환경에도 관심을 기울여야 한다. 셋째, 성적 건강 권리의 강조는 미혼모의 지위와도 깊이 관련성이 있다. 보편적인 성교육을 받고 사각지대 없이 임신중지가 가능하다면 원치 않는 성교와 임신, 출산 역시 크게 감소할 것이다. 이에 따라 본인이 원치 않고 자녀양육을 하지 어려운 상태에서 미혼모가 될 가능성이 크게 줄어들 것이다. 넷째, 빈곤, 청소년, 성소수자, 장애, 이민자, 인종 등의 사회적 축에서 소수자인 미혼모들이 더욱 복합적인 차별을 받고 있지 않은지 보다 강화된 정책적 지지가 필요하다.

한편, 일반논평 제9항에서는 차별금지의 사례로 임신 출산, "parenthood"

등을 들고 있는데 여기서 'parenthood'를 부모됨으로 번역한다면, 미혼여성이나 미혼남성으로서 자녀양육을 하는 것에 따른 차별로 유추할 수도 있다. 하지만, 국가인권위원회에서는 이를 '양육'으로 번역하고 있어서 자녀 양육에 따른 일터에서의 차별을 의미한다고 일단 해석하고자 한다.[33] 이와 같이 SRHR 일반권고가 혼인 지위에 따른 재생산권리 제약이 주요 관심사라고 하기는 어려울 것 같지만, 직접·간접적 젠더차별, 빈곤, 청소년, 장애, 이민자 등에 대한 복합적 차별, 보편적 성교육과 임신중지 의료 서비스의 중요성 강조 등에서 한국의 미혼모 재생산권리 보장과 접점을 가진다.

III. 미혼모들의 사회적 현실에 다가갈 수 있나

본 장에서는 '한국에서 미혼모들은 누구인가,' 한국사회의 인식과 정책으로 그들의 현실에 다가갈 수 있는가를 질문한다. 이를 위해 먼저 미혼모에 관한 통계치를 살펴본다.

1. 미혼모 실태의 일반적 경향

미혼모 규모와 실태는 통계청의 인구주택총조사 및 한부모가족지원법에 따른 실태조사를 통해서 접근할 수 있다. 2011년에 제정된 한부모가족지원법이 따르면 3년마다 한부모가족에 대한 실태조사를 해야 하는데(제

---

33 제9항 [전략] 성 및 생식건강권이 노동권(6조), 공정하고 유리한 근로조건에 대한 권리(제7조), 그리고 차별 받지 않을 권리 및 남녀간의 평등권과 결합된다면 취약한 상황에 놓여 있는 근로자들, 예를 들면 이주노동자 혹은 장애여성 등까지 포함해서 근로자들에게 모성보호 및 육아휴가를 국가가 보장해야 하고, 또한 직장 내 성희롱으로부터의 보호, 그리고 임신, 출산, 육아, 성적 취향, 성 정체성 또는 간성인 신분 등에 기반한 차별을 금지할 것을 보장해야 한다[국가인권위원회, 앞의 번역서, 267-268면].

4조) 이 한부모가족에 미혼모와 미혼부 가족들이 포함된다.[34] 최근 조사인 2021년 조사를 살펴보면,[35] 한부모가족 조사대상자들의 혼인지위는 이혼 (81.6%), 사별(11.6%), 기타(6.8%)로서 이혼이 압도적으로 높고 미혼은 기타에 포함되어 전체 한부모가족 중에 소수임이다. 한부모가족 중 어머니가 세대주인 모자가구(53.4%)와 아버지가 세대주인 부자가구(20.7%)가 지배적 형태인데, 부자와기타가구원(14.0%), 모자와기타가구원(11.9%)로 나타난다. 이렇게 한부모 가족에서 어머니가 세대주인 것이 그 전형적 형태라 하겠다.[36] 이런 경향은 2017년부터 작성된 통계청의 인구주택총조사에서의 미혼모와 미혼부 통계에서도 나타난다.

34   한부모가족지원법 제4조(정의)에 따르면 이 법에서 사용하는 용어의 뜻은 다음과 같다. (필자 강조)
    1. "모" 또는 "부"란 다음 각 목의 어느 하나에 해당하는 자로서 아동인 자녀를 양육하는 자를 말한다.
        가. 배우자와 사별 또는 이혼하거나 배우자로부터 유기(遺棄)된 자
        나. 정신이나 신체의 장애로 장기간 노동능력을 상실한 배우자를 가진 자
        다. 교정시설·치료감호시설에 입소한 배우자 또는 병역복무 중인 배우자를 가진 사람
        라. 미혼자{사실혼(事實婚) 관계에 있는 자는 제외한다}
        마. 가목부터 라목까지에 규정된 자에 준하는 자로서 여성가족부령으로 정하는 자
    1의2. "청소년 한부모"란 24세 이하의 모 또는 부를 말한다.
    2. "한부모가족"이란 모자가족 또는 부자가족을 말한다. [필자 강조, 이하 조문 생략]

35   여성가족부, 『2021 한부모가족실태조사』, 2022.5.20. 발표. https://www.mogef.go.kr/ nw/rpd/nw_rpd_s001d.do?mid=news405&bbtSn=708567 이 보고서는 2019년 통계청의 등록센서스를 기준으로 전국 한부모가구를 조사모집단으로 하여 전국에서 3,300가구의 표본을 추출하여 가구 방문 면접조사. 조사기준 시점은 2021년 7월임.

36   이미정 외[『한국의 미혼모 복지에 관한 연구: 해외입양, 관련통계, 선진국의 복지정책을 중심으로』, 한국미혼모지원네트워크·한국여성정책연구원, 2009]에서는 통계청의 '한부모가족' 조사가 매우 미흡하다고 지적한다. 미혼모나 미혼부가 자녀를 기르는 가구를 조사하기 보다는 미혼인 자신이 세대주가 되어 아버지나 어머니와 가구를 이루는 경우도 포함되었다고 한다. 한편, 최근의 실태조사는 2011년 제정된 한부모가족지원법에 따른 것이다.

<표 1> 전국의 미혼모·미혼부 숫자 및 배율 (명/배)

분류	2017	2018	2019	2020	2021
미혼모	22,065	21,254	20,761	20,572	20,345
미혼부	8,424	77,68	7,082	6,673	6,307
미혼모/미혼부 배율	2.6	2.7	2.9	3.1	3.2

출처: 통계청, 각년도 통계 KOSIS.

〈표 1〉에서 미혼모와 미혼부의 전체수가 감소하는 추세가 나타나는데, 그것은 전반적 저출산 경향과 함께 여성의 임신중지에 관한 의료 및 정보 접근성 증가와 관련되지 않을까 해석해 본다. 이런 추세 속에서도 미혼부 대비 미혼모의 비율은 2.6배에서 3.2배 사이로 미혼부에 비해서 미혼모를 선택하는 여성들의 비율이 증가하고 있음을 알 수 있다. 하지만, 2021년 전국의 미혼모·부 추정치는 여성 20,345명과 남성 6,307명을 합하면 전국에 26,652명으로서 2021년 전체인구 51,738,000명 대비 0.051%에 불과함을 알 수 있다. 이렇게 한국에서 조사된 미혼모와 미혼부는 대단히 희소하다는 것을 알 수 있다. 2013년부터 작성하는 혼인상태별 출생아동에 대한 통계치도 살펴본다.

<표 2> 법적 혼인상태별 출생(2013~2021) (전국, 명/%)

분류	2013	2014	2015	2016	2017	2018	2019	2020	2021
총계	436,455	435,435	438,420	406,213	357,771	326,882	302,676	272,337	260,562
혼내자	426,423	426,323	429,992	398,243	350,646	319,462	295,548	265,334	252,778
혼외자	9,332	8,459	8,152	7,781	6,951	7,166	6,974	6,876	7,682
미상	700	653	276	219	171	194	154	127	92
혼외자 비율	2.1%	1.9%	1.8%	1.9%	1.9%	2.2%	2.3%	2.5%	2.9%

출처: 통계청, 각년도 혼인지위별 출생아 통계에 따른 비율 산출.

〈표 2〉에서는 '혼외자'[37] 출생아가 총출생아에서 차지하는 비율은 매우 낮지만 아주 서서히 증가하는 추세임을 알 수 있다. 전반적 저출산 경향 속에서도 혼외자 수가 크게 감소하지 않은 점이 주요인으로 작용하지 않았을까 해석해 본다. 물론 이 혼외출산율 비율은 서구 유럽과 같이 비혼인 출산을 차별하지 않는 대안적 동반자 법제도를 가진 국가들과 비교할 바는 아니다.[38] 참고로 일부 OECD국가들의 비혼출산율과 합계출산율을 살펴본다.

〈표 3〉 한국과 외국의 비혼출산율 및 합계출산율(1995&2020/2021)

	전체 출산 중 비혼 출산 비율(%)		합계출산율
	1995	2020	1995
한국	1.2	2.5	1.63
일본	1.2	2.4	1.42
독일	16.1	33.1	1.25
미국	32.2	40.5	1.98
영국	33.5	49	1.71
스웨덴	53.	55.2	1.74
노르웨이	47.6	58.5	1.87
프랑스	41.7	62.2	1.71
OECD38개국 평균	24.2	41.9	1.77

출처: OECD Family Database, https://www.oecd.org/els/family/database.htm

37 통계청(통계설명자료-〉용어조회)에서는 미혼모, 미혼부, 혼외자에 대한 용어 정의가 없어서 어떤 기준을 가지고 조사했는지 알기 어렵다. 다만, '미혼모 아동' (보호대상아동현황보고 2013)을 "미혼모, 혼외자 등의 사생아의 수"라고 정의하고 있는데 한국사회에서 '사생아' 용어에는 아버지를 찾을 수 없다는 편견이 녹아있고 '혼외자' 개념 역시 차별적이다 (https://www.narastat.kr/metasvc/index. do?iemInputNo=0000185413335). 이 글에서는 일단 혼외자를 '혼인 중 출생자 이외의 출생자' 즉 비혼출생자와 동일한 의미로 사용한다.

38 서구국가들의 출산율에는 이민자 등 외국인정착제도와 관련성이 깊지만 이 글의 범위를 넘어선다.

〈표 3〉을 보면 한국은 다른 나라들에 비해 현저하게 낮은 합계출산율과 비혼출산율을 기록한다. 일본에서도 비슷한 경향이 나타나긴 하지만 합계출산율은 한국보다 월등히 높다. 프랑스, 노르웨이, 스웨덴, 영국과 같은 국가들에서는 출생아 중 절반 혹은 그 이상이 비혼출산이라는 점이 주목된다. 비혼 출산율이 높은 국가에서는 일관되게 합계출산율이 1.5를 넘고 있다.

다른 한편, 앞서 보았듯이 최근 한국에서는 아주 완만하게나마 비혼출생자와 함께 양육 미혼모의 증가현상이 나타난다.[39] 2009년과 2010년 비슷했던 국내와 국외 입양인 수(국내 1,314명과 국외 1,125명)가 2000년대 중반이 되면 완전히 역전되었고(2015년 각 (684명과 374명) 전체 입양아수도 크게 감소하였다. 이것은 전반적인 출산율 감소와 함께 양육 미혼모의 증가, 2018년 한국 정부가 수용한 원가정에서 아동을 양육할 권리가 입양보다 우선한다는 원칙 등이 영향을 받은 것으로 해석한다.[40] 여기서, 양육미혼모의 증가는 미혼모 당사자들의 의식변화,[41] 미혼모 지원정책 강화, 해외입양의 불법성에 대한 공론화, 비혼 부모에 대한 사회적 인식 변화 등에 기인하는 것으로 보인다.

---

[39] 김혜영 외, 『미혼모의 양육 및 자립 실태조사』, 한국여성정책연구원, 2010; 이미정 외, 『임신기 및 출산 후 미혼모 지원방안』, 한국여성정책연구원, 2018 등을 참고할 것.

[40] '원가정보호의 원칙'은 유엔아동권리협약 제7조, 유엔아동권리위원회 일반논평 7호(2005), 유엔아동권리위원회 최종견해(정체성에 대한 권리, 2019) 등에서 확인할 수 있다.

[41] 2000년부터 애란원에서는 '아기장래 결정집단' 프로그램을 운영하여 애란원에 머무는 미혼모들이 출산 후 양육을 할지 입양을 보낼 것인지 등을 결정하는 일을 돕는 프로그램을 운영하였고 2005년 무렵 양육을 결심하는 미혼모들의 자조집단이 결성되었다. 2007년에는 '한국미혼모지원네트워크'가 설립되었고, 한국미혼모가족협회(2012년), 변화된 미래를 만드는 미혼모협회 인트리(2013년) 등 단체들이 설립·운영되었다[오영나, "양육할 권리와 양육될 권리를 위한 미혼모 당사자 운동", 『재생산권리 II』, 서울대학교 법학연구소 공익인권법센터, 2024(근간)]

이와 같은 통계수치로 미혼모의 실태를 파악하기에는 한계가 많지만, 전반적으로 매우 낮은 미혼모와 미혼부 숫자와 비율은 한국사회에서 압도적 다수의 출산이 법률혼 안에서 일어난다는 사실을 여실히 보여준다. 그런데, 이러한 실태는 한국인들의 생각과는 큰 차이를 보이고 있어 주목된다.

〈표 4〉 결혼과 자녀출간 간의 관련성에 관한 사회조사

(문항 1) "결혼하지 않고도 자녀를 가질 수 있다"(%) (필자 강조)

	동의			반대		
		전적 동의	약간 동의		약간 반대	전적 반대
2018	30.3	6.3	23.9	69.7	38.0	31.7
2020	30.7	7.2	23.4	69.3	36.2	33.1
남자	32.6	7.4	25.1	67.4	36.6	30.8
여자	28.8	7.0	21.8	71.2	35.8	35.4
20대	38.1	10.5	27.5	61.9	37.9	24.0
30대	37.1	10.9	26.2	62.9	36.9	26.0

(문항 2) "결혼하면 자녀를 가져야 한다"(%) (필자 강조)

	동의			반대		
		전적 동의	약간 동의		약간 반대	전적 반대
2018	69.6	25.4	44.1	30.4	21.9	8.6
2020	68.0	25.5	42.6	32.0	22.1	9.8
남자	72.7	27.0	45.8	27.3	20.2	7.2
여자	63.4	24.0	39.5	36.6	24.2	12.4
20대	47.5	10.8	36.7	52.5	32.0	20.5
30대	59.0	14.8	44.2	41.0	28.8	12.2

통계청이 수행한 2020년 사회조사에 따르면,[42] '결혼하지 않고도 자녀를 가질 수 있다'는 문항 대해서 30%가 넘는 응답자가 '그렇다'고 하였는데, 가임기인 20대와 30대에서는 찬성 응답률이 더욱 높다. 반면, "결혼하면 자녀를 가져야 한다"는 문항에 대한 동의는 2018년에 비해 2020년에 감소하였고 특히 20대에서는 동의 보다 반대 비율이 더 높다. 이러한 경향들은 앞으로 '혼인 없는 출산의 증가' 내지 '출산 없는 혼인의 증가'를 예고하고 있다. 세 명 중 한 명 정도의 응답자들, 특히 젊은 층에서는 혼인 없이 자녀를 출산할 수 있다는 비율이 높다는 점, 그럼에도 불구하고 이런 의향은 실제 미혼모와 미혼부의 숫자로 (아직) 구현되지는 않는다는 점이 성찰해 볼 점들이다. 과연 무엇이 혼인 중 출산에 비해서 혼외 출산의 제도적이고 실질적 장애들인지 살펴볼 필요가 있다.

2. 미혼모가족의 다양성과 유동성

1) 미혼모가족의 '전형성'

한국사회에서 미혼모에 대한 전형적 상(像)은 나이 어리고 저소득층인 여성들로서 원치 않는 임신을 하였지만 불가피한 출산의 결과 아이를 키울 의사나 능력이 부족한 집단으로 그려진다. 그녀들은 베이비박스 시설이나 입양을 고려하는 취약한 여성이라는 인식이 지배적이다.[43] 하지만, 전형적 상과는 달리 미혼모와 미혼부는 전연령대에 걸쳐 있다.

---

42 통계청, 2020년 사회조사 결과 https://sri.kostat.go.kr/board.es?mid=a10301060300&bid=219&act=view&list_no=386249

43 후술할 관련정책을 참고할 것.

<표 5> 전국 미혼모·미혼부의 연령별 숫자 및 비율 추이 (2015~2021)[44]　　(명/%)

연령별/성별	2015		2017		2019		2021	
성별	미혼모	미혼부	미혼모	미혼부	미혼모	미혼부	미혼모	미혼부
20세이하 (비율)	350 (14.2)	84 (0.8)	377 (1.7)	10 (0.1)	268 (1.3)	0 (0.0)	176 (0.8)	0 (0.0)
20-29세 (비율)	4,942 (20.2)	908(8.6)	4,231 (19.2)	679 (8.0)	3,977 (19.3)	501 (7.0)	3,648 (17.9)	371 (5.8)
30-39세 (비율)	8,839 (36.1)	3,150 (29.7)	7,958 (36.0)	2,156 (25.6)	7,360 (35.4)	1,681 (23.7)	7,102 (34.9)	1,467 (23.3)
40-49세 (비율)	7,687 (31.4)	4,591 (43.3)	7,157 (32.4)	3,777 (44.9)	6,993 (33.7)	3,111 (43.9)	7,199 (35.3)	2,669 (42.3)
50세이상 (비율)	2,669 (10.9)	1,868 (17.6)	2,342 (10.6)	1,802 (21.4)	2,163 (10.4)	1,786 (25.2)	2,220 (10.9)	1,798 (28.5)
계	24,487 (100)	10.601 (100)	22,065 (100)	8,424 (100)	20,761 (100)	7,082 (100)	20,345 (100)	6,307 (100)

　　위 표에서 미혼모와 미혼부의 전체 숫자의 전반적 감소 속에서 미혼모부의 연령이 많아지는 경향을 알 수 있다. 특히 20세 이하 혹은 20대 연령대의 미혼모부가 감소하여 최근연도에는 20세 이하 미혼부가 없다. 미혼모부가 집중된 연령대는 10대나 20대가 아니라 오히려 30대와 40대로서 전체의 3/2 정도를 차지한다.[45] 미혼부의 경우에는 40대가 가장 다수이고 50

44　통계청(https://kosis.kr) 자료를 매 2년마다 연령을 10년 구간으로 해서 필자가 재구성한 것임. 비율은 당해년도 미혼모 혹은 미혼부의 전수를 100으로 잡아서 산출함.

45　변수정 외, 앞의 보고서, 2019에서는 기존의 미혼모 정책들이 청소년 미혼모와 5세 미만의 자녀를 둔 미혼모에게 초점이 맞추어져 있어 학령기 자녀를 둔 미혼모나 고연령 미혼모들이 정부지원을 받지 못하는 것을 문제시한다. 김혜영도 청소년 미혼모의 증가와 함께 고연령(30대 이후) 미혼모의 증가가 동시에 나타남을 지적하였다. 미혼모들의 고학력화 추세도 나타나서 양육미혼모 중 대학재학 이상이 2009년 27.5%에서 2010년 32.3%라고 추정하였다[김혜영, "미혼모에 대한 차별과 배제의 경험을 넘어," 2013년도 가족사회복지학회 미간행 발표문, 2013a, 4면

대 이후 미혼부는 미혼모의 두 배가 넘는다. 이런 추세는 미혼모부 정책에서 학령기 자녀에 대한 학비 및 돌봄 지원에 관한 필요성이 높다는 점을 시사한다. 미디어에서 재현하듯이 미성년 등 젊은 미혼모부에 집중되어 있는 관심을 30대 이후 미혼모·부 그리고 그들의 자녀들의 삶에 대한 관심으로 확대하는 것이 실상에 좀더 부합한다.

미혼모의 현실에 더 다가가기 위해서는 양적조사 이외에 면접조사 등 질적조사가 더 많이 필요하다.[46] 앞서 본 통계청 조사 등으로는 다양한 미혼모 내지 미혼부모의 상태를 알기 어렵고, 구체적인 가족, 경제, 노동, 자녀양육, 사회관계, 건강과 삶의 질 등에 대해 접근하기 어렵다. 예컨대, 출산 이전 단계에서 미혼모 당사자들의 상황과 선택에 관하여, 임신과 임신중지, 출산에 대해 어떤 상담이나 지원을 받을 수 있었는지, 당시 가족과 주변 관계들과 상호작용은 어떠했는지, 출산 이후에는 자녀돌봄과 경제생활은 어떻게 이루어지고 있는지, 일터와 사회에서 어떤 차별과 지지를 받아왔는지 등등 조사해야 할 항목들이 매우 많다.[47] 이미정 외 연구에서는(여성정책연구원, 2018) 9세 미만 양육모인 미혼모 781명에 대한 설문조사와 28명에 대한 면접조사를 실시하였다. 변수정 외 연구(보건사회연구원, 2019)에서는 미혼모 1,247명을 대상으로 한 온라인 설문조사와 17명의 인터뷰 조사를 병행하였다. 양 연구 모두 설문조사 방식을 주로 하고 면접조사를 보충적으로 실시하였고 면접 대상자들의 규모가 작았다.[48]

앞서 보았듯이 미혼모의 연령은 넓게 펼쳐져 있고, 연령 변수 외에도 미

---

46   미혼모부 가족을 포함해서 한국에서 재생산정책 수립을 위한 경험조사의 중요성을 강조한 연구로는 다음을 참고할 수 있다(양현아, "한국의 재생산정책 수립에서 무엇이 중요한가: 경험조사연구(empirical research)를 중심으로," 『헌법재판연구』, 제10권 제1호, 2023, 71-102면).

47   사회복지학을 중심으로 다양한 면접조사들이 이루어졌는데 후술할 미혼모의 차별 경험에서 부분적으로 다룰 것이다.

48   이미정 외, 앞의 보고서, 2018; 변수정 외, 앞의 보고서, 2019.

혼모가족들은 원가족 및 생부와의 관계, 본인의 혼인 지위의 변화 등의 면에서 다양할 수 있고, 자녀양육의 면에서도 단독 양육, 간헐적 양육(주말 등), 직접 양육하지 않는 경우(다른 가족의 양육, 입양 등), 새로운 파트너(동거, 사실혼, 혹은 배우자)와의 양육 등 여러 경우가 있을 수 있다.[49] 이러한 인식 위에 미혼모가 자녀를 주로 양육하는 가족들에 한정한다고 해도 그 유형은 다양하고 유동적이라고 추정할 수 있다. 이에 아래와 같은 유형화를 시도해 본다.

2) 미혼모가족들은 누구인가

한국사회에서는 양육미혼모의 가족은 자녀의 생부와 단절한 가족만을 상정하는데, 그것을 전형적 유형(typical type)이라고 할지라도 자녀 양육비의 지원(공적 및 사적 지원 포함) 여부로 이념형(deal type)적으로 분류해 볼 수 있다.

〈표 6〉 양육미혼모 가족의 유형 분류

전형성	생부와의 관계 및 양육비 부담 형태	유형화
전형적	유형 I. 단절관계, 외부 양육비 지원 있음	단절. 지원형
	유형 II. 단절관계, 외부 양육비 지원 없거나 의미없음	단절. 독립형
비전형적	유형 III. 지속적 동거 관계	연결. 지원형
비전형적	유형 IV. 지속적이지만 비동거 관계 (중혼관계)	연결. 지원형
비전형적	유형 V. 생부와는 다른 파트너 혹은 배우자 만남, 양육비 지원 받음	복합. 지원형
비전형적	유형 VI. 생부 없음(보조생식술), 양육비 지원 없음	독자. 독립형

첫 번째 유형은 자녀의 생부와 관계가 단절된 채 정부나 사적 관계에서 자녀 양육비를 지원받는 경우이다.[50] 두 번째 유형은 생부와 관계가 단절된

---

49 미혼모의 다양성에 관해서는 이미정 외, 위의 보고서, 2018, 69-72면에서도 지적한다.
50 김혜영에 따르면, 생부에게 자녀 출산 사실을 알리고 양육비 지급을 요청했을 경우

채 어디에서도 양육비를 지원받지 못하거나 의미가 없어서 미혼모가 자력으로 자녀를 양육하는 경우이다. 자녀 연령이 많아지면서 생활비·교육비가 많이 들어서 아동수당 등 복지제도에 의존하기 어려운 미혼모가족들도 이 유형에 해당한다. 세 번째 유형은 아이의 생부와 만남이 지속되거나 동거하는 경우의 가족으로서 한국사회에서 '비전형적 유형'이다. 이 유형의 미혼모는 법률혼으로 그 관계가 등록되지 않았을 뿐 지속적인 파트너십을 가지고 있다.[51] 네 번째 유형으로는 자녀의 생부와 지속적 관계를 유지하지만 양육책임을 공유하지 않는 유형인데, 여기에는 생부가 다른 여성과 법률혼 상태에 있는 중혼적 사실혼 관계도 포함된다. 다섯 번째 유형은 양육 미혼모로 생활하다가 새로운 파트너를 만나서 동거 혹은 법률혼을 한 경우를 상정한 복합적 형태이다. 여섯 번째 유형은 보조생식술 등을 통해서 자발적으로 미혼모 지위를 선택하는 경우이다. 후술할 것처럼, 현재 한국에서는 미혼의 여성들이 정자은행을 통해 생식보조 의료기술을 활용해서 임신하는 것이 법적으로 허용되지 않지만 앞으로 생식보조의료기술은 미(비)혼자들간에 널리 활용될 수 있는 잠재력을 가지고 있다. 이외에도 미혼모의 연령(혹은 자녀 연령), 소득수준, 장애여부, 내외국인, 성적 지향 등에 따라 분류할 수 있다.

이와 같이 미혼모가족의 유형은 하나가 아니라 다양할 뿐 아니라 미혼모가족의 상태에서 이후 혼인, 이혼, 사별 등에 따라 변화할 수 있는 것으로 추정한다. 미혼모가족의 양태 및 유동성이 어떠한 조사나 재현

지급을 받은 경우가 4.7%에 그쳤다 (김혜영, "미혼모에 대한 사회적 차별과 배제: 차별의 기제와 특징을 중심으로," 『젠더와 문화』 제6집, 1, 2013b, 24면). 미혼모들은 생부로부터 양육비 지급을 청구하려면 '부 의 인지청구'를 해야 하므로 아버지가 부양자가 아님을 증명해야 하는 등 양육비 청구가 어려워서 많은 미혼모들은 양육비 청구에 적극적이지 않다고 보고한다[(이미정, 위의 보고서, 2018, 245-247면).

51   세 번째 유형의 미혼모가족이 경제적으로 안정된 경우라면 중심 지원책은 가족법 개정이나 '생활동반자법'과 같은 법의 입법이 될 것이다.

(representation)에서 포착되었을까. 세상에 법률혼의 남편을 아이의 생부로 두지 않은 다양한 미/비혼 어머니들이 산재하다고 할지라도 법과 사회과학적인 재현이 이루어지지 않는다면,[52] 그 존재를 알기는 어렵다. 한국사회에서는 미혼모가족을 마치 도덕적으로 결함이 있는 가족으로 보는 사이, 미혼모가족들이 바로 내 곁에 있다 하더라도 더욱 감추어진 양태로서 법과 정책, 연구와 인식의 대상이 되지 못했을 가능성이 크다 하겠다. 이 점에서 필자는 한국사회에서 미혼모와 그 가족들은 아직 '알려지지 않은(unknown)' 존재들이라고 진단한다. 인식의 재현물이 존재하지 않을 때, 그 가족들이 입을 열어 말한다고 해도 들리지 않는 대상화된 타자로 존재하게 되므로, 미혼모가족에 대한 살아있는 정책을 수립하기 위해서는 당사자의 다양한 상황을 반영하고 그들을 주체로 삼아야 할 것이다.

IV. 미혼모 정책: 복지에서 "수용"의 정책으로

1. 현행 미혼모 정책

2000년대 이후 최근으로 올수록 미혼모에 대한 공적 지원정책이 정비되고 체계화되었다.[53] 2019년 현재 한부모 가족을 포함한 미혼모 가족에게 주는 지원체계를 보면,[54] 그 체계가 다양하고 촘촘하게 마련되어 있음을 알 수 있다. 그 특징을 들어보면 첫째, 미혼모 지원 정책은 한부모가족 정책의

---

52   여기서, 법적 재현이란 관련 법조문과 판결, 정책의 총체를 의미하고, 사회과학적 재
      현이란 사회과학적 관련 연구를 통해서 기호와 언어를 통해서 표현된 총체를 의미
      한다. 인간의 인식과 재현과의 관계에 대한 연구는 무수하다.

53   자세한 내용은 오영나, 앞의 글을 참고할 것.

54   본 내용은 주로 변수정 외, 앞의 보고서, 2019 61-96면; 양수진 외, 『인천 한부모 가족
      의 일 생활실태 및 지원방안 연구』, 인천여성가족재단, 2019를 참고로 작성하였다.

범주 하에 이루어지는 경우가 다수로서 크게 임신과 출산 및 건강, 돌봄과 양육, 경제(기초생활보장), 주거, 자립 등 다섯 개 분야라고 할 수 있다. 여기서, 임신과 출산 및 건강 분야는 이 글에서 살펴본 성과 재생산 건강 권리 규범을 참고한 것으로 보인다. 하지만, 미혼여성의 위기 임신이나 이후 계획 등에 관한 상담과 교육의 체계는 별도로 마련되어 있지 않아서, 출산 이전 단계의 지원이 미혼모 정책으로 간주되는 것 같지 않다. 이는 미혼모 정책을 미혼여성의 성과 재생산 권리의 연속선상에서 보는 것이 아니라 미혼모가 '된' 여성들에 대한 대책으로 바라보는 것을 나타낸다고 해석한다. 셋째, 돌봄 양육 정책에서는 만 5세 이하의 무상보육, 한부모 가족의 아동의 경우 어린이집 입소의 우선순위 부여 등이 있고 가정 양육되는 아동의 경우 월 10만원~20만원 등 주로 미취학 아동 보육 중심의 지원이 이루어지고 있다. 미혼모 가족에 특화해서는, 한부모 가족의 양육 공백 발생시 생후 3개월~ 만 12세까지 '아동 돌보미'를 파견한다. 생각건대, 미혼모를 포함한 한부모 가정은 돌봄의 공백이라기보다는 거의 항상적인 돌봄의 부족이 있다고 할 때, 경제적 자립을 도모하는 일 가정 양립 지원정책을 좀더 강력하게 제공해야 할 것이다. 또한, 대상 아동을 미취학 등 어린 아동에서 만 18세까지 중·고등학생 자녀로 확대하여 누락 없는 돌봄 정책이 이루어져야 한다. 넷째, 생계급여 지원의 측면에서는 미혼모에 특화된 정책보다는 기초생활보장수급자, 한부모가족, 차상위 계층 등과 같은 보편적 사회보장 체계 속에서 이루어지는 경우가 많다. 주택과 관련해서는 초기 미혼모·부 주택 지원, 공동생활가정형 매입임대주택주거지원과 같은 사업이 있어서 매우 고무적이다.

이상과 같은 지원정책이 얼마나 어떻게 효과적인지에 관해서는 꾸준한 조사연구가 있어야 한다. 예컨대, 보육료나 어린이집, 주거복지시설 등의 제공이 적정한지 등 관심이 필요하다.[55] 그런데, 미혼모의 다양성과 유

---

55   미혼모 정책의 실효성에 관해서는 주로 사회복지학 분야에서 많은 선행연구들이

동성 측면을 고려한다면, 기존 정책들이 경제 지원, 양육 초기의 미혼모·부, 경제적 취약자인 미혼모·부 가족 등을 중심으로 한 긴급구제의 성격이 짙은 것이 아닌가 한다. 이러한 지원은 필수 불가결하지만, 향후의 정책은 미혼모부가 '되는' 과정에서 성과 재생산 건강 권리에 관한 관심이 필요하다. 나아가, 기존 정책에서는 여타의 한부모 가족에 비해서 더욱 강한 미혼모가족에 대한 낙인과 차별에 관심이 보이지 않는다. 앞으로 미혼모가족이 우리 사회의 정당한 성원으로 자립할 수 있도록 도모하는 정책들이 필요하다.

2. 미혼모 신분의 "수용" 정책: 평등한 법적 환경의 마련

앞서 사회권위원회의 일반권고 22호는 성과 재생산 건강 권리 보장을 위해 젠더관점과 젠더평등의 중요성을 강조하였다. 미국의 법학자 크리스틴 리틀톤은 젠더간 실질적 평등을 달성하기 위한 방안으로 수용이론(acceptance theory)을 이론화한 바 있다.[56] 여기서 수용이란 수동적 의미의 '받아들임'의 의미를 훨씬 넘어선다. 그것은 성별간 동일성이 아니라 차이성에 입각하는데, 차이의 원인만을 찾거나 그것을 없애려는 것이 아니라 차이가 가져오는 불평등한 '효과'를 제거하려는 것이라고 한다. 리틀톤은 그동안 소수자와 다수자 간의 차이가 마치 소수자의 '가진' 차이(예: '여성의' 임신, '장애인의' 이동권)로 다루어졌다고 하면서 차이란 소수자와 다수자 '사이에' 놓인 것으로 재인식해야 한다고 한다. 따라서 실질적 평등을 달성하려면 차이로 인한 비용(댓가)을 소수자에게 치우치게 물리지 않고 공정하게

있다. 복지제도 속에서 미혼모의 자립을 관한 연구로는 김지혜·조성희, 앞의 연구를 참고할 것.

[56]　Christine Littleton, "Reconstructing Sexual Equality," *California Law Review*, vol.73 no.4, 1987. "성평등의 재구성," 『평등, 차이, 정의를 그리다 - 페미니즘 법이론』, 양현아 외 편역, 서울대출판문화원, 2019, 277-346면.

분배하는 방식을 고안해야 한다. 리틀톤은 그 사례로 연단의 비유를 드는데, 기존의 적극적 조치가 이른바 정상인(평균 키의 남성) 기준을 고정한 다음 소수자(키 작은 사람)를 위해서 신장 보정대를 두는 것이었다면, 거기에서 소수자가 신장만이 차이를 '가진 것'이 된다. 수용이론에 따르면 신장의 표준 기준을 고정시키지 않은 채 개인에 따라 보정대를 움직이도록 디자인해야 한다. 이렇게 본다면 수용이론이란 기존의 구조, 제도, 설비 등을 개혁해야 하는 매우 적극적인 제안임을 알 수 있다.

(1) 미혼모에 대한 전방위적 차별과 배제

미혼모에 대한 선행연구들은 미혼모와 그 가족들이 체험한 차별적인 사회적 태도에 대해 보고한다. 이미정 외에 다르면, 미혼모들은 늦은 시기에 산부인과 병원을 방문하여 임신을 인지하는 경향이 있고, 대부분 계획되지 않은 임신이어서 비미혼모들에 비해 더 많이 불안해하고 걱정한다. 임신 인지뿐 아니라 임신기간 그리고 출산 이후에도 미혼모들의 건강관리는 비미혼모들에 비해 열악한 환경에 놓인다. 이들은 자녀양육, 사회적 시선, 경제적 필요성 등에 대한 우려가 겹치면서 절망감, 고립감, 수치감에 떤다고 한다.[57] 미혼모는 '부도덕하거나 무책임한 사람'으로 여겨지고,[58] 심지어 공공기관에서도 차별을 경험한다. 출생신고 과정에서는 담당 공무원으로부터 '아이 아빠는 없나'라는 질문을 받아서 당황하고, 의료기관에서도 미혼모의 사생활이 불필요하게 공개되거나 부적절한 질문을 받고, 원가족으로부터도 비난받을까 전전긍긍한다.[59] 김희주 등은 미혼모의 차별경험을 "출산과 양육을 지지받지 못함," "미혼모에 대한 편견과 낙인으로 인해 원가

---

57   이미정 외, 앞의 보고서, 제IV장 및 제V장(85-222면) 참고할 것.
58   변수정 외, 앞의 보고서, 41면.
59   이미정 외, 앞의 보고서, 207-212면.

족과의 단절 경험," "경제활동의 장벽과 빈곤의 악순환," "미혼모 자녀에게 대물림 되는 사회적 차별," "미혼모라는 주홍글씨," "인정받지 못하는 제도 밖의 가족"과 같이 여섯 측면으로 나누어서 조사하였다.[60] 이에 미혼모와 그 자녀에 대한 차별의 현실을 간단하게 살펴본다.

첫째, 미혼모들은 미혼여성으로서 그 임신과 출산에서 남자친구로부터 부정당한 경험을 가진다. 자신의 원가족으로부터도 "본인의 아이를 인정하고 받아들이지 않는다"는 경험으로 고통을 받는다. 임신기간부터 출산 후 얼마 동안은 가족들이 아이를 보려 하지 않았고, 시간이 지나면서 아이를 예뻐하지만 밖에서는 결혼한 언니나 오빠의 아이라고 하거나 사람들에게 보여주는 것을 꺼려한다고 한다. 가족 중에 미혼모가 있다는 것은 다른 가족들에게도 피해를 줄 수 있고, 사람들의 수군거림이나 경계의 대상이 될 수 있기 때문이었다.[61] 물론 가족 중에서 아이 돌봄이나 주거 등의 면에서 조력을 해 준 사례도 있고 그것은 미혼모의 자립과 존재에 큰 힘이 되고 있다.[62]

다음, 직장에서도 다양한 미혼모 차별 경험이 보고된다. 혼전임신 자체가 허락되지 않는 직장이거나 개인의 사생활이 지나치게 노출되는 직장일 경우 임신사실을 알리지도 못하고 사직하는 미혼모가 많이 있다. 미혼모에 대한 사회적 낙인과 편견으로 인해 미혼모라는 사실을 알리지 못하고 직장을 먼저 포기한다는 것이다. 최종면접까지 합격을 하고도 미혼모인 사실을 알려져 합격이 취소되었던 사례도 있고, 우연히 자신이 미혼모라는 것이 알려지자 존대말을 쓰던 직장동료들이 갑자기 반말로 예의 없이 대하기도 한다.[63]

---

60   김희주·권종희·최형숙 "양육 미혼모들의 차별경험에 관한 질적 사례연구," 「한국 가족복지학」, 제36호, 2012, 121-155면.
61   김희주 등, 위의 논문, 135-6면.
62   김지혜 등, 앞의 논문, 158-162면.
63   김희주 등, 앞의 논문, 138면.

"'애기도 낳았으니깐. 알건 다 아는 애'라고."

"더 웃긴 거는 그전에 저한테 깍듯이 존댓말 쓰던 남자가 밤에 술 먹고 전화 해 대고... 나를 함부로 생각하는 거예요. 막 자랐다는 거지."

이러한 태도에는 혼전순결과 같은 여성의 성성(sexuality)에 대한 규범이 작동하는 것으로 보이는데, 한국의 '정상가족규범'은 미혼여성들의 임신 과 출산에 대해 강력한 거부감을 만들어 낸다. 다음, 미혼모에 대한 차별적 대우는 그 자녀에게도 대물림된다. 미혼모들은 아이를 어린이집이나 학교 에 보낸 후 자녀가 미혼모의 아이라는 것이 알려졌을 경우 자신의 아이들 이 차별받는 경험을 한다. 이에 따라 아이가 어릴 때는 미혼모들의 처우개 선을 위해 활발히 활동하다가도 자신의 아이가 미혼모 자녀라고 손가락질 받는 것을 보면서 아이가 초등학교 입학 후에는 미혼모라는 것도 철저히 숨기며 살곤 한다고 한다. 세상에 나왔을 때, 자녀가 더 큰 상처를 받는다는 것을 알기 때문에 미혼모들은 자신을 숨기고 조용히 살기를 원하는 경우들 이 있다는 것이다.[64] 자신의 미혼모 신분을 숨기고 사람들과 거리를 유지하 게 되면 사회연결망은 더욱 좁아지고 고립되어서 정보나 지지의 측면에서 자원이 더욱 부족해지지 않을까 한다.

이상과 같이 미혼모가족을 둘러싼 차별은 남자친구, 원가족, 직장, 학부 모 등 사회구성원을 통해 이루어지는 다층적이고 전방위적인 것이다. 한 국 정부가 성과 재생산 권리에 관한 국제규범을 따른다면 기존의 복지정책 에 머물지 않고 미혼모와 그 가족의 신분에 관한 법체계 개혁으로 나아가 야 한다. 미혼모 가족들이 평등한 법적 대우를 받아야 하는 것은 국제인권 규범 뿐 아니라 헌법적 권리이기도 하다.[65] 미혼모를 둘러싼 차별을 제거하

---

64   김희주 등, 앞의 논문, 140-141면.

65   소은영,『재생산권(reproductive rights)에 관한 헌법적 연구』, 헌법재판소 헌법재판

려면 관련법의 생태계 전반을 다루어야 하겠으나 이 글에서는 '정상가족규범'의 탈피와 미혼모 가족의 일·가정 양립의 측면을 중심으로 살펴보려고 한다.[66] 구체적으로는 자의 성본제도, 자의 부성추정, 출생등록제도와 같은 신분관계, 노동관련법, 그리고 보조생식술에 대해 논의할 것이다. 또한, 이 글은 미혼모의 재생산권리를 미혼여성의 그것과 연속선상에 두고 있으므로 출산 전과 임신 중과 출산 후로 나누어 관련 법정책을 제안하고자 한다.

(2) 임신 중: 상담과 교육, 원치 않는 임신의 중지

한국보건사회연구원의 인공임신중절의 실태에 관한 2021년 조사에서, 임신중절과 관련해서 응답자들이 원하는 정책들은 '피임, 임신, 출산에 대한 남녀공동책임의식'(27.1%), '원치 않는 임신 예방 위한 성교육 및 피임교육'(23.4%)으로 나타났다.[67] 전자는 피임·임신·출산에서 젠더평등의 중요성에 관한 것이며 후자는 피임과 성교육의 중요성에 관한 것이다. 이와 같이 시민들은 성과 재생산 건강은 성과 재생산 건강 및 권리 보장을 위해서 젠더평등, 피임 교육, 성교육의 중요성을 이미 깨닫고 있다.

2019 헌법재판소의 낙태죄 결정문에서도 교육과 상담의 필요성에 관해서 설시하였던 바, 현재 국회에 계류중인 모자보건법안에는[68] 대부분 피임

연구원, 2022, 전종익, "낙태와 재생산권의 보장"『법과 사회』제73호, 2023. 65-86면.

66　이 글에서는 미혼모가족에 대한 지원정책으로 '한부모가족지원'이나 양육비 이행 확보 및 지원' 등에 관해 다루지 않는다. 그것은 이런 정책이 중요하지 않아서가 아니라 현행 지원정책에 관련정책이 포섭되어 있기 때문이고, 가족법상 신분관계 및 노동관계법령 관련 정책이 미혼모의 경제력 강화와도 긴밀히 연관되어 있다고 보기 때문이다.

67　한국보건사회연구원, "인공임신중절 실태조사(2021년) 주요 조사 결과 세부내용," 2022.6.20.발표. https://www.kihasa.re.kr/news/press/view?seq=473202021

68　21대 국회(2020년 5월30일~)에서 발의된 모자보건법 일부개정 법률안은 정부안 (제안일자 2020.11.18., 의안번호 2105459), 권인숙의원안(제안일자 2020.10.12., 의안번호 2104484)을 포함하여 다음과 같은 개정안 등이 있다[더불어 민주당

및 성 교육, 임신 출산 임신중지 등에 관한 정보제공과 심리상담 지원 규정을 두고 있다.[69] 앞서 고찰한 바에 따르면, 미혼여성들의 임신은 사회적 경제적 측면에서 주의를 기울여야 할 '임신 출산 갈등' 또는 '낙태 갈등'으로 이어질 가능성이 높다. 2021 보건사회연구원 임신중절 실태조사에서도 임신중지 당시 혼인 상태에서 미혼여성(전체 응답자의 64.4%)이 가장 많았고 사실혼·동거와 같이 비법률혼 상태의 여성들도 많아서(8.2%) 법률혼 상태(26.8%)가 그리 높은 비율을 차지하지 않았다. 비법률혼 상태에 있는 여성들의 임신과 임신중지, 출산에 대한 보다 강력한 조력이 요청되는 대목이다.

앞서 지적하였듯이, 형법상 낙태죄가 실효된 상태이지만 관련입법이 마련되지 않아서 상담 및 교육, 임신중지에 한한 공적 지원 등에 대한 법의 지배가 매우 혼란스러운 상태이다. 미혼모들의 대다수가 원치 않는 임신의 결과이며 출산 후 양육이 어려운 상황이라면 미혼여성의 경우에는 보편적인 산부인과 검진과 임신 중지를 보장해야 할 것이다. 특히 산부인과 의료 접근이 어려운 미성년, 장애인, 빈곤층 등 사각지대에 놓인 여성들의 경우에 임신·출산에 관한 정보제공과 임신중지에 대한 의료서비스의 제공이 더욱더 중요하다. 이러한 체계의 마련은 취약한 채로 미혼모가 '될' 가능성을 감소시킴으로써 잠재적 어머니와 자녀 모두를 보호할 수 있다. 다른 한편, 그녀들이 앞날의 가시밭길을 예상함에도 출산을 선택한다면 이 가족이 기혼자 가족에 비해서 불평등한 대우를 받지 않도록 보다 강력한 지원을 하는 것도 한국 여성들의 성과 재생산권리 보장에서 핵심적인 일이다.

박주민의원안(2020.11.27.), 남인순의원안(2021.1.14.), 국민의힘 조해진의원안 (2020.11.13.), 서정숙의원안(2020.12.1.), 정의당 이은주의원안(20.11.5.)이 있다].
69   계류 중인 모자보건법 개정안에서 상담 및 교육체계에 관한 자세한 논의는 장다혜, "재생산 건강 관련 상담 및 상담원 교육체계," 『서울대학교 법학』 제64권 3호, 2023 을 참고할 것.

(3) 출산 후: 미혼모의 수용 정책

1) '정상가족규범' 탈피

한국의 미혼모 정책에서 가족정책이 가장 중요한 측면이 아닌가 한다.[70] 한국의 법률혼 중심주의의 효과는 막강하고 획일적임에도 불구하고 마치 공기처럼 자연스러운 것처럼 느껴지고, 국제인권법의 관심사에서조차 왕 왕 누락된다.[71]

① 민법 제781조의 '자의 성과 본' 규정

2005년 3월, 호주제도 규정들이 삭제된 개정 민법이 국회에서 의결됨으로써 모든 가(家)에 호주와 가족원을 두는 호주와 가족의 틀이 사라졌다. 하지만 이 개정에도 불구하고 다른 가족의 틀은 법과 사람들의 태도에 지속된다. 대표적으로 함께 개정되었던 민법 제781조 제1항은 부계성본주의를 원칙으로 하면서도 한국인 부부가 자녀에게 모성(母姓)을 물려줄 수 있는 규정을 마련하였다.[72] 우리 헌법재판소는 2005년 12월, 개정되기 전 민법 제781조 제1항 자녀의 성과 본 규정이 이혼, 재혼 가정 예외적인 상황에서 모성 부여의 방안을 마련하지 않은 부계성본주의에 대하여 헌법에 불합치 한다고 선고하였다. 하지만, 성본제도가 '[개인의] 구체적인 권리와 의무에 아무런 영향을 미치지 않는다'고 설시하였는데, 이 의견은 성본제도가 가지는 일반인들의 인식과 괴리될 뿐 아니라 사회구조에 무관심한 개인의 권

70 　김혜영(앞의 연구, 2013b)에서도 한국의 가족주의, 이중적 성규범 등을 한국 미혼모의 사회적 차별 기제로 논의하였다.

71 　참고로, 한국은 여성차별철폐협약(CEDAW)의 가입시 여러 유보조항을 두었으나 현재는 제16조 1항 (g) (family name 조항)만이 유보상태에 있다.

72 　민법 제781조 제1항 "자는 부의 성과 본을 따른다. 다만, 부모가 혼인신고시 모의 성과 본을 따르기로 협의한 경우에는 모의 성과 본을 따른다."

리의무론이 아닌가 한다.[73] 예외적인 모성 부여 가능성을 두는 것으로는 해결되지 않을 정도로 한국 가족법의 부계성본주의는 강력한 효과로 한국가족의 남성중심성과 법률혼 정상성을 만들어 왔기 때문이다. 2005년 법 개정에도 불구하고 2021년 현재, 자녀에게 어머니 성본을 물려준 자녀는 전체 자녀의 0.2%에 그친다. 이런 선택은 단지 국민들의 보수성 때문일까.

한국사회에서 어머니의 성본을 가진 자녀는 '아버지가 없는 자녀' 내지 '혼외자''로 인식되곤 한다. 아니, 어머니의 성본을 자녀에게 물려주기로 '선택한' 부부의 자녀와 혼외자를 구분할 표식이 존재하지 않는다.[74] 여기서 '아버지가 없다'는 것은 '등록부에 등록할 아버지'가 없다는 의미로 생물학이 아니라 사회·법의 영역에서 아버지의 부재를 의미한다. 따라서 등록부상의 아버지의 부재를 법체계가 문제 삼지 않는다면 아무런 문제가 되지 않으므로 어머니 성의 회피는 사회공동체가 아니라 법제도의 책임이 더 크다고 본다. 다른 한편, 혼인 중이 아닌 남성과 성관계를 맺고 자녀를 임신·출산한 여성들을 통제하는 성성 규범은 현재 대한민국에서 기본권으로 인정되는 성의 자유와 유리된 위선적인 성적 규범이다. 여성의 성성을 정절 규범으로 통제하는 법적 장치가 성본제도에 국한하지는 않지만, 부계성본주의는 대단히 강력하고도 은밀한 기제가 아닌가 한다. 그것은 남편의 친자가 아닌 남성의 자녀를 혼외자, 사생아라는 범주로 걸러내어 사회적으로

---

73 헌법재판소 2005.12.22. 선고, 2003헌가 5·6 결정. 본 선고 법정의견에서는 "양계 혈통을 모두 성으로 반영하기 곤란한 점, 부성의 사용에 관한 사회 일반의 의식, 성의 사용이 개인의 구체적인 권리의무에 영향을 미치지 않는 점 등을 고려할 때 (개정 전) 민법 제781조 제1항 본문 중 "자(子)는 부(父)의 성(姓)과 본(本)을 따르고"와 같이 부계성본주의를 원칙으로 규정한 것이 입법형성의 한계를 벗어난 것으로 볼 수 없다 하였다(필자강조).

74 앞서 본대로 통계청과 같은 국가기관에서조차 미혼모의 자녀에 대해 사생아 혹은 혼외자 개념을 사용하고 있는데, 이런 호명은 그 의미가 정확하지 않을 뿐만 아니라 차별적이다.

추방함으로써 자녀대에 걸쳐서 여성의 성성과 관계를 통제하기 때문이다. 이와 같이 부계성본제도는 한국 여성들의 성적 권리 및 가족구성 권리를 제한하며, 여성의 출산권을 제한함으로써 독립된 존재로서의 여성의 성과 재생산권리를 훼손한다. 인지제도 역시 문제가 있다. 혼외 자를 생부가 인지하면 그 생부의 성본으로 자동적으로 바뀌는 것이 원칙(민법 제855조)이지만 2005년의 민법 개정에 따라 부모의 협의에 따라 종전 성 사용이 예외적으로 허용되었다(781조 제5항) 하지만, 혼외자의 인지제도에서도 아버지성은 원칙이며 어머니성은 예외라는 점은 여전히 유효하다.

이상과 같이 볼 때, 현대사회에서 증가할 수 밖에 없는 미혼, 비혼, 전혼관계 등에서 태어난 자녀들을 혼내자 혹은 혼외자로 구분하지 않도록 민법의 친족·상속편 체계를 검토하고 차별금지법과 같은 법의 제정시 관련조문이 필요하다. 참고로, 이와 같은 부계성본제도는 '유교적 전통'의 답습이 아니라 오히려 조선의 전통과 관습을 재천명하고 재확인했던 식민지 유산이라는 역사적 구성물이라는 점을 되새겨야 한다. 호적을 통한 근대적 국민공부제도에서 '조선의 관습'을 중시한다고 했던 것이 식민지 정부이기 때문이다.[75] 호주제도는 폐지되었어도 남성을 중심으로 편제된 한국의 국민등록제도에는 여성차별과 함께 식민지성이 침습되어 있는데, 그러한 '가족의 틀'이 미혼모와 비혼모, 그들의 자녀, 어머니와 비혼관계에 있는 생부 등을 체계적으로 차별하고 있으니 그 차별의 마음에도 역사성이 녹아있다.[76]

흥미롭게도, 법률혼 중에 있는 어머니들마저도 남성중심 성본제도에 대

---

[75] 식민주의 가족정책의 관점에서 호적제도를 분석한 연구로는 홍양희 [『조선총독부의 가족 정책-식민주의와 가족·법·젠더』 동북아역사재단, 2021]를 참고할 것.

[76] 식민지 피지배 영향을 받은 타이완의 자녀 성본 법제도에 대한 분석으로는, Chao-ju Chen, "Outsiders Within: A Feminist Socio-Legal Study of Surname Inequality in as Sex, Race, and Marital Status Discrimination in Taiwan," *Journal of Korean Law*, vol.18, no.1, 2018, pp.1-58을 참고할 것.

한 부당함을 인지하고 있다.[77] 여성들은 "자신의 배"에서 35주 품은 아이가 신랑 성 따르는데 불만스럽기도 하고, (아직 혼인신고를 하지 않은) 남성 파트너를 신뢰할 수 없는데' 출산은 다가와서 고민하기도 한다. 설사 결혼하지 않고 자녀를 키우겠다는 선택을 했다 하였더라도 자녀가 미래에 닥칠 어려움을 '예견해서' 알아서 아버지 성을 인정해야 하는 복합 갈등에 놓인다. 자녀가 자신의 성을 따랐으면 하는 여성들조차 자녀들이 한부모가정 (내지 미혼모가정)의 자녀라고 오해받고 스트레스를 받을까 봐 자신의 성을 포기한다고 한다. 정당한 선택으로서의 미혼모가족이 비미혼모 가정에 비해 댓가를 치르지 않도록 하는 것이야말로 국가가 고민하고 해결해야 할 법정책의 문제이다. 관련 법을 개정하여 부성 원칙주의를 폐기하고 자녀 성에 관한 부모의 협의를 원칙으로 해야 한다.[78]

나아가, 법률혼을 한 정상가족에 속하지 않는 가족들이 큰 댓가를 치르는 것에 대해 균형을 잡아주려면 '생활동반자법'와 같은 법 제정이 필수적이다. 인구와 가족의 변화, 사람들의 인식 변화에서도 나타나듯이, 다양한 가족형태의 출현을 수용하기 위해서 대안적인 파트너쉽 등록법의 입법이 하루빨리 이루어져야 한다.[79] 법률혼보다 그 연대와 해체가 용이하고, 다양

---

[77] 자녀 성본에 관한 여성들의 담론 분석으로는 다음을 참고할 것[채혜미, "자녀에 대한 모계 성 본 부여의 제약요소와 그 극복방안: 온라인 여성 커뮤티니의 담론 분석을 중심으로," 『법과 사회』 제72호, 2023, 219-256면].

[78] 이에 관한 자세한 논의는 송효진·박복순을 참고할 것["자녀의 성(姓) 결정 및 혼인 외의 출생자 관련 법제 개선방안," 저출산고령사회위원회, 여성가족부, 한국여성정책연구원, 『호주제 폐지 10년, 더 평등한 가족의 모색』 미간행 자료집 발표문 (2018.12.4.)].

[79] 2023년 7월 현재, 국회에는 용혜인 의원과 장혜영 의원이 각각 대표 발의한 '생활동반자관계에 관한 법률안'이 계류 중이다. 이 법안은 2014년 진선미의원이 대표발의를 시도했으나 발의되지도 못한 채 회기만료로 폐기된 법안을 계승하면서도 새로운 규정들을 많이 포함하고 있다.

한 동반자 관계들을 수용하는 것이 중요하다.[80]

② 출생신고제도

기존 출생신고제도 속에서 생모와 혼인관계에 있는 생부의 차별과 배제, 그리고 그 자녀들에 대해서도 관심이 필요하다.[81] 가족관계등록에 관한 법률에 따르면, '혼인 중의 자녀의 경우에는 부 또는 모가 출생신고를 하여야 하지만, 혼인 외의 자녀의 경우에는 모가 출생신고를 하여야'(제46조 제1항과 제2항)하기 때문이다. 그런데 생모가 아이의 출산 후 아이를 생부에게 맡기고 떠나고 연락이 두절된 경우, 아이를 출생신고 하려고 해도 모의 인적사항을 알지 못하면 출생신고를 할 수 없고 이 경우 양육 생부와 자녀 간에는 아무런 법률적 관계가 형성되지 않아서 한부모가족 지원이나 의료보험조차 적용되지 않는다. 이에 따라, 2015년 가족관계등록법의 개정으로 모의 인적사항을 모를 경우에도 "부의 등록기준지 또는 주소지를 관할하는 가정법원의 확인을 받아" 출생신고를 할 수 있게 되었다(법 제57조 제2항). 이로써 생부의 자녀 출생신고제도가 가능해지긴 하였지만 여전히 어려움이 있다. 그 근본 원인은 민법의 '친생자 규정'으로서 생부에게는 친생부인의 소를 제기할 원고 적격조차 없는 제도에서 찾아야 한다.[82] 이런 맥락에서 2023년 3월 헌법재판소는 혼인 중 여자와 남편 아닌 남자 사이에서 출생한 자녀에 대한 생부의 출생신고를 허용하도록 규정하지 아니한 '가족관계 등

---

80   외국의 입법례로는 네덜란드의 등록파트너쉽(Registered Partnership Act), 프랑스의 공동생활약정에 관한 법률(Pacte Civil de Solidarité; PACS), 독일의 생활파트너쉽법률(Lebenspartnerschaftsgesetz) 등이 있다.

81   친생자 추정제도는 혼인 중에 임신된 자녀를 임신한 모의 법률혼상 남편의 자로 추정하는 제도로서 혼인 외 관계 중에 임신하였을 경우 친생부(親生父)의 권리문제가 제기된다. 김상용, "생부(미혼부)의 권리에 관한 소고-생부의 출생신고와 친생부인권을 중심으로," 『중앙법학』 제22집 1호, 2020.

82   김상용, 위의 논문.

록 등에 관한 법률' 제46조 제2항 등이 혼인 외 출생자인 청구인들의 태어난 즉시 '출생등록된 권리'를 침해한다는 헌법불합치 결정을 내려졌다.[83]

이와 같은 흐름은 혼인 외의 자녀를 인지하고 양육하려는 생부의 등장이라는 새로운 사회 흐름을 나타내며, 혼외자로 지칭되는 청구인들이 현행 가족제도로 인한 자신들의 권리 침해 의식을 나타낸다. 비혼인 출생자들이 더 이상 침묵하지 않고 혼인 중 출생자에 비해 차별받지 않을 정당한 권리를 주장하는 것이다. 중요한 것은 생부의 자녀 출생신고에서의 불이익은 생모와 비교해서 차별받는다는 단순한 젠더차별로 볼 현상이 아니라 혼인 관계에 있는 모의 자녀에 대한 부(夫)의 친생자 추정(민법 제844조), 자의 성본제도, 가족관계등록제도 등 강고한 법률혼 중심주의와 같은 체계적 차원에서 바라볼 문제이다.

다른 한편, 저출산과 인권의식 속에서 출생신고가 되지 않은 미등록 아동에 대한 사회적 각성이 일어났고 이에 따라 '출생통보제'를 규정하는 가족관계등록법의 개정이 일사천리로 이루어졌다.[84] 미등록 아동이 다수 존재한다는 사실은 아동의 등록될 권리를 침해할 뿐 아니라 국가로부터 복지, 건강, 교육 등 아무런 제도적 보호를 받을 수 없다는 것을 의미하므로 반드시 사라져야만 한다. 하지만, 부모들의 출생신고 등록 사각지대가 왜 생기는 것인지 면밀하게 검토하는 것과 함께 출생통보제도가 정착되어야 할 것이다. 이 글에서 살펴본 것처럼 미혼여성 또는 미혼모들이 자녀의 출

---

83   헌법재판소 2023.3.23.선고, 2021헌마975 가족관계의 등록 등에 관한 법률 제46조 제2항 위헌확인.

84   2023.6.30 국회에서 의결된 '가족관계의 등록에 관한 법률' 제44조의 3과 제44조의 4에 따르면, 출산이 있었던 의료기관의 장은 출산 14일 이내에 모의 성명, 주민번호 (외국인의 경우 외국인 등록번호 등), 아이의 성별, 출생 시각 등을 시·읍·면의 장에게 통보해야 하고, 시·읍·면의 장은 이 출생자에 대한 출생신고가 수리되었는지 확인하고 신고의무자를 특정할 수 없는 경우에는 가정법원의 확인을 받아 직권으로 출생기록을 하여야 함을 골자로 한다.

생을 신고하기 어려운 다양하고 강력한 사유들이 존재하는데 이것을 방치한 채 출생통보제를 도입한다고 그 실효성이 얼마나 있을지 회의적이다. 무엇보다도, 성과 재생산 권리 실현의 취약집단이 겪을 출산과 양육의 장애물들을 약화시키고 제거하는 것이 보편적 출생등록제도를 정착시키는 핵심이다.[85]

2) 일·가정 양립을 통한 경제적 자립

미혼모 가족은 일반적으로 어머니가 홀로 자녀를 돌보는 유형이어서 여성들의 일터에서는 고용지위가 남성에 비해 불안정하고 저임금에 시달릴 가능성이 농후하다. 이런 까닭에 생계와 아이양육을 병행하기 위해 고군분투하는 미혼모들에 대한 '수용정책'이 절실히 필요하다.

① 일터의 측면: 미혼모에 대한 차별 금지

앞서 사회권위원회 일반논평 22에서는 성과 재생산 건강 권리의 실현을 위해서 노동할 권리와 공정하고 우호적인 노동환경, 남성과 여성간의 차별 금지와 실질적 평등의 중요성을 강조하였다. 그런데, 한국의 법과 사회가 미혼 여성들의 임신 출산과 그 자녀들에 대한 차별과 배제의 시선을 가지고 있다면 당사자들이 자신의 가족관계를 직장에서 드러내기는 매우 어려울 것이다. 이러한 상황이 개선되려면 가족법상의 신분법적 개혁이 반드시 필요

---

85 미혼여성을 포함한 재생산 취약 집단의 성과 재생산 권리를 지원하는 체계의 마련은 이른바 보호출산제, 즉 생모를 익명으로 한 채 자녀의 출생신고를 하도록 하는 제도에 대한 수요를 감소시킬 것으로 전망한다. 다시 말해, 미혼여성의 임신과 임신중지를 지원하고, 미혼모의 출산과 양육을 지원하고, 차별을 약화시키는 구조 개혁 없이 미혼모들의 신분을 감출 수 있도록 돕는 보호출산제는 미봉책일 뿐 아니라 대다수 미혼여성의 인권에도 반한다고 판단한다[자세한 내용은 대한민국 국회 초저출생 인구위기대책위원회, 아동인권포럼 공동주최 포럼, 『출생미등록아동문제, 근본적 해법은?』, 미간행 자료집을 참고할 것. 2023.7.13.].

하고, 일터와 돌봄의 현장에서 인식과 관행의 변화가 함께 이루어져야 한다.

　미혼모들은 그 지위가 드러날 때, 취업 면접에서부터 차별받고 취업했다고 할지라도 불이익한 대우를 받았다고 한다.[86] 우리 법은 혼인여부에 따른 차별을 명시적으로 금지하는데 그것은 직접차별뿐 아니라 간접차별의 경우에도 해당하고 이에 대한 사업주의 책임을 묻는다.[87] 즉, 차별의 고의가 없는 중립적 기준이라도 미혼모들이 충족하기 어려운 조건이라면 간접차별에 해당한다. 미혼모들에게 야근이나 장시간 근무, 지방순환보직 등이 맡겨진다면 자녀 돌봄과 병행할 수 없어서 퇴직을 고려한다면,[88] 그것이 혼인지위에 따른 간접차별이 되지 않는지 검토해야 한다. 국가인권위원회법도 혼인 지위에 따른 차별을 금지하고 있고, 차별 금지의 대상은 고용, 재화 용역 등의 사용, 교육기회, 성희롱 등에서 불이익을 주는 행위 등을 포함한다.[89]

86　김희주 등, 앞의 연구, 136-137면.

87　차별을 금지하는 주요 국내법규의 해당 해당 조항들은 아래와 같다:
[남녀고용평등과 일·가정 양립지원에 관한 법률]
제2항 제1호 이 법에서 사용하는 용어의 뜻은 다음과 같다.
1. "차별"이란 사업주가 근로자에게 성별, 혼인, 가족 안에서의 지위, 임신 또는 출산 등의 사유로 합리적인 이유 없이 채용 또는 근로의 조건을 다르게 하거나 그 밖의 불리한 조치를 하는 경우[사업주가 채용조건이나 근로조건은 동일하게 적용하더라도 그 조건을 충족할 수 있는 남성 또는 여성이 다른 한 성(性)에 비하여 현저히 적고 그에 따라 특정 성에게 불리한 결과를 초래하며 그 조건이 정당한 것임을 증명할 수 없는 경우를 포함한다]를 말한다. 다만, 다음 각 목의 어느 하나에 해당하는 경우는 제외한다.[이하 조문 생략]
[근로기준법]
제6조 [균등한 처우] "사용자는 근로자에 대하여 남녀의 성(性)을 이유로 차별적 대우를 하지 못하고, 국적·신앙 또는 사회적 신분을 이유로 근로조건에 대한 차별적 처우를 하지 못한다."

88　김지혜, 조성희, 앞의 논문(163면)에 따르면, '야근을 해야 하고, 너무 타이트한 일반 회사'에서는 어린 자녀를 양육하는 미혼모가 일하기 어렵다고 보고한다.

89　[국가인권위원회법]
제2조(정의) 이 법에서 사용하는 용어의 뜻은 다음과 같다(1,2호 생략)
3. "평등권 침해의 차별행위"란 합리적인 이유 없이 성별, 종교, 장애, 나이, 사회적

따라서, 이러한 법률들이 얼마나 실효성 있게 집행되고 있는지를 회사내에서, 노동위원회에서, 또는 국가인권위원회 등에서 꾸준하게 조사하고 엄중하게 법을 집행해야 한다. 미혼모에 대한 차별적 대우가 있었다면 사업주의 책임을 묻고 벌칙을 부과해야 할 것이다.

이외에도 미혼모들은 일자리와 관련해서 창업지원, 교육과 직업훈련 등을 요청하고 있다. 단기적이고 별 도움이 안 되는 보호관리사, 매니큐어, 재봉 등과 같은 직업훈련이 아니라 제조업이나 바리스타와 같이 현재 수요가 있는 기술교육을 받고 싶어 한다고 한다.[90] 불안정한 일자리에서 조금이라도 임금을 더 벌기 위해 급급하기보다는 여유를 가지고 학교 또는 기술 교육을 받고, 창업을 위한 상담이나 정보, 대출을 받고 싶다는 당연한 욕구를 가지고 있다.

② 자녀돌봄의 측면

미혼인 어머니들에게 자녀돌봄의 과제는 일터의 과제와 아주 긴밀히 연관되어 있다. 급여가 높은 회사라도 정규 근로시간을 넘어 장시간 노동을 해야 한다면 자녀돌봄과 병행하기 어려워서 포기해야 한다. 특히 자녀가 어릴 경우에는 오롯이 자녀 곁에 있어 주어야 하기 때문에 미혼모들은 미혼모 시설에 머물거나 자녀는 보육시설 등에 맡기고 노동시간이 유동적이

신분, 출신 지역(출생지, 등록기준지, 성년이 되기 전의 주된 거주지 등을 말한다), 출신 국가, 출신 민족, 용모 등 신체 조건, 기혼·미혼·별거·이혼·사별·재혼·사실혼 등 혼인 여부, 임신 또는 출산, 가족 형태 또는 가족 상황, 인종, 피부색, 사상 또는 정치적 의견, 형의 효력이 실효된 전과(前科), 성적(性的) 지향, 학력, 병력(病歷) 등을 이유로 한 다음 각 목의 어느 하나에 해당하는 행위를 말한다. 다만, 현존하는 차별을 없애기 위하여 특정한 사람(특정한 사람들의 집단을 포함한다. 이하 이 조에서 같다)을 잠정적으로 우대하는 행위와 이를 내용으로 하는 법령의 제정·개정 및 정책의 수립·집행은 평등권 침해의 차별행위(이하 "차별행위"라 한다)로 보지 아니한다[이하 조문 생략].

90   김지혜 등, 앞의 논문, 167-173면.

거나 짧은 단순서비스 시간제 일자리에 취업할 가능성이 높다. 양육과 병행하며 밤낮으로 일한다 해도 대부분의 미혼모들은 겨우 생계를 유지할 정도여서 기초생활수급비에 의존할 수 밖에 없다.[91] 요컨대, 전반적으로 저임금노동인 여성노동, 미혼모가족을 배타시하는 일터, 자녀 돌봄의 강한 필요 (needs) 등과 같은 3중고 속에서 그녀들의 일과 돌봄의 줄타기가 계속되고 있는 것이다. 이에 미혼모의 단독 돌봄 속에서도 경제적 안정성을 확보할 수 있도록 미혼모를 수용하는 일·가정 양립정책이 필요하다.

우리 근로기준법과 남녀고용평등법과 일·가정 양립지원에 관한 법률 (이하 남녀고용평등법) 등에는 임신한 근로자에 대한 탄력적 근무, 산전후 휴가, 배우자 휴가, 육아휴직 등 모성보호 및 돌봄 제도를 두고 있다. 문제는 미혼모들이 이런 제도를 활용할 수 있었느냐이다. 법률상 금지하지 않는다고 할지라도 실제로 활용되지 않았다면 그 이유를 찾아야 한다. 미혼모들이 노동법을 준수하는 사업장에서 취업을 지속할 가능성이 높지 않다고도 할 수 있지만, 현실의 미혼의 직장 여성들이 혼인 없이 임신과 출산을 하려고 할 때 맞닥뜨릴 상황이기에 이를 짚어볼 필요가 있다. 예시적으로 미혼여성·미혼모에 적용될 수 있는 모성보호 및 돌봄제도가 실제로 적용될 수 있는지 살펴본다.

먼저, 유산·사산 등에 따른 휴가(근로기준법 제74조 제3항)를 사용하려면 미혼인 임산부가 사측에 자신의 임신 또는 유산 사실을 알려야 할 것인데 미혼여성의 임신을 드러낼 수 있는 분위기인지 회의적이다. 오히려, 휴가 신청이 알려지면서 사내에서 소문이 퍼지고 당사자를 괴롭히는 등 불이익으로 되돌아올 수 있다. 다음, 90일의 산전후 휴가(근로기준법 제74조 제1항)를 보장하는 회사라고 할지라도 미혼의 임산부는 유사한 어려움에 처할 것이다. 장기간의 휴가는 그녀의 임신과 출산 사실을 노출하는 결정적 계기가

---

91   김희주 등, 앞의 논문, 137-139면.

될 수 있기에 미혼의 임산부는 아마도 이 때 가장 많이 퇴사하지 않을까 추정된다. 다음, 자녀 출산 시의 배우자 휴가(남녀고용평등법 제18조의 2)는 미혼모와는 상관없는 휴가라 할 수 있다. 젠더관점에 선 배우자 출산휴가에 관한 관심은 주로 '남성 배우자들의 출산휴가 사용을 어떻게 더 확대할 것인가'에 몰려 있을 뿐 배우자 개념의 법률혼 중심주의에 있지 않았다. 하지만 앞서 다루었듯이, 한국에서도 동거 혹은 사실혼 관계에 있는 미혼모와 그 남성 파트너가 있는 유형이 존재할 수 있다. 강고한 법률혼주의 속에서 미(비)혼모의 파트너 출산휴가는 논의대상조차 되지 못하고 있다. 바로 이러한 점이 한국의 미혼여성의 성과 재생산 권리 제한의 현주소를 말하고 있다 하겠다. 하지만, 외국의 정책들을 보면 사정이 매우 다르다.

〈표 7〉 외국의 배우자 출산 휴가 규정 (필자 강조)[92]

구분	사용 방법	사용 대상
한국	사용예정 90일 이내 사업주에게 청구	**근로자의 배우자(사실혼 규정 없음)**
영국	출산예정 15주 이전 휴가사용일 및 사용기간 고지	**출생아의 부, 출생아 모와 혼인한 자, 파트너, 입양부모**
프랑스	7일 의무사용 1개월 전에 사업주에게 고지	**생물학적 부, 출생아 모의 배우자, 시민동반자관계인자, 동거인**
아일랜드	4주전 사업주에게 서면으로 휴가사용일 정 통지	**생물학적 부, 출생아 모의 배우자, 시민동반자관계인 자, 동거인, 입양부모, 단독으로 아동을 입양한 부**

위 표에서, 영국, 프랑스, 아일랜드의 경우에는 자녀의 생물학적 부를 중심으로 해서 생모와 혼인한 자(법률혼상 배우자), 시민동반자관계인 자, 동거인, 입양부모 등 '다양한 아버지들'을 인정하고 있음을 알 수 있다. 배우자 출산휴가는 현대사회의 가족에서 아버지를 누구로(혹은 누구까지로) 인정할

92 　이 표는 허민숙["육아휴직 사용권 보장을 위한 입법 과제: 육아휴직 자동개시 조항의 신설 방안 검토," 『이슈와 논점』, 국회입법조사처, 제2043호(2023.1.20.)]에서 인용한 것임.

것이가의 문제와도 관련된다. 앞서 친생자 추정제도에서 보았듯이 한국은 혼인을 중심으로 한 배타적인 하나의 아버지를 고집하고 있다. 다양한 아버지 지위의 인정은 남성의 자녀 돌봄 및 관계 형성을 촉진하여 결국 미혼모 가족에게 매우 유익할 것이다.

다음, 육아휴직(고평법 제19조)제도는 "만 8세 혹은 초등학교 2학년 이하"의 자녀를 둔 근로자 부모가 신청할 수 있다.[93] 2020년부터는 한부모가족지원법에 따라 휴직의 첫 3개월은 통산임금 100%(상한 250만원), 4개월부터는 통상임금 80%(상한 150만원)를 지급받게 되었다. 이러한 조치는 고무적이지만 미혼모가 자신의 지위를 공개하고 육아휴직을 사용할 수 있는지, 그리고 그리고 이 육아휴직 급여로 미혼모자녀 가족이 생활할 수 있을지 알아보아야 한다. 또한, 주당 15~35시간 근로하는 육아기 근로시간 단축제도(고평법 제19조의 2) 혹은 업무 시간을 조정 등을 포함하는 육아지원을 위한 그 밖의 조치(고평법 제19조의 5)를 두고 있지만 여기서도 소득의 문제가 있을 수 있다. 생각컨대, 모성보호제도 및 육아휴직제도가 부부로 이루어진 가족을 전제로 설계되어 있는 것이 아닌가 한다.[94] 부부 가족의 경우에도 맞벌이 가족에서 한 배우자가 휴직을 하면 생활비 부족을 호소하는데, 외벌이인 미혼모가족의 경우 육아휴직 급여로 생활하기에는 어려울 가능성이 크다. 이 점에서, 혼인지위에 연동되지 않고 자녀를 양육하고 독립적인 생계가 가능한 부모수당 및 부모휴가 제도가 강화되어야 하고 아동수당도 현실

93   육아휴직급여를 신청하기 위해서는 근로자는 산전후휴가 종료일 이전까지 고용보험에 180일 동안 보험에 가입하여야 하고, 휴가 개시시점에서는 120일 이상 고용보험에 가입되어 있어야 한다.

94   육아휴직제도는 부부가족에서 아버지의 참여를 독려하는 방향을 가지고 있다. '3+3 부모 육아휴직제'는 생후 12개월 이내 부모가 동시에 혹은 순차적으로 육아휴직을 사용하면 처음 3개월은 통상임금 100%를 주는 등 높은 휴직급여(상항 300개월)를 보장한다. 두번째 육아휴직자(주로 아빠) 보너스제도는 동일 자녀에 대해 두 번째 휴직을 하게 되면 3개월 동안 최대 월 250만원까지 급여를 지급한다.

의 물가에 맞도록 보다 상향되어야 한다.[95]

또한, 아동돌봄 시설이나 그 인력이 충분히 그리고 탄력적으로 제공되어야 한다. 미혼모들은 영유아 때는 잔병 치레가 많고 갑자기 아픈 경우가 많아서 회사에서 갑자기 조퇴를 하거나 결근을 해야 하는 경우가 발생한다고 한다.[96] 이런 경우가 반복된다면 미혼모는 알아서 회사를 그만두게 둘 것인바, 병원 등에 데려갈 수 있는 긴급 아이 돌보미와 같은 제도를 고려해야 한다.[97] 더구나, 미혼모들은 생계와 돌봄 필요 속에서 충분한 산후조리를 하지 못하여 건강을 해친 사례가 많다고 하는데 이것은 성과 재생산 '건강'의 권리 보장에서 심각한 사각지대가 존재함을 말하고 있다.

(3) 보조생식술(Assisted Reproductive Technology: ART)의 법정책

보조생식술은 인간의 난자를 체외로 채취하여 임신을 도와주는 여러 종류의 시술과 함께 난자 뿐 아니라 정자를 채취하여 임신을 도와주는 시술을 의미한다. 그것은 정자를 자궁 내 주입하는 자궁내 정자주입술 뿐 아니라 자궁내 배아를 이식하는 체외수정시술을 포함한다. 현재 이러한 의료시술은 기술적으로 모두 활용 가능하다. 2008년 한국에서 자궁내 정자주입술은 전체 36,388건이 실시되었고 이중 비배우자의 정자 사용은 1.2%였다. 2018년에는 체외수정시술은 32,711건이 있었는데 비배우자 정자 사용은 0.2%로 비배우자의 정자 사용(비공개)은 매우 낮다. 체외수정시술도 꾸준히 증가하여 2008년 30,234건인데 비해 2018년에는 108,527건으로 세 배 이상

---

95 독일의 관련법을 소개한 연구로는 다음을 참고할 것[신옥주, "헌법적 관점에서 살펴본 한국의 저출산 대응정책 개선방안연구』『헌법재판연구』제10권 1호, 2023, 103-150].

96 김지혜 등, 앞의 글, 163면.

97 면접조사에 따르면, 많은 미혼모들은 아이가 아픈 경우 등에서 가족(어머니나 자매 등) 지원의 중요성에 공감한다.

증가하였고 이 중 정자의 냉동보존 배아이식은 2008년 5,460건에서 2018년 28,140건으로 네 배 이상 증가하였다.[98]

한국에서 보조생식술은 주로 난임부부에 대한 의료적 조치로 사용되어 왔고 정부는 저출산의 맥락에서 '모자보건법', '생명윤리 및 안전에 관한 법률(이하 생명윤리법)' 등에 근거해서 지원해 왔다.[99] 여기서 난임부부란 난임으로 '진단받은' 부부로서 한국에서 난임 진단자 수는 2005~2011년 동안 연평균 7.7%(여성 6.2%, 남성 15.6%)정도 증가하였다. 난임의 원인에는 "원인 불명"(62.1%, 2012년)이 가장 높은 비율을 차지하는데 이것이 한국에서 특이한 난임 내지 불임부부의 증가 원인의 상당 부분을 설명한다.[100]

이와 대비되게, 한국의 미혼자와 비혼자들은 부모가 되기 위해서 '비배우자간 보조생식술'을 받는 것이 허용되지 않는다.[101] 예컨대 방송인 사유리의 사례처럼 비혼의 여성이 제3의 남성의 정자기증을 받아서 출산하는 것이 한국에서는 허용되지 않다.[102] 산부인과의사와 학자들의 단체인 대한

---

98   보조생식술 사용건수 통계는 다음을 참고함[이기평 등, 『미래 세대를 위한 법적 과제 II: 보조생식의료에 관한 글로벌 법제 동향』, 한국법제연구원 글로벌법제전략 연구 21-17-②의 연구보고서, 2021].

99   모자보건법 제2조 정의 이 법에서 사용하는 용어의 뜻은 다음과 같다.
      11. '난임(難姙)'이란 부부(사실상의 혼인관계에 있는 경우를 포함한다. 이하 이 호에서 같다)가 피임을 하지 아니한 상태에서 부부간 정상적인 성생활을 하고 있음에도 불구하고 1년이 지나도 임신이 되지 아니하는 상태를 말한다.

100   하정옥, "한국의 임신 출산 서래 연구 –생식기술과 부모됨의 의지-"『페미니즘연구』제15권 1호 (2015 봄후)169-209면.

101   비배우자간 보조생식술에는 다양한 경우가 있다. 의도모가 제3의 남성의 정자를 기증받을 수도 있고 정자와 난자 모두를 기증받을 수도 있다. 또한, 의도부가 난자 공여의 대리모를 통한 보조생식술을 활용할 수 있고 난자 비공여의 대리모를 통할 수도 있가. 또한, 정자를 혹은 정자와 난자 모두를 기증 받아서 대리모 출산을 하게 할 수도 있다.

102   아래 조문에서는 비혼자의 배아, 난자, 정자 제공 및 이용을 금지하고 있지는 않다. '생명윤리 및 안전에 관한 법률' 제23조 ③ 누구든지 금전, 재산상의 이익 또는 그 밖의 반대급부를 조건으로 배아나 난자 또는 정자를 제공 또는 이용하거나 이를 유

산부인과학회는 '보조생식술 윤리지침'에 따라 체외수정 및 배아이식, 정자 및 난자의 공여에 있어 혼인관계가 있는 부부만 가능하도록 한정하고 있기 때문이다. 국가인권위원회가 두 차례(2020.5. 2022.10.)에 걸쳐서 대한산부인과학회에 대해 위임받지 않는 사안에 대한 판단이자 비혼 여성의 출산에 대한 자기결정권 등을 제한한다고 해당 윤리지침을 개정하라고 권고하였으나 대한산부인과학회는 이를 받아들이지 않고 있다. 국민의 전반적인 재생산정책을 일개 학회가 지침을 마련해서 실행하고, 국가가 침묵한다는 사실이 놀라울 뿐이다.

성과 재생산권리를 국민의 보편적인 권리로 인정한다면 정부는 비혼자들의 보조생식술 사용을 허용해야 한다. 보조생식술은 미혼자 뿐 아니라 성소수자, 장애를 가진 사람 등의 재생산권 실현에도 넓게 활용될 수 있는 가능성이 있으며 그것을 기혼자들에게만 허용할 수 있는 헌법적·인권법적 근거가 불분명하다. 이성 파트너가 없는 미혼자, 성소수자, 혹은 장애를 가진 경우, 자녀를 키울 경제력이나 의욕이 있지만 보조생식술의 보조 금지로 인해 출산을 포기해야 한다면 이는 '사회적 불임조치'에 해당한다. 현재 한국사회에는 비혼자들의 보조생식술에 대한 관심 증가와 함께 비혼여성들의 '난자동결술'에 대한 관심도 주목된다.[103] 자신이 비교적 젊고 건강했을 때 난자를 동결하여 이후 건강한 임신과 출산의 가능성을 높이고자 하는 비혼 여성들이 증가하고 있다. 보조 생식술을 이용한 비혼자들의 임신·출산은 미혼모를 포함한 비혼자 가족을 불쌍한 취약자로 바라보는 시선에서 적극적인 생의 기획자로 시선을 변화시키는 계기가 될 수 있을 것이다. 비혼자들에게 적용될 수 있는 보조 생식술을 성과 재생산 건강 권리의 측

인하거나 알선하여서는 안 된다.

103 이현아·정은주, "'사회적 난자동결'은 윤리적인가?: 젠더적 관점의 사회적 공론화 모색을 위한 시론" 『여성연구』 제113권 2호, 2022, 67-105면.

면에서 다루는 정책이 필요하다.

V. 맺음말

2019년 헌법재판소 낙태죄 헌법불합치 결정은 한국사회에 성과 재생산 권리(이하 재생산권리) 정책을 수립할 수 있는 소중한 계기가 되었다. 이 논문은 본 결정의 의미를 관련 정책을 만들 수 있는 기회로 해석하면서, 미혼모와 미혼여성의 재생산권리가 보장이 한국의 성과 재생산 정책에서 가지는 중요성을 논의한다. 법률혼 바깥에서 자녀를 임신한 미혼여성의 재생산권리는 자녀를 출산하여 양육하는 미혼모의 재생산권리와 연속선상에 있기에 이 글에서 미혼모의 권리는 모든 비혼, 나아가 기혼여성들의 권리와 맞닿아 있는, 한국 여성 전반의 재생산권리의 바로미터라고 본다. 이 글은 미혼모가족들이 비혼, 기혼 여성들에 비해서도 재생산권리 실현에서 제약을 겪고 있다고 이해하기에 미혼모 가족이 겪는 재생산 활동의 장애를 해소하는 것이 한국여성 전반의 성과 재생산 권리의 물꼬를 트는 주요 방법이라고 접근한다. 본문에서는 유엔 사회권위원회 일반논평 제22호 등을 통해서 성과 재생산 건강 권리의 내용을 살펴보면서 이 권리의 복합성과 차별금지성에 주목하였다. 이러한 지침으로 한국의 미혼모 문제를 돌아볼 때 그 유용성과 함께 일정한 간극을 발견하게 됨에 따라 국제인권규범을 한국사회에 활용하고자 할 때, 국내 상황에 대한 법사회학적 접근이 중요하다는 것을 알 수 있다.

한국의 미혼모의 실태를 살피기 위해 관련 통계들을 살펴보면 매우 완만하나마 미혼모 및 양육미혼모가 증가하는 추세가 나타난다. 앞으로는 면접조사 등 보다 질적조사연구를 통해서 미혼모와 미혼모가족에 대한 면밀한 고찰이 필요하다. 미혼모는 전연령층에 걸쳐 있고, 미혼모가족은 하나의 유형이 아니라 다양한 유형을 가진 것으로 분류해 보았다. 이런 시각에서 본다면, 현재의 미혼모 정책은 주로 경제적 지원 및 양육 초기의 미혼모·부를 대상으로 한다는 점을 알 수 있다. 이 글에서는 그동안 미혼모 정책에서 상대적으로 미약했던 미혼모 가족에 대한 차별과 실질적 평등 실현의 측면에 주목하였다. 특히 가족정책으로서의 미혼모 정책의 중요성을 강조하였는데, 거기에는 자의 성본 규정에 대한 성평등한 개혁, 생활동반자법의 제정, 남편의 부성(父性) 추정 및 자의 인지 등과 같은 자녀에 대한 법률혼 중심주의의 개혁이 포함된다. 노동법제에서 미혼 부모들의 자립을 도모하기 위해서 혼인지위에 따른 임신·출산·양육의 차별금지 및 자녀 돌봄을 가능하게 하는 미혼모를 위한 일 가정 양립정책이 포함된다. 가족구조에 대한 개혁을 하지 않은 채 비혼부모(한부모)들에 대한 재정 지원은 약자성을 방치한 부분적 배려 대책에 그칠 수밖에 없다. 마지막으로 미혼자들의 보조생식술에 대한 평등한 접근성을 제안하였다. 본 논문에서 미혼모정책에는 임신 중 미혼여성의 임신중지 및 출산지원, 출산 후 차별 개선과 경제와 돌봄 지원, 나아가 보조생식술을 통한 비혼자 출산 지원등을 포함한다. 그것은 미혼모 지위를 성과 재생산 권리의 측면에서 다루었기에 가능한 접근이었다고 사료된다.

이상과 같이 이 글은 한국의 미혼모정책이 복지의 정책에 머물지 않고 소수자들이 댓가를 더 물지 않는 '수용의 정책'으로, 법체계를 구조개혁하는 법정책의 대상으로 나아갈 것을 촉구한다. 제도의 척박함 속에서도 나타나는 미혼모와 양육미혼모의 증가현상, 자녀의 성본제도에 저항하는 여성들의 목소리, 보조생식술에 대한 미혼자들의 관심, 혼인 없는 출산에 대한 관심 증가 등을 볼 때, 모든 사람을 위한 성과 재생산 권리 정책의 수립이란 단지 규범이 아니라 이미 시작된 사회현상에도 부합하는 일이다.

장혜영

(정의당 국회의원)

올해는 여성의 성적 자기결정권과 재생산 권리의 상징적 판결인 '로 대 웨이드' 판결 50주년을 맞은 해입니다. 그러나 지난해 미 연방대법원이 판결을 폐기하며 오랫동안 함께 노력하며 쌓아온 재생산권을 법의 이름으로 일거에 훼손하고 퇴보시켰습니다. 미 연방대법원의 잘못된 판결에 저항하고 바로잡기 위해 전세계 많은 이들이 계속해서 함께 싸우고 있습니다. 양현아 교수님의 발제문에 언급되었듯이 재생산권리는 개인의 건강권에 국한된 것이 아니며, 정치적이고 사회구조적인 개혁 과제라는 것을 확인할 수 있었던 사건입니다.

성과 재생산권리는 시민으로서 마땅히 가져할 보편적 권리입니다. 성과 재생산권리는 '반차별과 평등', '젠더', '교차성 및 복합차별'의 관점에서 포괄적이고 통합적으로 다뤄져야 한다고 생각합니다. 이런 관점에서 헌법 개정을 포함해 개별법의 제·개정이 이뤄져야 합니다. 결론적으로 말해 성과 재생산권리의 보장은 성평등-인권존중 사회로의 전환에 필요한 핵심 과제라고 말씀드릴 수 있습니다.

2020년 11월, 정의당은 이은주 의원 대표발의로 낙태죄 폐지에 따른 대체입법 3법(형법, 모자보건법, 근로기준법 개정안)을 발의했습니다. 모자보건법 개정안은 법제명을 '임신·출산 등과 양육에 관한 권리보장 및 지원법'으로 개정해 권리 보장의 방향을 명확히 하고자 했으며, 국가 및 지자체의 책임을 강화하는 등 권리 보장 및 지원을 세부적으로 규정하고자 했습니다. 이는 임신중단 비범죄화에서 나아가 안전한 임신중단과 재생산권리 보장으로 한발 더 나아가기 위한 입법이었습니다. 그러나 21대 국회에서는 지금껏 제대로 된 논의조차 이뤄지지 않고 있습니다.

이은주 의원의 모자보건법 개정안은 제3조를 통해 국가와 지자체로 하여금 '장애유형과 특성, 나이, 언어, 인종 및 국적, 소득 수준 등'을 고려해 모든 사람에게 필요한 지원을 하도록 명시하고 있습니다. 이는 '반차별과 평등', '교차성 및 복합차별'의 관점에서 차별금지법과 연결된다고 할 것입니다. 차별금지법이 다원화 사회를 살아가는 시민들의 평화로운 공존을 위한 최소한의 안전장치라고 한다면, 재생산권리 보장 입법은 다원화 사회 시민의 다양한 결합과 공동체를 위한 기초라고 할 수 있습니다. 이런 의미에서 셰어를 중심으로 제안되고 있는 '성·재생산권리 보장 기본법' 제정의 필요성에 적극적으로 동의하는 바입니다.

기본법 제정과 더불어 개별법의 개정도 필요한 입법과제입니다. 그 중 하나로 근로기준법을 꼽을 수 있습니다. 현행 근로기준법 제74조 3항은 임신한 여성이 유산하거나 사산했을 경우 사용자에게 유산·사산 휴가를 청구할 수 있도록 규정하고 있으나, 단서조항을 통해 '임신중절 수술'에 따른 유산은 예외로 두고 있습니다. 이에 정의당은 단서를 삭제한 근로기준법 개정안을 대체입법 3법에 포함해 발의한 것입니다.

재생산권리 보장이 가족구성의 다양성 수용 등을 포함한 사회정책의 패러다임 전환을 의미한다는 양현아 교수의 발제에 적극적으로 동의합니다. 이런 의미에서 재생산권리 보장을 위한 입법과제 중 하나가 바로 '생활동반자관계에 관한 법률안'임. 혈연 또는 혼인 외의 이유로 형성되고 유지되는 상호 생활돌봄의 관계를 법적으로 인정하고 보호하는 내용의 법안이며

저 역시 '23년 5월 법안을 대표발의했습니다.

지난해 통계청 국정감사를 통해 '제4차 건강가정기본계획' 정책과제 이행에 필요한 내부참고용으로 비혼동거규모를 분석해 통계청이 여가부에 제공한 사실을 확인했습니다. 자료에 따르면 배우자 있는 20대의 5명 중 1명이 혼인신고를 하지 않은 채 동거하는 것으로 확인되었습니다.

〈표 1〉 성·연령별 (단위: %)

| 구분 | 계 | 미혼 | 배우자 있음 | | 사별 | 이혼 |
			혼인신고 O	혼인신고 X		
전체	100.0	24.6	62.6	97.4	2.6	6.8	5.9
남자	100.0	28.8	63.8	97.5	2.5	2.1	5.3
여자	100.0	20.6	61.5	97.4	2.6	11.4	6.5
19-29세	100.0	91.2	8.2	79.9	20.1	0.0	0.6
30-39세	100.0	35.3	62.5	96.1	3.9	0.2	2.1
40-49세	100.0	12.9	80.0	98.0	2.0	0.6	6.5
50-59세	100.0	5.7	80.9	97.8	2.2	2.5	10.9
60세 이상	100.0	1.2	70.0	98.6	1.4	21.5	7.3
65세 이상	100.0	0.8	65.3	98.8	1.2	28.4	5.5

자료제공: 통계청

비혼동거를 비롯해 다양한 시민결합 형태의 생활동반자 관계를 법적으로 인정하고 보호함으로서, 기존 혈연 중심의 '정상가족'에게만 지원되는 사회보장과 세제 지원 등을 생활동반자 관계에도 적용될 수 있도록 하는 것입니다. 또한 혼인제도의 젠더 불평등을 넘어 개인과 개인간의 자유롭고 평등한 관계로서 성립과 해소가 용이하다는 측면에서 '젠더 관점'과 연결된다고 볼 수 있습니다.

'비혼출산'도 재생산권리 보장에 있어 중요한 이슈 중 하나입니다. 혼인 여부와 관계 없이 보조생식술에 접근할 수 있도록 해야 합니다. 앞서 생활동반자법과 함께 비혼출산지원을 위한 법안으로 모자보건법 개정안 역시 발의했습니다. 또한 성소수자, 장애인의 보조생식술 접근과 지원을 통한 재생산권 보장도 필요하다고 볼 수 있습니다.

성과 재생산권리 보장을 위해서는 임신, 출산, 임신중지, 양육은 물론 돌봄, 교육, 정보제공, 사회서비스 제공 등이 성평등 및 인권에 기반해 다시 설계하는 과정을 수반할 수밖에 없습니다. 이런 관점에서 정책 패러다임 전환이라는 발제에 동의하며, 재생산권리 보장을 위해 입법부가 해야 할 역할을 정립하는 것이 필요하다고 생각합니다.

유진아

(장애여성공감 활동가)

Ⅰ. 성과 재생산권리를 기본권으로 인식하기

장애여성공감은 2018년부터 〈IL과 젠더포럼〉을 통해 시설화, 장애, 젠더, 교차성에 대한 고민을 실천하며 각 소수자운동 현장과 함께 연대해나가고 있다. 2018년 시설화에 대한 논의를 시작하며 국가가 1970년대 전후 생산성을 기준으로 경제발전에 도움이 되지 않는 인구를 선별하여 집단적으로 격리/수용하는 정책을 시행하고 장애인과 소수자의 성과 재생산권리를 통제하는 문제를 제기했다. 2019년에는 물리적 장소를 넘어 "지배 권력이 특정 개인이나 집단을 보호/관리의 대상으로 규정하고 사회와 분리해 권리와 자원을 차단함으로써 무능화/무력화 된 존재로 만들며 자신의 삶에 대한 통제권을 제한하여 주체성을 상실시키는 것[1]을 '시설화'로 정의하며 청소년, 한부모, 성소수자, 난민, HIV/AIDS 감염인 등 제한된 장소와 관계에서 가족을 구성할 수 없고 노동할 수 없는 이들의 삶을 주목했다. 2020년에는

---

1   조미경, "탈시설 운동의 확장을 위한 진지로서의 IL센터", 『2018년 IL과 젠더 포럼』 자료집(2018년 10월 23일), 장애여성공감, p.44.

노동 현장에서 자활/자립 혹은 보호의 대상으로 취급되어 능력에 따라 배치되는 차별과 박탈의 문제를 통해 노동력을 착취하고 탈시설을 유예하는 시설사회의 공모체계를 비판했다. 2021-22년에는 제도화 이후 소수자의 삶이 젠더, 장애, 계급, 나이, 인종 등을 이유로 몸과 섹슈얼리티가 시설화되는 양상을 드러내며 자기결정을 보장하는 상호 돌봄과 의존, 동료성에 대한 구체적인 관점과 실천을 주요하게 논의하였다.

발제자 나영정 선생님은 성과 재생산권을 둘러싼 기존의 이론적 정책적 논의를 비판적으로 검토하며, 소수자 집단의 차별경험에 주목함으로써 재생산권을 보편적인 인권으로 확장해 가야한다고 말한다. 모든 차별과 권리침해는 연결되어 있으며 이것은 결국 어떤 존재의 시민권을 박탈하는지 드러내는 것이 중요하다는 의견에 적극 동의한다. 장애여성의 성과 재생산권리는 모성권 혹은 임신 출산 등의 접근성을 높이는 시혜적인 방식으로만 이야기 되어왔으며 해당 범위를 벗어난 정책들은 여전히 전무하다. 이러한 '인구 통제적인 도구' 중심의 국가정책은 장애여성이 처한 사회적 차별구조를 가리고 출산과 양육 외 삶 전반의 성과 재생산권리에 대한 욕구를 말하기 어렵게 만드는 침묵을 강요당해왔다. 이 과정에서 폭력 및 인권침해의 문제는 심화되었고 장애여성은 성적권리의 주체자가 아닌 피해자 혹은 보호 받아야 하는 위치만 할당받았다. 「장애인 건강권 및 의료접근성 보장에 관한 법률(장애인건강권법)」 제 9조 [2]나 「성폭력범죄의 처벌 등에 관한 특

---

2   제9조(장애인의 의료기관등 접근 및 이용 보장 등) ① 국가와 지방자치단체는 장애인이 진료, 재활 등을 위하여 「의료법」 제3조에 따른 의료기관, 「지역보건법」에 따른 보건소, 「농어촌 등 보건의료를 위한 특별조치법」에 따른 보건진료소, 「지방의료원의 설립 및 운영에 관한 법률」에 따른 지방의료원(이하 "의료기관등"이라 한다)을 이용하는 경우 그 접근을 보장하기 위한 이동 편의 및 의료기관등 이용 시 장애인의 장애 유형 및 정도, 모·부성권 보장, 성별 등의 특성에 따른 적절한 편의를 제공할 수 있다. 〈개정 2018. 12. 11.〉② 국가와 지방자치단체는 의료기관등을 직접 이용하기 어려운 장애인을 위하여 장애인의 거주지를 방문하여 진료 등을 행하는 방문진

례법」제6조³와 같이 사회적 소수자를 향한 시혜적이고 선별적인 법과 제도는 삶 전반을 통제하는 결정적 역할을 한다. 이러한 정책은 장애여성에 대한 통합적 지원을 불가능하게 하며 성과 재생산건강과 권리를 포괄적으로 보장할 수 없다. 따라서 발제자의 의견처럼 성과 재생권리가 '보편적인 권리'의 문제임을 명확히 드러내며 실제 제도가 포괄하는 범위를 확장하는 것이 중요하다.

Ⅱ. 장애여성이 살아가는 차별적 구조와 재생산권리

1. 탈시설 현장에서 통제되는 성과 재생산권리

최근 장애여성공감은 '거주시설연계사업'⁴을 통해 장애인 거주시설에서 탈시설을 원하는 이들과 함께 시설 밖의 삶을 준비하는 과정을 함께 도전하고 있다. 투쟁으로 만들어 온 탈시설 제도지만, 탈시설 지원 현장에서 국가가 시설에 부여한 권력은 여전히 크다. 여전히 국가는 장애인 권리를 보장하는 탈시설이 아닌 시설 소규모화 등을 통해 시설사회를 유지하려 하고 있다.

장애인 거주시설은 시설 소규모화 정책으로 장애인 거주시설에 입소하

료사업을 수행할 수 있다.

3   제6조(장애인에 대한 강간·강제추행 등)
     ④신체적인 또는 정신적인 장애가 있는 사람에 대하여 「형법」제297조(강간)의 죄를 범한 사람은 무기징역 ④ 신체적인 또는 정신적인 장애로 항거불능 또는 항거곤란 상태에 있음을 이용하여 사람을 간음하거나 추행한 사람은 제1항부터 제3항까지의 예에 따라 처벌한다.

4   서울시는 장애인복지법 제53조(자립생활지원), 제54조(중증장애인자립생활지원센터)에 따라 탈시설 자립생활 지원 및 거주시설 장애인의 인권침해 방지를 위한 인권교육 등 IL센터와 '거주시설연계 자립생활지원 사업'을 실시하고 있다.

는 이가 점진적으로 감소하는 추세라 하지만 2020년말 기준 1,539개의 시설에 약 3만명의 장애인들이 거주하고 있다.[5] 2023년 3월 발표한 '제 6차 장애인정책종합계획'의 장애인 자립 및 주거 자기결정권 강화 현황'을 보면 '거주시설은 장애인의 개별 특성과 수요에 맞춰 적정 서비스를 제공할 수 있도록 소규모화·전문화 등을 골자로 하여 개편 추진'[6]하고 있다. 개별의 공간을 마련한다면 장애인 거주시설에서 재생산권리는 실현가능할까? '선진화 된 시설'은 일상의 자유를 보장할 수 있을까? 물리적 공간의 문제를 넘어 일상적으로 관리와 통제적인 관계를 벗어나지 못할 때 자신의 욕구를 표현하기 어렵다.

장애인 거주시설에서 장애여성공감이 거주인과 함께하는 첫 시도는 '똑똑똑, 노크하세요' 이다. 사적 공간을 인지하고 내 공간에 들어오려면 신호를 보내달라는 연습이다. 시설에 오랜기간 머물렀던 몸은 공적/사적 공간의 분리가 어렵다. 샤워 후 돌봄에 용이하게 스스로의 몸을 다른 사람에 펼쳐 보이는 것에 익숙하다. 존중되어야 할 공간과 몸은 없다. 기저귀를 착용하기 위한 가장 좋은 자세, 돌봄받기 용이하도록 강요 받아 온 몸의 결과이다. 그래서 공간을 분리하는 활동은 중요하다. 이는 공적/사적 공간에서 지켜져야 할 권리, 받아야 할 존중이 무엇인지를 몸으로 익히고 권리로 인식하는 과정이다. 당사자의 주요 정보에 대한 시설의 언어는 '자위를 하는 문제행동이 있음', '월경통이 있음'으로 기록되어 있다. 자위와 월경이 삶의 자연스런 몸의 경험이 아닌 특이 상황으로써 기록되고 있다.

이런 사례들은 모두 재생산권리를 침해하는 구조 속에서 빈번하게 발생하고 있다. 자위가 '문제행동'으로 규정되는 것은 「장애인차별금지 및 권리

---

5   https://www.index.go.kr/unity/potal/main/EachDtlPageDetail.do?idx_cd=2773

6   제6차 장애인종합정책계획(2023~2027), 보건복지부, 2023.3, 48.

구제 등에 관한 법률」에 근거한 장애인 차별행위의 범주에 해당되지 않는다. 신체, 정서, 성적, 경제적 착취, 방임등의 장애인 학대로 보지 않는다. 오히려 문제 예방을 위해 반드시 필요한 과정으로 인식된다. 이러한 과정을 통해 소수자가 살아가는 삶의 조건속에서 문제의 맥락은 삭제된다. 임신을 허용되는 몸, 생산을 허락하는 몸/존재에 대한 사회적 규범이 녹여진 차별과 제도의 단편들을 살펴보아야 한다. "임신에 이르는 다양한 조건과 불평등, 차이와 위계에 대한 논의를 불가능하게 하며 그 효과는 고스란히 규범을 강화하는데 기여한다"는 발제자의 말처럼 정책과 제도는 성과 재생산의 영역을 사적인 영역으로 치부하지만 실제 관계 혹은 욕망을 실현하는 과정에 긴밀하게 개입하며 단죄하고 있다. 낙태죄가 그러하며, 모자보건법 14조와 항거불능의 강력한 조항이 그러하듯 공적권리의 시야 밖으로 적극적으로 외면하고 있다. 월경이 내 삶의 특이사항이 되는 장애여성의 삶에서 재생산권리는 임신, 출산만이 아닌, 나의 프라이버시 보장에서 시작되어야 하며 나아가 사생활을 보장 받을 수 있는 공간, 주거권의 문제까지 연결되어야 한다.

2. 돌봄을 받는 몸과 재생산권리

시설 내 권리침해는 사회에서 밀려나 거주시설, 요양원 등의 집단거주시설에 머물고 있는 몸과 존재들, 지역사회 안에서 권리가 아닌 선택의 문제로 치환되는 몸들의 이야기이며 더 나아가 국가가 통제하려는 재생산의 영역에서 개인의 몸이 얼마나 종속되어 있는가의 문제이다. 한국사회에서 비장애, 남성, 이성애 중심의 정상성을 벗어난 이들은 집단으로 묶여 개인의 특성과 사생활이 보장되지 않고 성적 권리가 박탈된 삶의 구조에 놓여 있다. 장애인, 여성, 청소년, 노인, 성소수자 등 사회적으로 성에 대한 주체성을 가진 존재가 아닌 이들은 혐오와 통제를 받아야하는 주요 대상이 된다. 특히 장애인과 청소년은 미성숙하고 보호가 필요한 대상으로서 '성'은 문제와 금지의 영역으로 다뤄지고 필요한 정보와 교육에서 배제되고 있다. 자기결정의 권한을 시설과 가족이 대리하는게 보호와 안전으로 통용되는 구조에서 장애인과 청소년 등 소수자들의 성적 권리는 실현될 수 없다.

　"좋은 삶이 아니라고 여겨지는 생명의 위계 속에서 차별받는 소수자의 삶 전체가 재생산권의 영역이 된다."라는 발제자의 의견에 동의하며 운동 현장에서 경험하는 성적권리의 침해 이야기를 꺼내보려 한다. 앞서 언급하였듯이 장애인 거주시설은 한 방에 5-6명이 거주하거나 2-3개의 방의 거실을 공유하는 형태로서 이러한 구조에서 개별적으로 필요한 조력을 요청할 수 없다. 돌봄을 제공하는 인력이 제한된 상황에서 시설은 당연하게 중증장애인의 화장실 조력 대신 기저귀를 선택한다. 돌봄 받는 이의 개별적인 욕구와 권리 실현은 부차적인 것이되며 동시에 시설의 관리와 감시가 효율적으로 작동하기 위한 방식이다. 이는 전술한 시설 내 당사자의 성적 욕구를 문제행동으로 취급하는 것과 동일한 논리이다. 기저귀를 48시간 교체하지 않는 것은 방임 및 방치로 해석될 수 있으나, 자위를 통제하거나 문제행동으로 분류하여 예방차원의 성교육을 요청하는 것은 인권침해로 보지 않는다. 장애인복지법 제58조 [7]는 시설과 가정을 이분법적으로 구분하며, 지역사회에서의 삶을 권리가 아닌 능력으로 접근하는 차별적인 전제이다. 국가의 인구통치 관리에서 비생산적인 몸을 어떻게 사회밖으로 격리/고립시키는 가이다. '좋은 삶'을 살지 않는/못하는 집단, 생산성이 담보되지 못하고, 돌봄의 영속성을 담보해야 하는 장애인들은 돌봄자체가 취약한 정체성을 증명하는 방식으로 이해된다. 장애인의 자립생활을 지원한다고 명시되어 있는 장애인활동지원제도[8] 돌봄의 현장 또한 당사자의 재생산 권리

7　일반가정에서 생활하기 어려운 장애인에게 일정 기간 동안 거주·요양·지원 등의 서비스를 제공하는 동시에 지역사회생활을 지원하는 시설.

8　「장애인활동 지원에 관한 법률」제1조(목적)이 법은 신체적·정신적 장애 등의 사유로 혼자서 일상생활과 사회생활을 하기 어려운 장애인에게 제공하는 활동지원급여

를 지원하지 않는다. 활동지원사가 어떻게 얼마나 지원하는지에 따라 성과 재생산권리의 실현은 달라진다. 철저히 개별화 된 관계에서 개인의 호의에 의해 실현될 수 있는 구조는 권리라 말하기 어렵다.

이처럼 취약하고 비정상적/비생산적인 몸이 권리의 밖으로 밀려나는 과정이 "성과 재생산권을 새롭게 논의한다는 것은 국가와 개인의 관계를 다시 설정하는 것에 핵심이 있다."라는 발제자의 말을 증명한다. 이는 결국 누구의 권리를 인정할 것인가, 어떤 권리만을 인정할 것인가, 누구의 권리를 복지와 호혜로 납작하게 폄훼할 것인가의 문제이다.

반성폭력운동 현장의 고민도 유사하다. 성폭력 피해지원은 '통합사례관리'라는 제도적 정당성을 확보하며 당사자의 의사없이 성과 재생산권리를 침해하는 피임시술을 자행한다. 당사자의 '동의'는 개별 주체로서의 의사결정을 존중하는 방식이 아닌 형식적 과정으로 진행된다. 당사자의 최종 의사는 보호자로 통칭되는 주변인들의 의사가 동시에 전제되어야 인정받을 수 있다. 무엇보다 「성폭력 범죄의 처벌 등에 관한 특례법」 제6조 '항거불능' 조항은 법적 기준과 제도가 소수자의 성과 재생산권리를 얼마나 납작하게 취급하는 지를 보여준다. 피해사실을 인정받기 위해 장애정도가 심각함을 드러내야 하고 이는 무능과 무력을 끊임없이 증명해야하는 문제로 귀결된다. 피해자로 인정받기 위해 내가 얼마나 무력한 존재임을 드러내는 방식으로서 또 다시 소수자 정체성의 취약성을 강화하는 역할을 한다. 이와 같이 기준에 부합해야하는 지원제도 속에서 당사자의 주체적 참여 보장은 실현되기 어렵다. 정해진 구획 밖의 대기의자에서 하염없는 기다림이 있을 뿐이다.

등에 관한 사항을 규정하여 장애인의 자립생활을 지원하고 그 가족의 부담을 줄임으로써 장애인의 삶의 질을 높이는 것을 목적으로 한다.

3. 성을 즐길 권리를 삭제시키는 성교육

국가 권력은 인구통치의 명목하에 생명의 위계를 정당화해왔다는 것은 여러 현장의 일상에서 차별과 배제로 정당화 되고 있으며 복지제도의 이름으로 취약한 정체성을 재생산하기도 한다. 보편적 학교 교육현장은 어떠한가. 2021년 장애여성공감이 발표한 장애아동청소년 성인권교육 콘텐츠 〈내가 궁금한 성교육〉 활용에 대해 특수교사들은 난색을 표하기도 했다. 성기의 정확한 명칭, 자위, 다양한 정체성과 몸이 그려진 자료를 학교에 가지고 들어올 수 있을지 모르겠다라는 이야기, 혹은 종종 섹스나 자위라는 명칭을 사용하지 말아달라는 요청도 낯설지 않다. 이러한 사례들은 필요에 의해 사용되어야 할 정보들이 누구에 의해 통제되는가, 통제 권력이 무엇을 위해 작동되는가의 질문을 던져야 한다. 작년 장애여성공감 발달장애여성들이 참여하였던 〈중증장애여성 성재생산 영역에서 차별 경험과 인권증진 방안 연구〉 당사자 인터뷰에서 '성교육'의 유효성에 대해 대다수의 참여자들은 의구심을 표했다. 단편적인 영상과 명확하지 않는 내용, 예방과 쉬쉬하는 이야기, 소수자의 성적권리를 고려하지 않는 표준 교육과정들은 이 '표준'에 위배되는 자신들의 모습을 마주할 수 밖에 없다. 이러한 교육을 통해 자신의 성적권리, 성을 즐기고 실현하고 재생산권리를 실현시킬 가능성은 희박하다. 성교육이 갖는 규범성의 강조는 결국 다시 반성폭력 운동에서 피해자의 위치로만 살도록 하거나 자신의 섹슈얼리티를 통제함으로써 삶을 제한한다. 이로 인해 적극적 합의를 위한 관계와 협상의 과정에서 장애여성, 성소수자 등의 소수자는 성적권리와 즐거움을 권리로 실현하기 어렵다. 이러한 내용은 문제제기 자체가 불가한 거주시설의 현장과도 연결되며, 돌봄을 이유로 실현될 수 없는 장애인들의 일상과 비정상으로 낙인되는 성소수자의 성적 권리와도 겹쳐진다. "형법상의 섹슈얼리티 관리와 통제, 가부장적 가족질서 바깥에서 존재한 소수자들의 인구정책과 생명통치의 논리 속에 있다."는 발제자의 말처럼 섹슈얼리티가, 섹슈얼리티의 즐거움이 보장되지 못하는 구조를 보여주는 생생한 현장이며 소수자의 무능화와 무력을 가속화하는 권력을 누가 쥐고 있는지 확인하게 한다.

이렇듯 장애여성 인권운동 현장에서 당사자의 성과 재생산권리는 노동, 교육, 연애, 사회복지, 주거, 건강과 의료 등 삶의 모든 부분에 걸쳐 제한적이고 통제적이다. 비생산적인/영속적인 돌봄을 받아야 하는 몸을 향한 권리 침해는 다수의 안전과 효율을 위해 감내해야 하는 사적이고 사소한 일로 은폐된다. 동시에 성소수자가 자신의 존재를 드러낼 때 유해하거나 비정상적이라고 낙인화 함으로써 공공의 질서와 규범을 해치는 이로 규정함으로써 차별을 정당화한다. 어떤 이의 성적권리, 재생산 권리는 사적인 일로 은폐되고 금기시되며 어떤 이의 재생산권리는 공공의 이익을 위해 '전파매개행위금지조항' 등의 방식으로 광장에 전시되는 것이다.

III. 재생산 권리 투쟁은 삶의 권리를 쟁취하기 위해

50~60년 전 시설 강제불임수술을 시행한 역사가 있던 덴마크는 1994년 보건법을 개정하여 시설은 원칙상 존재하지 않게 되었다. 한발 더 나아가 1989년 국가적으로 「장애에 구애되지 않는 섹슈얼리티 가이드라인」을 발간하여 이를 토대로 2012년 덴마크 사회복지위원회가 「섹슈얼리티를 의제로: 장애 성인 지원 업무 가이드북」을 만들었다. 이 가이드북은 공공영역에 (그룹홈, 서비스주택 등) 고용되어 일하는 사람들의 섹슈얼리티 관련 업무를 안내한다. 가이드라인은 특정한 종류의 사람에 대한 존재론적 권리가 아닌 장애, 성적지향과 성별정체성 등 폭넓은 권리를 선언할 뿐 아니라 구체적 활동이자 관계로서의 섹슈얼리티를 다룬다. 성적권리를 실현하려면 어떤 공간과 관계를 만들어야 하는지, 거절을 표현할 수 있는지, 몸에 대한 통제 없이 동의의 중요성을 말하고 있다. 여러 과정과 현장의 문제의식이 적

진 않지만, 당사자들이 자신의 집에서 자신의 필요, 욕구, 욕망을 요청 할 수 있게 되었다.

한국의 장애인 거주시설과 지역사회에서, 그리고 덴마크의 성상담자가 경험하는 지원주택 현장에서 장애 당사자의 성적 욕구와 성적인 필요는 이야기 되기 어렵다. 그럼에도 성적 욕구와 필요가 사회적 쓸모나 잣대에 의해 문제행동으로 평가 받지 않고 당사자의 권리 측면으로 제도가 명시하고 있는 것은 재생산 권리 실현에 있어 명확한 차이점이다.

2023년 1월 25일 서울시의회는 '서울특별시 학교구성원 성/생명윤리 규범 조례안'을 발의하였다. "혼인은 한 남성과 한 여성의 정신적, 육체적 연합을 의미한다", "남성과 여성은 개인의 불변적인 생물학적 성별을 의미하고, 이는 생식기와 성염색체에 의해서만 객관적으로 결정된다" 등의 조례안은 성교육 현장에서 그리고 우리 사회에서 비정상적이고 비생산적인 인구를 어떻게 통제하고 폄하하는지를 명확하게 보여주고 있다. 재생산권을 보장하지 않는 국가에서 소수자들은 국가의 인구통치 정책기조속에서 선별적 사회복지 지원대상에 머무르면서 '사회적 배려'로 관리되거나 배제되어 왔다. 재생산권 실현에 이르는 섹스, 연애, 관계, 교육, 노동, 가족의 형태 등등 사회적 자원과 관계에서 권리를 착취당하고 차별받는 존재들을 둘러싼 선별적 권리의 실현은 분절적으로 진행되었다. 그 여파는 교육, 노동, 주건, 피해지원제도 등 다방면의 제도와 거미줄처럼 연동되어 있다. 성소수자에 대한 혐오와 차별의 핵심에는 '비정상적인, 비생산적인 성(性)행동'이라는 낙인이 있고 장애인을 향한 비정상적이고 '비생산적인,문제행동'이라는 낙인은 차별과 권리침해의 맥락에서 구조적으로 연결되어 있다. 재생산권이 모두의 삶 전반과 분리 될 수 없는 통합적 권리인 것을 다시 확인할 수 있다.

앞선 현장의 사례에서 보았듯이 재생산권을 보장하지 않는 국가에서 소수자들은 국가의 인구통치 정책기조속에서 선별적 사회복지 지원대상에 머무르면서 '사회적 배려'로 관리되거나 배제되어 왔다. 재생산권 실현에 이르는 섹스, 연애, 관계, 교육, 노동, 가족의 형태 등등 사회적 자원과 관계에서 권리를 착취당하고 차별받는 존재들을 둘러싼 선별적 권리의 실현은 분절적으로 진행되었다. 그 여파는 교육, 노동, 주거, 피해지원제도 등 다방면의 제도와 거미줄처럼 연동되어 있다.

성과 재생산권을 새롭게 논의한다는 것은 "비규범적인 신체들, 비생산적 몸들을 사회 가장자리로 밀려나게" 하였던 국가의 인구통치의 가족제도를 넘어서는 것이며 이 틀에서 배제된 개인들, "국가와 개인의 관계를 다시 설정하는 것에 핵심이 있다"는 발제자의 말에 다시 한번 동의한다. 소수자의 경험에서 비롯되어 재생산권을 실질적인 권리로 만드는 작업이 이루어지려면, 잔여적 복지의 형식으로 장애인과 소수자를 지원하는 방식을 넘어서야 한다. 국가는 성과 재생산의 정의가 과연 무엇인지 소수자의 경험으로 다시쓰기가 되어야 한다.

이 다시 쓰기의 과정이 사회의 주변부로 밀려났던 몸들이 경험한 차별의 역사를 쓰는 과정이며, 국가가 생명을 통치하기 위해 누락시켰던 얼굴과 삶들을 기억해 내고 자신의 과오를 인정하는 과정이 되어야 한다. 발제자가 말한 "불구의 정치는 정상성과 생산성을 지향하는 국가의 제도에 맞지 않는 존재들의 권리를 주장하기 위해서" 개별의 경험을 드러냄으로써 제도가 담보하지 못한 침범한 권리를 드러내야 한다.

국가가 생명을 통치하기 위해 누락시켰던 얼굴과 삶들을 기억해 내는 것이 재생산권리를 다시 쓰는 과정이다. 소록도의 강제 단종시술이 사라졌다고 우리는 기억한다. 그러나 여전히 3만여명의 장애인들이 집단거주시설에 거주하고 있음을, 보호자의 동의만으로 피임시술이 가능했던 순간을, 병원에서 환자로 여겨지지 않았던 몸들을, 정체성만으로 즉시적인 혐오의 언어를 듣는 존재가 있음을 기억해야 한다. 더이상 차별과 억압의 역사가 반복되지 않기 위해, 모두의 존엄한 삶을 향해가기 위한 장애인 재생산권리 투쟁을 멈출 수 없는 이유다.

하정옥

(대한민국역사박물관 학예연구관)

Ⅰ. 들어가며

김은애 선생님의 발표 "재생산권리, 누구의 어떤 권리로 어떻게 행사되어야 하는가: 보조생식술에 대한 영국의 법제도를 소개하며"는 오랫동안 보조생식술의 기술적·법률적·윤리적 측면을 두텁게 연구해온 그간의 노고가 집약된 꽉 찬 글이다. 토론자로서 글에 대한 논평을 하기보다는 이 발표를 보다 풀어서 이해하기 쉽게 몇 가지 사족을 붙이고자 한다.

영국의 법제도는, 단지 세계 최초의 보조생식술에 대한 국가적 단위의 규제라는 의미뿐만 아니라, 한국의 보조생식술의 거버넌스를 구축하는 과정에서도 많은 참조를 한 것이기에 충분히 주목할 만하다. 이 토론문에서는 영국의 법제도가 형성되는 과정에서 그 전사(前史)와 법익을 한국과 비교하여 오늘날 한국의 보조생식술 법제도와 정책이 놓치고 있는 것을 보고자 한다. 또한 최근 한국의 보조생식술은 저출산 국면과 조우하여 새로운 전개과정을 보여주는데 이것을 함께 검토하면서, 보조생식술을 둘러싼 재생산 권리가 미래 아이들에 대한 책임을 포괄할 것을 제안하고자 한다.

II. 영국의 1990년 법률(HFE Act 1990) 및 관리청(HFE Authority)에 대한 첨언과 한국과의 비교

영국의 〈인간 수정 및 배아발생 관리청(Human Fertilisation and Embryology Authority, 이하 HFE Authority)〉은 보조생식술(assisted reproductive technology) 규제에 대한 세계 최초의 법정 기구(statutory body)로서,[1] 여기에서 설립 근거가 된 법률은 1990년 "인간 수정 및 배아발생에 관한 법률"(Human Fertilisation and Embryology Act 1990, 이하 HFE Act)이다.

HFE Authroity가 연례보고서나 시행지침(Code of Practice) 같은 공식문서에서 이 기구의 전사(前史)로 항상 언급하는 것은, 1990년 HFE Act가 제정되기 전(1985년~1989년)과 법률 제정 후부터 1991년 8월 HFE Authority가 설립되기 직전까지(1990년~1991년) 작동했던 의료전문가의 자발적 규제조직인 〈체외수정 및 배아발생 라이센스 관리협회(Voluntary Licensing Authority for Human *In Vitro* Fertilisation and Embryology, 이하 VLA)〉와 〈체외수정 및 배아발생 라이센스 임시관리청(Interim Licensing Authority for Human *In Vitro* Fertilisation and Embryology, 이하 ILA)〉이다. VLA와 ILA는 1985년부터, 체외수정 시술에 대한 가이드라인을 발간하고 체외수정 시술과 배아연구의 라이센스를 관리하고 시술의 현황 및 태어난 아이들에 대한 연례보고서를 발간한 바 있다.[2] 이러한 활동은 HFE Authority가 수행하는 핵심적 규제 기능이다. 그렇기에 HFE Authority는 자신의 첫 번째 연례보고서에서, 세계 최초의 보조생식술 규제

---

1   Human Fertilisation and Embryology Authority, *Tenth Annual Report and Acoounts 2001* (Human Fertilisation and Embryology Authority, 2002), p.9.

2   VLA와 ILA는 왕립산부인과협회(Royal College of Obstetricians and Gynaecologists)와 의학원(Medical Research Council)이 공동으로 설립한 기구로서, VLA 및 ILA가 발간한 가이드라인과 연례보고서 목록은 다음을 참조. 하정옥, "한국의 시험관아기 시술 30년, 거버넌스의 부재와 위험의 증가: 전문가 역할을 중심으로", 『한국과학사학회지』 제36권 제1호(2014. 4), pp.63-102 중 p.76.

기구로서 무엇을 해야 하는가에 대해 "생소하게" 무에서 시작한 것이 아니라 "완전히 암흑에서 작업할 필요 없이 … 귀중한 정보와 참조의 근거"를 지난 "수년간 효과적으로 작동한" VLA와 ILA의 규제 기능에서 찾았음을 밝히고 있다.[3]

HFE Authority가 설치된 이후에는 영국 내 보조생식술 및 배아 연구·보관의 라이센스 관리와 기록부 작성 및 발표는 모두 이 기구의 주관으로 이루어진다. 라이센스 관리는 주기적인 현장 실사와 심의를 동반하고 있으며, 기록부는 홈페이지를 통해 대중에게 공개된다. 이러한 기능은 이후 많은 나라의 보조생식술의 공적인 규제에서 전형으로 참조된 바 있다.[4]

1. 추구하는 법익 및 가치 "아이의 복리(Welfare of the Child)"

영국에서는, 1990년 HFE Act 제정 후 생식세포 기증자의 익명성(donor anonymity) 원칙을 견지하였으나, 1992년에 생식세포의 기증자 신원 정보를 공개하기로 결정하였다(1992년 7월 16일 법률 "Human Fertilisation and Embryology (Disclosure of Information) Act" 통과). 이 때 "공개"라고 하여 누구에게나 공개한다는 것이 아니라, 기증된 생식세포로 태어난 아이가 18세에 이르면 자신의 출생에 관여된 기증자의 정보에 대한 접근권을 보장한다는 의미이다. 이러한 결정은, 익명성이 보장되지 않으면 기증하려는 사람들이 압도적으로 줄어들 것이라는 우려와 그 우려를 실증하는 서베이가 있었음에도 강행한 것인데, 그것은 바로 "아이의 복리"라는 가치를 최우선으로 한다는 원칙에 의한 것이다.

그렇다면 한국의 보조생식술을 규제하는 법률인 "생명윤리 및 안전에

---

3 Human Fertilisation and Embryology Authority, *Annual Report 1992* (Human Fertilisation and Embryology Authority, 1992), p.3.

4 하정옥, 전게논문, p.77.

관한 법률"(2003년 12월 통과, 2005년 시행)이 추구하는 법익은 무엇인가. 법률의 명칭 "생명윤리"에서 볼 수 있는 것처럼, 법률 제정 당시의 핵심 쟁점은 배아의 생명윤리였다. 이는 법률의 구성이 배아의 "생성-보관-이용"의 윤리적 기준 순서로 되어 있는 것에서도 확인된다. 그러다 보니, 보조생식술 실행의 현장에서 주된 당사자인 여성은 차치하고라도, 그 기술로 태어나는 아이에 대한 보호는 찾아볼 수 없다.

2. 기록부(registry)에 대한 강조 및 아이들 건강에 대한 추적 조사

1990년 HFE Act가 규정하는 HFE Authority의 주요 임무는 세 가지 부문-보조생식술 시술(treatment), 배아 및 생식세포의 보관(storage), 연구(research)-에 대한 라이센스를 발급하고 감독하는 것이다.[5] 그 외의 직무로는 시행 지침(Code of Practice)을 작성하는 것,[6] 기증자와 시술 및 그로부터 태어난 아이들에 관한 정보의 공식적 기록 보관, 국민들을 대상으로 관리청의 역할을 알리고 클리닉에 관련된 조언 및 정보 제공, 인간 배아 및 배아의 발달과정에 대한 정보를 보관하는 일이다.

(1) 시행 지침(Code of Practice)의 작성

시행 지침은 시술이나 연구의 안전성(safety)이나 효율성(efficacy)의 차원을 넘어서 근본적인 윤리적·사회적 질문을 다루며,[7] 시행 지침이 규정하는

---

5   법률 제11조(Licenses for treatment, storage and research)는 라이센스를 세 가지 범위로 정하고 있고, 제13조(Conditions of licenses for treatment)와 제14조(Conditions of storage licenses) 그리고 제15조(Conditions of research licenses)는 각 라이센스 발급의 조건을 명시하고 있다.

6   HFE Authority는 1991년 7월 첫 번째 시행지침을 출판하였으며 그동안 여러 차례 개정을 거쳐 현재 9판(2021년 개정)까지 개정하였고, 2022년의 배아보관에 대한 새로운 법률 발효를 반영한 2023년 개정을 예고하고 있다.

7   Human Fertilisation and Embryology Authority, *Code of Practice*, 6th Edition

바는 단지 권고사항이 아닌 법률적 (혹은 행정적) 강제력을 지니며,[8] 전문가와 대중의 동의에 근거한 합의[9] 수준을 정초하고, 그리고 가장 중요하게 주목해야 하는 것으로 시행 지침이 지향하는 가치는 아이의 복리(welfare of the child)를 최우선으로 고려하는 것이다.[10]

(2) 기증자와 시술 정보 그리고 시술로 태어난 아이들에 대한 정보 수합 및 공식적 기록(register) 보관

정보 수합과 공식적 기록 보관 또한 추구해야 할 가장 중요한 가치는 아이의 복리, 즉 "장차 태어나게 될 아이들이 나중에 자라서 그들의 유전적 배경에 관한 정보를 발견할 수 있도록 하기 위해서이다."[11] 정보의 수합과 보관뿐만 아니라, 이렇게 수합되고 보관된 정보는 연례보고서(Annual Report) 발간을 통해 의료·연구 기관과 이를 이용하는 일반 국민들에게 공개되고 공유되어야 한다.

1990년 법률 HFE Act에서 규정하는 반드시 수합하고 기록해야 하는 정보는 (a) 서비스를 제공받은 사람 (b) 그들에게 제공된 서비스 (c) 자신의 생식세포가 보관된 사람 (d) 시술의 결과로 태어난 아이 (e) 난자와 정자를 합친 것, 배아를 여성으로부터 채취한 것 혹은 다른 획득 (f) 그 외 관리청

(Human Fertilisation and Embryology Authority, 2003), p.9.

8   Human Fertilisation and Embryology Authority, 전게서(2003), p.12.

9   HFE Authority의 위원장과 부위원장은 배아 관련 업무(의료시술이나 연구)에 종사하는 사람이 아니어야 하며, 위원장 및 부위원장을 포함하여 전체 위원의 50% 이상은 관련 업무에 종사하는 사람 아니어야 한다. Human Fertilisation and Embryology Authority, 전게서(1992), p.7; Human Fertilisation and Embryology Authority, *Third Annual Report 1994* (Human Fertilisation and Embryology Authority, 1994), p.8; Human Fertilisation and Embryology Authority, 전게서(2002), p.9.

10   Human Fertilisation and Embryology Authority, 전게서(2002), p.16.

11   Human Fertilisation and Embryology Authority, 전게서(1994), p.4.

이 별도 방침에서 정한 기타 사항이다.

이러한 정보를 담은 공식 기록부(national registry)를 구축하게 되면, 보조생식술로 몇 명의 아이가 어떤 신생아 보건지표로 태어났는지[12] 그리고 몇 명의 사람들이 이 시술을 받았는지 누적 수치를 알 수 있다. 또한, 이 기록부에 기초하여 태어난 아이들의 건강에 대한 추적조사가 가능하며, 때로는 특정 해에 보조생식술로 태어난 아이들 전체에 대한 전수 추적조사를 하거나 이러한 조사를 축적하는 코호트 자료를 구축할 수도 있다. 영국의 경우, 이러한 공식 기록부에 기초하여 보조생식술로 태어난 아이들에 대한 건강조사를 1990년 표집조사를 시작으로 1996년 처음으로 전수 조사(1991~1994년 체외수정 시술 결과로 태어난 아이들)를 수행한 바 있고 코호트 자료도 구축하였다.[13]

(3) 공식 기록부도 추적조사도 없는 한국

한국의 경우 "생명윤리 및 안전에 관한 법률"의 2005년 시행 후, 각 시술 및 연구 기관은 질병관리본부(現 질병관리청)에 매년 시술 및 배아보관 현황을 보고하도록 되어 있지만, 한국 정부는 단 한 번도 이 기록을 집계하여 공개한 바 없다.

"생명윤리 및 안전에 관한 법률" 제정 이전에 대한산부인과학회에서

---

12 쌍둥이 같은 다태 출생, 조산 및 저체중 출생 등의 지표를 말한다.

13 그 외, 공식기록부를 구축한 다른 국가의 전수조사의 예는 호주가 1985년(1980~1983년 IVF 시술 결과), 프랑스 1995년(1986~1990년), 미국 1996년(1990~1991년), 이스라엘 1992년(1982~1989년), 벨기에 2006년(1993~2002년), 핀란드 1995년(1991~1993년), 스웨덴 1999년(1982~1995년), 덴마크 1999년(1994~1995년), 네덜란드 2001년(1980~1994년) 발표한 자료가 있고, 아시아에서는 일본이 1998년 표집조사(1990년~1996년)를 발표한 바 있다. 이와 관련 보다 자세한 내용은 다음을 참조. 하정옥, "새로운 임신 기술과 '위험', 그리고 아픈 아이들: 보조생식술 결과의 국제비교를 중심으로", 『가족과 문화』 제24집 제2호(2012. 6), pp.137-181.

1998년부터 (1994년의 시술분에 대해) "조사보고서: 한국 보조생식술의 현황"을 발간한 바 있다.[14] 이는 각 의료기관의 자발적 보고에 기초한 보고서인데, 이 보고서는 다른 국가의 보고서가 포함하고 있는 보조생식술로 태어난 아이들의 건강 상태(조산 및 저체중 여부)에 대한 자료가 없다.[15]

이러한 상황에서 한국에서는 보조생식술로 태어난 아이들에 대한 공식기록부도 없고 그리고 이에 기초한 추적조사도 이루어진 바 없다.

III. 한국의 저출산 국면과 보조생식술의 조우

국제적으로도 재생산권 담론의 전개와 그 권리 실현을 위한 제도적 확보는 인구 프레임과의 긴장 속에서 전개된 바 있다.[16] 그 대표적 예가 1994년 카이로 국제인구회의(International Conference on Population and Development)와 1995년 북경 세계여성대회이다.[17]

한국의 저출산 국면과 보조생식술의 만남은 2006년부터 시작된 〈난임부부지원사업〉(2006년 당시 사업명은 〈불임부부지원사업〉)으로 표출되었는데,

---

14 이 보고서의 발간 현황은 다음을 참조. 하정옥, 전게논문(2014), pp.70-72.

15 Chia-Ling Wu, Jung-Ok Ha, and Azumi Tsuge, "Data Reporting as Care Infrastructure: Assembling ART Registries in Japan, Taiwan, and South Korea," *East Asian Science, Technology and Society: An International Journal* Vol. 14, No. 1 (2020), pp.35-59.

16 이에 대한 자세한 논의는 다음을 참조. 하정옥, "재생산의 문화변동과 국가의 개입: 〈난임부부시술비 지원사업〉을 통해 본 인구정책의 한계", 『한국여성학』, 제31권 제2호(2015. 6), pp.257-297.

17 카이로 국제인구회의와 북경 세계여성대회 외에도 인구회의와 세계여성대회의 재생산권을 둘러싼 공감과 긴장은 다음을 참조. 하정옥, 전게논문(2015), pp.262-263; 하정옥, "재생산 개념의 역사화·정치화를 위한 시론", 『보건과 사회과학』 제34집 (2013. 12), pp.183-210.

이 사업은 난임부부 당사자의 시술비의 국민건강보험 포괄 요구와 보건복지부의 저출산 정책 수립에 대한 필요가 협상된 결과물이었다.[18] 이 사업은 2017년 10월, 문재인 정부의 "보편적 복지 확장"의 일환으로, 보조생식술 시술비의 국민건강보험 포괄로 이어지고 2019년 7월에는 지원 대상 여성의 연령제한(45세 미만)이 삭제되고[19] 지원횟수도 4회에서 7회로 증가되었다.

〈난임부부지원사업〉은 2006년부터 2017년까지 12년간 약 8천억원 (799,807,073원)의 예산이 투여된, 저출산 대응 단위 사업 중 가장 큰 예산 규모의 사업이었다. 보조생식술에 공적 재정이 지원되기 시작하면서 보조생식술은 증가하였고 보조생식술의 증가는 다태아 출생의 증가로 이어졌다.

얼마 전(2023.8.30.) 2022년 출생통계가 발표되었는데 다음은 지난 30년간 출생아 수와 출생아 건강지표와 변화 양상이다.

〈표 1〉 한국의 출생아 수 및 출생아 건강 지표(1993년~2022년)

연도	총 출생아	다태아	조산* (〈37주)	초조산* (〈28주)	저체중 (〈2.5kg)	극소저체중 (〈1.5kg)
1993년 (비율)**	715,826명	8,108명 (1.13%)	18,230명 (2.56%)	64명 (0.01%)	18,532명 (2.63%)	929명 (0.13%)
2022년 (비율)**	249,186명	14,488명 (5.81%)	24,273명 (9.80%)	695명 (0.28%)	19,213명 (7.75%)	2,018명 (0.81%)
비교	총 수 65% 감소	비율 5배 증가	비율 3.8배 증가	비율 28배 증가	비율 3배 증가	비율 6배 증가

* 조산 및 초조산은 1995년의 수치임.
** 비율 중 조산·초조산과 저체중·극소저체중은 총 출생아 중 미상 수치를 제외한 비율임.
　자료: 출생통계, 각 년도.

18　하정옥, 전게논문(2015), pp.268-270.
19　세계적으로 보조생식술에 대한 공적 재정 지원에서 연령 제한을 없앤 것은 필자가
　　아는 범위에서는 선례를 찾기 힘들다.

지난 30년간 변화를 보면, 총 출생아 수는 약 3분의 1로 줄어들었다. 그런데 모두가 출생아 수의 감소에만 우려를 나타내는 가운데, 출생아의 건강 지표는 매우 악화되었다. 특히 조산의 경우 2022년에 9.8%에 달해 거의 10명 중 1명은 조산 출생이다. 일반적으로 조산과 저체중 같은 신생아 건강 지표는 경제적 수준의 향상과 함께 보건 자원에 대한 접근성·이용성이 확장됨에 따라 그 위험 수치가 줄어드는데, 2000년을 전후로 고소득 국가에서 그 감소 추세가 주춤하거나 오히려 새롭게 증가하는 양상을 보여준 바 있는데 그 원인으로 지목된 것이 보조생식술의 증가로 인한 다태아 출생의 증가였다. 위 표에서 보면 한국에서도 쌍둥이 같은 다태아 출생의 비율이 지난 30년간 5배 증가하였다.[20] 그리고 이와 함께 조산과 저체중의 비율도 함께 증가하였는데, 그 증가 양상이 거의 같은 경향을 보인다.

〈그림 1〉 한국의 총 출생아 중 다태아·조산·저체중 출생아 비율(1993년~2022년)

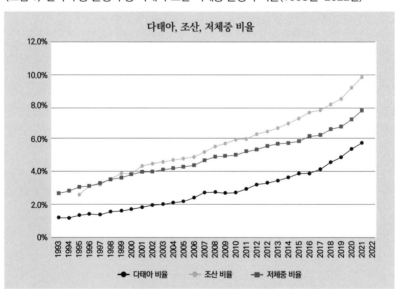

자료: 출생통계, 각 년도.

20   하정옥, 전게논문(2012), pp.141-142.

〈그림 1〉을 보면, 다태아 비율과 조산 및 저체중 비율은 급격히 증가하는 시기가 거의 일치한다. 바로 2006년~2007년 사이와 2010년~2012 사이, 그리고 2018년 이후로, 이 시기는 한국에서 보조생식술이 급격히 증가한 다음 해이다.

IV. 나오며

한국에서 첫 시험관아기가 탄생한 것이 1985년이니 이제 곧 40년이 된다. 이제는 국민건강보험에도 포괄되었고 접근성과 이용성 측면에서 비교할 수 없이 확장되었다. 그런데, 그 기술로 그동안 얼마나 많은 아이들이 태어났는지 그리고 그 아이들의 건강지표는 어떠한가에 대해서 어떠한 자료도 조사도 없다. 이러한 와중에 한국의 출생통계에서 다태아 출생 증가와 함께 태어나는 아이들의 건강 지표는 악화되고 있다. 이제는 아이들과 그들의 미래 건강에 대해서도, 그동안 여성들의 재생산 실천이 단자적 개인의 권리가 아닌 다중 존재에 대한 책임의 실천이었듯이,[21] 재생산 권리가 책임으로 포괄해야 할 때이다.

---

21   하정옥, "임신한 여성의 결정과 자율성", 『페미니즘연구』 제10권 제1호(2010. 4), pp.1-34.

황정미

(서울대 여성연구소 객원연구원)

Ⅰ. 보편적 인권으로서의 재생산권과 패러다임 전환

한국의 재생산 정책과 재생산 권리에 대한 심층적 연구와 토론은 더 이상 미룰 수 없는 우리 사회의 시급한 과제가 되었다. 재생산권(reproductive rights)은 여성학이나 젠더연구, 여성운동단체에서는 오래전부터 금과옥조로 여겨온 핵심 개념이지만, 정책이나 법률의 영역으로 확장되는 데에는 상당한 시간이 걸린 것 같다. 생경하고 낯선 개념으로 간주되었던 재생산권이 공론장에 본격적으로 등장하는 계기는 아마도 최근 한국 여성운동의 가장 뜨거운 이슈 중 하나로 등장한 낙태죄 폐지 운동, 그리고 2019년 낙태죄 헌법 불합치 결정(임신중지의 비범죄화)이라고 하겠다.

가장 주목해야 할 점은 현재결정 이후 국면에서 우리 사회에 필요한 사회적 대응이 몇 가지 입법 대안을 마련하는데 결코 국한되지 않는다는 현실이다. 여성의 성과 몸의 자기결정권, 그리고 태아의 생명권을 마치 영합적 권리인양 대립시키는 가운데, 양자 간의 '균형을 맞추는' 듯한 허용기준을 마련하는 식의 입법 대안은 문제의 범위를 너무 좁게 보는 것이다. 기존에 사용했던 인구정책, 모자보건, 생식 건강 등의 익숙한 개념을 타파하고 재생산권리라는 보다 포괄적이고 미래지향적 가치를 정책 목표로 제안하는 양현아 교수님의 주장은 매우 중요한 통찰을 담고 있다. 대체 입법에 국한되지 않는 포괄적 '패러다임 전환'이 필요하다는 데에 전적으로 동의한다.

전환의 첫 단추는 재생산권의 의미와 개념을 체계적으로 정립하는 데서 시작될 것이다. 양현아 교수님의 글에서 소개한 대로, 재생산 권리는 자유권과 사회권, 그리고 성평등이라는 세 가지 측면을 포괄하는 복합적 권리로서 재조명된다. 역사적으로는 북반구 국가의 프라이버시나 성적 자율성의 개념에 남반구 국가들이 겪어온 억압적 재생산 경험을 통합하는 '복합적' 개념으로 형성되었음을 강조한다. 따라서 재생산권은 특정 성이나 특정 집단에게 국한되지 않는, 모두를 위한 보편적 인권으로 자리매김된다.

복합적 권리이자 보편적 인권으로서의 재생산권을 구현하기 위한 정책 체계 또한 폭넓게 디자인될 필요가 있다. 양현아 교수님의 글에서는 매우 광범위한 쟁점들, 즉 헌법 개정안, 모자보건법 개정안, 인공임신중절 또는 임신출산갈등에 관한 긴급전화와 상담 제공 및 인력 양성, 미혼(비혼)부모 지원과 입양 문제, 민법의 부계성본주의와 친생추정제도, 배우자 출산휴가의 사용 대상 범위, 비혼자의 보조생식술 사용 허가, 재생산권 취약자 실태조사 및 전문가 육성 등 매우 광범위한 법적 정책적 대안들을 검토 대상으로 삼았다. 특히 재생산권 보장을 위한 사회정책의 틀을 마련하기 위한 '재생산정책 기본법'의 필요성을 강조하고 있다.

모두를 위한 인권으로 폭넓게 설정된 재생산권은 규범적 정당성이 두터워졌지만, 현실에서 작동하는 정책 체계를 갖추는 일은 사실 많은 논의와 쟁점을 안고 있다. 예컨대 성적 자율성 보장, 가족구성의 다양성 수용, 노동과 가족 간의 균형, 돌봄 노동의 인정, 성과 재생산활동에 관한 보편적 교육을 모두 아우르는 사회정책으로서의 재생산 정책은 다양한 부처를 아우를 수 밖에 없으며 기존의 법이나 정책 체계와의 조정이 요구될 것이다. 건강,

가족, 노동, 돌봄, 교육과 상담, 보조생식술 등을 다양한 분야를 '재생산정책' 안으로 포괄하는 것은 일종의 최대주의(maximalism)적 접근이다. 그런데 정책 영역이 포괄적으로 확장되어 여러 부처의 울타리를 넘게 된다면, 무엇이 핵심 과제이고 주요 목표인가를 놓고 정책 경쟁 내지 담론 투쟁을 수반할 수도 있다. 정책 환경에 따라 정책 목표가 달리 설정될 수 있고, 어떤 우선 과제를 추진하는가에 따라 그 궤적이나 전개 과정에서는 상당한 차이가 나타나게 될 것이다.

II. 역사적 맥락과 지식생산의 젠더 정치

우리 사회의 재생산권 확대를 위한 인식의 변화, 그리고 법·제도적 패러다임 전환을 논의하기 위해서는 두 가지 우선적인 검토가 필요하다고 본다. 첫 번째는 재생산 문제를 다루어온 한국 사회의 역사적 배경과 특징, 그리고 두 번째로 이 문제를 누구의 관점에서 어떻게 볼 것인가라는 '지식 생산'의 젠더 정치를 고찰할 필요가 있다. 물론 두 가지는 서로 긴밀히 연관되어 있다.

역사를 되돌아 보면, 이미 잘 알려진 바와 같이 1970년대부터 '가족계획'과 '산아제한'이 정부주도로 적극 홍보되었다. 어머니회 모임을 통한 (안전성이 입증되지 않은) 피임약 복용, 예비군 훈련에서의 속성 정관수술, 암암리에 퍼져있던 임신중절 시술 등은 일상생활에서 낯선 일이 아니었다. 피임과 '낙태' 등의 실천이 활발하지 않았다면 1970년 4.5명이었던 합계출산율이 1988년 1.55명으로 급격히 감소하는 일도 없었을 것이다.

하지만 피임, 임신, 출산, 임신 중단을 비롯한 재생산 실천은 오랫동안 개인의 내밀한 사생활 또는 여성들이 '알아서 조용히 해결해야 할 문제'로 간주되어 왔다. 따라서 공적 영역에서 거론하는 것 자체가 터부시되었고 더

우기 정책적 토론의 공간도 충분히 열리지 못하였다. 일상적인 재생산 실천, 모성, 부모역할(parenthood) 등은 사적인 문제로 주변화되었고, 특히 국가의 인구관리나 모자보건 정책 등을 통해 여성의 몸과 성을 '위로부터의 통제'하는 대상으로 도구화하는 경향이 있었다.[1]

한국 사회의 역사적 경험에서 언뜻 대조적으로 보이는 현상이 동시적·이중적으로 나타나는 특징을 발견하게 된다. 임신의 지속과 중단, 출산과 양육에 관한 결정들이 오랫동안 공적 지원이 부재한 가운데 개인들의 몫으로 맡겨져 왔으며, 한편으로는 제도의 공백, 다른 한편으로는 과도한 통제라는 이중기준 안에서 개인적 선택이 이루어져 온 것이다. 이러한 이중 구조의 기본틀은 위로부터 통제하는 국가 담론과, 조용하고 사적인 개인들의 실천이 공존하는 상황이다. 패러다임 전환을 위해서는 '위로부터' 관리하는 정책 담론에서 탈피하여 국민의 재생산 권리 보장을 위한 '아래로부터의' 정책이 강화되어야 한다. 여성의 일상적 삶에서 임신, 출산, 양육과 관련된 건강 문제나 경제적 부담, 안전하고 행복한 삶에 대한 크고 작은 위협은 누구에게나 언제든 일어날 수 있는 문제이다. 일상 속의 행위자 관점에서 다양한 '위협'으로부터 안전하게 살아갈 수 있는 사회적 환경과 지원을 제공하는 것이 우선적인 정책 목표로 정립되어야 한다.

여기에서 (양현아 교수님이 지적하였듯이) 임신과 출산, 재생산 건강에 대한 지식과 정보, 상담과 교육의 '지식'이 어디에서 오는 것인지, 과연 "누가 누구에게 지식을 주는가"는 매우 중요한 질문이다. 위로부터의 관리 뿐 아니라 아래로부터의 다양한 경험과 현장의 정책적 필요(needs)를 체계적으로 파악하는 세심한 접근이 요구된다. 임신과 출산, 건강 관련 영역에서는 국가적 목표와 전문가 중심의 제도화된 지식이 정책의 기준으로 간주되어 왔지만, 앞에서 지적하였듯이 위로부터의 일방적인 기준 설정은 시민들의

---

1   황정미, "'저출산'과 한국 모성의 젠더정치", 『한국여성학』 제21권 3호, 2005, pp.99-132.

재생산 실천을 지나치게 대상화·도구화하거나 혹은 사사화하게 되는 문제가 있다. 재생산 정책이 사회과학적 근거에 기반한 체계, 이른바 '증거기반' 정책으로 수립되기 위해서는 일상을 영위하는 시민들, 부모들, 특히 임신과 출산의 주체인 여성들의 경험에 귀를 기울이는 접근이 그 출발점이 되어야 한다. 사실 이러한 아래로부터의 요구는 이미 시작되었다. 21세기 한국의 여성운동은 '검은 시위'를 조직하고 '대한민국 출산지도'에 항의하면서 재생산권을 여성운동의 가장 큰 이슈 중 하나로 제기해 왔다. 물론 그 배경에는 1990년대부터 한국 여성운동이 지속적으로 제기해온 반성폭력 운동과 성적 자기결정권, 여성의 건강과 안전에 대한 오랜 논의들이 자리 잡고 있다.

재생산권 보장은 적정 인구의 관리나 건강한 국민의 재생산이라는 국가 차원의 목표에 국한될 수 없으며, 여성들과 부모들이 일상에서 마주하는 삶의 질과 건강, 더 안전하고 행복한 삶을 목표을 더욱 강조해야 할 것이다. 이를 위해 여성의 경험, 성평등 가치에 우선 순위를 둘 필요가 있다. 재생산 정책의 다양한 영역별 과제나 정책 목표들은 성평등을 중요한 기준으로 삼아야 하고, 추진 체계에서도 이러한 원칙이 반영되는 것이 바람직하다. 정책 추진체계를 이야기하는 것은 시기상조일 수 있지만, 사회정책으로서의 재생산 정책은 성평등 주무 부처가 직접 추진하거나 또는 성평등 주무 부처가 참여하는 부처간 협력체계, 더 나아가 상위의 위원회를 구성하되 성평등 정책을 적극 반영하는 등 다양한 방안을 모색할 수 있다.

Ⅲ. 증거기반 정책 - 실태조사 및 질적 연구의 중요성[2]

재생산 정책이 폭넓은 사회정책으로 실행되기 위해서는 현실을 진단하고 정책 수요를 파악하는 기초 자료들이 구축되어야 한다. 기존의 출산 및 임신중단 실태를 파악하는 근거 자료로 널리 활용된 것은 〈전국출산력 및 가족보건·복지 실태조사〉(이하 출산력 조사)이다. 〈출산력 조사〉는 가족계획 및 산아제한 정책을 추진하였던 개발시대로부터 누적되어온 통계지표라고 할 수 있으며, 기혼 여성을 대상으로 임신과 임신중단, 피임, 출산 등 출산행동을 조사하여 출산율을 추정하는 통계로 활용되어 왔다. 하지만 '대한민국 출산지도' 논란이 불거지면서 출산력 조사의 근본적 한계가 드러났으며 특히 여성운동단체들은 여성을 출산의 도구인양 대상화하는 개념과 용어들을 거세게 비판하였다.

사회 환경의 변화와 여성운동의 비판은 출산력 조사의 기본틀을 수정하는 변화로 이어졌다. 한국보건사회연구원이 3년 주기로 실시해온 출산력 조사는 2021년부터 〈가족과 출산조사〉로 변경되었다. 2021년 가족과 출산조사 보고서에 따르면, 기존 조사는 기혼 여성을 대상으로 하였으며 결혼과 출산을 당연한 것으로 전제하는 인구현상에 대한 전통적 관점에 근거하고 있었다. 반면 2021년부터는 임신과 출산을 다양한 사회적 상황에 놓인 개인들의 결정으로 인식하고 있으며, 출산 행동의 최종 결과 뿐 아니라 의사결정과정의 다양성과 역동성을 파악할 수 있도록 고려하였다고 한다.[3]

낙태죄 위헌심판에 대한 사회적 논란이 확대되면서 '위기 임신' 또는 '임

2   [편집자 각주] 학술대회 당시 발표문에서는 실태조사 관련 내용이 포함되어 있었으나 편집과정에서 해당 내용이 나뉘어서 수록되었으니 해당 내용은 『재생산권리 Ⅱ: 낙태죄 헌법재판소 결정 이후 법정책의 공백』, "제3장 한국의 재생산정책 수립에서 경험조사연구(empirical research)의 중요성"을 참고해 주십시오.

3   박종서 외, 『2021년 가족과 출산조사』, 한국보건사회연구원, 2021, p.17.

신출산 갈등'에 대한 관심이 높아졌고 이에 대한 실태 조사들도 몇 차례 실시되었다. 최근의 조사를 보면 '인공임신중절 실태조사'(한국보건사회연구원 2018, 2021), '임신중단에 관한 여성의 인식과 경험조사'(한국여성정책연구원, 2018) 등이 발표되었다. 그런데 실태조사의 목적을 임신중절 경험률과 같은 양적 지표 산출에 둘 것인지, 혹은 보다 폭넓은 임신 중단 경험 및 인식과 다양한 정책 수요 파악에 둘 것인지에 따라서 결과도 달리 나타날 수 있다.[4] 기존 실태조사들은 양적 지표(예를 들면 출산률, 인공임신중절률)의 생산 자체에 초점을 맞추었다고 볼 수 있다. 앞으로 보다 다양한 정책 수요를 파악하고자 한다면 임신 과정과 임신중단 전후의 여성들의 감정과 인식, 사회경제적 부담이나 신체 건강 및 정신 건강 상의 변화 등에 대한 세심한 분석이 추가되어야 한다. 양적 지표 뿐 아니라 질적인 사례연구를 통한 심층 분석의 중요성도 더욱 높아질 것이다.

기초 자료의 중요성은 '재생산권 취약 집단'이라고 할 수 있는 이른바 미혼모, 장애인 등에서는 더욱 중요하다. 그런데 법률혼 범위 밖에 있는 임신과 출산, 장애인의 재생산 실천들은 드러내기 어려운 내밀한 개인적 경험으로 여겨져 왔기 때문에 체계적으로 실태를 파악할 수 있는 자료가 많지 않다.

한 예로 혼외출생아 지표를 살펴보자. 잘 알려진 바와 한국의 혼외출산

---

4   인공임신중절 경험율은 조사에 따라 상이하게 나타난다. 한국보건사회연구원의 2021년 조사결과를 보면, 조사시점까지 인공임신중절을 경험한 여성(15~49세)은 조사참여자 8,500명 중 7.1%(606명), 성경험 여성(7,022명) 중 8.6% (2018년 조사 8.8%)으로 나타났다(한국보건사회연구원, 2021). 한편 한국여성정책연구원의 2017년 조사에 따르면 조사참여자 2,006명의 여성 중 인공임신중절 경험자(422명)의 비율은 21%로 훨씬 높았다(김동식 외, 2017). 보사연의 연구가 다수의 응답자를 표집하여 임신중절 비율을 산출하는데 초점을 맞추었다면, 여성정책연구원의 연구는 임신중절을 경험한 여성들의 당시 경험과 감정, 인식 등을 보다 세밀하게 분석하기 위해 경험자를 타게팅하여 집중적으로 표집한 것으로 볼 수 있다.

율은 OECD 국가 중에서도 가장 낮은 수준이며 법률혼 밖에서 출생한 아동과 부모들의 실태에 대한 심층 분석도 많지 않다. 혼외출생아 수는 OECD 가족지표의 주요 항목이며 북유럽 국가에서는 전체 출생아 중 거의 절반이 혼외 출생으로 태어난다. 하지만 우리 사회에서 혼외출생은 법정 혼인 밖에서 발생한 '일탈적' 사건으로 간주되어온 것이 사실이다. 정상가족 규범을 기준으로 삼는다면 재생산권 취약집단에 대한 부정적 낙인과 선입견으로 인해 그 내부의 다양한 현실과 정책 니즈를 파악하기는 더욱 어려워질 것이다.

출생신고서에 기재된 기본 내용을 분석한 보고서에서는 혼외 출생아와 부모들의 어려운 상황이 부분적으로 드러난다. 2020년의 보고서에 따르면, 혼외 출산을 한 부모의 교육수준이나 사회경제적 수준은 혼인내 출산자에 비해 낮은 편이다. 출생아 체중을 비교해 보면 몸무게 2.5킬로그램 미만의 저체중아가 혼인 내 출생아에서는 6.2%인데 비해 혼외 출생아에서는 8.2%로 더 높게 나타났다.[5]

재생산권 사각지대에 있는 집단으로 거주 외국인·이주민들도 주목할 필요가 있다. 2020년 통계에 따르면 부모 중 한쪽 또는 양쪽 모두가 외국인·귀화인인 경우는 혼인내 출생에서 5.5%인데 비해 혼인 외 출생에서는 10.7%로 그 비중이 높아진다.[6] 초저출산율이 지속되는 가운데 이민정책이 본격적으로 논의되고 보편적 출생등록제가 도입되는 상황에서, 이민 배경의 거주자나 외국인들이 재생산권의 사각지대에 방치될 우려에 대해서도 실태 파악과 적절한 지원이 필요하다. 국제인권법에서는 이주여성의 인권 보장을 위해 재생산권이 반드시 필요한 부분으로 보고 있으며, 재생산권

5   김두섭·허나영, "혼외출산행태의 주요 변화와 특성", 『한국의 사회동향 2020』 통계청 통계개발원, pp.51-55.
6   김두섭·허나영, 전게서, p.53.

보장을 위한 정보 제공과 교육, 충분한 의료 서비스, 인신매매 및 성폭력 등 근본적 공포나 해악으로부터 보호하는 것을 각국 정부가 우선적으로 집중해야할 과제로 삼고 있다.[7]

IV. '저출산 고령사회 극복'과 재생산권리 보장

'저출산 고령화', '인구절벽' 등으로 표현되는 인구위기론은 우리 사회의 불안한 미래를 강하게 표상하고 있다. 저출산 문제 해결을 위한 정책들이 국민의 재생산권 보장과 '서로 호응'하면서 함께 갈 수도 있다는 긍정적 기대도 해볼 수 있다. 그런데 이런 식의 '윈-윈'전략이 작동하기 위해서는 중요한 전제 조건이 있다. 재생산권 보장을 더 많은 출생을 얻기 위한 방안으로 여긴다면, 즉 재생산 정책이 국민의 삶의 질 향상이라는 현대국가의 목표보다는 다산이라는 '전통과 관습'의 강화로 치우치게 된다면, 바람직한 시너지나 상승효과를 기대하기는 어려울 것이다.

저출산 고령사회 기본계획에 대한 전형적인 비판은 "수백조에 이르는 예산을 썼지만 출산율이 더 떨어지고 태어나는 신생아 수는 감소하였다"는 것이다. 출생아의 수를 지표 삼아 정부의 예산 낭비를 비판하는 논리는 언뜻 합리적으로 보인다. 하지만 이 논리 속에는 예산 투입(input)에 따른 산출(output)이 '출생아의 수'라는 산식이 전제되어 있다. 1970년대에는 '피임이 곧 애국'이었다가 2023년에는 '출산과 다산이 곧 애국'이라고 말한다면, 앞서 지적한 위로부터의 정책 편향이 21세기에 부활한 꼴이 될 것이다. 더 중요한 문제는 예산 투입이 목표로 하는 최종적 성과(outcome)는 국민의 삶의

---

7   이진규. "이주여성의 재생산권에 대한 국제인권법적 보호". 『법학논총』 17(2), 2010, pp.215-244. 이화선, "결혼이주여성의 재생산권에 관한 고찰 - 인권시각에서의 재생산권 법리의 이해", 『미국헌법연구』 23 (1), 2012, pp.205-234.

질, 다시 말해 부모는 부모 답게, 영유아와 어린이는 어린이 답게 살아갈 수 있는 사회적 인프라를 마련하고, 이러한 인프라에 누구나 장벽이나 차별 없이 접근하게 한다는 목표를 최우선의 가치로 삼아야 한다.

필자가 만났던 청년 활동가와의 인터뷰에서 '삶의 질'의 중요성을 확인할 수 있다. 저출산 고령화를 극복하기 위해 청년을 지원하고 가족과 아동을 지원하겠다는 정책이 논의되고 있지만, 당사자인 청년들은 시민들의 삶과 안전, 복지보다 출산만을 강조하게 된다면 결국 "태어나기 전 까지만 시민"인 정책이라고 신랄하게 비판한다.[8] 국가가 원하는 출산은 결국 중산층 이상의 모델 가정에서 태어나 국가 지원이 없어도 경쟁력 있는 미래 일꾼으로 성장하는 시나리오가 아니냐는 따끔한 지적이다.

국가를 위한 인구정책, 위로부터의 가족정책이 지배적인 상황에서 재생산권 논의는 확장되기 어렵다. 아래로부터의 가족 정책, 다양한 가족생활의 실제와 욕구에서 출발하는 정책의 균형 감각이 필요하다. 역사적 정책 사례에서도 유사한 쟁점과 고민들이 나타난다. 1930년대 스웨덴의 출산율 저하로 인구 위기에 처했을 때, 뮈르달 부부는 당시 지배적 입장이었던 신맬더스주의나 보수적 출산장려주의를 모두 비판하면서 새로운 인구정책을 제시한 바 있다. 인구 정책의 세 가지 원칙은 첫째 자발적 부모됨(voluntary parenthood)의 원칙, 즉 결혼과 출산에 대한 개인의 선택은 국가도, 교회도, 고용주도 간섭할 수 없는 인권이며, 출산을 애국과 연결해 권고하는 것은 비민주적이라는 원칙이다. 둘째 질적 목표 우선 원칙은 출생아 수의 증가라는 양적 목표가 아니라, 영양 주거 교육 등 삶의 질을 우선 목표로 삼아야

8   김은지 외, 『저출산 대응정책 패러다임 전환연구 II : 저출산 대응 담론의 재구성』, 한국여성정책연구원 연구보고서, 2020, p.211. "태어나기 직전까지만 시민이잖아요. 아주 소중한 존재고, 절대 낙태해선 안되고…근데 태어나자마자 민폐가 되잖아요. 지하철에서 우는 것도 민폐고, (여기저기) 노키즈 존이고."

한다고 강조한다. 세 번째는 성평등의 원칙이다.[9] 또 다른 정책 사례로 독일 연방정부의 제 7차 및 8차 가족보고서(2006, 2012)를 들 수 있다. 독일의 정책은 2000년대에 부상했던 출산률 제고와 인구 중심의 가족 정책에서 벗어나 삶의 질, 생애과정 관점, 평등한 파트너십 등을 강조하는 새로운 가족 정책을 담론을 형성해 가고 있다.[10] 삶의 질 보장, 성평등 원칙은 어떠한 인구 위기 상황에서도 재상산권 보장정책이 우회할 수 없는 기본 원칙이라는 점을 확인할 수 있다.

9   김은지 외, 전게서, pp.256-264.
10   김은지 외, 전게서, p.293.

2019년 헌법재판소 결정 이후 발의 법안

1. 형법 개정안

(1) 이정미 의원 대표발의 형법 개정안 (2019.4.15)

형법 일부개정법률안

(이정미의원 대표발의)

의안번호	19829

발의연월일 : 2019. 4. 15.
발의자: 이정미·추혜선·윤소하·심상정
　　　　 김종대·여영국·손혜원·박주현
　　　　 채이배·김수민 의원(10인)

제안이유

유엔 여성차별철폐위원회는 2011년 형법 제269조와 제270조의 조항에 따라 낙태가 처벌 가능한 범죄라는 사실에 대하여 우려를 표하며, 한국의 형법 조항에 대한 재검토를 권고한 바 있음. 여성들은 사회경제적 사유가 임신중절의 사유로 보장되지 않음으로써 불법 시술을 선택 할 수 밖에 없으며, 자신의 생명과 건강권을 위협받는 것은 물론, 낙태의 죄(형법 269조: 부녀가 약물 기타 방법으로 낙태한 때: 1년 이하의 징역 또는 200만원 이하의 벌금)도 고스란히 여성의 몫이었음. 이에 제27장 '낙태의 죄'에서 '부동의 인공임신중절의 죄'로 개정하고, 자기낙태죄, 동의낙태죄 규정을 삭제하고자 함.

주요내용

가. 자기낙태죄, 동의낙태죄 규정을 「모자보건법」에 규정하기 위하여 삭제함(안 제269조 및 제270조제1항 삭제).

나. 부동의 인공임신중절 치사상죄의 처벌을 강화함(안 제270조제2항·제3항).

참고사항

이 법률안은 이정미의원이 대표발의한 「모자보건법 일부개정법률안」(의안번호 제19819호)의 의결을 전제로 하는 것이므로 같은 법률안이 의결되지 아니하거나 수정의결되는 경우에는 이에 맞추어 조정되어야 할 것임.

법률 제   호

형법 일부개정법률안

형법 일부를 다음과 같이 개정한다.
제2편제27장의 장 번호 및 제목을 다음과 같이 한다.
　　　　제27장 부동의 인공임신중절의 죄
제269조를 삭제한다.

제270조의 제목 "(醫師 等의 落胎, 不同意落胎)"를 "(부동의 인공임신중절)"로 하고, 같은 조 제1항을 삭제하며, 같은 조 제2항 중 "囑託 또는 承諾없이 落胎"를 "승낙 없이 인공임신중절"로 하고, 같은 조 제3항 전단 중 "第1項 또는 第2項"을 "제2항"으로, "5年"을 "7년"으로 하며, 같은 항 후단 중 "10年 以下"를 "3년 이상"으로 하고, 같은 조 제4항 중 "前 3項"을 "제2항 및 제3항"으로 한다.

부 칙

이 법은 공포 후 즉시 시행한다.

신·구조문대비표

현행	개정안
第27章 落胎의 罪	제27장 부동의 인공임신중절의 죄
第269條(落胎) ①婦女가 藥物 其他 方法으로 落胎한 때에는 1年 以下의 懲役 또는 200萬원 以下의 罰金에 處한다. ②婦女의 囑託 또는 承諾을 받아 落胎하게 한 者도 第1項의 刑과 같다. ③第2項의 罪를 犯하여 婦女를 傷害에 이르게 한때에는 3年 以下의 懲役에 處한다. 死亡에 이르게 한때에는 7年 以下의 懲役에 處한다.	〈삭 제〉
第270條(醫師 等의 落胎, 不同意落胎) ①醫師, 韓醫師, 助産師, 藥劑師 또는 藥種商이 婦女의 囑託 또는 承諾을 받아 落胎하게 한 때에는 2年 以下의 懲役에 處한다.	제270조(부동의 인공임신중절) 〈삭 제〉
②婦女의 囑託 또는 承諾없이 落胎하게 한 者는 3年 以下의 懲役에 處한다	②-------승낙 없이 인공임신중절------------ ----------------------

현행	개정안
③第1項 또는 第2項의 罪를 犯하여 婦女를 傷害에 이르게 한때에는 5年 以下의 懲役에 處한다. 死亡에 이르게 한때에는 <u>10年 以下의 懲役에 處한다.</u>	③ 제2항--7년----------------------. -------------------3년 이상----------------.
④<u>前 3項</u>의 境遇에는 7年 以下의 資格停止를 併科한다.	④ 제2항 및 제3항--------------------------------.

(2) 대한민국 정부안 (2020.11.25)

형법 일부개정법률안

의안번호	5733

제출연월일 : 2020. 11. 25
제출자: 정 부

제안이유 및 주요내용

임신한 여성의 자기낙태를 처벌하는 제269조제1항 및 의사 등이 임신한 여성의 촉탁 또는 승낙을 받아 낙태하게 한 경우를 처벌하는 제270조제1항 중 의사에 관한 부분에 대하여 헌법재판소가 헌법불합치결정(헌법재판소 2019. 4. 11. 선고, 2017헌바127)을 함에 따라, 헌법재판소의 결정 취지를 반영하여 의사에 의하여 의학적으로 인정된 방법으로 임신 14주 이내에 이루어진 낙태행위를 처벌 대상에서 제외하고, 임신의 지속이 사회적 또는 경제적 이유로 임신한 여성을 심각한 곤경에 처하게 하거나 처하게 할 우려가 있는 경우로서 「모자보건법」에 따른 임신의 유지·종결 등에 대한 상담을 받고 24시간이 지난 후에 의사에 의하여 의학적으로 인정된 방법으로 임신 24주 이내에 이루어진 낙태행위 등을 처벌 대상에서 제외하려는 것임.

참고사항

이 법률안은 이미 제출되어 있는 「모자보건법 일부개정법률안」(의안번호 제5459호)의 의결을 전제로 하므로, 같은 법률안이 의결되지 아니하거나 수정의결되는 경우에는 이에 맞추어 조정되어야 할 것임.

법률 제   호

형법 일부개정법률안

형법 일부를 다음과 같이 개정한다.

第2編第27章에 제270조의2를 다음과 같이 신설한다.

제270조의2(낙태의 허용요건) ① 제269조제1항·제2항 또는 제270조제1항의 행위가 임신 14주 이내에 의사에 의하여 의학적으로 인정된 방법으로 이루어진 때에는 처벌하지 아니한다.

② 다음 각 호의 어느 하나에 해당하는 경우로서 제269조제1항·제2항 또는 제270조제1항의 행위가 임신 24주 이내에 의사에 의하여 의학적으로 인정된 방법으로 이루어진 때에는 처벌하지 아니한다.

1. 강간 또는 준강간(準强姦) 등 범죄행위로 임신된 경우

2. 법률상 혼인할 수 없는 혈족 또는 인척 사이에 임신된 경우

3. 다음 각 목의 요건에 모두 해당하는 경우

　가. 임신의 지속이 사회적 또는 경제적 이유로 임신한 여성을 심각한 곤경에 처하게 하거나 처하게 할 우려가 있을 것

　나. 임신한 여성이 「모자보건법」에 따른 임신의 유지·종결에 대한 상담을 받고, 그 때부터 24시간이 지났을 것

4. 임신의 지속이 보건의학적 이유로 임신한 여성의 건강을 심각하게 해치고 있거나 해칠 우려가 있는 경우

③ 임신한 여성이 「모자보건법」에 따른 임신의 유지·종결에 대한 상담을 통하여 임신의 지속, 출산 및 양육에 관한 충분한 정보를 얻고 숙고(熟考)한 끝에 임신을 지속할 수 없다는 자기 결정에 이른 경우에는 제2항 제3호가목에 해당하는 것으로 추정한다.

부 칙

이 법은 공포한 날부터 시행한다.

신·구조문대비표

현행	개정안
〈신 설〉	제270조의2(낙태의 허용요건) ① 제269조제1항·제2항 또는 제270조제1항의 행위가 임신 14주 이내에 의사에 의하여 의학적으로 인정된 방법으로 이루어진 때에는 처벌하지 아니한다. ② 다음 각 호의 어느 하나에 해당하는 경우로서 제269조제1항·제2항 또는 제270조제1항의 행위가 임신 24주 이내에 의사에 의하여 의학적으로 인정된 방법으로 이루어진 때에는 처벌하지 아니한다. 1. 강간 또는 준강간(準強姦) 등 범죄행위로 임신된 경우 2. 법률상 혼인할 수 없는 혈족 또는 인척 사이에 임신된 경우
	3. 다음 각 목의 요건에 모두 해당하는 경우 　가. 임신의 지속이 사회적 또는 경제적 이유로 임신한 여성을 심각한 곤경에 처하게 하거나 처하게 할 우려가 있을 것 　나. 임신한 여성이 「모자보건법」에 따른 임신의 유지·종결에 대한 상담을 받고, 그 때부터 24시간이 지났을 것 4. 임신의 지속이 보건의학적 이유로 임신한 여성의 건강을 심각하게 해치고 있거나 해칠 우려가 있는 경우 ③ 임신한 여성이 「모자보건법」에 따른 임신의 유지·종결에 대한 상담을 통하여 임신의 지속, 출산 및 양육에 관한 충분한 정보를 얻고 숙고(熟考)한 끝에 임신을 지속할 수 없다는 자기 결정에 이른 경우에는 제2항제3호가목에 해당하는 것으로 추정한다.

2. 모자보건법 개정안

(1) 이정미 국회의원 대표발의안 (2019.4.15)

모자보건법 일부개정법률안

(이정미의원 대표발의)

의안번호	19802

발의연월일 : 2019. 4. 15.
발의자: 이정미·추혜선·윤소하·심상정
　　　　김종대·여영국·손혜원·박주현
　　　　채이배·김수민 의원(10인)

제안이유

여성들은 사회적·경제적 사유가 임신중절의 사유로 보장되지 않음으로써 불법 시술을 선택할 수밖에 없으며, 자신의 생명과 건강권을 위협받는 것은 물론, 낙태의 죄(「형법」 제269조: 부녀가 약물 기타 방법으로 낙태한 때 1년 이하의 징역 또는 200만원 이하의 벌금)도 고스란히 여성의 몫이었음. 이에 「형법」의 낙태의 죄를 '부동의 인공임신중절의 죄'로 개정하고, 임신 22주 기간에는 인공임신중절에 관한 기존 사유에 사회적·경제적 사유를 더하여 임산부의 자기결정권을 확대하고, 임신 14주 이내에는 어떠한 사유를 요구함 없이, 임산부의 판단에 의한 요청만으로 인공임신중절을 가능하도록 함.

주요내용

가. 「형법」상 자기낙태죄, 동의낙태죄 규정을 삭제하고 「모자보건법」상 인

공임신중절의 보장과 제한 및 이에 따른 벌칙 조항을 신설함(안 제13조, 제26조의2, 및 제26조의3 신설).

나. 임신 14주 이내의 임산부의 경우 어떠한 사유를 요구함 없이, 임산부의 판단에 의한 요청만으로 인공임신중절 및 수술이 가능하도록 함(안 제14조제1항).

다. 임신 14주부터 22주까지 기간의 인공임신중절에 있어 종전 우생학적 또는 유전학적 정신장애 사유는 삭제하고 태아가 건강상태에 중대한 손상을 입고 있거나 입을 염려가 뚜렷한 경우로 대체하고, 기존 사유에 사회적·경제적 사유를 더하여 임산부의 자기결정권을 확대하고자 함(안 제14조제2항).

라. 임신 22주를 초과한 기간의 인공인심중절은 임신의 지속이나 출산이 보건의학적 이유로 모체의 건강을 심각하게 해치고 있거나 해칠 우려가 있는 경우에만 한정함(안 제14조제3항).

참고사항

이 법률안은 이성미의원이 대표발의한 「형법 일부개성법률안」(의안번호 제19829호)의 의결을 전제로 하는 것이므로 같은 법률안이 의결되지 아니하거나 수정의결 되는 경우에는 이에 맞추어 조정되어야 할 것임.

법률 제   호

모자보건법 일부개정법률안

모자보건법 일부를 다음과 같이 개정한다.
제13조를 다음과 같이 신설한다.

제13조(인공임신중절의 보장과 제한) ① 임신의 유지 또는 종결에 관한 임산부의 자기 결정권은 원칙적으로 보장되어야 한다.

② 누구든지 제14조제1항 및 제2항에서 규정한 경우를 제외하고는 임산부를 인공임신중절하게 하여서는 아니 된다.

제14조를 다음과 같이 한다.

제14조(의사에 의한 인공임신중절 및 수술) ① 의사는 임신 14주 이내의 임산부의 판단에 의한 요청이 있는 경우에는 인공임신중절 및 수술을 할 수 있다.

② 의사는 임신 14주를 초과하는 임산부에 대하여는 다음 각 호의 어느 하나에 해당되는 경우에 임산부 본인의 동의를 받아 인공임신중절 및 수술을 할 수 있다.

1. 태아가 출생 전의 해로운 영향으로 인하여 건강상태에 중대한 손상을 입고 있거나 입을 염려가 뚜렷한 경우로서 대통령령으로 정하는 경우
2. 「성폭력범죄의 처벌 등에 관한 특례법」 제2조에 따른 성폭력범죄 행위로 인하여 임신하였다고 인정할 만한 이유가 있는 경우
3. 법률상 혼인할 수 없는 혈족 또는 인척 간에 임신된 경우
4. 임신의 유지나 출산 후 양육이 현저히 어려운 사회적·경제적인 사유로서 대통령령으로 정하는 경우
5. 임신의 지속이나 출산이 보건의학적 이유로 모체의 건강을 심각하게 해치고 있거나 해칠 우려가 있는 경우

③ 제2항제1호부터 제4호까지의 사유로 인한 인공임신중절 및 수술은 임신 22주 이내인 임산부만 할 수 있다.

④ 제1항 및 제2항의 경우 임산부 본인이 심신장애로 의사표시를 할 수 없을 때에는 친권자나 후견인의 동의로, 친권자나 후견인이 없을 때에는 부양의무자의 동의로 각각 그 동의를 갈음할 수 있다.

⑤ 임산부는 제1항과 제2항에 한정하여 인공임신중절 및 수술을 할 수 있다.

제26조의2를 제26조의4로 하고, 제26조의2 및 제26조의3을 각각 다음과 같이 신설한다.

제26조의2(벌칙) ① 제13조제2항을 위반한 의사, 한의사, 조산사, 약제사 또는 약종상과 제14조제3항을 위반한 의사가 임산부를 사망에 이르게 한 경우 10년 이하의 징역에 처한다.

② 제13조제2항을 위반한 의사, 한의사, 조산사, 약제사 또는 약종상과 제14조제3항을 위반한 의사가 임산부를 상해에 이르게 한 경우 5년 이하의 징역에 처한다.

③ 제1항과 제2항의 경우 7년 이하의 자격정지를 병과(倂科)한다.

제26조의3(벌칙) ① 제13조제2항을 위반한 자(의사, 한의사, 조산사, 약제사 또는 는 약종상은 제외한다)가 임산부를 사망에 이르게 한 경우 7년 이하의 징역에 처한다.

② 제13조제2항을 위반한 자(의사, 한의사, 조산사, 약제사 또는 약종상은 제외한다)가 임산부를 상해에 이르게 한 경우 3년 이하의 징역에 처한다.

제27조제3항을 삭제한다.

제27조의2부터 제27조의4까지를 각각 다음과 같이 신설한다.

제27조의2(과태료) 제13조제2항을 위반하여 임산부의 촉탁 또는 승낙을 받아 인공임신중절하게 한 의사, 한의사, 조산사, 약제사 또는 약종상에게는 500만원의 과태료를 부과한다

제27조의3(과태료) 제13조제2항을 위반하여 임산부의 촉탁 또는 승낙을 받아 인공임신중절하게 한 자(의사, 한의사, 조산사, 약제사 또는 약종상은 제외한다)에게는 200만원 이하의 과태료를 부과한다.

제27조의4(과태료) 제27조, 제27조의2 및 제27조의3의 과태료는 다음 각 호의 구분에 따라 부과·징수하되 대통령령으로 정하는 바에 따른다.

1. 제27조제1항 및 같은 조 제2항제1호부터 제5호까지의 규정에 해당하는 경우: 특별자치시장·특별자치도지사 또는 시장·군수·구청장이 부과·징수한다.

2. 제27조제2항제6호, 제27조의2 및 제27조의3에 해당하는 경우: 보건복지부장관이 부과·징수한다.

제28조를 삭제한다.

부 칙

이 법은 공포한 날부터 시행한다.

신·구조문대비표

현행	개정안
〈신 설〉	제13조(인공임신중절의 보장과 제한) ① 임신의 유지 또는 종결에 관한 임산부의 자기 결정권은 원칙적으로 보장되어야 한다. ② 누구든지 제14조제1항 및 제2항에서 규정한 경우를 제외하고는 임산부를 인공임신중절하게 하여서는 아니 된다.
제14조(인공임신중절수술의 허용한계) ① 의사는 다음 각 호의 어느 하나에 해당되는 경우에만 본인과 배우자(사실상의 혼인관계에 있는 사람을 포함한다. 이하 같다)의 동의를 받아 인공임신중절수술을 할 수 있다. 1. 본인이나 배우자가 대통령령으로 정하는 우생학적(우생학적) 또는 유전학적 정신장애나 신체질환이 있는 경우 2. 본인이나 배우자가 대통령령으로 정하는 전염성 질환이 있는 경우	제14조(의사에 의한 인공임신중절 및 수술) ① 의사는 임신 14주 이내의 임신부의 판단에 의한 요청이 있는 경우에는 인공임신중절 및 수술을 할 수 있다. ② 의사는 임신 14주를 초과하는 임산부에 대하여는 다음 각 호의 어느 하나에 해당되는 경우에 임산부 본인의 동의를 받아 인공임신중절 및 수술을 할 수 있다. 1. 태아가 출생 전의 해로운 영향으로 인하여 건강상태에 중대한 손상을 입고 있거나 입

현행	개정안
3. 강간 또는 준강간(준강간)에 의하여 임신된 경우 4. 법률상 혼인할 수 없는 혈족 또는 인척 간에 임신된 경우 5. 임신의 지속이 보건의학적 이유로 모체의 건강을 심각하게 해치고 있거나 해칠 우려가 있는 경우 ② 제1항의 경우에 배우자의 사망·실종·행방불명, 그 밖에 부득이한 사유로 동의를 받을 수 없으면 본인의 동의만으로 그 수술을 할 수 있다. ③ 제1항의 경우 본인이나 배우자가 심신장애로 의사표시를 할 수 없을 때에는 그 친권자나 후견인의 동의로, 친권자나 후견인이 없을 때에는 부양의무자의 동의로 각각 그 동의를 갈음할 수 있다.	을 염려가 뚜렷한 경우로서 대통령령으로 정하는 경우 2. 「성폭력범죄의 처벌 등에 관한 특례법」 제2조에 따른 성폭력범죄 행위로 인하여 임신하였다고 인정할 만한 이유가 있는 경우 3. 법률상 혼인할 수 없는 혈족 또는 인척 간에 임신된 경우 4. 임신의 유지나 출산 후 양육이 현저히 어려운 사회적·경제적인 사유로서 대통령령으로 정하는 경우 5. 임신의 지속이나 출산이 보건의학적 이유로 모체의 건강을 심각하게 해치고 있거나 해칠 우려가 있는 경우 ③ 제2항제1호부터 제4호까지의 사유로 인한 인공임신중절 및 수술은 임신 22주 이내인 임산부만 할 수 있다. ④ 제1항 및 제2항의 경우 임산부 본인이 심신장애로 의사표시를 할 수 없을 때에는 친권자나 후견인의 동의로, 친권자나 후견인이 없을 때에는 부양의무자의 동의로 각각 그 동의를 갈음할 수 있다. ⑤ 임산부는 제1항과 제2항에 한정하여 인공임신중절 및 수술을 할 수 있다.
〈신 설〉	제26조의2(벌칙) ① 제13조제2항을 위반한 의사, 한의사, 조산사, 약제사 또는 약종상과 제14조제3항을 위반한 의사가 임산부를 사망에 이르게 한 경우 10년 이하의 징역에 처한다. ② 제13조제2항을 위반한 의사, 한의사, 조산사, 약제사 또는 약종상과 제14조제3항을 위반한 의사가 임산부를 상해에 이르게 한 경우 5년 이하의 징역에 처한다. ③ 제1항과 제2항의 경우 7년 이하의 자격정지를 병과(倂科)한다.

현행	개정안
〈신 설〉	제26조의3(벌칙) ① 제13조제2항을 위반한 자(의사, 한의사, 조산사, 약제사 또는 약종상은 제외한다)가 임산부를 사망에 이르게 한 경우 7년 이하의 징역에 처한다. ② 제13조제2항을 위반한 자(의사, 한의사, 조산사, 약제사 또는 약종상은 제외한다)가 임산부를 상해에 이르게 한 경우 3년 이하의 징역에 처한다.
제26조의2(양벌규정) (생 략)	제26조의4(양벌규정) (현행 제26조의2와 같음)
제27조(과태료) ①·② (생 략)	제27조(과태료) ①·② (현행과 같음)
③ 제1항과 제2항에 따른 과태료는 다음 각 호의 구분에 따라 부과·징수하되 대통령령으로 정하는 바에 따른다. 1. 제1항 및 제2항제1호·제3호·제4호·제5호의 규정에 해당하는 경우: 특별자치시장·특별자치도지사 또는 시장·군수·구청장이 부과·징수한다. 2. 제2항제6호에 해당하는 경우: 보건복지부장관이 부과·징수한다.	〈삭 제〉
〈신 설〉	제27조의2(과태료) 제13조제2항을 위반하여 임산부의 촉탁 또는 승낙을 받아 인공임신중절하게 한 의사, 한의사, 조산사, 약제사 또는 약종상에게는 500만원의 과태료를 부과한다
〈신 설〉	제27조의3(과태료) 제13조제2항을 위반하여 임산부의 촉탁 또는 승낙을 받아 인공임신중절하게 한 자(의사, 한의사, 조산사, 약제사 또는 약종상은 제외한다)에게는 200만원 이하의 과태료를 부과한다.
〈신 설〉	제27조의4(과태료) 제27조, 제27조의2 및 제27조의3의 과태료는 다음 각 호의 구분에 따라 부과·징수하되 대통령령으로 정하는 바에 따른다.

현행	개정안
	1. 제27조제1항 및 같은 조 제2항제1호부터 제5호까지의 규정에 해당하는 경우: 특별자치시장·특별자치도지사 또는 시장·군수·구청장이 부과·징수한다. 2. 제27조제2항제6호, 제27조의2 및 제27조의3에 해당하는 경우: 보건복지부장관이 부과·징수한다.
제28조(「형법」의 적용 배제) 이 법에 따른 인공임신중절수술을 받은 자와 수술을 한 자는 「형법」 제269조제1항·제2항 및 제270조제1항에도 불구하고 처벌하지 아니한다.	〈삭　제〉

(2) 권인숙 국회의원 대표발의 (2020.10.12.)

모자보건법 일부개정법률안

(권인숙의원 대표발의)

의안번호	4484

발의연월일 : 2020. 10. 12.
발의자 : 권인숙·심상정·윤미향·용혜인
　　　　장혜영·유정주·이은주·양이원영
　　　　이수진(비)·류호정·정춘숙 의원(11인)

제안이유

현행법 상 「형법」에서 원칙적으로 낙태행위를 금지·처벌하면서 24주 이내 법에서 규정한 허용사유에 한하여 인공임신중절수술을 허용하고 있음. 그런데 여성의 신체적 조건이나 상황이 다르고 정확한 임신주수를 인지하거나 특정하기 어려운 현실에서 임신주수 내지 허용사유로 인공임신중절수술의 허용 여부를 구분하는 것은 여성의 임신중단 현실과도 맞지 않을 뿐만 아니라 불법적·음성적 낙태시술로 인해 여성에게 양질의 안전한 임신중단 서비스가 제공되지 못함으로써 그간 여성의 생명과 건강을 위협해 왔던 것이 우리의 법현실이었음.

2018년 보건복지부의 인공임신중절 실태조사에 따르면, 조사에 응답한 여성(10,000명) 중 인공임신중절 경험 여성은 756명(성경험 여성의 10.3%, 임신경험 여성의 19.9%)으로 조사되었고, 인공임신중절 사유(복수응답)도 '학업, 직장 등 사회활동에의 지장'(33.4%), '경제적 어려움'(32.9%), '자녀계획 문제'(31.2%)가 높게 나타났음. 또한 인공임신중절수술의 허용한계를 규정한 「모자보건법」 제14조에 대해 응답자의 48.9%가 개정이 필요하다고 응답하였음.

따라서 여성이 원치 않는 임신·출산으로부터 안전하게 임신중단할 권리를 보장하기 위하여 적절한 피임서비스 보장을 통해 임신중단서비스를 최소화하고, 불가피하게 발생하는 임신중단에 대해 정부는 모든 여성에게 안전한 임신중단서비스의 접근을 보장하여 여성의 건강과 인권을 보호하기 위한 방향으로 법정책이 전환될 필요가 있음.

이에 「형법」상 낙태죄 처벌 규정 폐지(제27장 낙태의 죄 삭제)를 전제로 인공임신중절수술의 허용한계 규정(제14조)을 삭제하여 허용주수나 사유 제한 없이 충분한 정보 제공과 지원을 통해 임산부의 판단과 결정으로 의사에 의한 인공임신중단이 가능하도록 개정하고자 함.

주요내용

가. '인공임신중절수술'을 '인공임신중단'으로 변경하고 수술뿐만 아니라 약물에 의한 방법으로 인공임신중단이 가능하도록 함(안 제2조제7호).

나. 모자보건사업에 재생산건강 관리와 임신·출산, 인공임신중단에 대한 지원을 포함함(안 제2조제8호).

다. 국가와 지방자치단체가 모든 국민에게 피임, 월경, 임신·출산, 인공임신중단 등에 대한 안전하고 정확한 보건의료 정보와 서비스를 제공할 책무를 신설함(안 제3조제3항 신설).

라. 모성 등의 의무 조항을 삭제함(안 제4조).

마. 임신·출산, 인공임신중단 등과 관련된 보건의료 정보 및 서비스 제공, 상담 지원을 위한 체계를 구축하기 위하여 중앙·지역재생산건강지원센터를 설치함(안 제7조의2 신설).

바. 국가와 지방자치단체의 통합적인 피임·성교육 실시, 임신·출산 및 인공임신중단 등에 관한 종합적 정보제공 및 심리상담 지원, 임신·출산 및 인공임신중단 관련 실태조사 및 연구 등 국민의 재생산건강 증진

사업의 추진근거를 마련함(안 제12조제3항 신설).

사. 임산부가 충분한 정보 및 상담을 토대로 인공임신중단 여부를 스스로 판단·결정할 수 있는 권리를 보장하고, 임산부가 인공임신중단을 결정한 경우 의사가 정당한 사유가 없는 한 임산부의 요청에 따라 인공임신중단을 하도록 규정함(안 제14조의2제1항부터 제4항까지 신설).

자. 의사는 인공임신중단에 대한 정보를 임산부의 연령, 심신 상태, 그 밖의 사정을 고려하여 이해할 수 있는 방식으로 충분히 설명하되, 의사가 설명한 정보의 이해와 임산부의 의사결정 과정에 조력이 필요하다고 판단할 경우 의사 또는 임산부가 신뢰관계자의 조력 지원을 요청할 수 있는 규정을 신설함(안 제14조의2제5항 신설).

차. 국가와 지방자치단체가 임산부의 경제적인 능력을 고려하여 의료비를 지원할 수 있는 규정을 신설함(안 제14조의3 신설).

카. 인공임신중절수술의 허용한계 및 형법 적용배제 규정을 삭제함(안 제14조 및 제28조 신설).

참고사항

이 법률안은 권인숙의원이 대표발의한 「형법 일부개정법률안」(의안번호 제4483호)의 의결을 전제로 하는 것이므로 같은 법률안이 의결되지 아니하거나 수정의결되는 경우에는 이에 맞추어 조정되어야 할 것임.

법률 제   호

모자보건법 일부개정법률안

모자보건법 일부를 다음과 같이 개정한다.

제2조제7호 중 "인공임신중절수술"을 "인공임신중단"으로, "태아가 모체 밖에서는 생명을 유지할 수 없는 시기에"를 "약물이나 수술 등 의학적인 방법으로"로, "배출시키는 수술을"을 "배출시켜 임신을 중단하는 행위를"로 하고, 같은 조 제8호 중 "모성의 생식건강(生殖健康) 관리와 임신·출산·양육"을 "재생산건강 관리와 임신·출산, 인공임신중단, 양육"으로 한다.

제3조에 제3항을 다음과 같이 신설한다.

　③ 국가와 지방자치단체는 모든 국민이 피임, 월경, 임신·출산, 인공임신중단 등에 대한 안전하고 정확한 보건의료 정보와 서비스를 받을 수 있도록 노력하여야 한다.

제4조를 삭제한다.

제7조제1항제1호 중 "산전(産前)·산후(産後)관리"를 "임신·출산, 인공임신중단 전후 관리"로 하고, 같은 항 제3호 중 "모성의 생식건강"을 "재생산건강"으로 한다.

제7조의2를 다음과 같이 신설한다.

제7조의2(재생산건강지원센터의 설치·운영 등) ① 보건복지부장관은 임신·출산 및 인공임신중단 등과 관련된 보건의료 정보 및 서비스 제공을 위한 다음 각 호의 업무를 수행하기 위하여 중앙재생산건강지원센터를 설치·운영할 수 있다.

1. 임신·출산 및 인공임신중단 상담전화의 운영

2. 제2항에 따른 지역재생산건강지원센터 지원 및 종사자 교육

3. 임신·출산 관련 기관 간 연계체계 구축

4. 그 밖에 피임, 월경, 임신·출산, 인공임신중단 지원 및 재생산건강 증진을 위하여 보건복지부장관이 정하는 업무

② 특별자치시장·특별자치도지사 또는 시장·군수·구청장은 임신·출산 및 인공임신중단 등에 관한 다음 각 호의 업무를 수행하기 위하여

지역재생산건강지원센터를 설치·운영하여야 한다. 이 경우 지역재생산건강지원센터는 관할 구역의 보건소에 설치함을 원칙으로 한다.

1. 모성 및 영유아의 건강에 대한 교육 및 홍보

2. 재생산건강 관리에 대한 교육 및 홍보

3. 임신·출산 및 인공임신중단에 대한 종합정보 제공 및 상담·심리지원

4. 그 밖에 임신·출산 및 인공임신중단 관련 서비스 연계 등 보건복지부령으로 정하는 업무

③ 제1항 및 제2항에 따른 재생산건강지원센터의 설치·운영 및 상담원 등 종사자의 자격 및 직무 등에 관하여 필요한 사항은 보건복지부령으로 정한다.

제12조의 제목 "(인공임신중절 예방 등의 사업)"을 "(재생산건강 증진 사업 등)"으로 하고, 같은 조 제1항 중 "여성의 건강보호 및 생명존중 분위기를 조성하기 위하여 인공임신중절의 예방"을 "피임, 임신·출산, 안전한 인공임신중단을 위한 상담, 정보 제공, 교육"으로 하며, 같은 조에 제3항을 다음과 같이 신설한다.

③ 국가와 지방자치단체는 국민의 재생산건강 증진을 위하여 다음의 사업을 실시할 수 있다.

1. 피임교육 및 성교육의 통합적 실시 및 홍보

2. 임신·출산 및 인공임신중단 등에 관한 종합적 정보제공 및 심리상담 지원

3. 임신·출산 및 인공임신중단 관련 실태조사 및 연구

4. 그 밖에 재생산건강 증진 관련 보건복지부장관이 필요하다고 인정하는 사업

제14조를 삭제한다.

제14조의2 및 제14조의3을 각각 다음과 같이 신설한다.

제14조의2(인공임신중단에 관한 자기결정권) ① 임산부는 인공임신중단 여부

를 스스로 판단하고 결정할 권리를 가진다.

② 임산부는 제1항의 판단과 결정에 필요한 충분한 정보 및 상담을 제공받을 권리를 가진다.

③ 누구든지 제1항에 따른 판단과 결정을 하는 임산부에게 특정한 선택을 강요하여서는 아니 된다.

④ 의사는 임산부에게 인공임신중단의 방식, 상담 및 지원 등에 관한 정보를 충분히 제공하고, 임산부가 인공임신중단을 결정한 경우 정당한 사유가 없는 한 임산부의 요청에 따라 인공임신중단을 하여야 한다.

⑤ 의사는 제4항에 따른 정보를 임산부의 연령, 심신 상태, 그 밖의 사정을 고려하여 이해할 수 있는 방식으로 충분히 설명하되, 의사 또는 임산부가 제4항에 따른 정보의 이해와 의사결정 과정에 조력이 필요하다고 판단할 경우 임산부가 신뢰할 수 있는 사람의 조력을 요청할 수 있다.

제14조의3(의료비 지원) ① 국가와 지방자치단체는 임산부의 경제적인 능력을 고려하여 제14조의2제4항에 따른 인공임신중단에 필요한 의료비를 지원할 수 있다.

② 제1항에 따른 의료비 지급 기준 및 방법 등에 필요한 사항은 보건복지부령으로 정한다.

제21조제1항에 제3호의2 및 제3호의3을 각각 다음과 같이 신설하고, 같은 조 제2항 중 "제1항제4호"를 "제1항제3호의3, 같은 항 제4호"로 한다.

3의2. 제7조의2에 따른 중앙재생산건강지원센터의 업무를 위탁받은 자의 업무수행 경비

3의3. 제7조의2에 따른 지역재생산건강지원센터의 설치 및 운영 경비

제25조제2항 중 "제15조의6에 따른 감염 예방 등에 관한 교육의 실시에 관한 업무를"을 "다음 각 호의 업무를「공공기관의 운영에 관한 법률」 제4조제1항에 따른 공공기관 또는"으로 하고, 같은 항에 각 호를 다음

과 같이 신설한다.

　1. 제7조의2에 따른 중앙재생산건강지원센터의 운영

　2. 제15조의6에 따른 감염예방 등에 관한 교육의 실시

제28조를 삭제한다.

부　칙

이 법은 2021년 1월 1일부터 시행한다.

신·구조문대비표

현행	개정안
제2조(정의) 이 법에서 사용하는 용어의 뜻은 다음과 같다.	제2조(정의) ------------------------------.
1. ~ 6. (생　략)	1. ~ 6. (현행과 같음)
7. "인공임신중절수술"이란 태아가 모체 밖에서는 생명을 유지할 수 없는 시기에 태아와 그 부속물을 인공적으로 모체 밖으로 배출시키는 수술을 말한다.	7. --인공임신중단-------약물이나 수술 등 의학적인 방법으로-------------------------------------배출시켜 임신을 중단하는 행위를-------.
8. "모자보건사업"이란 모성과 영유아에게 전문적인 보건의료서비스 및 그와 관련된 정보를 제공하고, 모성의 생식건강(生殖健康) 관리와 임신·출산·양육 지원을 통하여 이들이 신체적·정신적·사회적으로 건강을 유지하게 하는 사업을 말한다.	8. --재생산건강 관리와 임신·출산, 인공임신중단, 양육 ---.
10. ~ 12. (생　략)	10. ~ 12. (현행과 같음)
제3조(국가와 지방자치단체의 책임) ①·② (생　략)	제3조(국가와 지방자치단체의 책임) ①·② (현행과 같음)

현행	개정안
〈신 설〉	③ 국가와 지방자치단체는 모든 국민이 피임, 월경, 임신·출산, 인공임신중단 등에 대한 안전하고 정확한 보건의료 정보와 서비스를 받을 수 있도록 노력하여야 한다.
제4조(모성 등의 의무) ① 모성은 임신·분만·수유 및 생식과 관련하여 자신의 건강에 대한 올바른 이해와 관심을 가지고 그 건강관리에 노력하여야 한다. ② 영유아의 친권자·후견인이나 그 밖에 영유아를 보호하고 있는 자(이하 "보호자"라 한다)는 육아에 대한 올바른 이해를 가지고 영유아의 건강을 유지·증진하는 데에 적극적으로 노력하여야 한다.	〈삭 제〉
제7조(모자보건기구의 설치) ① 국가와 지방자치단체는 모자보건사업에 관한 다음 각 호의 사항을 관장하기 위하여 모자보건기구를 설치·운영할 수 있다. 이 경우 지방자치단체가 모자보건기구를 설치할 때에는 그 지방자치단체가 설치한 보건소에 설치함을 원칙으로 한다.	제7조(모자보건기구의 설치) ① --. --.
1. 임산부의 <u>산전(産前)·산후(産後)</u>관리 및 분만관리와 응급처치에 관한 사항	1. ------ 임신·출산, 인공임신중단 전후 관리 ------------------------
2. (생 략)	2. (현행과 같음)
<u>3. 모성의 생식건강 관리와 건강 증진 프로그램 개발 등에 관한 사항</u>	<u>3. 재생산건강</u> --
4. ~ 6. (생 략)	4. ~ 6. (현행과 같음)
②·③ (생 략)	②·③ (현행과 같음)
〈신 설〉	제7조의2(재생산건강지원센터의 설치·운영 등) ① 보건복지부장관은 임신·출산 및 인공임신중단 등과 관련된 보건의료 정보 및 서비스 제공을 위한 다음 각 호의 업무를 수행하기 위하여 중앙재생산건강지원센터를 설치·운영할 수 있다. 1. 임신·출산 및 인공임신중단 상담전화의 운영 2. 제2항에 따른 지역재생산건강지원센터 지원 및 종사자 교육

현행	개정안
	3. 임신·출산 관련 기관 간 연계체계 구축
	4. 그 밖에 피임, 월경, 임신·출산, 인공임신중단 지원 및 재생산건강 증진을 위하여 보건복지부장관이 정하는 업무
	② 특별자치시장·특별자치도지사 또는 시장·군수·구청장은 임신·출산 및 인공임신중단 등에 관한 다음 각 호의 업무를 수행하기 위하여 지역재생산건강지원센터를 설치·운영하여야 한다. 이 경우 지역재생산건강지원센터는 관할 구역의 보건소에 설치함을 원칙으로 한다.
	1. 모성 및 영유아의 건강에 대한 교육 및 홍보
	2. 재생산건강 관리에 대한 교육 및 홍보
	3. 임신·출산 및 인공임신중단에 대한 종합정보 제공 및 상담·심리지원
	4. 그 밖에 임신·출산 및 인공임신중단 관련 서비스 연계 등 보건복지부령으로 정하는 업무
	③ 제1항 및 제2항에 따른 재생산건강지원센터의 설치·운영 및 상담원 등 종사자의 자격 및 직무 등에 관하여 필요한 사항은 보건복지부령으로 정한다.
제12조(인공임신중절 예방 등의 사업) ① 국가와 지방자치단체는 여성의 건강보호 및 생명존중 분위기를 조성하기 위하여 인공임신중절의 예방 등 필요한 사업을 실시할 수 있다.	제12조(재생산건강 증진 사업 등) ① ------------------------- 피임, 임신·출산, 안전한 인공임신중단을 위한 상담, 정보 제공, 교육 -------------------------------.
② (생 략)	② (현행과 같음)
〈신 설〉	③ 국가와 지방자치단체는 국민의 재생산건강 증신을 위하여 다음의 사업을 실시할 수 있다.
	1. 피임교육 및 성교육의 통합적 실시 및 홍보
	2. 임신·출산 및 인공임신중단 등에 관한 종합적 정보제공 및 심리상담 지원
	3. 임신·출산 및 인공임신중단 관련 실태조사 및 연구
	4. 그 밖에 재생산건강 증진 관련 보건복지부장관이 필요하다고 인정하는 사업

현행	개정안
제14조(인공임신중절수술의 허용한계) ① 의사는 다음 각 호의 어느 하나에 해당되는 경우에만 본인과 배우자(사실상의 혼인관계에 있는 사람을 포함한다. 이하 같다)의 동의를 받아 인공임신중절수술을 할 수 있다.	〈삭 제〉
1. 본인이나 배우자가 대통령령으로 정하는 우생학적(優生學的) 또는 유전학적 정신장애나 신체질환이 있는 경우	
2. 본인이나 배우자가 대통령령으로 정하는 전염성 질환이 있는 경우	
3. 강간 또는 준강간(準强姦)에 의하여 임신된 경우	
4. 법률상 혼인할 수 없는 혈족 또는 인척 간에 임신된 경우	
5. 임신의 지속이 보건의학적 이유로 모체의 건강을 심각하게 해치고 있거나 해칠 우려가 있는 경우 ② 제1항의 경우에 배우자의 사망·실종·행방불명, 그 밖에 부득이한 사유로 동의를 받을 수 없으면 본인의 동의만으로 그 수술을 할 수 있다.	
③ 제1항의 경우 본인이나 배우자가 심신장애로 의사표시를 할 수 없을 때에는 그 친권자나 후견인의 동의로, 친권자나 후견인이 없을 때에는 부양의무자의 동의로 각각 그 동의를 갈음할 수 있다.	
〈신 설〉	제14조의2(인공임신중단에 관한 자기결정권) ① 임산부는 인공임신중단 여부를 스스로 판단하고 결정할 권리를 가진다. ② 임산부는 제1항의 판단과 결정에 필요한 충분한 정보 및 상담을 제공받을 권리를 가진다. ③ 누구든지 제1항에 따른 판단과 결정을 하는 임산부에게 특정한 선택을 강요하여서는 아니 된다.

현행	개정안
	④ 의사는 임산부에게 인공임신중단의 방식, 상담 및 지원 등에 관한 정보를 충분히 제공하고, 임산부가 인공임신중단을 결정한 경우 정당한 사유가 없는 한 임산부의 요청에 따라 인공임신중단을 하여야 한다.
	⑤ 의사는 제4항에 따른 정보를 임산부의 연령, 심신 상태, 그 밖의 사정을 고려하여 이해할 수 있는 방식으로 충분히 설명하되, 의사 또는 임산부가 제4항에 따른 정보의 이해와 의사결정 과정에 조력이 필요하다고 판단할 경우 임산부가 신뢰할 수 있는 사람의 조력을 요청할 수 있다.
〈신　설〉	제14조의3(의료비 지원) ① 국가와 지방자치단체는 임산부의 경제적인 능력을 고려하여 제14조의2제4항에 따른 인공임신중단에 필요한 의료비를 지원할 수 있다.
	② 제1항에 따른 의료비 지급 기준 및 방법 등에 필요한 사항은 보건복지부령으로 정한다.
제21조(경비의 보조) ① 국가는 예산의 범위에서 다음 각 호의 경비를 보조할 수 있다.	제21조(경비의 보조) ① --.
1. ~ 3. (생　략)	1. ~ 3. (현행과 같음)
〈신　설〉	3의2. 제7조의2에 따른 중앙재생산건강지원센터의 업무를 위탁받은 자의 업무수행 경비
〈신　설〉	3의3. 제7조의2에 따른 지역재생산건강지원센터의 설치 및 운영 경비
4. ~ 9. (생　략)	4. ~ 9. (현행과 같음)
② 지방자치단체는 예산의 범위에서 제1항제4호부터 제6호까지 및 제8호의 경비 중 국가에서 보조하는 부분 외의 경비를 보조한다.	② ------------------------ 제1항제3호의3, 같은 항 제4호--.
제25조(권한의 위임 및 업무의 위탁) ① (생　략)	제25조(권한의 위임 및 업무의 위탁) ① (현행과 같음)

현행	개정안
② 보건복지부장관은 대통령령으로 정하는 바에 따라 제15조의6에 따른 감염 예방 등에 관한 교육의 실시에 관한 업무를 협회 등에 위탁할 수 있다.	② ------------------------------------ ---- 다음 각 호의 업무를 「공공기관의 운영에 관한 법률」 제4조제1항에 따른 공공기관 또는 ---.
〈신 설〉	1. 제7조의2에 따른 중앙재생산건강지원센터의 운영
〈신 설〉	2. 제15조의6에 따른 감염예방 등에 관한 교육의 실시
제28조(「형법」의 적용 배제) 이 법에 따른 인공임신중절수술을 받은 자와 수술을 한 자는 「형법」 제269조제1항·제2항 및 제270조제1항에도 불구하고 처벌하지 아니한다.	〈삭 제〉

(3) 대한민국 정부안 (2020.11.18.)

의 안 번 호	제 호
의 결 연 월 일	2020. . . (제 회)

의
결
사
항

모자보건법 일부개정법률안

제 출 자	국무위원 ○○○(보건복지부장관)
제출 연월일	2020. . .

법제처 심사 전

1. 의결주문

모자보건법 일부개정법률안을 별지와 같이 의결한다.

2. 제안이유

헌법재판소의 형법 자기낙태죄 및 의사의 업무상동의 낙태죄에 대한 헌법 불합치 결정('19.4.) 후속조치로 합법적 허용범위(주수, 사유)는 기본절서법 인 형법으로 이관하고, 모자보건법에는 의사의 의학적 설명의무 등 세부 적인 인공임신중절 시술절차와 위기갈등상황의 임신에 대한 사회·심리적 상담 등 지원근거를 마련하고자 함

3. 주요내용

가. 인공임신중절의 정의 개정(안 제2조제7호)

'인공임신중절수술'에서 수술을 삭제하고 약물·수술 등 의학적 방법으로 시술방법을 구체화하여 시술 방법 선택권 확대

나. 중앙 임신·출산 지원기관의 설치·운영(안 제7조의2)

위기갈등 상황의 임신·출산에 신속하게 대응하기 위해 중앙 지원기관을 설치하여 임신·출산 긴급전화 운영 및 온라인 상담을 제공하고, 임신·출 산 종합상담기관 지원 및 관련 기관 간 연계체계 구축 등의 역할 부여

다. 임신·출산 종합상담 제공(안 제7조의3, 제7조의4)

보건소에 임신·출산 종합상담기관을 설치하여 임신으로 인한 위기갈등 상황의 여성과 가족에게 정서적 지지, 지원정책 정보제공 등 임신 유지 여부에 관한 사회·심리적 상담을 제공하고, 임신의 유지·종결에 관한 상 담사실확인서를 발급할 수 있도록 함. 또한 비영리법인 등이 임신의 유지 여부에 관한 상담을 제공하고 상담사실확인서를 발급하고자 하는 경우 보건복지부장관 또는 시·도지사로부터 지정을 받도록 하여 상담기관의 접근성 제고

라. 원치 않는 임신 예방 등 지원(안 제12조제3항)

국가와 지방자치단체의 피임교육 및 홍보, 임신·출산 등에 관한 정보제공 및 상담, 인공임신중절 관련 실태조사 및 연구, 국민의 생식건강 증진 사업 등 추진근거 마련

마. 인공임신중절수술의 허용한계 및 형법 적용배제 규정 삭제(안 제14조 및 제28조)

합법적인 허용범위(주수, 사유, 절차요건) 관련 조항을 기본질서법인 형법에 규정하고 모자보건법에서는 삭제하며(제14조), 합법적 허용범위에 대한 형법의 적용배제 조항 삭제(제28조)

바. 인공임신중절에 관한 의사의 설명 의무 등(안 제14조의2)

1) 여성의 인공임신중절에 관한 의학적 정보 접근성을 보장하고, 반복적인 인공임신중절 예방을 위해 「의료법」에 따른 의료행위 설명 외에도 피임방법, 계획임신 등에 관한 시술 전 의사의 충분한 설명의무를 두고, 자기결정에 따른 인공임신중절임을 확인하는 서면동의 규정 마련

2) 심신장애로 의사표시를 할 수 없는 경우 법정대리인의 동의로 본인 동의를 갈음할 수 있도록 함. 또한 만 16세이상 미성년자의 경우에는 미성년자가 법정대리인의 동의받기를 거부하는 등 불가피한 경우 임신의 유지·종결에 관한 상담사실확인서 만으로 시술할 수 있도록 규정하고, 만 16세 미만 미성년자의 경우에는 법정대리인의 부재 또는 법정대리인에 의한 폭행·협박 등 학대로 법정대리인의 동의를 받을 수 없는 경우 이를 증명하는 공적자료와 임신·출산 종합상담기관의 임신 유지·종결에 관한 상담사실확인서 만으로 시술할 수 있도록 함

사. 인공임신중절 요청에 대한 거부·수락(안 제14조의3)

의사의 개인신념에 따른 인공임신중절 진료 거부를 예외적으로 인정하고, 인공임신중절 수락 또는 거부로 인한 불합리한 처우를 금지하며, 여성의 시술접근성 보장을 위해 의사는 시술요청을 거부하는 즉시 인공임신

중절 관련 정보를 제공하는 임신·출산 종합상담기관을 안내하도록 규정

4. 주요토의과제

없 음

5. 참고사항

가. 관계법령 : 형법 제269조 및 제270조

나. 예산조치 : 중앙지원기관 운영비 1,454백만원, 임신·출산 상담창구
 105개소(가임여성인구 4만명당 1개소) 운영 및 인건비 등 2,914백만원

다. 합 의 : 법무부, 문체부, 교육부, 여가부 등 관계부처와 협의완료

라. 기 타 : 1) 신·구조문대비표, 별첨

2) 입법예고 : 2020. 10. 7.~10.20.

3) 규제심사 : 2020.10월 중

법률 제   호

모자보건법 일부개정법률안

모자보건법 일부를 다음과 같이 개정한다.

제2조제7호 중 ""인공임신중절수술"이란"을 ""인공임신중절"이란 약물
이나 수술 등 의학적인 방법으로"로, "배출시키는 수술을"을 "배출시켜
임신을 종결하는 행위를"로 하고, 같은 조 제8호 중 "모성의"를 "모성과
국민의"로, "말한다."를 "말한다(법 제7조의2에 따른 중앙 임신·출산 지원사업
과 제7조의3 및 제7조의4에 따른 임신·출산 종합상담사업을 포함한다)"로 한다.

제7조의2부터 제7조의5까지를 각각 다음과 같이 신설한다.

제7조의2(중앙 임신·출산 지원기관의 설치·운영 등) 보건복지부 장관은 다음 각 호의 업무를 수행하기 위하여 임신·출산 지원기관을 설치·운영할 수 있다.

1. 임신·출산 등에 관한 긴급전화 및 온라인 상담
2. 제7조의3 및 제7조의4에 따른 임신·출산 종합상담기관 지원 및 종사자교육
3. 임신·출산 관련 기관 간 연계체계 구축
4. 그 밖에 임신·출산 지원 및 생식건강 증진과 관련하여 정책분석 및 지원 등 보건복지부장관이 필요하다고 인정한 업무

제7조의3(임신·출산 종합상담 제공) ① 특별자치시장·특별자치도지사 또는 시장·군수·구청장은 임신·출산 등에 관한 다음 각 호의 업무를 수행하기 위해 「지역보건법」에 따른 보건소에 종합상담기관(이하 "임신·출산 종합상담기관"이라 한다)을 둘 수 있다.

1. 모성 및 영유아의 건강에 관한 교육 및 홍보
2. 피임 등 생식건강 증진에 관한 교육 및 홍보
3. 임신·출산 등에 대한 정보 제공 및 심리지원
4. 임신의 유지·종결에 대한 상담
5. 그 밖에 임신·출산 관련 서비스 연계 등 보건복지부령으로 정하는 업무

② 특별자치시장·특별자치도지사 또는 시장·군수·구청장은 제1항의 업무를 제7조제1항에 따른 모자보건기구로 하여금 수행하게 할 수 있다. 이 경우 모자보건법 제7조제3항에 따라 의료법인이나 비영리법인에 위탁한 경우에는 제외한다

③ 임신·출산 종합상담기관은 제1항제4호에 관한 상담을 받은 임신한 여성 본인이 요청하는 경우 임신 유지·종결에 관한 상담사실확인서(이하 "상담사실확인서"라 한다)를 발급할 수 있다.

④ 제1항제4호의 상담은 임신한 여성이 심리적 지지와 임신, 출산 및 양육 등에 관한 정보를 충분히 제공받고 임신의 유지 여부에 대해 스스로 결정할 수 있도록 제공되어야 한다.

⑤ 임신·출산 종합상담기관은 보건복지부령으로 정하는 임신·출산 종합상담기관의 설치·운영 및 인력기준(이하 "운영기준 등"이라 한다)을 준수하여야 한다.

⑥ 제3항에 따른 상담사실 확인서 및 그 밖에 필요한 사항은 보건복지부령으로 정한다.

제7조의4(임신·출산 종합상담기관의 지정) ① 보건복지부장관, 특별시장, 광역시장, 도지사, 특별자치시장 또는 특별자치도지사(이하 이 조에서 "보건복지부장관 등"이라 한다)는 제7조의3제1항에 따른 보건소 외에도 제7조의3제1항제3호부터 제5호까지의 업무를 제공하고 제7조의3제3항에 따른 '상담사실확인서'를 발급할 수 있는 자를 임신·출산 종합상담기관으로 지정할 수 있다.

② 제1항에 따른 지정을 받으려는 자는 「사회복지사업법」에 따른 사회복지법인 등 대통령령으로 정하는 자로서 보건복지부령으로 정하는 임신·출산 종합상담기관의 운영기준 등을 갖추어 보건복지부령으로 정하는 바에 따라 보건복지부장관 등에게 신청하여야 한다. 지정받은 사항 중 중요사항을 변경하려는 경우에도 또한 같다.

③ 보건복지부장관 등은 지정받은 자가 다음 각 호의 어느 하나에 해당하는 경우에는 그 지정을 취소하거나 6개월 이내의 기간을 정하여 지정에 따른 업무의 정지를 명할 수 있다. 다만 제1호에 해당하는 경우에는 그 지정을 취소하여야 한다.

1. 거짓이나 그 밖의 부정한 방법으로 지정을 받은 경우
2. 거짓이나 그 밖의 부정한 방법으로 상담사실확인서를 발급한 경우
3. 제2항에 따른 지정기준을 갖추지 못하게 된 경우

4. 그 밖에 대통령령으로 정하는 사유에 해당하는 경우

④ 보건복지부장관 등은 제3항에 따라 지정을 취소하는 경우에는 청문을 하여야 한다.

⑤ 제3항에 따른 지정취소 및 업무정지에 관한 세부적인 기준은 대통령령으로 정한다.

제7조의5(상담원 등의 결격사유) ① 다음 각 호의 어느 하나에 해당하는 사람은 제7조의2에 따른 중앙 임신·출산 지원기관 또는 제7조의3 및 제7조의4에 따른 임신·출산 종합상담기관의 장 및 상담원이 될 수 없다.

1. 미성년자, 피성년후견인 또는 피한정후견인

2. 금고이상의 형을 선고받고 그 집행이 종료(집행이 종료된 것으로 보는 경우를 포함한다)되지 아니하였거나 그 집행을 받지 아니하기로 확정되지 아니한 사람

3. 「성폭력범죄의 처벌 등에 관한 특례법」제2조의 죄 또는 「아동·청소년의 성보호에 관한 법률」제2조제2호의 죄를 범하여 형 또는 치료감호를 선고받고 그 형 또는 치료감호의 전부 또는 일부의 집행이 종료되거나 집행이 유예·면제된 날로부터 3년이 지나지 아니한 사람

② 제7조의5제1항제3호에도 불구하고 재범의 위험성이 현저히 낮은 경우, 그 밖에 취업을 제한하여서는 아니되는 특별한 사정이 있다고 판단하는 경우에는 그러하지 아니한다.

제12조에 제3항을 다음과 같이 신설한다.

③ 국가와 지방자치단체는 국민의 생식건강 증진을 위해 다음 각 호의 사업을 실시할 수 있다.

1. 피임교육 및 홍보

2. 임신·출산 등에 관한 종합적 정보제공 및 심리지원

3. 인공임신중절 관련 실태조사 및 연구

4. 그 밖에 생식건강 증진과 관련된 사업

제14조를 삭제한다.

제14조의2 및 제14조의3을 각각 다음과 같이 신설한다.

제14조의2(인공임신중절에 관한 의사의 설명의무 등) ① 의사는 인공임신중절을 요청한 임신한 여성 본인(임신한 여성이 심신장애로 의사결정능력이 없는 경우에는 임신한 여성의 법정대리인을 말한다. 이하 이 조에서 같다)에게 「의료법」제24조의2에 따른 의료행위에 관한 설명 외에도 인공임신중절 후 피임의 시기 및 방법, 정신적·신체적 합병증, 계획임신 등의 사항을 설명하고, 서면(전자문서를 포함한다. 이하 이 조에서 같다)으로 그 동의를 받아야 한다.

② 만 16세 이상의 미성년자가 법정대리인의 동의 받기를 거부하는 등 불가피한 경우에는 제1항의 본인의 서면동의 외에 제7조의3제3항에 따른 상담사실확인서 만으로 시술할 수 있다.

③ 만 16세 미만 미성년자가 법정대리인의 부재 또는 법정대리인으로부터 폭행·협박 등 학대상황에 있어 「아동학대범죄의 처벌등에 관한 특례법」에 따른 다음 각 호의 어느 하나 또는 기타 학대를 입증할 수 있는 공적자료(전자문서를 포함한다)를 제출하는 경우에는 제1항의 본인의 서면동의 외에 제7조의3제3항에 따른 상담사실확인서만으로 시술할 수 있다.

1. 제12조에 따른 응급조치결과보고서

2. 제13조에 따른 긴급임시조치결정서

3. 제19조에 따른 임시조치결정서

4. 제36조에 따른 보호처분결정서

5. 제47조에 따른 피해아동보호명령결정서

④ 제3항의 상담사실확인서 작성 시 임신·출산 종합상담기관의 장은 필요한 경우 「아동복지법」제12조에 따른 아동복지심의위원회의 자문을 들을 수 있다. 이 경우 아동복지심의위원회는 의사, 사회복지사, 변호사

등 관련 전문가의 의견을 들을 수 있다.

⑤ 임신·출산상담기관의 장 또는 임신한 미성년 여성 본인 등의 요청이 있는 경우 「아동학대범죄의 처벌등에 관한 특례법」에 따른 사법경찰관리 또는 법원 등은 제3항의 각 호의 서류를 지체없이 발급하여야 한다.

⑥ 의사가 제1항부터 제3항에 따른 서면동의를 받을 때에는 보건복지부령으로 정하는 바에 따라 임신한 여성 본인의 자기결정에 따른 인공임신중절임을 확인하는 서명 또는 기명 날인을 받아야 한다

제14조의3(인공임신중절 요청의 거부·수락) ① 의사는 「의료법」제15조에도 불구하고 개인의 신념에 따라 인공임신중절 요청을 거부 할 수 있다.

② 제1항에 따라 의사가 인공임신중절 요청을 거부하는 경우, 이를 요청한 자에게 제7조의2제1호에 따른 임신·출산 등에 관한 긴급전화 및 제7조의3제1항에 따른 임신·출산 종합상담기관에 관한 정보를 안내하여 임신의 유지·종결에 관한 필요정보를 제공받을 수 있도록 하여야 한다.

③ 누구든지 해당 의사에게 인공임신중절 요청의 수락 또는 제1항에 따른 거부를 이유로 해고나 그 밖에 불리한 처우를 하여서는 아니된다.

제21조제1항에 제10호부터 제12호까지를 각각 다음과 같이 신설하고, 같은 조 제2항 중 "제8호"를 "제8호, 제11호 및 제12호"로 한다.

10. 제7조의2에 따라 중앙 임신·출산 지원기관의 업무를 위탁받은 자의 업무수행 경비

11. 제7조의3제1항에 따른 임신·출산 종합상담기관의 설치 및 운영 경비

12. 제7조의3제3항에 따른 상담사실확인서 발급에 필요한 업무수행 경비

제25조제2항 중 "제15조의6에 따른 감염 예방 등에 관한 교육의 실시에

관한 업무를"을 "다음 각 호의 업무를 「공공기관의 운영에 관한 법률」 제4조제1항에 따른 공공기관 또는"으로 하고, 같은 항에 각 호를 다음과 같이 신설한다.

1. 제7조의2에 따른 중앙 임신·출산 지원기관의 운영
2. 제15조의6에 따른 감염 예방 등에 관한 교육의 실시

제26조제1항제1호를 제2호로 하고, 같은 항에 제1호를 다음과 같이 신설하며, 같은 항 제3호 및 제4호를 각각 제4호 및 제5호로 한다.

1. 제7조의4제1항에 따른 지정을 받지 않고 상담사실확인서를 발급한 자

제27조제1항부터 제3항까지를 각각 제2항부터 제4항까지로 하고, 같은 조에 제1항을 다음과 같이 신설하며, 같은 조 제4항(종전의 제3항) 각 호 외의 부분 중 "제1항과 제2항"을 "제2항과 제3항"으로 하고, 같은 항 제1호 중 "제1항 및 제2항제1호"를 "제2항 및 제3항제1호"로 하며, 같은 항 제2호 중 "제2항제6호"를 "제1항 및 제3항제6호"로 한다.

① 제14조의2제1항을 위반하여 임신한 여성 본인에게 설명을 하지 않거나 서면 동의를 받지 않은 자에게는 300만원 이하의 과태료를 부과한다.

제28조를 삭제한다.

부 칙

이 법은 2021년 1월 1일부터 시행한다.

신·구조문대비표

현행	개정안
제2조(정의) 이 법에서 사용하는 용어의 뜻은 다음과 같다. 1. ~ 6. (생 략)	제2조(정의) ---------------------------------. 1. ~ 6. (현행과 같음)
7. "인공임신중절수술"이란 태아가 모체 밖에서는 생명을 유지할 수 없는 시기에 태아와 그 부속물을 인공적으로 모체 밖으로 배출시키는 수술을 말한다.	7. "인공임신중절"이란 약물이나 수술 등 의학적인 방법으로 -------------------------------------- 배출시켜 임신을 종결하는 행위를 --------------.
8. "모자보건사업"이란 모성과 영유아에게 전문적인 보건의료서비스 및 그와 관련된 정보를 제공하고, 모성의 생식건강(生殖健康) 관리와 임신·출산·양육 지원을 통하여 이들이 신체적·정신적·사회적으로 건강을 유지하게 하는 사업을 말한다.	8. -- 모성과 국민의 --- 말한다(법 제7조의2에 따른 중앙 임신·출산 지원사업과 제7조의3 및 제7조의4에 따른 임신·출산 종합상담사업을 포함한다).
9. 삭 제	
10. ~ 12. (생 략)	10. ~ 12. (현행과 같음)

현행	개정안
〈신 설〉	제7조의2(중앙 임신·출산 지원기관의 설치·운영 등) 보건복지부 장관은 다음 각 호의 업무를 수행하기 위하여 임신·출산 지원기관을 설치·운영할 수 있다. 1. 임신·출산 등에 관한 긴급전화 및 온라인 상담 2. 제7조의3 및 제7조의4에 따른 임신·출산 종합상담기관 지원 및 종사자교육 3. 임신·출산 관련 기관 간 연계체계 구축 4. 그 밖에 임신·출산 지원 및 생식건강 증진과 관련하여 정책분석 및 지원 등 보건복지부 장관이 필요하다고 인정한 업무
〈신 설〉	제7조의3(임신·출산 종합상담 제공) ① 특별자치시장·특별자치도지사 또는 시장·군수·구청장은 임신·출산 등에 관한 다음 각 호의 업무를 수행하기 위해 「지역보건법」에 따른 보건소에 종합상담기관(이하 "임신·출산 종합상담기관"이라 한다)을 둘 수 있다. 1. 모성 및 영유아의 건강에 관한 교육 및 홍보 2. 피임 등 생식건강 증진에 관한 교육 및 홍보 3. 임신·출산 등에 대한 정보 제공 및 심리지원 4. 임신의 유지·종결에 대한 상담 5. 그 밖에 임신·출산 관련 서비스 연계 등 보건복지부령으로 정하는 업무 ② 특별자치시장·특별자치도지사 또는 시장·군수·구청장은 제1항의 업무를 제7조제1항에 따른 모자보건기구로 하여금 수행하게 할 수 있다. 이 경우 모자보건법 제7조제3항에 따라 의료법인이나 비영리법인에 위탁한 경우에는 제외한다 ③ 임신·출산 종합상담기관은 제1항제4호에 관한 상담을 받은 임신한 여성 본인이 요청하는 경우 임신 유지·종결에 관한 상담사실확인서(이하 "상담사실확인서"라 한다)를 발급할 수 있다.

현행	개정안
〈신 설〉	④ 제1항제4호의 상담은 임신한 여성이 심리적 지지와 임신, 출산 및 양육 등에 관한 정보를 충분히 제공받고 임신의 유지 여부에 대해 스스로 결정할 수 있도록 제공되어야 한다. ⑤ 임신·출산 종합상담기관은 보건복지부령으로 정하는 임신·출산 종합상담기관의 설치·운영 및 인력기준(이하 "운영기준 등"이라 한다)을 준수하여야 한다. ⑥ 제3항에 따른 상담사실 확인서 및 그 밖에 필요한 사항은 보건복지부령으로 정한다.
〈신 설〉	제7조의4(임신·출산 종합상담기관의 지정) ① 보건복지부장관, 특별시장, 광역시장, 도지사, 특별자치시장 또는 특별자치도지사(이하 이 조에서 "보건복지부장관 등"이라 한다)는 제7조의3제1항에 따른 보건소 외에도 제7조의3제1항제3호부터 제5호까지의 업무를 제공하고 제7조의3제3항에 따른 '상담사실확인서'를 발급할 수 있는 자를 임신·출산 종합상담기관으로 지정할 수 있다. ② 제1항에 따른 지정을 받으려는 자는 「사회복지사업법」에 따른 사회복지법인 등 대통령령으로 정하는 자로서 보건복지부령으로 정하는 임신·출산 종합상담기관의 운영기준 등을 갖추어 보건복지부령으로 정하는 바에 따라 보건복지부장관 등에게 신청하여야 한다. 지정받은 사항 중 중요사항을 변경하려는 경우에도 또한 같다. ③ 보건복지부장관 등은 지정받은 자가 다음 각 호의 어느 하나에 해당하는 경우에는 그 지정을 취소하거나 6개월 이내의 기간을 정하여 지정에 따른 업무의 정지를 명할 수 있다. 다만 제1호에 해당하는 경우에는 그 지정을 취소하여야 한다.

현행	개정안
〈신 설〉	1. 거짓이나 그 밖의 부정한 방법으로 지정을 받은 경우 2. 거짓이나 그 밖의 부정한 방법으로 상담사 실확인서를 발급한 경우 3. 제2항에 따른 지정기준을 갖추지 못하게 된 경우 4. 그 밖에 대통령령으로 정하는 사유에 해당하는 경우 ④ 보건복지부장관 등은 제3항에 따라 지정을 취소하는 경우에는 청문을 하여야 한다. ⑤ 제3항에 따른 지정취소 및 업무정지에 관한 세부적인 기준은 대통령령으로 정한다.
〈신 설〉	제7조의5(상담원 등의 결격사유) ① 다음 각 호의 어느 하나에 해당하는 사람은 제7조의2에 따른 중앙 임신·출산 지원기관 또는 제7조의3 및 제7조의4에 따른 임신·출산 종합상담기관의 장 및 상담원이 될 수 없다. 1. 미성년자, 피성년후견인 또는 피한정후견인 2. 금고이상의 형을 선고받고 그 집행이 종료(집행이 종료된 것으로 보는 경우를 포함한다)되지 아니하였거나 그 집행을 받지 아니하기로 확정되지 아니한 사람 3. 「성폭력범죄의 처벌 등에 관한 특례법」제2조의 죄 또는 「아동·청소년의 성보호에 관한 법률」제2조제2호의 죄를 범하여 형 또는 치료감호를 선고받고 그 형 또는 치료감호의 전부 또는 일부의 집행이 종료되거나 집행이 유예·면제된 날로부터 3년이 지나지 아니한 사람 ②제7조의5제1항제3호에도 불구하고 재범의 위험성이 현저히 낮은 경우, 그 밖에 취업을 제한하여서는 아니되는 특별한 사정이 있다고 판단하는 경우에는 그러하지 아니한다.
제12조(인공임신중절 예방 등의 사업) ①·② (생 략)	제12조(인공임신중절 예방 등의 사업) ①·② (현행과 같음)

현행	개정안
〈신 설〉	③ 국가와 지방자치단체는 국민의 생식건강 증진을 위해 다음 각 호의 사업을 실시할 수 있다. 1. 피임교육 및 홍보 2. 임신·출산 등에 관한 종합적 정보제공 및 심리지원 3. 인공임신중절 관련 실태조사 및 연구 4. 그 밖에 생식건강 증진과 관련된 사업
제14조(인공임신중절수술의 허용한계) ① 의사는 다음 각 호의 어느 하나에 해당되는 경우에만 본인과 배우자(사실상의 혼인관계에 있는 사람을 포함한다. 이하 같다)의 동의를 받아 인공임신중절수술을 할 수 있다. 1. 본인이나 배우자가 대통령령으로 정하는 우생학적(優生學的) 또는 유전학적 정신장애나 신체질환이 있는 경우 2. 본인이나 배우자가 대통령령으로 정하는 전염성 질환이 있는 경우 3. 강간 또는 준강간(準强姦)에 의하여 임신된 경우 4. 법률상 혼인할 수 없는 혈족 또는 인척 간에 임신된 경우 5. 임신의 지속이 보건의학적 이유로 모체의 건강을 심각하게 해치고 있거나 해칠 우려가 있는 경우 ② 제1항의 경우에 배우자의 사망·실종·행방불명, 그 밖에 부득이한 사유로 동의를 받을 수 없으면 본인의 동의만으로 그 수술을 할 수 있다. ③ 제1항의 경우 본인이나 배우자가 심신장애로 의사표시를 할 수 없을 때에는 그 친권자나 후견인의 동의로, 친권자나 후견인이 없을 때에는 부양의무자의 동의로 각각 그 동의를 갈음할 수 있다.	〈삭 제〉

현행	개정안
〈신 설〉	제14조의2(인공임신중절에 관한 의사의 설명의무 등) ① 의사는 인공임신중절을 요청한 임신한 여성 본인(임신한 여성이 심신장애로 의사결정능력이 없는 경우에는 임신한 여성의 법정대리인을 말한다. 이하 이 조에서 같다)에게 「의료법」제24조의2에 따른 의료행위에 관한 설명 외에도 인공임신중절 후 피임의 시기 및 방법, 정신적·신체적 합병증, 계획임신 등의 사항을 설명하고, 서면(전자문서를 포함한다. 이하 이 조에서 같다)으로 그 동의를 받아야 한다. ② 만 16세 이상의 미성년자가 법정대리인의 동의 받기를 거부하는 등 불가피한 경우에는 제1항의 본인의 서면동의 외에 제7조의3제3항에 따른 상담사실확인서 만으로 시술할 수 있다. ③ 만 16세 미만 미성년자가 법정대리인의 부재 또는 법정대리인으로부터 폭행·협박 등 학대상황에 있어 「아동학대범죄의 처벌등에 관한 특례법」에 따른 다음 각 호의 어느 하나 또는 기타 학대를 입증할 수 있는 공적자료(전자문서를 포함한다)를 제출하는 경우에는 제1항의 본인의 서면동의 외에 제7조의3제3항에 따른 상담사실확인서 만으로 시술할 수 있다. 1. 제12조에 따른 응급조치결과보고서 2. 제13조에 따른 긴급임시조치결정서 3. 제19조에 따른 임시조치결정서 4. 제36조에 따른 보호처분결정서 5. 제47조에 따른 피해아동보호명령결정서 ④ 제3항의 상담사실확인서 작성 시 임신·출산 종합상담기관의 장은 필요한 경우 「아동복지법」제12조에 따른 아동복지심의위원회의 자문을 요청할 수 있다. 이 경우 아동복지심의위원회는 의사, 사회복지사, 변호사 등 관련 전문가의 의견을 들을 수 있다.

현행	개정안
〈신 설〉	⑤ 임신·출산상담기관의 장 또는 임신한 미성년 여성 본인 등의 요청이 있는 경우 「아동학대범죄의 처벌등에 관한 특례법」에 따른 사법경찰관리 또는 법원 등은 제3항 각 호의 서류를 지체없이 발급하여야 한다. ⑥ 의사가 제1항부터 제3항에 따른 서면동의를 받을 때에는 보건복지부령으로 정하는 바에 따라 임신한 여성 본인의 자기결정에 따른 인공임신중절임을 확인하는 서명 또는 기명날인을 받아야 한다.
〈신 설〉	제14조의3(인공임신중절 요청의 거부·수락) ① 의사는 「의료법」제15조에도 불구하고 개인의 신념에 따라 인공임신중절 요청을 거부 할 수 있다. ② 제1항에 따라 의사가 인공임신중절 요청을 거부하는 경우, 이를 요청한 자에게 제7조의2제1호에 따른 임신·출산 등에 관한 긴급전화 및 제7조의3제1항에 따른 임신·출산 종합상담기관에 관한 정보를 안내하여 임신의 유지·종결에 관한 필요정보를 제공받을 수 있도록 하여야 한다. ③ 누구든지 해당 의사에게 인공임신중절 요청의 수락 또는 제1항에 따른 거부를 이유로 해고나 그 밖에 불리한 처우를 하여서는 아니된다.
제21조(경비의 보조) ① 국가는 예산의 범위에서 다음 각 호의 경비를 보조할 수 있다.	제21조(경비의 보조) ① --.
1. ~ 9. (생 략)	1. ~ 9. (현행과 같음)
〈신 설〉	10. 제7조의2에 따라 중앙 임신·출산 지원기관의 업무를 위탁받은 자의 업무수행 경비
〈신 설〉	11. 제7조의3제1항에 따른 임신·출산 종합상담기관의 설치 및 운영 경비

현행	개정안
〈신 설〉	12. 제7조의3제3항에 따른 상담사실확인서 발급에 필요한 업무수행 경비
② 지방자치단체는 예산의 범위에서 제1항 제4호부터 제6호까지 및 제8호의 경비 중 국가에서 보조하는 부분 외의 경비를 보조한다.	② -- ------------- 제8호, 제11호 및 제12호---- ----------------------------.
제25조(권한의 위임 및 업무의 위탁) ① (생 략)	제25조(권한의 위임 및 업무의 위탁) ① (현행과 같음)
② 보건복지부장관은 대통령령으로 정하는 바에 따라 제15조의6에 따른 감염 예방 등에 관한 교육의 실시에 관한 업무를 협회 등에 위탁할 수 있다.	② -- ---- 다음 각 호의 업무를 「공공기관의 운영에 관한 법률」제4조제1항에 따른 공공기관 또는 -----.
〈신 설〉	1. 제7조의2에 따른 중앙 임신·출산 지원기관의 운영
〈신 설〉	2. 제15조의6에 따른 감염 예방 등에 관한 교육의 실시
제26조(벌칙) ① 다음 각 호의 어느 하나에 해당하는 자는 1년 이하의 징역 또는 1천만원 이하의 벌금에 처한다.	제26조(벌칙) ① -------------------------- ---------------------------------- --------.
〈신 설〉	1. 제7조의4제1항에 따른 지정을 받지 않고 상담사실확인서를 발급한 자
1. (생 략)	2. (현행 제1호와 같음)
3.·4. (생 략)	4.·5. (현행 제3호 및 제4호와 같음)
②·③ (생 략)	②·③ (현행과 같음)
제27조(과태료) 〈신 설〉	제27조(과태료) ① 제14조의2제1항을 위반하여 임신한 여성 본인에게 설명을 하지 않거나 서면 동의를 받지 않은 자에게는 300만원 이하의 과태료를 부과한다.
①·② (생 략)	②·③ (현행 제1항 및 제2항과 같음)
③ 제1항과 제2항에 따른 과태료는 다음 각 호의 구분에 따라 부과·징수하되 대통령령으로 정하는 바에 따른다.	④ 제2항과 제3항------------------------ ---------------------------------- -----------.

유엔 사회권 규약 일반논평 22호, 2016
(General Comment No.22 on the Right to Sexual and Reproductive Health, 2016)

Author(s):

Committee on Economic, Social and Cultural Rights
General Comment No. 22 (2016) on the Right to sexual and reproductive health (article 12 of the International Covenant on Economic, Social and Cultural Rights)

I. Introduction

1. The right to sexual and reproductive health is an integral part of the right to health enshrined in article 12 of the International Covenant on Economic, Social and Cultural Rights.[1] It is also reflected in other international human rights instruments.[2]

---

1   See TheCommittee on Economic, Social and Cultural Rights (CESCR), General Comment No. 14: The Right to the highest attainable standard of health (art. 12), paras 2, 8, 11, 16, 21, 23, 34 and 36 (2000).

2   Convention on the Elimination of All Forms of Discrimination against

The adoption of the Programme of Action at the International Conference on Population and Development in 1994 further highlighted reproductive and sexual health issues within the human rights framework.[3] Since then, international and regional human rights standards and jurisprudence related to the right to sexual and reproductive health have considerably evolved. The most recently adopted 2030 Agenda for Sustainable Development also includes goals and targets to be achieved in the area of sexual and reproductive health.[4]

2. Due tonumerous legal, procedural, practical and social barriers, people's access to the full range of sexual and reproductive health facilities, services, goods and information is seriously restricted. In fact, the full enjoyment of the right to sexual and reproductive

Women(1979), article 12; Convention on the Rights of the Child(1989), articles 17, 23~25 and 27; and Convention on the Rights of Persons with Disabilities(2006), Articles 23 and 25; See also the Committee on the Elimination of Discrimination Against Women (CEDAW) General Recommendation No. 24: Women and Health (1999), paras 11, 14, 18, 23, 26, 29, 31(b); and the Committee on the Rights of the Child (CRC), General Comment No. 15: The right of the child to the enjoyment of the highest attainable standard of health (2013).

3   United Nations, Report of the International Conference on Population and Development, Cairo 5-13 September 1994, A/CONF.171/13/Rev.1. It is based on 15 principles, and Principle 1 states, "All human beings are born free and equal in dignity and rights⋯."

4   United Nations, Transforming Our World: The 2030 Agenda for Sustainable Development, adopted by the UN General Assembly in Sept. 2015, which contains Goal 3: Ensure healthy lives and promote well-being for all at all ages and Goal 5: Achieve gender equality and empower all women and girls.

health remains a distant goal for millions of people, especially for women and girls, throughout the world. Certain individuals and population groups that experience multiple and intersecting forms of discrimination that exacerbate exclusion in both law and practice, such as lesbian, gay, bisexual, transgender and intersex persons (LGBTI)[5] and persons with disabilities, the full enjoyment of the right to sexual and reproductive health is further restricted.

3. This General Comment aims to assist State parties' implementation of the International Covenant on Economic, Social and Cultural Rights and fulfilment of their reporting obligations under the Covenant. It concerns primarily on States parties'obligation to ensure every individual's enjoyment of the right to sexual and reproductive health required under article 12, but is also related to other provisions of the Covenant.

4. In its General Comment No. 14 on the right to the highest attainable standard of health (2000), the Committee has already addressed in part the issue of sexual and reproductive health.[6] Considering the continuing grave violations of the right to sexual

---

5   For the purpose of this General Comment, references to LGBTI persons include, in addition to lesbian, gay, bisexual, transgender and intersex persons, other persons who face violations of their rights on the basis of their actual or perceived sexual orientation, gender identity and sex characteristics, including those who may identify with other terms. For intersex persons, see Fact Sheet on Intersex, http://www.unfe.org(link is external). https://unfe.org/system/unfe-65-Intersex_Factsheet_ENGLISH. pdf(link is external).

6   CESCR, General Comment No. 14: The right to the highest attainable standard of health (art. 12).(2000)

and reproductive health, however, the Committee views that the issue deserves a separate general comment.

II. Context

1. The right to sexual and reproductive health entails a set of freedoms and entitlements. The freedoms include the right to make free and responsible decisions and choices, free of violence, coercion and discrimination, over matters concerning one's body and sexual and reproductive health. The entitlements include unhindered access to a whole range of health facilities, goods, services and information, which ensure all people full enjoyment of the right to sexual and reproductive health under article 12 of the Covenant.

2. Sexual health and reproductive health are distinct from, but closely linked, to each other. Sexual health, as defined by WHO, is "a state of physical, emotional, mental and social well-being in relation to sexuality."[7] Reproductive health, as described in the ICPD Programme of Action, concerns the capability to reproduce and the freedom to make informed, free and responsible decisions. It also includes access to a range of reproductive health information, goods, facilities and services to enable individuals to make informed, free

---

7   WHO, Sexual Health, Human Rights and the Law (2015), working definition on sexual health, p.5.

and responsible decisions about their reproductive behaviour.[8]

Underlying and Social Determinants

1. In its General Comment No. 14, the Committee states that the right to the highest attainable standard of health not only includes the absence of disease and infirmity and the right to the provision of preventive, curative and palliative health care, but it extends to the underlying determinants of health. The same is applicable to the right to sexual and reproductive health. It extends beyond sexual and reproductive health care to the underlying determinants of sexual and reproductive health, including access to safe and potable water and adequate sanitation, access to adequate food and nutrition, and adequate housing, safe and healthy working conditions and environment, and access to health-related education and information and effective protection from all forms of violence, torture and discrimination and other human rights violations that negatively impact on the right to sexual and reproductive health.[9]

2. Further, the right to sexual and reproductive health is also deeply affected by "social determinants of health," as defined by the WHO.[10] In all countries, patterns of sexual and reproductive

---

8   ICPD Programme of Action (A/CONF.171/13), chapter 7 "Reproductive rights and reproductive health."

9   See CESCR's General Comment No. 14.

10   WHO Commission on Social Determinants of Health, Closing the Gap in a Generation: Health Equity Through Action on the Social Determinants of

health generally reflect social inequalities in society and unequal distributions of power based on gender, ethnic origin, age, disability and other factors. Poverty and income inequality, systemic discrimination, and marginalization based on grounds identified by the Committee are all social determinants of sexual and reproductive health, which also have impacts on the enjoyment of an array of other rights as well.[11] The nature of these social determinants, which are often expressed in laws and policies, limits the choices that individuals can exercise with respect to their sexual and reproductive health. Therefore, to realize the right to sexual and reproductive health, States parties must address the social determinants as manifested in laws, institutional arrangements and social practices that prevent individuals from effectively enjoying in practice their sexual and reproductive health.

Interdependence with Other Human Rights

1. The realization of the right to sexual and reproductive health requires that States parties also meet their obligations under other provisions of the Covenant. For example, the right to sexual and reproductive health, combined with the right to education (articles 13 and 14) and the right to non-discrimination and equality

---

Health. Final Report of the Commission on Social Determinants of Health (2008).

11   CESCR, General Comment No. 20:Non-discrimination in economic, social and cultural rights (art. 2, para. 2).(2009)

between men and women (articles 2.2 and 3), entail a right to education on sexuality and reproduction that is comprehensive, non-discriminatory, evidence-based, scientifically accurate and age appropriate.[12] The right to sexual and reproductive health, combined with the right to work (article 6) and just and favourable working conditions (article 7), as well as the right to non-discrimination and equality between men and women again, requires States to ensure employment with maternity protection and parental leave for workers, including vulnerable workers such as migrant workers or women with disability, as well as protection from sexual harassment at the workplace and prohibition of discrimination based on pregnancy, childbirth, parenthood,[13] or sexual orientation, gender identity or intersex status.

10. The right to sexual and reproductive health is also indivisible from and interdependent with other human rights. It is intimately linked to civil and political rights underpinning the physical and mental integrity of individuals and their autonomy, such as the right to life; liberty and security of person; freedom from torture and other cruel, inhuman or degrading treatment; privacy and respect for family life; and non-discrimination and equality. For example, lack of emergency obstetric care services or denial of abortion often lead to maternal mortality and morbidity, which

12   Report of the Special Rapporteur on the right to education, Vernor Munoz, (A/65/162), 23 July 2010
13   CEDAW Art. 11.1(f) and 11.2.

in turn constitutes a violation of the right to life or security, and in certain circumstances can amount to torture or cruel, inhuman or degrading treatment.[14]

III. Normative Content of the Right to Sexual and Reproductive Health

A. Elements of the Right to Sexual and Reproductive Health

11. The right to sexual and reproductive health is an integral part of the right of everyone to the highest attainable physical and mental health. Following the elaboration in the Committee's General Comment No. 14, a comprehensive sexual and reproductive health care contains the following four interrelated and essential elements.[15]

14   Human Rights Committee, KL v. Peru (2005); CEDAW Communication No. 17/2008, Alyne da Silva Pimentel v. Brazil; The Committee Against Torture (CAT), Concluding Observations: El Salvador, para. 23, U.N. Doc. CAT/C/SLV/CO/2 (2009); CAT, Concluding Observations: Nicaragua, para 16, UN Doc. CAT/C/NIC/CO/1 (2009)

15   CESCR General Comment No. 14 on the right to the highest attainable standard of health defined normative elements of state obligations to guarantee the right to health. These standards also apply to the underlying determinants, or the preconditions of health, including access to sexuality education and sexual and reproductive health information, CESCR General Comment No. 14:The Right to the highest attainable standard of health, (2000), para 12; See also, CRC General Comment No. 15: The right of the child to the highest attainable standard of health (art. 24), Chapter IV, Section E, 2013; CRC

Availability

12. An adequate number of functioning health care facilities, services, goods and programs should be available to provide the population with the fullest possible range of sexual and reproductive health care. This includes ensuring the availability of facilities, goods and services for the guarantee of the underlying determinants of the realization of the right to sexual and reproductive health, such as safe and potable drinking water and adequate sanitation facilities, hospitals and clinics.

13. Ensuring the availability of trained medical and professional personnel and skilled providers who are trained to perform the full range of sexual and reproductive health care services is a critical component of ensuring availability.[16] Also essential medicines should be available, including a wide range of contraceptive methods, such as condoms and emergency contraception, medicines for abortion and for post-abortion care, and medicines, including generic medicines, for the prevention and treatment of sexually transmitted infections and HIV.[17]

General Comment No. 15 on adolescent health has applied these norms to adolescents. States parties should provide health services that are sensitive to the particular needs and human rights of all adolescents.

16   CESCR General Comment No. 14, para 12(a); United Nations, Human Rights Council (2012), Technical guidance on the application of a human rights-based approach to the implementation of policies and programmes to reduce preventable maternal morbidity and mortality. U.N. Doc. A/HRC/21/22, para. 20.

17   Essential medicines are defined as 'those that satisfy the priority health care needs of the population and that are intended to be available within

14. Unavailability of goods and services due to ideologically based policies or practices, such as the refusal to provide services based on conscience, must not be a barrier to accessing services; an adequate number of health care providers willing and able to provide such services should be available at all times in both public and private facilities and within reasonable geographical reach.[18]

Accessibility

15. Health facilities, goods, information and services related to sexual and reproductive health care[19] should be accessible to all individuals and groups without discrimination and free from barriers. As elaborated in the Committee's General Comment 14, accessibility includes physical accessibility, affordability and information accessibility.

Physical accessibility

16. Health facilities, goods, information and services related to sexual and reproductive health care must be available within safe physical and geographical reach for all, so that persons in need can receive timely services and information. Physical accessibility should

the context of functioning health systems at all times in adequate amounts, in the appropriate dosage forms, with assured quality, and at a price the individual and community can afford.' CESCR General CommentNo. 14; WHO, Essential Medicines List (18th ed. 2013).

18   European Committee on Social Rights, IPPF v Italy, 2014.

19   Reference in this document to health facilities, goods and services includes the underlying determinants.

be ensured for all, especially persons belonging to disadvantaged and marginalized groups, including, but not limited to, persons living in rural and remote areas, persons with disabilities, refugees and internally displaced persons, stateless persons and persons in detention. When dispensing sexual and reproductive services to remote areas is impracticable, substantive equality calls for positive measures to ensure persons in need to have communication and transportation to such care.

Affordability

17. Publicly or privately provided sexual and reproductive health services must be affordable for all. Essential goods and services, including those related to the underlying determinants of sexual and reproductive health, must be provided at no cost or based on the principle of equality to ensure that individuals and families are not disproportionately burdened with health expenses. People without sufficient means should be provided with the necessary support to cover the costs of health insurance and accessing health facilities providing sexual and reproductive health information, goods and services.[20]

Information accessibility

18. Information accessibility includes the right to seek, receive and disseminate information and ideas concerning sexual and

20   See generally, CESCR, General Comment No. 14, para. 19

reproductive health issues generally and also for individuals to receive specific information on their particular health status. All individuals and groups, including adolescents and youth, have the right to evidence-based information on all aspects of sexual and reproductive health, including maternal health, contraceptives, family planning, sexually transmitted infections and HIV prevention, safe abortion and post abortion care, infertility and fertility options, and reproductive cancers.

> 1. 19. Such information must be provided in a manner consistent with the needs of the individuals and community, taking into consideration, for example, age, gender, language ability, educational level, disability, sexual orientation, gender identity and intersex status.[21] Information accessibility should not impair the right to have personal health data and information treated with privacy and confidentiality.

Acceptability

20. All facilities, goods, information and services related to sexual and reproductive health must be respectful of the culture of individuals, minorities, peoples and communities and sensitive to gender, age, disability, sexual diversity and life-cycles requirements. However, this cannot be used to justify the refusal to provide tailored facilities, goods, information and services to specific groups.

---

21   See the issue paper, Human Rights and Intersex People, published by the Commissioner for Human Rights, Council of Europe, April 2015.

Quality

21. Facilities, goods, information and services related to sexual and reproductive health must be of good quality, meaning that they are evidence-based and scientifically and medically appropriate and up-to-date. This requires trained and skilled healthcare personnel and scientifically approved and unexpired drugs and equipment. The failure or refusal to incorporate technological advancements and innovations in the provision of sexual and reproductive health services, such as medication for abortion,[22] assisted reproductive technologies, and advancements in the treatment of HIV and AIDS, jeopardizes the quality of care.

B. Special Topics of Broad Application

Non-Discrimination and Equality

22. Article 2, paragraph 2 of the Covenant provides that all individuals and groups shall not be discriminated and enjoy equal right. All individuals and groups should be able to enjoy equal access to the same range, quality and standard of sexual and reproductive health facilities, information, goods and services and to exercise their rights to sexual and reproductive health without any discrimination.

23. Non-discrimination, in the context of the right to sexual and

---

22 See WHO, Safe abortion: technical and policy guidance for health systems (2012).

reproductive health, also encompasses the right of all persons, including LGBTI persons, to be fully respected for their sexual orientation, gender identity and intersex status. Criminalisation of sex between consenting adults of same gender or expression of one's gender identity is a clear violation of human rights. Likewise, regulations treating LGBTI persons as mental or psychiatric patients or requiring that they be "cured" by so-called "treatment" are a clear violation of their right to sexual and reproductive health. State parties also have an obligation to combat homophobia and transphobia, which lead to discrimination, including violation of the right to sexual and reproductive health.

24. Non-discrimination and equality require not only legal and formal equality but also substantive equality. Substantive equality requires that the distinct sexual and reproductive health needs of particular groups, as well as any barriers that particular groups may face, are addressed. The sexual and reproductive health needs of particular groups should be given tailored attention. For example, persons with disabilities should be able to enjoy not only the same range and quality of sexual and reproductive health services but also those they would need specifically because of their disabilities.[23] Further, reasonable accommodation must be made to enable persons with disabilities to fully access sexual and reproductive health services on an equal basis, such as physically accessible facilities, information in accessible formats and decision-

---

23   See CRPD, Art. 25 on health.

making support, and States should ensure that care is provided in a respectful and dignified manner that does not exacerbate marginalization.

Equality between Women and Men and Gender Perspective

25. Due to women's reproductive capacities, the realization of women's right to sexual and reproductive health is essential to the realization of the full range of their human rights. Women's right to sexual and reproductive health is indispensable to their autonomy and their right to make meaningful decisions about their lives and health. Gender equality requires that women's health needs, different from men, are taken into account and appropriate services are provided for women in accordance with their life cycles.

26. Women's experiences of systemic discrimination and violence throughout their lives require comprehensive understanding on the concept of gender equality in the right to sexual and reproductive health. Non-discrimination on the basis of sex, as guaranteed in Article 2.2, and women's equality guaranteed in Article 3 of the Covenant, require the removal of not only direct discrimination but also indirect discrimination and ensuring of formal as well as substantive equality.[24]

27. Seemingly neutral laws, policies and practices can perpetuate the already existing gender inequalities and discrimination against women. Substantive equality requires that the laws, policies

24   See CESCR General Comment No. 16.

and practices do not maintain, but rather alleviate, the inherent disadvantage that women experience in exercising their right to sexual and reproductive health. Gender-based stereotypes, assumptions and expectations of women as men's subordinates and of women's role as only caregivers and mothers in particular, are obstacles to substantive gender equality including the equal right to sexual and reproductive health and need to be modified or eliminated, as does men's role only as heads of the household and breadwinners.[25] At the same time special measures, both temporary and permanent, are necessary to accelerate de facto equality of women and to protect maternity.[26]

28. The realization of women's rights and gender equality, both in law and in practice, requires repealing or reforming the discriminatory laws, policies and practices in the area of sexual and reproductive health. Removal of all barriers interfering with women's access to comprehensive sexual and reproductive health services, goods, education and information is required. To lower rates of maternal mortality and morbidity requires emergency obstetric care and skilled birth attendance, including in rural and remote areas, and prevention of unsafe abortions.[27] Preventing

---

25   See CEDAW, Art. 5.

26   CEDAW, Art. 4.1 is on "temporary special measures aimed at accelerating de facto equality between men and women", and Art. 4.2 is on "special measures… aimed at protecting maternity". See also CESCR General Comment No. 16, para. 15.

27   See the report of UN Secretary-General, Framework of Actions for the Follow-up to the Programme of Action of the International Conference on

unintended pregnancies and unsafe abortions requires States to adopt legal and policy measures to guarantee all individuals access to affordable, safe and effective contraceptives and comprehensive sexuality education, including for adolescents, liberalize restrictive abortion laws, guarantee women and girls access to safe abortion services and quality post-abortion care,[28] including by training health care providers, and respect women's right to make autonomous decisions about their sexual and reproductive health.[29]

29. It is also important to undertake preventive, promotional and remedial action to shield all individuals from the harmful practices and norms and gender-based violence that deny them their full sexual and reproductive health, such as female genital mutilation, child and forced marriage and domestic and sexual violence including marital rape, among others. States parties must put in place laws, policies and programmes to prevent, address and remediate violations of all individuals' right to autonomous decision-making on matters regarding their sexual and reproductive health, free from violence, coercion and discrimination.

Population and Development Beyond 2014, A/69/62.

28 See the report of UN Secretary-General, Framework of Actions for the Follow-up to the Programme of Action of the International Conference on Population and Development Beyond 2014, A/69/62; WHO, Safe Abortion: Technical and Policy Guidance for Health System, 2nd ed. (2012).

29 Ibid.

Intersectionality and Multiple Discrimination

30. Individuals belonging to particular groups may be disproportionately affected by intersectional discrimination in the context of sexual and reproductive health. As identified by the Committee,[30] groups such as, but not limited to, poor women, persons with disabilities, migrants, indigenous or other ethnic minorities, adolescents, LGBTI persons, and people living with HIV/AIDS are more likely to experience multiple discrimination. Trafficked and sexually exploited women, girls and boys are subject to violence, coercion and discrimination in their everyday lives, with their sexual and reproductive health at great risk. Also, women and girls living in conflict situations are disproportionately exposed to the high risk of violations of their rights, including through systematic rape, sexual slavery, forced pregnancy and forced sterilization.[31] Measures to guarantee non-discrimination and substantive equality should be cognizant of and seek to overcome the often exacerbated impact that intersectional discrimination has on the realization of the right to sexual and reproductive health.

---

30   Including race and colour, sex, language, religion, political or other opinion, national or social origin, property, birth, or other status including ethnicity, age, nationality, marital and family status, disability, sexual orientation and gender identity, intersex status, health status, place of residence, economic and social situation, other status, and those facing multiple forms of discrimination, see CESCR General Comment No. 20.

31   See Vienna Declaration and Programme of Action (1993), 3. The equal status and human rights of women, para. 38; Beijing Declaration and Platform for Action (1995), E. Women and Armed Conflict, para. 135.

31. Laws, policies and programmes, including temporary special measures, are required to prevent and eliminate discrimination, stigmatization and negative stereotyping that hinders access to sexual and reproductive health. Prisoners, refugees, stateless persons, asylum seekers and undocumented migrants, given their additional vulnerability by condition of their detention or legal status, are also a group with specific needs that require the State to take particular steps to ensure their access to sexual andreproductive information, goods and health care. States must ensure that individuals are not subject to harassment for exercising their right to sexual and reproductive health. Eliminating systemic discrimination will also frequently require devoting greater resources to traditionally neglected groups,[32] and to ensure that anti-discrimination laws and policies are implemented in practice by officials and others.

  1. 32. States parties should take measures to fully protect persons working in the sex industry against all forms of violence, coercion and discrimination. They should ensure that such persons have a access to the full range of sexual and reproductive healthcare services.

---

32   CESCR, General Comment No. 20, para. 39.

IV. States Parties' Obligations

A. General Legal Obligations

33. As prescribed by Article 2.1 of the Covenant, States parties must take steps to the maximum of available resources with a view to achieving progressively the full realization of the right to sexual and reproductive health. States parties must move as expeditiously and effectively as possible towards the full realization of the highest attainable standard of sexual and reproductive health. This means that, while its full realization may be achieved progressively, steps towards that goal must be taken immediately or within a reasonably short time. Such steps should be deliberate, concrete and targeted, using all appropriate means, particularly including, but not limited to, the adoption of legislative and budgetary measures.

34. States parties are under immediate obligation to eliminate discrimination against individuals and groups and to guarantee their equal right to sexual and reproductive health. This requires States to repeal or reform laws and policies that nullify or impair certain individual's and group's ability to realize their right to sexual and reproductive health. A wide range of laws, policies and practices undermine the autonomy and right to equality and non-discrimination in the full enjoyment of the right to sexual and reproductive health, for example criminalization of abortion or restrictive abortion laws. States parties should also ensure that all individuals and groups have equal access to the full range of sexual and reproductive health information, goods and services, including

by removing all barriers that particular groups may face.

35. States must adopt the necessary measures to eliminate conditions and combat attitudes that perpetuate inequalities and discrimination, particularly on the basis of gender, in order to enable all individuals and groups to enjoy sexual and reproductive health on a basis of equality.[33] States must recognize and take measures to rectify entrenched social norms and power structures that impair the equal exercise of their right, such as the impact that gender roles have on the social determinants of health. Such measures must address and eliminate discriminatory stereotypes, assumptions and norms concerning sexuality and reproduction, which underlie restrictive laws and undermine the realization of sexual and reproductive health.

36. As needed, States should implement temporary special measures to overcome long-standing discrimination and entrenched stereotypes against certain groups and to eradicate conditions that perpetuate discrimination. States should focus on ensuring that all individuals and groups are effectively enjoying their right to sexual and reproductive health on a substantively equal basis.

37. A State party has the duty to establish that it has obtained the maximum available resources, including those made available through international assistance and cooperation, with a view to

---

33　See CESCR, General Comment No. 16:The equal right of men and women to the enjoyment of all economic, social and cultural rights (article 3), paras. 6-9.

complying with its obligations under the Covenant.

38. Retrogressive measures should be avoided, and if applied, the State party has the burden of proof of their necessity.[34] This applies equally in the context of sexual and reproductive health. Examples of retrogressive measures include the removal of sexual and reproductive health medications from national drug registries; laws or policies revoking public health funding for sexual and reproductive health services; the imposition of barriers to sexual and reproductive health information, goods and services; enacting laws criminalizing certain sexual and reproductive health conduct and decisions; and legal and policy changes that reduce the States' oversight of private actors' obligations to respect individuals'rights to access sexual and reproductive health services. In the extreme circumstances under which retrogressive measures may be inevitable, States must ensure that such measures are only temporary, do not disproportionately affect disadvantaged and marginalized individuals and groups or are not applied in an otherwise discriminatory manner.

B. Specific Legal Obligations

39. States parties have an obligation to respect, protect and fulfil the right to sexual and reproductive health of everyone.

---

34   See CESCR, General Comment No. 14, para. 32.

Obligation to respect

40. The obligation to respect requires States to refrain from directly or indirectly interfering with individuals'exercise of the right to sexual and reproductive health. States must not limit or deny anyone access to sexual and reproductive health, including through laws criminalizing sexual and reproductive health services and information, while confidentiality of the health data should be maintained. States must reform laws that impede the exercise of the right to sexual and reproductive health. Examples include laws criminalizing abortion, HIV non-disclosure, exposure and transmission, consensual sexual activities between adults or transgender identity or expression.[35]

41. The obligation to respect also requires States to remove and refrain from enacting laws and policies that create barriers in access to sexual and reproductive health services. This includes third-party authorization requirements, such as parental, spousal and judicial authorization requirements for access to sexual and reproductive health services and information, including for abortion and contraception; biased counselling and mandatory waiting periods for divorce, remarriage or access to abortion services; mandatory

---

35 See, e.g.,CESCR, Concluding Observations: Chile, para. 53, UN Doc. E/C.12/1/ Add.105 (2004); CEDAW, General Recommendation No. 14, para. 24 & 31(c); Interim report of the Special Rapporteur on the right of everyone to the enjoyment of the highest attainable standard of physical and mental health, UN Doc. A/66/254 (2011); Report of the Special Rapporteur on the right of everyone to the enjoyment of the highest attainable standard of physical and mental health, Anand Grover, UN Doc. A/HRC/14/20 (2010).

HIV testing; and the exclusion of particular sexual and reproductive health services from public funding or foreign assistance funds. The dissemination of misinformation and imposition of restrictions on individuals' right to access to information about sexual and reproductive health also violates the duty to respect human rights. National and donor states must refrain from censoring, withholding, misrepresenting or criminalizing information on sexual and reproductive health,[36] both to the public and to individuals. Such restrictions impede access to information and services, and can fuel stigma and discrimination.[37]

Obligation to protect

42. The obligation to protect requires States to take measures to prevent third parties from directly or indirectly interfering with the enjoyment of the right to sexual and reproductive health. The duty to protect requires States to put in place and implement laws and policies prohibiting conducts by third-parties that cause harm to physical and mental integrity or undermine the full enjoyment of the right to sexual and reproductive health, including the conduct of private healthcare facilities, insurance,and

---

36   CESCR, General Comment No. 14:The right to the highest attainable standard of health (article 12) (2000); CRC, General Comment No. 4:Adolescent health and development in the context of the Convention on the Rights of the Child (2003).

37   See Amnesty International, Left Without a Choice: Barriers to Reproductive Health in Indonesia (2010).

pharmaceutical companies and manufacturers of health-related goods and equipment. This includes the prohibition of violence and discriminatory practices, such as the exclusion of particular individuals or groups from the provision of sexual and reproductive health services.

43. States must prohibit and prevent private actors from imposing practical or procedural barriers to health services, such as physical obstruction from facilities, dissemination of misinformation, informal fees and third-party authorization requirements. Where health care providers are allowed to invoke conscientious objection, States must appropriately regulate this practice to ensure that it does not inhibit anyone's access to sexual and reproductive health care, including by requiring referrals to an accessible provider capable of and willing to provide the services being sought, and the performance of services in urgent or emergency situations.[38]

44. States are obliged to ensure that adolescents have full access to appropriate information on sexual and reproductive health, including family planning and contraceptives, the dangers of early pregnancy and the prevention and treatment of sexually transmitted diseases (STDs) including HIV/AIDS, regardless of their marital status and whether their parents or guardians consent, with

---

[38] CESCR, Concluding Observations: Poland, para. 28, UN Doc. E/C.12/POL/CO/5 (2009); Interim report of the Special Rapporteur on the right of everyone to the enjoyment of the highest attainable standard of physical and mental health, para. 24 & 65(m), UN Doc. A/66/254 (2011); CEDAW, General Recommendation No. 24: Women and health, (1999), para. 11.

respect for their privacy and confidentiality.[39]

Obligation to fulfil

45. The obligation to fulfil requires States to adopt appropriate legislative, administrative, budgetary, judicial, promotional and other measures to ensure the full realization of the right to sexual and reproductive health.[40] States should aim to ensure universal access without discrimination for all individuals, including those from disadvantaged and marginalized groups, to a full range of quality sexual and reproductive health care, including maternal health care; contraceptive information and services; safe abortion care; prevention, diagnosis and treatment of infertility, reproductive cancers, sexually transmitted infections and HIV/AIDS including by generic medicines. States must guarantee physical and mental health care for survivors of sexual and domestic violence in all situations, including access to post-exposure prevention, emergency contraception, and safe abortion services.

46. The obligation to fulfil also requires States to take measures to eradicate practical barriers to the full realization of the right to sexual and reproductive health, such as disproportionate costs and lack of physical or geographical access to sexualand reproductive health care. States must ensure that health care providers are adequately trained on the provision of quality and respectful sexual

---

39   CRC, General Comment No. 4, paras. 28 and 33.
40   See CESCR, General Comment No. 14, paras. 33 and 36~37.

and reproductive health services and ensure that such providers are equitably distributed throughout the state.

47. States must develop and enforce evidence-based standards and guidelines for the provision and delivery of sexual and reproductive health services, and such guidance must be routinely updated to incorporate medical advancements. At the same time, States are required to provide age-appropriate, evidence-based, scientifically accurate comprehensive education for all on sexual and reproductive health.[41]

48. States must also take affirmative measures to eradicate social barriers in terms of norms or beliefs that inhibit individuals of different ages and genders, women, girls and adolescents, from autonomously exercising their right to sexual and reproductive health. Social misconceptions, prejudices and taboos about menstruation, pregnancy, delivery, masturbation, wet dreams, vasectomy and fertility should be modified so that these would not obstruct individual's enjoyment of the right to sexual and reproductive health.

C. Core Obligations

49. States parties have a core obligation to ensure the satisfaction of, at the very least, minimum essential levels of the right to sexual

---

41   See CESCR, General Comment No. 14; CEDAW, General Recommendation No. 30, para. 52(c); CRC, General Comment No. 15, para. 54.

and reproductive health. In this regard, States parties should be guided by contemporary human rights instruments and jurisprudence,[42] as well as the most current international guidelines and protocols established by the UN agencies, in particular WHO and UNFPA.[43] The core obligations include at least the following:

(a) To repeal or eliminate laws, policies and practices that criminalize, obstruct or undermine individual's or particular group's access to sexual and reproductive health facilities, services, goods and information;

(b) To adopt and implement a national strategy and action plan, with adequate budget allocation, on sexual and reproductive health, which is devised, periodically reviewed and monitored through a participatory and transparent process, disaggregated by the prohibited grounds of discrimination;

(c) To guarantee universal and equitable access to affordable, acceptable and quality sexual and reproductive health services, goods and facilities, in particular for women and disadvantaged and marginalized groups;

---

42 For example, ICPD beyond 2014; CEDAW's decisions on Communication No. 17/2008, Alyne daSilva Pimentel Teixeira (deceased) v. Brazil and Communication No. 22/2009, L. C. v. Peru; General Comments and Recommendations of CRC and CEDAW.

43 See e.g. Interagency Field Manual for Reproductive Health in Humanitarian Settings (2010):http://www.who.int/reproductivehealth/publications/ emergencies/field_manual_rh_humanitarian_settings.pdf(link is external), and Improving Reproductive Health: Guidelines Introduced by WHO-UNFPA Strategic Partnership Programme:http://www.unfpa.org/rh/ guidelines.htm(link is external).

(d) To enact and enforce the legal prohibition of harmful practices and gender-based violence, including female genital mutilation, child and forced marriages and domestic and sexual violence including marital rape, while ensuring privacy, confidentiality and free, informed and responsible decision-making, without coercion, discrimination or fear of violence, on individual's sexual and reproductive needs and behaviours;

(e) To take measures to prevent unsafe abortions and to provide post-abortion care and counselling for those in need;

(f) To ensure all individuals and groups have access to comprehensive education and information on sexual and reproductive health, that is non-discriminatory, non-biased, evidence-based and taking into account the evolving capacities of children and adolescents;

(g) To provide medicines, equipment and technologies essential to sexual and reproductive health, including based on the WHO Essential Medicines List[44] and

(h) To ensure access to effective and transparent remedies and redress, including administrative and judicial ones, for violations of the right to sexual and reproductive health.

---

44   WHO Model List of Essential Medicines, s. 18.3.

D. International Obligations

50. International cooperation and assistance are a key element of article 2.1 of the Covenant and are crucial for the realization of the right to sexual and reproductive health. In compliance with article 2.1, States that are not able to comply with theirobligations and cannot realize the right to sexual and reproductive health due to a lack of resources must seek international cooperation and assistance. States that are in a position to do so must respond to such requests in good faith and in accordance with the international commitment of contributing at a minimum 0.7% of their gross national income for international cooperation and assistance.

51. States parties should ensure, in compliance with their Covenant obligations, that their bilateral, regional and international agreements dealing with intellectual property or trade and economic exchanges, do not impede access to medicines, diagnosticsor related technologies required for prevention or treatment of HIV/AIDS or other diseases related to sexual and reproductive health. States should ensure that international agreements and domestic legislation incorporate to the fullest extent any safeguards and flexibilities therein that may be used to promote and ensure access to medicines and health care for all. States parties should review their international agreements, including on trade and investment, to ensure that these are consistent with the protection of the right to sexual and reproductive health, and should amend them as necessary.

52. Donor States and international actors have an obligation to comply with the human rights standards, which are also applicable to sexual and reproductive health. To this end, international assistance should not impose restrictions on information or services existing in donor States, draw trained reproductive health care workers away from recipient countries or push recipient countries to adopt models of privatization. Also, the donor States should not reinforce or condone legal, procedural, practical or social barriers to the full enjoyment of sexual and reproductive health existing in the recipient countries.

53. Intergovernmental organizations, and in particular the United Nations, specialized agencies, programmes and bodies, have a crucial role to play and contribution to make in the universal realization of the right to sexual and reproductive health. WHO, UNFPA, UN Women, Office of the High Commissioner for Human Rights and other UN agencies provide technical guidance and information as well as capacity building and strengthening. They should cooperate effectively with States parties, building on their respective expertise in relation to the implementation of the right to sexual and reproductive health at the national level, with due respect to their individual mandates, in collaboration with the civil society.[45]

---

45   CESCR, General Comment No. 14, paras. 63~65.

V. Violations

54. Violations of the right to sexual and reproductive health can occur through the direct action of States or other entities insufficiently regulated by States. Violations throughacts of commissioninclude the adoption of legislation, regulations, policies or programmes which create barriers to the realization of the right to sexual and reproductive health in the State party or in the third countries, or the formal repeal or suspension of legislation, regulations, policies or programmes necessary for the continued enjoyment of the right to sexual and reproductive health.

55. Violations throughacts of omissioninclude the failure to take appropriate steps towards the full realization of everyone's right to sexual and reproductive health and the failure to enact and enforce relevant laws. Failure to ensure formal and substantive equality in the enjoyment of the right to sexual and reproductive health constitutes a violation of this right. The elimination of de jure as well as de facto discrimination is required for the equal enjoyment of the right to sexual and reproductive health.[46]

56. Violations of the obligation to respect occurs where the State through laws, policies, or actions undermine the right to sexual and reproductive health, and includes State interference with an individual's freedom to control his or her own body and ability to make free, informed and responsible decisions in this regard. They

---

46   CESCR, General Comment No. 16, para. 41.

also occur when the State removes or suspends laws and policies that are necessary for the enjoyment of the right to sexual and reproductive health.

57. Examples of violations of the obligation to respect include establishment of legal barriers impeding individuals' access to sexual and reproductive health services, such as the criminalization of women undergoing abortions and the criminalization of consensual sexual activity between adults. Banning or denying access in practice to sexual and reproductive health services and medicines, such as emergency contraception, also violates the obligation to respect. Laws and policies which prescribe involuntary, coercive or forced medical interventions, including forced sterilization; mandatory HIV/AIDS, virginity or pregnancy testing, also violate the obligation to respect.

58. Laws and policies that indirectly perpetuate coercive medical practices further violate this duty, including incentive or quota-based contraceptive policies and hormonal therapy, surgery or sterilization requirements for legal recognition of one's gender identity. Violations of the obligation to respect also include state practices and policies that censor or withhold information, or present inaccurate, misrepresentative or discriminatory information, related to sexual and reproductive health.

59. Violations of the obligation to protect occur where a State fails to take effective steps to prevent third parties from undermining the enjoyment of the right to sexual and reproductive health. This includes the failure to prohibit and take measures to prevent all

forms of violence and coercion committed by private individuals and entities, including domestic violence, rape including marital rape, and sexual assault, abuse and harassment, including during conflict, post-conflict and transition situations, and including violence targeting LGBTI persons or women seeking abortion or post-abortion care; harmful practices such as female genital mutilation; child and forced marriages; forced sterilization, forced abortion and forced pregnancy; and medically unnecessary, irreversible and involuntary surgery and treatment performed on intersex infants or children.

60. States must effectively monitor and regulate specific sectors, such as private health care providers, health insurance companies, educational and child-care institutions, institutional care facilities, refugee camps, prisons and other detention centres, to ensure that they do not undermine or violate individuals'enjoyment of the right to sexual and reproductive health. States have an obligation to ensure that private health insurance companies do not refuse to cover sexual and reproductive health services. Furthermore, States also have an extraterritorial obligation[47]to ensure that the transnational corporations, such as pharmaceutical companies operating globally, do not violate the right to sexual and reproductive health of people in other countries, for example through non-consensual testing of contraceptives or medical experiments.

---

47   See The Maastricht Principles on Extraterritorial Obligations of State in the Area of Economic, Social and Cultural Rights (2011).

61. Violations of the obligation to fulfil occur when States do not take all necessary steps to facilitate, promote and provide for the right to sexual and reproductive health within maximum available resources. Such violations arise where States fail to adopt and implement a holistic and inclusive national health policy that adequately and comprehensively includes sexual and reproductive health or where a policy fails to appropriately address the needs of disadvantaged and marginalized groups.

62. Violations of the obligation to fulfil also occur where States fail to progressively ensure sexual and reproductive health facilities, goods and services are available, accessible, acceptable and of good quality. Examples of such violations include the failure to guarantee access to the full range of contraceptive options in order to ensure that all individuals are able to utilize an appropriate method that suits their particular situation and needs.

63. In addition, violations of the obligation to fulfil occur where States fail to take affirmative measures to eradicate legal, procedural, practical and social barriers to the enjoyment of the right to sexual and reproductive health and to ensure that health care providers treat all individuals seeking sexual and reproductive health care in a respectful and non-discriminatory manner. Violation of the obligation to fulfil would also occur where States fail to take measures to ensure that up-to-date, accurate information on sexual and reproductive health is publicly available and accessible to all individuals, in appropriate languages and formats, and to ensure that all educational institutions incorporate unbiased, scientifically-

accurate, evidence-based, age-appropriate and comprehensive sexuality education into their required curricula.

VI. Remedies

64. States must ensure that all individuals have access to justice and to a meaningful and effective remedy in instances where the right to sexual and reproductive health is violated. Remedies include, but are not limited to, adequate, effective and prompt reparation in the form of restitution, compensation, rehabilitation, satisfaction and guarantees of non-repetition as appropriate. The effective exercise of the right to a remedy requires funding access to justice and information about the existence of these remedies. It is also important that the right to sexual and reproductive health is enshrined in laws and policies and is fully justiciable at the national level, and that judges, prosecutors and lawyers are made aware of that such a right can be enforced. Where third parties contravene the right to sexual and reproductive health, States must ensure that such violations are investigated and prosecuted, and that the perpetrators are held accountable, while the victims of such violations are provided with remedies.

세계보건기구 임신중지 케어 가이드 요약문, 2022
(WHO Abortion Care Guides Executive Summary)

Sexual and reproductive health is fundamental to individuals, couples and families, and to the social and economic development of communities and nations. As provided in the Constitution of the World Health Organization(WHO), the organization's objective is "the attainment by all peoples of the highest possible level of health", and to fulfil that objective, WHO's functions include providing technical assistance to countries in the field of health. Universal access to sexual and reproductive health (SRH) information and services is central to both individual and community health, as well as the realization of human rights. In the wake of the COVID-19 pandemic and based on lessons learnt from previous disease outbreaks - when SRH services have been severely disrupted, causing individuals to feel disempowered and be exposed to preventable health risks - WHO has included comprehensive abortion care in the list of essential health services in certain recent technical publications.[1]

1   When considering the concept of "essential health services", it is important

Comprehensive abortion care includes the provision of information, abortion management (including induced abortion, and care related to pregnancy loss/spontaneous abortion and post-abortion care. Strengthening access to comprehensive abortion care within the health system is fundamental to meeting the Sustainable Development Goals (SDGs) relating to good health and well-being (SDG3) and gender equality (SDG5). WHO's Global Reproductive Health Strategy, which seeks to accelerate progress towards achievement of international development goals, identifies elimination of unsafe abortion[2] as a priority mandate. The importance of quality abortion care to health is similarly underscored by the United Nations Global Strategy for Women's, Children's and Adolescents' Health, which includes evidence-based interventions for abortion and post-abortion care as one effective way to help individuals thrive and communities transform.

Quality of abortion care is foundational to this abortion care guideline. Quality of care (see Glossary) encompasses multiple components. It is defined as care that is: effective, efficient,

to note that different areas, even within the same country, may require different approaches to designate essential health services and to reorient health system components to maintain these services. Please refer to: *Maintaining essential health services: operational guidance for the COVID-19 context, interim guidance, 1 June 2020* (https://www.who.int/publications/i/item/WHO-2019-nCoV-essential-health-services-2020.1). For additional relevant references, see Chapter 1, section 1.1.

2   "Unsafe abortion" refers to abortion when it is carried out by a person lacking the necessary skills or in an environment that does not conform to minimal medical standards, or both.

accessible, acceptable/patient centred, equitable and safe. Effective care includes the delivery of evidence-based care that improves the health of individuals and communities, and is responsive to their needs. Efficient care optimizes resource use and minimizes waste. Quality abortion care must also be both accessible (timely, affordable, geographically reachable, and provided in a setting where skills and resources are appropriate to medical need) and acceptable (incorporating the preferences and values of individual service users and the cultures of their communities). It is imperative that access to abortion care is equitable, and that the quality of care does not vary based on the personal characteristics of the person seeking care, such as their gender, race, religion, ethnicity, socioeconomic status, education, if they are living with a disability, or based on their geographic location within a country. And finally, quality abortion care implies that it is safely delivered and minimizes any risks and harms to service users.

Abortion is a safe and non-complex health-care intervention that can be effectively managed using medication or a surgical procedure in a variety of settings. Complications are rare with both medical and surgical abortion, when abortions are safe - meaning that they are carried out using a method recommended by WHO, appropriate to the gestational age, and by someone with the necessary skills. Globally, abortion is a common procedure, with 6 out of 10 unintended pregnancies and 3 out of 10 of all pregnancies ending in induced abortion. However, global estimates demonstrate that 45% of all abortions are unsafe. This is a critical public health and human rights issue; unsafe abortion is increasingly concentrated in developing countries (97% of unsafe abortions) and among groups in vulnerable and marginalized situations. Legal restrictions and other barriers mean many women find it difficult or impossible to access quality abortion care and they may induce abortion themselves using unsafe methods or seek abortion from unskilled providers. The legal status of abortion makes no difference to a woman's need for an abortion, but it dramatically affects her access to safe abortion. Between 4.7% and 13.2% of all maternal deaths are attributed to unsafe abortions, which equates to between 13 865 and 38 940 deaths caused annually by the failure to provide safe abortion.

Medical abortion has revolutionized access to quality abortion care globally. Medicines for abortion can be safely and effectively administered at a health-care facility or self-administered outside of a facility (e.g. at home) by individuals with a source of accurate information and quality-assured medicines. Those managing their abortions safely at home in the first 12 weeks of gestation may still need or want support from a trained health worker at some stage of the process. Service delivery with minimal medical supervision can significantly improve access to - and privacy, convenience and acceptability of - the abortion process, without compromising safety or effectiveness.

Multiple actions are needed at the legal, health system and community levels so that everyone who needs it has access to comprehensive abortion care. A person's environment plays a crucial role in shaping their access to care and influencing their health outcomes. An enabling environment is the foundation of quality comprehensive abortion care. The three cornerstones of an enabling environment for abortion care are:

1. respect for human rights including a supportive framework of law and policy
2. availability and accessibility of information, and
3. a supportive, universally accessible, affordable and well functioning health system.

Abortion is lawful in almost all countries, although there is variation in the specific circumstances under which an individual may access abortion. In addition, almost all countries where abortion is lawfully available regulate abortion differently to other forms of health care. Unlike other health services, abortion is commonly regulated to varying degrees through the criminal law in addition to regulation under health-care law. This has an impact on the rights of pregnant individuals, and can have a chilling effect (e.g. suppression of actions due to fear of reprisals or penalties) on the provision of quality care. This is why clear, accessible and rights-based law and policy is part of ensuring an enabling environment.

Objectives, scope and conceptual structure of the guideline

Guidelines are the fundamental means through which WHO fulfils its technical leadership in health. WHO guidelines are subject to a rigorous quality assurance process that generates recommendations for clinical practice or public health policy with the aim of achieving the best possible individual or collective health outcomes. Towards this aim, WHO has made a commitment to integrate human rights into health-care programmes and policies at national and regional levels by looking at underlying determinants of health as part of a comprehensive approach to health and human rights.

The objective of this guideline is to present the complete set of all WHO recommendations and best practic statements relating to abortion. While legal, regulatory, policy and service-delivery contexts may vary from country to country, the recommendations and best practices described in this document aim to enable evidence based decision-making with respect to quality abortion care.

This guideline updates and replaces the recommendations in the following previous WHO guidelines:

- *Safe abortion: technical and policy guidance for health systems, second edition* (2012)
- *Health worker roles in providing safe abortion care and post-abortion* contraception (previously known as the "task sharing" guidance) (2015), and
- *Medical management of abortion* (2018).

This guidance contains new recommendations consolidated here in an integrated manner with existing recommendations that remain unchanged and those that have been updated after reassessment using the same rigorous methods for both new and updated recommendations (see more information in the "Guideline development methods" section below).

In this guideline, recommendations are presented across three domains that are essential to the provision of abortion care: Law and policy, Clinical services and Service delivery. The recommendations concerning the laws and policies that should or should not be in place in order to fully implement and sustain quality abortion care cover seven areas: criminalization of abortion, grounds-based approaches to permitting abortion, gestational age limits set for abortion, mandatory waiting periods before receiving a requested abortion, third-party authorization for abortion, restrictions on which health workers can provide abortion services, and conscientious objection/refusal by providers.[3] Clinical service recommendations address methods of abortion and related clinical care - from provision of information, counselling and pain management to methods and regimens for abortion (including for different clinical indications) - and provision of post-abortion care, including all methods of contraception.[4]

---

3   The previous edition of the *Safe abortion* guidance (WHO, 2012) addressed these issues and related interventions and provided a composite recommendation. In this guideline, these have each been addressed separately as seven individual recommendations(Recommendations 1, 2, 3, 6, 7, 21, 22).

4   A full consideration of all contraceptive methods is beyond the scope of this guideline, but all contraceptive methods can be considered after an abortion, including a range of self-administered methods.

Service delivery recommendations include those relating to which categories of health workers can provide the relevant clinical services. Self-management recommendations are also presented relating to tasks that can be managed by the woman herself: medical abortion in early gestation and use of many contraceptives, including self-administration of injectable contraceptives. A recommendation relating to telemedicine to facilitate early medical abortion has also been formulated, alongside best practice statements on other service-delivery approaches for abortion care. Together, the guidance presented in this document reflects recent changes in all these aspects of abortion care. Research gaps and priorities and emerging areas of interest are identified in the final chapter.

As indicated by the arrangement of the guidance in this document, as a woman, girl or other pregnant person moves through the abortion care pathway - pre-abortion, abortion and post-abortion care - health services must be integrated within the health system to ensure that service delivery meets their needs equitably and without discrimination. The conceptual framework for abortion care in this guideline (see Figure 1) recognizes and acknowledges the needs of all individuals with respect to abortion and is centred on the values and preferences of abortion seekers, considering them as active participants in - as well as beneficiaries of - health services.

Individual health preferences may vary; no one model of abortion care will meet the needs of everyone seeking abortion

Within the figure:

Integration within health systems

Commodities

Community outreach centres

Context-specific service-delivery approaches

Primary care facility

Finances

Pharmacy

Facility-based health workers

Information, counselling (where desired)

Other health workers

Links to other services

Home

Self

Medical and surgical methods

Higher-level facility

Priming, Pain management, Antibiotics

Contraception, Managing complications

Pre-abortion

Abortion

Post-abortion

HOW   WHERE   WHO   WHAT

Values & Preferences

Enabling environment

Respect for human rights

Supportive framework of law and policy

Availability and accessibility of information

Supportive health systems

⟨Figure 1⟩ Conceptual framework for abortion care

care. However, the core values of dignity, autonomy, equality, confidentiality, communication, social support, supportive care and trust are foundational to abortion care and are reflected throughout this guidance.

Important work is still needed to incorporate linkages to quality abortion care throughout the health system, and the focus on human rights and gender equality must be applied in all contexts providing services to people seeking health care.

Target audience and inclusivity

This guidance seeks to provide recommendations for national and subnational policy-makers, implementers and managers of sexual and reproductive health (SRH) programmes, members of nongovernmental organizations and other civil society organizations and professional societies, as well as health workers and other stakeholders in the field of sexual and reproductive health and rights (SRHR), to support them in ensuring that evidence-based, quality abortion care is available and accessible globally.

All individuals have the right to non-discrimination and equality in accessing SRH services. The right to be free from discrimination is stated in the Universal Declaration of Human Rights and in other universal human rights treaties and regional human rights instruments. It has been affirmed that the right to non-discrimination guaranteed by the International Covenant on Economic, Social and Cultural Rights (ICESCR) includes sexual orientation, gender identity and sex characteristics. As stated in the 2018 report of the Independent Expert on protection against violence and discrimination based on sexual orientation and gender identity to the United Nations General Assembly, "the right to effective recognition of one's gender identity is linked to the right to equal recognition before the law".

In this guideline, we recognize that most of the available evidence on abortion can be assumed to be derived from research among study populations of cisgender women, and we also recognize that cisgender women, transgender men, nonbinary, gender-fluid and intersex individuals with a female reproductive system and capable of becoming pregnant may require abortion care. To be concise and facilitate readability of this guideline, when referring to all gender diverse people who may require abortion care, we use the word "women" most often, although we also variously use the terms "individual", "person" and "abortion seeker". Providers of SRH services, including abortion care, must consider the needs of - and provide equal care to - all individuals; gender identity or its expression must not lead to discrimination.

Guideline development methods

The WHO Guideline Steering Group and wider WHO Secretariat, including staff members from both WHO headquarters and regional offices, led a wide-ranging guideline development process involving a vast range of expert contributors and support personnel. The process began in September 2018 with an online survey on the subject of updating WHO guidance on safe abortion, followed by scoping meetings between November 2018 and June 2019 to determine the key topic areas and to formulate key questions to be assessed through searches and analysis of the evidence base, for each of the three domains: Law and policy, Clinical services and Service delivery. In order to ensure broad representation, the following meetings were convened to further inform our guideline:

(i) Implementation considerations for abortion care in humanitarian settings, (ii) Global values and preferences relating to abortion care, and (iii) Youth and safe abortion.

Global experts were invited by the Steering Group to convene three expert panels - the Evidence and Recommendation Review Groups (ERRGs) for each domain - involving active participation in a series of two-day meetings to discuss and draft the new and updated recommendations, based on the evidence provided by the Evidence Synthesis Teams (ESTs). The Guideline Development Group (GDG) members were selected and invited by the Steering Group from among the ERRG members for each domain, to bring together a single multidisciplinary group, including a youth representative and a human rights adviser, to finalize the recommendations.

In accordance with the WHO guideline development process, the formulation and refinement of recommendations by the ERRGs and the GDG was based on the available evidence (with quality of evidence ranging from high to very low), using the Grading of Recommendations Assessment, Development and Evaluation (GRADE) approach to recommendation development, with reference to the Evidence-to-Decision (EtD) tables prepared by the ESTs, and also guided by the participants' own expertise and experience. The WHO-INTEGRATE framework was used as a basis for deciding on the direction and strength of each recommendation (see notes accompanying the summary table below). For the law and policy recommendations, this same framework was used but an innovative approach was developed to evaluate the evidence in a manner that effectively integrated human rights protection and enjoyment as part of health outcomes and analysis.

After the conclusion of the ERRG and GDG meetings, the revised draft recommendations and full draft guideline were reviewed by GDG members and members of the External Review Group of peer reviewers. The GDG meeting observers and individual reviewers from several implementing organizations were also invited to comment on the same draft. Further revisions were made and the guideline was submitted to and approved by the WHO Guidelines Review Committee, followed by final revisions from the Office of the United Nations High Commissioner for Human Rights (OHCHR), final editing and planning for publication and launch. The full guideline development methods are presented in Annex 4.

Summary table of recommendations presented in this guideline

Important notes:

i. Each recommendation and its direction (for or against) and strength (strong or weak) has been determined by the panels of experts convened by WHO for this purpose. The determinations were based on the six substantive criteria of the WHO-INTEGRATE framework as applied to each intervention for the specified population - balance of health benefits and harms; human rights and sociocultural acceptability; health equity, equality and non discrimination; societal implications; financial and economic considerations; and feasibility and health system considerations - while also taking into account the meta-criterion, quality of evidence (i.e. type, size and limitations of the available studies used as evidence). Wording used is as follows:

- **Recommend** - a strong recommendation in favour of the intervention
- **Suggest** - a weak recommendation in favour of the intervention
- **Recommend against** - a strong recommendation against the intervention/in favour of the comparison.

ii. Most of the recommendations are labelled as LP for "Law and policy", CS for "Clinical services" or SD for "Service delivery", referring to the broad domain under which the evidence for these recommendations was reviewed and evaluated by the respective expert panels (ERRGs). In addition, five recommendations are labelled as SELF-MANAGEMENT.

iii. The SD recommendations that refer to health worker categories assume that the people working within the categories mentioned have the skills and competencies required for the intervention specified. The roles, skills and competencies of each type of health worker mentioned in these recommendations are described in the table on health worker categories and roles in Annex 5, and further information can be found in WHO's 2011 publication, *Sexual and reproductive health: core competencies in primary care*, which describes the competencies (including skills and knowledge) required for each task.

iv. Recommendations were considered "new" (as labelled in this table and in Chapter 3) if no recommendation existed in a previous WHO guideline on the specific topic or intervention in question. In particular it should be noted that the 2012 *Safe abortion* guidance provided a composite recommendation related to law and policy; in this guideline, this has been developed this into seven separate recommendations, but they are not considered to be "new" (i.e. Recommendations 1, 2, 3, 6, 7, 21, 22).

공익인권법센터
Center for Public Interest and Human Rights Law
Seoul National University

센터 구성(2024.6. 현재)

센터장: 최계영

참여교수: 고명수, 공두현, 김도균, 김복기, 신윤진, 양현아, 원유민, 이우영, 한인섭, 홍진영

설립 취지 및 사업

서울대학교 공익인권법센터는 '21세기 세계 속의 한국법의 발전 교육연구단'(서울대 BK 법학연구단)의 연구사업의 일환으로 2000년에 설립되었다. 현재는 서울대학교 법학연구소 산하의 가장 오래된 센터로서 공익과 인권이라는 두 가치를 중심에 두고, 우리 사회의 취약한 영역과 새롭게 대두되는 문제들을 꾸준히조명해 왔다. 지금까지 〈양심적 병역거부〉를 필두로 30권 이상의 단행본 시리즈를 발간하였고, 〈공익인권법 전문과정〉, 〈국제인권법 강좌〉 등을 통한 대학 안팎의 법률교육을 위해 힘썼으며, 수많은 학술행사, 세미나 등을 기획하고 개최하였다. 공익인권법센터는 서울대학교 법학전문대학원 3대 특성화 분야 중 하나로서 전국 법학전문대학원의 공익인권 분야의 개척을 선도하고 있다.

『공익과 인권』 총서
공익인권법센터의 학술활동 결과물을 단행본으로 출간하여 성과의 확산에 기여한다.
『공익인권법 전문과정』
공익과 인권에 관심을 가진 법률가, 시민사회 활동가, 공공기관 종사자들께 공익인권을 둘러싼 법의 이론과 적용 그리고 관련 쟁점을 탐구하는 장을 제공한다.
『국제인권법 강좌』
학부, 법학전문대학원, 일반대학원 학생들을 대상으로 인권에 대한 관심을 고취하고 연구의 저변을 확대하고자 국내외 인권 현안에 대한 전문가의 강연을 제공한다.

[연락처]
서울특별시 관악구 관악로1, 서울대학교 법학전문대학원 17동 301호
Tel. 880-6862 이메일: pihrlaw@snu.ac.kr 홈페이지: http://pihrlaw.snu.ac.kr